W0063445

SCHWÄBISCHE ALB MIT KINDERN

*Über 500 spannende Ausflüge und
Aktivitäten rund ums Jahr*

VON KINDERN GETESTET

pmv

4. Auflage Frankfurt am Main 2010

PETER MEYER VERLAG

INHALT

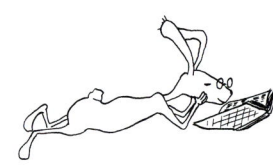

VORWORT

Auf der Schwäbischen Alb ist immer etwas los. Denn seit 2009 gehört sie mit ihren 85.000 Hektar zu den mehr als 500 UNESCO-Biosphärengebieten. Damit ist die Schwäbische Alb das erste großflächige Schutzgebiet in Baden-Württemberg. Das bedeutet, dass die nachhaltige Nutzung und Erhaltung der Ressourcen unterstützt werden.

Dies ist nun schon die 4. Auflage, für die wir erneut alle Daten und Fakten aktualisiert haben. Dabei bleibt pmv seinem Anspruch treu, nur kindgerechte Aktivitäten vorzustellen, und achtet zudem auf naturverträgliche Tipps. So kommen dreijährige Wasserratten genauso auf ihre Kosten wie zwölfjährige Höhlenforscherinnen. Ihr könnt Fossilien ausgraben, mit Schlitten die Albhänge hinabsausen und in den neuen Kletterwäldern Bäume erklimmen. Eure wohlverdiente Verschnaufpause könnt ihr in zahlreichen Ausflugs- und Gartenlokalen genießen. Wer länger Urlaub machen will, findet am Ende des Buches eine große Auswahl an Campingplätzen, Gruppenunterkünften und Ferienwohnungen aufgeführt, ebenfalls extra nach den Bedürfnissen von Familien mit Kindern bzw. Kindergruppen ausgewählt.

Damit ihr bei euren Ausflügen nicht vor verschlossenen Türen steht und die Einkehr stets bezahlbar bleibt, sind alle Aktivitäten mit Preisangaben und Öffnungszeiten versehen. Um diese auf dem neuesten Stand zu halten, sind wir bei unserer Recherche auf

Schreibt an:

pmv Peter Meyer Verlag
Schopenhauerstraße 11
60316 Frankfurt a.M.
info@PeterMeyerVerlag.de, www.PeterMeyerVerlag.de

▶ pmv-Leser sind neugierig und mobil – nicht nur in der Fremde, sondern auch in der eigenen Umgebung. Den Wissensdurst ihres Nachwuchses wollen sie fördern, seinem Tatendrang im Einklang mit der Natur freie Bahn lassen. Daher finden Sie in diesem Ausflugsführer Tipps und Adressen zu allem, was kleine und große Kinder begeistert, je nach Wetterlage und Jahreszeit. Alle Adressen und Aktivitäten wurden von den Autoren persönlich begutachtet und strikt nach Kinder- und Familienfreundlichkeit ausgewählt. ◀

die Zusammenarbeit mit den erwähnten Institutionen und Anbietern angewiesen. Deshalb bedanken wir uns bei allen, die uns stets mit wichtigen Informationen versorgen und so zu dem hohen Nutzwert dieses Buches beitragen. Bei allen Aktivitäten handelt es sich um eine subjektive Auswahl, die keine bezahlten Werbeanzeigen sind. Deshalb ermuntern wir alle, uns auch beim nächsten Mal wieder tatkräftig zu unterstützen. Natürlich freuen wir uns auch über Post von euch mit euren Tipps und Korrekturen.

Viel Vergnügen bei allen Entdeckungen auf der Schwäbischen Alb wünscht euch der Peter Meyer Verlag und sein ganzes Team!

Der Aufbau dieses Buches

Euer Buch »Schwäbische Alb mit Kindern« ist in **sieben geografische Griffmarken** gegliedert: *Die Ostalb, Stauferland, Alb-Donau-Kreis, Teck & Neuffen, Mittlere Alb, Zollern-Alb* und *Donau & Heuberg.* Sie sind immer nach dem gleichen Schema aufgebaut:

▶ **Tipps für Wasserratten** sind Infos zu Seen und Flüssen, zu Frei- und Hallenbädern sowie zu Kanu-, Tretboot- und Schifffahrten.

▶ **Natur sportlich** nennt Radtouren, Wanderungen, Lehrpfade, Tierparks, Planwagen- und Kutschfahrten sowie Abenteuerspielplätze, immer möglichst naturnah. Für die kalte Jahreszeit zeigen wir euch Rodelhänge, Skipisten und Eislaufbahnen.

▶ In der Rubrik **Umwelt erforschen** findet ihr spannende Lehrpfade und Naturerlebniszentren, in denen ihr viel über unsere Umwelt erfahren oder die Natur erforschen könnt. Außergewöhnliche Naturerfahrungen könnt ihr zudem in Höhlen, Bergwerken und Sternwarten machen.

▶ **Handwerk & Geschichte** führt euch zu Orten der Technik und Arbeit: historische Bahnen, Schaubergwerke, Burgen und Museen. Ihr werdet überrascht

Gestatten?

Ich bin Sam, die Wasserratte. Meine Clique und ich begleiten euch mit noch ein paar Freunden auf euren Entdeckertouren durch dieses Buch und die Schwäbische Alb. Darf ich vorstellen:

Karlinchen, unsere Frischluftfanatikerin,

Herr Mau, Experte für Handwerk und Geschichte,

und Mockes, der liebt Musik und Action.

sein, wie viel es auch bei schlechtem Wetter zu entdecken gibt!

▶ **Bühne, Leinwand und Aktionen** stellt Kindertheа-
ter und -kino, Ferien- und andere Kreativangebote
vor. Ein Festkalender listet wichtige Großveranstal-
tungen und die schönsten Weihnachtsmärkte der jeweiligen Region auf.

Die Griffmarken **Service zu den Orten** und **Ferienadressen** versorgen euch mit Ortsporträts, Infostellen und -quellen, Verkehrshinweisen, Unterkünften,
Campingplätzen und Grillplätzen – so könnt ihr Klassenfahrten und Familienferien bequem planen und
organisieren.

Der **Kartenatlas** am Ende gibt einen Überblick über
das im Buch behandelte Gebiet und die regionale
Einteilung. Er bietet euch bei Ausflügen die nötige
Orientierung. Es ist also an alles gedacht – nur los-
ziehen müsst ihr selbst!

IMPRESSUM

Unsere Inhalte werden ständig gepflegt, aktualisiert und erweitert. Für die Richtigkeit
der Angaben kann der Verlag jedoch keine Haftung übernehmen. © 4. Auflage 2010 |
pmv Peter Meyer Verlag, Schopenhauerstraße 11, 60316 Frankfurt am Main |
www.PeterMeyerVerlag.de, info@PeterMeyerVerlag.de | **Lizenzen:** Alle Rechte an Text,
Fotos, Zeichnungen und Karten beim Verlag, Lizenzen auf Anfrage | **Umschlag- und
Reihenkonzept,** insbesondere die Kombination von Griffmarken und Schlagwort-System
auf dem Umschlag, sowie Text, Gliederung und Layout, Karten, Tabellen und Illustrationen
sind urheberrechtlich geschützt. | **Lektorat:** Annette Sievers | **Druck & Bindung:** klima-
neutral und auf FSC-Papier bei az Druck, Kempten; www.az-druck.de | **Umschlag-
gestaltung:** Agentur 42, Mainz, www.agentur42.de, Annette Sievers | **Fotos:** wenn nicht
anders angegeben alle Rechte beim Verlag | **Zeichnungen:** Silke
Schmidt | **Karten:** pmv | **Bezug:** über Prolit, Fernwald-Annerod,
oder vertrieb@PeterMeyerVerlag.de

ISBN 978-3-89859-415-8

**Mehr über das Umwelt-Engagement von pmv
unter www.PeterMeyerVerlag.de**

klimaneutral
www.climatepartner.com

FSC
Mix
Produktgruppe aus vorbildlich
bewirtschafteten Wäldern und
anderen kontrollierten Herkünften

Zert.-Nr. GFA – COC – 001493
www.fsc.org
© 1996 Forest Stewardship Council

DIE OSTALB

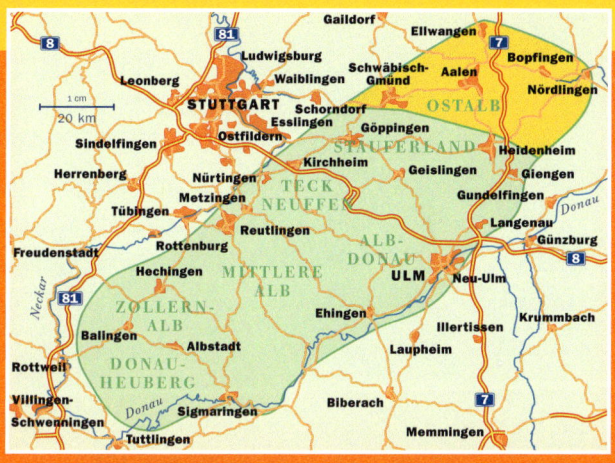

Gaildorf
Ellwangen
81
Ludwigsburg
7
Bopfingen
Leonberg
Waiblingen
Schwäbisch-
Gmünd
Aalen
Schorndorf
Nördlingen
STUTTGART
OSTALB
Esslingen
Göppingen
Sindelfingen
Ostfildern
STAUFERLAND
Kirchheim
Heidenheim
Herrenberg
Geislingen
Giengen
Nürtingen
TECK
Metzingen
NEUFFEN
Gundelfingen
Donau
Tübingen
Reutlingen
Langenau
ALB-
Günzburg
Freudenstadt
Rottenburg
DONAU
8
Hechingen
MITTLERE
ULM
Neu-Ulm
ALB
81
ZOLLERN-
Ehingen
Illertissen
Krummbach
ALB
Balingen
Albstadt
Laupheim
Rottweil
DONAU-
HEUBERG
Villingen-
Schwenningen
Donau
Sigmaringen
Biberach
7
Memmingen
Tuttlingen

Neckar

1 cm
20 km

Die Schwäbische Alb beginnt im Nordosten gleich mit einem Paukenschlag. Gemeint ist der Meteoriteneinschlag, der vor 15 Mio Jahren rund um das heutige Nördlingen einen Krater von 25 km Durchmesser riss. Damit ist die Schwäbische Alb eindeutig gegen die Fränkische Alb abgegrenzt. Steil geht es vom Nördlinger Ries auf die Hochfläche der Alb hinauf. Oben findet ihr Wacholderheiden, wie sie in felsigen Karstlandschaften durch intensive Beweidung mit Schafen typisch sind.

Mit seinen weiten Wiesen, Feldern und Auen stellt das **Ries** eine ideale Erholungslandschaft dar. Es ist ein durchschnittlich 430 m über dem Meer gelegenes Hochplateau mit Mittelgebirgsklima. Umgeben ist die Hochebene von ausgedehnten Mischwäldern, die sich auf den Höhenzügen der Fränkischen und Schwäbischen Alb befinden.

Rund 13.000 Jahre alt sind die *Gräber der Ofnethöhlen* zwischen Nördlingen-Holheim und Utzmemmingen. Dadurch weiß man, dass im Ries schon in der mittleren Altsteinzeit Menschen wohnten. Ausgrabungen von vielen römischen Gutshöfen und Befestigungsanlagen im Ries beweisen, dass auch die Römer hier siedelten. Im 6. und 7. Jahrhundert wurde das Gebiet von Alemannen bewohnt.

@ Ausführliche Informationen und Links zur Region findet ihr auf der Internetseite des Landratsamtes Ostalb unter www.ost-albkreis.de.

DIE OSTALB

Frei- und Hallenbäder

TIPPS FÜR WASSER-RATTEN

Freizeitbad Aquafit

Hölderlinweg 3, 73447 Oberkochen. ✆ 07364/ 921021, Fax 2727. www.oberkochen.de. aquafit@ober-kochen.de. **Bahn/Bus:** Vom Bhf ↗ Oberkochen Bus 105 Richtung Heide bis Gymnasium. **Auto:** In Oberkochen über Aalener Straße nach Westen in die Goethestraße. **Zeiten:** Di, Mi, Fr 10 – 21 Uhr, Do 10 – 19, Sa, So und Fei 9 – 18 Uhr, in den Schulferien auch Do bis 21 Uhr. **Preise:** 3,10 €; Kinder 4 – 18 Jahre 1,80 €.

Ave! Das Limesmuseum in Aalen lässt seine Soldaten aufmarschieren

Seid ihr gut im Brustschwimmen? Dann macht doch einmal einen »Fuß-Schwimm-Wettkampf«! Legt euch auf den Rücken ins Wasser und schwimmt mit den Füßen voran mit Brust-Armzug so schnell es geht zu einem vorher vereinbarten Ziel. Das macht sogar den Zuschauern Spaß, denn ihr liegt mit dem ganzen Körper ruhig im Wasser wie auf einem Sofa und nur die Arme rudern heftig.

Rein ins kühle Nass! Im Freibad Westhausen

▶ Das Familienbad bietet ein 20 x 8 m großes Schwimmbecken mit Wasserrutsche, verschiedene Saunen und eine Sonnenbank. Im Außenbereich liegt ein Warmwasserbecken mit Massagedüsen. Für die Kleinen ist das Kleinkinderbecken ideal. In der Cafeteria ist für das leibliche Wohl gesorgt.

Freibad Kösingen

Freibad 1, 73450 Neresheim-Kösingen. ✆ 07326/6164, Fax 8146. www.neresheim.de. tourist@neresheim.de. **Bahn/Bus:** Vom Rathaus ↗ Neresheim Bus 51 Richtung Schweindorf. **Auto:** 5 km östlich von Neresheim. **Zeiten:** Mo – So 9 – 19 Uhr, Juli – Mitte Aug 9 – 20 Uhr. **Preise:** 2,20 €; Kinder 6 – 16 Jahre 1,10 €.
▶ Beheiztes Becken, bei schönem Wetter werden auch Wasserspielgeräte wie Rutsche und Seesterne für Kinder in Betrieb genommen. Kiosk vorhanden.

Freibad Westhausen

Badstraße, 73463 Westhausen. ✆ 07363/5440, Fax 8450. www.westhausen.de. markus.knoblauch@westhausen.de. **Bahn/Bus:** Vom Bhf ↗ Westhausen über

Eichendorffstraße und Deutsch-Ordens-Straße. **Auto:** Von der B29 in Westhausen über Aalener und Deutsch- ordenstraße. **Zeiten:** Mai und Sep 9 – 20 Uhr. **Preise:** 3 €, 10er-Karte 26 €; Kinder 6 – 16 Jahre 1,80 €, 10er-Karte 13 €.

▶ Das Freibad hat eine Riesenwasserrutsche, Massagedüsen, Schwallbrause und Sprungturm. Die Kleineren können im separaten Kinderbereich plantschen. Für die Sportbegeisterten ist das Beachvolleyballfeld sicher ein Spaß. Beim Kiosk gibt es außer den üblichen Getränken, Eis und Pommes auch griechische Teig- oder Käsetaschen.

Die Skateranlage direkt neben dem Freibad Westhausen erfreut sich großer Beliebtheit. Mini-Pipe, Fun-Box und Jump-Ramp bieten sportliches Vergnügen.

La Ola — die Welle kommt

Wellenbad, Rotenbacher Straße 37, 73479 Ellwangen. ☎ 07961/52280, Fax 568789. www.ellwanger-wellen-bad.de. franziska.musiol@ellwangen.de. **Bahn/Bus:** Bus 350. **Auto:** ↗ Ellwangen, von der Westtangente über Rotenbacher Straße zum Parkplatz Auf dem Schießwasen, von dort 2 Minuten Fußweg. **Zeiten:** Ferien Mo 13 – 21 Uhr, Di – Fr 9 – 21, Sa, So 9 – 18 Uhr. Sonst Di 6.30 – 8, 13 – 21, Mi 13 – 19 Uhr, Do, Fr 13 – 21 Uhr, Sa 9 – 20, So 9 – 18 Uhr. **Preise:** 4 €; Kinder 6 – 18 Jahre 2 €, Familienjahreskarte 302 €, mit Familienpass 151 €; Abendtarif Di und Do ab 18 Uhr 3 €.

▶ Das wird ein Superspaß! In den Wellen fühlt ihr euch wie im Meer. Ihr könnt auch in das 30 Grad warme Außenbecken schwimmen oder mit Schwung ins Plantschbecken rutschen, wo es zusätzlich einen Wasserfall gibt. Wer möchte, kann sich danach in der Cafeteria oder auf der Freiterrasse stärken.

Hallenbad Schwäbisch Gmünd

Goethestraße 47, 73525 Schwäbisch Gmünd. ☎ 07171/9271532, Fax 603-4299. www.schwaebisch-gmuend.de. baederbetriebe@stwgd.de. **Bahn/Bus:** ↗ Schwäbisch Gmünd, ZOB Bus 05. **Auto:** Vom ZOB nach Süden über Rektor-Klaus-Straße. **Zeiten:**

Ihr steht in einem Kreis mit einer Wasserflasche vor den Füßen. Mit einem kleinen Ball versucht ihr, die Flaschen umzuschießen. Der Spieler, dessen Flasche getroffen wurde, muss den Ball aufheben und »Stopp« rufen. So lange der Ball noch auf dem Boden rollt, darf der Spieler, der geworfen hatte, das Wasser ausleeren. Gewonnen hat, wer als Letzter noch Wasser in seiner Flasche hat.

Di 7.30 – 21.30 Uhr (Warmbadetag), Mi 6.30 – 19, Do 7.30 – 20.30, Fr 9.30 – 21.30 (Warmbadetag), Sa 9 – 19, So 9 – 18 Uhr. **Preise:** 2,60 €; Kinder 6 – 10 Jahre 0,60 €, 11 – 16 Jahre 1,50 €, an So und Fei 0,70 € Zuschlag; Kinder unter 6 Jahre frei.

▶ In diesem Bad gibt's Spaß für die ganze Familie. Das Plantschbecken ist 32 Grad warm. Im Lehrschwimmbecken finden Schwimmkurse statt. Jeden Samstagnachmittag ist im großen Becken für Kinder Tobeprogramm mit Spielgeräten angesagt. Im 25-m-Sportbecken sind Sportfans bei Aqua-Jogging oder Wassergymnastik gut aufgehoben. Solarwiese, Sauna und Dampfbad bringen euch zum Schwitzen. In der Schwimmhalle sorgen Pizzeria und Cafeteria für Essen und Getränke.

Freibad Heubach

Mögglinger Straße, 73540 Heubach. ✆ 07173/5220, Fax 18149. www.heubach.de. info@heubach.de. **Bahn/Bus:** Von ↗ Aalen ZOB Bus 7922 bis Postplatz. **Auto:** Vom Ortszentrum ↗ Heubach die Hauptstraße nach Norden, über den Postplatz in die Mögglinger Straße. **Zeiten:** Mai, Juni und Sep 9 – 19 Uhr, Juli, Aug 8 – 20 Uhr. **Preise:** 2 €, 12er-Karte 20 €; Kinder 6 – 14 Jahre 1 €, 10 €.

▶ Bei sonnigem Wetter könnt ihr einen lustigen Tag im Heubacher Freibad verbringen. Dort dürfen die kleinen Gäste in 3 Plantschbecken und dem Kinderbecken toben. Für geübte Wassersportler gibt es außerdem ein 50 x 18 m großes Schwimmerbecken. Aber auch an Land kommt keine Langeweile auf, dafür sorgen ein Spielplatz, eine Spielwiese zum Toben, Tischtennisplatten und ein Beachvolleyballfeld.

Hallenbad Heubach

Hauptstraße 5, 73540 Heubach. ✆ 07173/3888, Fax 181-22. www.heubach.de. info@heubach.de. **Bahn/Bus:** Von ↗ Aalen ZOB Bus 7922 bis Postplatz, wo die Hauptstraße beginnt. **Auto:** ↗ Heubach. **Zeiten:** Familienbad Di 17.30 – 20 und Mi 17 – 20 Uhr, Do 17 – 19, Fr 17 – 21 Uhr, Sa 8 – 12 Uhr. **Preise:** 2 €; Kinder 6 – 14 Jahre 1 €. **Infos:** Spielnachmittag für Kinder Mi 15 – 17 Uhr.

▶ Das Hallenbad besitzt ein Becken, das in Schwimmer- und Nichtschwimmerbereich unterteilt ist. Die Wassertemperatur beträgt 27 – 28 Grad, ist also immer angenehm warm.

Badelandschaft für kalte Tage

Ramensteinbad, Dieselstraße 22, 89564 Nattheim. ✆ 07321/71478, Fax 978432. www.nattheim.de. info@nattheim.de. **Bahn/Bus:** ↗ Heidenheim ZOB Bus 7694 Richtung Dischingen Post. **Auto:** Von der Ortsmitte ↗ Nattheim westlich über Heidenheimer und Daimlerstraße. **Zeiten:** Mo, Di, Mi und Fr 10 – 21 Uhr, Sa, So und Fei 10 – 17 Uhr. Mo und Di vormittags warmbaden. Karfreitag – Ostersonntag und Pfingstmontag geschlossen. **Preise:** 3 €; Kinder 6 – 17 Jahre 2 €; Feierabendtarif ab 17 Uhr 2 €, Jugendliche 1 €.

▶ »Badespaß genießen« ist das Motto der Badelandschaft mit Außen- und Innenbecken, Kinderplantschbecken, Erholungsbereich und Cafeteria. Auf der teils schattigen Liegewiese gibt es ein Beachvolleyballfeld.

Badeseen

Laubbach-Stausee Abtsgmünd

Abtsgmünd. ✆ 07366/820, Fax 8254. **Bahn/Bus:** ↗ Abtsgmünd, wenige Gehminuten zum östlichen Stadtrand. **Preise:** Eintritt frei.

▶ Der kleine Stausee, der sehr idyllisch gelegen ist, bietet eine schöne Liegewiese sowie Dusche und WC. Eine Grillmöglichkeit ist vorhanden, auch ein Kiosk sowie ein Spielplatz zum Toben beim Albvereinsheim. Das Ufer fällt steil ab, deshalb sollten ungeübte Schwimmer aufpassen.

Wenn ihr vom vielen Toben außer Puste seid, versucht doch einmal, auf dem Rücken im Wasser zu liegen und euch nicht zu bewegen. Wer schafft es am längsten, ohne unterzugehen?

Im Ramensteinbad werden Eltern-Kind-Schwimmen, Schwimmkurse und Schwimmtraining angeboten.

Landratsamt Ostalbkreis, Tourismuskooperation östliche Schwäbische Alb, Stuttgarter Straße 41, 73430 Aalen. ✆ 07361/503-214. www.tourismus.ostalb-kreis.de.

Hammerschmiedesee

Campingplatz Familie Hug, 73453 Abtsgmünd-Pommertsweiler. ✆ 07963/369, Fax 840032. www.hug-hammerschmiede.de. hug.hammerschmiede@t-on-line.de. **Auto:** A7 Würzburg-Ulm bis Ausfahrt 114 Aalen-Westhausen, dann B29 Richtung Schwäbisch Hall. Ca. 2 km nach Abtsgmünd Richtung Adelmannsfelden abzweigen. Nach Pommertsweiler links, danach 2. links. **Zeiten:** Mai – Sep. **Preise:** 3,30 €; Kinder 2 – 14 Jahre 2 €; ab 7 Übernachtungen 5 %, ab 14 Übernachtungen 10 % Ermäßigung.

▶ Eingebettet zwischen zwei kleinen Wäldchen lädt der Hammerschmiedesee, früher Eisenweiher genannt, zum Bootfahren und Baden ein. Direkt beim Campingplatz, ↗ Ferienadressen, gibt es eine schöne Liegewiese mit Dusche und WC, Kinderspielplatz und Einkaufsmöglichkeit sowie einen Jugendzeltplatz. Für Kinder ist ein Badebereich im flachen Wasser abgetrennt. Auch Windsurfen ist möglich, wenn man das eigene Board mitbringt.

Baden und Bootfahren auf dem Bucher Stausee

Rainau-Buch. ✆ 07961/9002-0, Fax 9002-22. **Auto:** Südlich von ↗ Ellwangen zwischen B290 und A7, Ausfahrt 114 Aalen/Westhausen. **Rad:** Über den Limes-Radweg oder den Kocher-Jagst-Radweg. **Preise:** Der Eintritt ist frei, Preise für Tret- oder Ruderboote auf Anfrage.

▶ Hier könnt ihr leicht einen ganzen Tag verbringen ohne euch zu langweilen. Zum Baden gibt es eine Liegewiese mit Sandstrand, Umkleidekabinen, Duschen und WC. Am Bootsanlegesteg kann man Ruder- oder Tretboote ausleihen. Das Beste ist natürlich der Erlebnispfad: Rund um den See findet ihr Summstein, Klangsäule, Rollstuhlwippe, Barfußparcours, Tastmodelle und Geräuschtor.

Auf der nordwestlichen Seite des Sees sind Mauerreste eines **Römerbads** und eines **Römerkastells** er-

@ Aktuelle Informationen zur Wasserqualität findet ihr im Internet unter www.rainau.de.

Hunger & Durst

Kiosk Seeigel, 73492 Rainau. ✆ 07961/51790. Kleine Snacks, Eis und Getränke.

halten geblieben. Das Gelände ist frei zugänglich und bei den Gebäuderesten stehen Schilder, die euch über alles informieren.

Radtouren zum Mit- und Selbstradeln

Grüner Pfad im Ellwanger Seenland

Länge: 18 km Rundtour, reine Fahrzeit 2 Std. **Auto:** Zum Parkplatz der EnBW nördlich vom Bhf ↗ Ellwangen bei der Siemensbrücke. **Rad:** In Ellwangen kann man bequem vom Kocher-Jagst-Radweg auf den Grünen Pfad wechseln.

▶ Der gut ausgeschilderte Weg führt durch grüne Wälder, vorbei an kleinen Badeseen und gemütlichen Gaststätten. Eine schön gestaltete Übersichtskarte mit einer ausführlichen Tourenbeschreibung und vielen Einkehrtipps bekommt ihr bei der Tourist-Information **Ellwangen,** von wo ihr in Richtung Norden über die Schmied- und Bahnhofstraße zum EnBW-Parkplatz fahrt.

Vom **Parkplatz** verläuft die Tour an der Wallfahrtskirche Schönenberg vorbei über *Holbach* nach *Stocken* und von dort weiter in Richtung *Muckental.* Der Weg führt fast die ganze Zeit durch den Wald. Mit etwas Glück könnt ihr ein Reh oder einen Hasen zwischen den Bäumen davonhuschen sehen. Sobald ihr unter der Autobahn hindurchgefahren seid, seht ihr auf der rechten Seite den **Muckenweiher.** Hier kann, wer will, ein erfrischendes Bad nehmen.

Im weiteren Verlauf ist euer Weg mit der Ziffer 1 beschildert; er führt euch nach **Eigenzell.** Dort lädt das *Schwabenstüble* zu einer Pause ein (✆ 07961/2522, Fax 563020, Do Ruhetag). Am Ortsende erreicht ihr erneut den Wald. Nun geht es wieder nach Holbach, wo ihr den Rückweg nach Ellwangen schon von der Hinfahrt her kennt.

DIE OSTALB

 Fahrräder ausleihen in Ellwangen:

Zweirad Winkler, Haller Straße 8, ✆ 07961/561114.

Radhaus Groß, Mühlgraben 76, ✆ 07961/564926.

Tankstelle Rupp, Sebastiansgraben 29, ✆ 07961/7254.

Radsport Ilg, Amtsgasse 12, ✆ 07961/2390.

Die Broschüre »Der deutsche Limes-Radweg«, Hrsg. Verein Deutsche Limes-Straße, mit zwei Kartenblättern und Beschreibungen der Sehenswürdigkeiten erhaltet ihr bei der Tourist-Information Aalen für 3 €.

Verein Deutsche Limes-Straße e.V., Marktplatz 2, Aalen. ℰ 07361/522358, Fax 521907.

Der markierte Radweg »Grüner Pfad Härtsfeld« führt ausdauernde Radelfans rund um Neresheim über das Härtsfeld. Die Radmappe der Touristikgemeinschaft »Erlebnisregion Schwäbische Ostalb« bekommt ihr z.B. in der Tourist-Information Neresheim.

Der Limes-Radweg

Aalen. www.limesstrasse.de. limesstrasse@aalen.de. Strecke Lorch – Schwäbisch Gmünd 9,5 km, 50 Höhenmeter, Lorch – Böbingen 20 km, 150 Höhenmeter. Mögglingen – Schwäbisch Gmünd 15 km, abfallendes Gelände. **Bahn/Bus:** ↗ Lorch oder Mögglingen an der B29 zwischen Schwäbisch Gmünd und Aalen.

▶ Der fast 900 km lange Radweg von Bad Hönningen bis Regensburg führt entlang der Strecke an bedeutenden römischen Denkmälern vorbei.

Von **Lorch** aus in östlicher Richtung könnt ihr der Rems folgend leicht bis **Schwäbisch Gmünd** radeln. Auf dieser Tour kommt ihr am Beginn der *rätischen Mauer* in Kleindeinbach vorbei. Wenn ihr noch nicht müde seid und noch mehr Spuren der Römer entdecken wollt, könnt ihr von Schwäbisch Gmünd weiter nach **Böbingen** radeln, wo man die Fundamente eines ehemaligen *Kastells* besichtigen kann. Von Schwäbisch Gmünd und von Böbingen könnt ihr mit dem Zug nach Lorch zurückfahren.

Eine andere Variante ist es, von **Mögglingen** Richtung Westen nach Schwäbisch Gmünd hinunter zu radeln und ebenfalls mit dem Zug Richtung Aalen zum Ausgangspunkt zurückzukehren. Auf dieser leichten Strecke liegt nördlich von Mögglingen im Wald Grubenholz eine der eindrucksvollsten Abschnitte des rätischen Limes, nämlich ein *Gräberfeld* mit mehr als 40 Grabhügeln.

Radtour auf dem Härtsfeld-Radweg

Touristikgemeinschaft »Gastliches Härtsfeld e.V.«, in der Tourist-Information, Hauptstraße 21, 73450 Neresheim. ℰ 07326/8149, Fax 8146. www.neresheim.de. tourist@neresheim.de. **Länge:** 30 km Rundtour, reine Fahrzeit 2 Std. **Bahn/Bus:** ↗ Neresheim.

▶ Die Rundtour führt durch die karge und ursprüngliche Landschaft des Härtsfelds. Von **Neresheim** geht es zunächst über Dossingen nach **Dorfmerkingen**. Auf dieser Strecke fallen euch sicherlich die

© Tourist-Information Neresheim

Mit dem Sommerwind: Skaten rund um Neresheim

seltsam geformten Felsen in der Landschaft auf. In Dorfmerkingen müsst ihr bei der Kirche links abbiegen und weiter nach **Elchingen** radeln. Nächstes Ziel ist **Beuren,** von dort geht es über Hohenlohe nach **Unterriffingen.** Wenn ihr wollt, könnt ihr dort bei der Kirche links abbiegen und der etwa 8 km entfernten Ries-Stadt Nördlingen einen Besuch abstatten. Wenn nicht, fahrt ihr geradeaus weiter nach **Dehlingen.** Bevor ihr den Rückweg nach Neresheim antretet, könnt ihr euch in **Ohmenheimer** Landhotel **Zur Kanne** stärken.

Radtour ins Haselbachtal auf den Spuren der Dampflok

Länge: 40 km Rundtour, reine Fahrzeit 4 Std, nur für ausdauernde Kinder. **Bahn/Bus:** ↗ Schwäbisch Gmünd, Stadtgarten östlich der Bahnhofstraße.
▶ Vom **Stadtgarten** in **Schwäbisch Gmünd** dem Wegweiser in Richtung Straßdorf folgen. Hinter der Brücke links auf die ehemalige Trasse der Bahnlinie Schwäbisch Gmünd – Göppingen (ortsüblich »Klep-

Hunger & Durst
Landhotel Zur Kanne, Brühlstraße 2, ✆ 07326/8080. www.zurkanne-neresheim.de. Warme Küche 11 – 14 und 18 – 21 Uhr, kein Ruhetag. Schwäbische und internationale Gerichte, Kinderbetreuung.

iPunkt Schwäbisch Gmünd, Marktplatz 37/1, 73525 Schwäbisch Gmünd. ✆ 07171/603-4250. www.schwaebisch-gmuend.de.

DIE OSTALB

perlestraße« genannt) abbiegen. Bei leichter Steigung wird der ehemalige Südbahnhof erreicht. Danach geht es in einem weiten Bogen bis **Straßdorf.** Der Radwanderweg schlängelt sich nun durch die Landschaft. Hinter Reitprechts wird die Kreis- und Stadtgrenze zu Göppingen überquert.

In **Wäschenbeuren** folgt ihr dem Wegweiser zum Wäscherschloss. Dort könnt ihr einkehren, das Heimatmuseum besuchen oder grillen. Anschließend geht es bergab durch den Wald ins Beutental; an Werktagen ist wegen des Autoverkehrs Vorsicht geboten. Nach längerer Strecke talabwärts überquert ihr den Beutentalbach und radelt auf der Straße weiter nach **Lorch.** Dort geht es nach einer kleinen Stadtbesichtigung direkt über die Bahnlinie zum ↗ Kloster Lorch hinauf. Etwa 300 m oberhalb des nachgebildeten Limesturms zweigt rechts ein Forstweg (Hermann-Löns-Weg) ab, der zunächst eben und bald mit Gefälle ins **Haselbachtal** führt. Im Talgrund links halten und talaufwärts zum Weiler Haselbach radeln. Nach einem kleinen Anstieg im Ort weiter talaufwärts – und an einer Weggabelung auf Höhe eines Klärwerks rechts ab. Dann mit einem steileren Anstieg nach **Mutlangen** fahren.

Vom Wildeck geht es über Hahnenberg- und Spagenstraße links über die Wetzgauer Straße zur Bühlstraße und über die B 298 zur Albstraße. Nach 150 m rechts in die Sackgasse Humboldtstraße abbiegen, zwischen zwei Häusern hindurch auf den Radweg, der durch den Wald **Baurenhölzle** zur Becherlehenstraße führt. An deren Ende rechts ab und gleich wieder links parallel zur Bahnlinie zum Ausgangspunkt zurück fahren.

Radeln auf dem Mühlenweg an der Eger im Ries

Länge: einfach 15 km, Startpunkt ist das westliche Ortsende Aufhausens, gut 1,5 Std plus Besichtigungen. **Bahn/Bus:** Mit der RB im Stundentakt auf der

Strecke Aalen – Nördlingen – Donauwörth. **Auto:** Von ↗ Bopfingen B29 Richtung Aufhausen bis zum Parkplatz der Firma Ladenburger. **Infos:** Gepflegt wird der Weg vom Rieser Bauernmuseum. An vielen Mühlen sind Tafeln mit historischen, technischen und familiären Daten angebracht.

▶ Vom westlichen Ortsende Aufhausens müsst ihr immer den Schildern **Mühlenweg** folgen. Nach der ehemaligen *Walkmühle* folgt gleich die *Sägemühle*. Der Weg führt geradeaus an der etwas abseits liegenden *Obermühle* und an der *Florismühle* vorbei. Nach Überqueren der B29 erreicht ihr an der Wehranlage der einstigen *Ellwängischen Mühle* vorbei die Wohnsiedlung Brühlstraße. Über einen weichen Rasenweg gelangt ihr wieder auf eine befestigte Straße. Jetzt folgen in kurzen Abständen 6 Mühlen. Zuerst macht ihr an der *Oberen Schlägweidmühle* Halt; ihr riesiges Wasserrad hat einen Durchmesser von 3 m! Im Garten sind ein eisernes Mühlrad und als Besonderheit eine Elektrizität erzeugende **Wasserkraftschnecke** zu sehen.

Von der *Baiermühle* könnt ihr bereits die hohen Getreidesilos der *Unteren Schlägweidmühle* sehen. Ein kurzer Wiesenweg führt zur *Steinmühle;* jenseits des Mühlkanals kommt ihr an der *Nagelmühle* mit ihrem großen Mühlenwappen vorbei. Der Mühlkanal führt euch auf dem Wiesenpfad an Wehranlagen mit rauschendem Wasser vorbei zur *Oberen Hahnenmühle* oder *Götzenmühle*, in der ihr noch die ursprüngliche altdeutsche Einrichtung sehen könnt.

Nach der ehemaligen *Platzmühle* kommt ihr zur *Unteren Furtmühle,* die bis 1975 als Ölmühle in Betrieb war. Der Weg führt jetzt entlang der kanalisierten Eger zur *Unteren Hahnenmühle* mit ihrem imposanten Mühlengebäude, in dem bis 1988 gemahlen wurde. Der Mühlenweg führt bald wieder hinaus über Wiesenpfade zur *Holzmühle* der Familie Stolch. Von dort trifft man nach einer längeren Radstrecke am Ortseingang von **Trochtelfingen** auf die aktive *Neu-*

Oberwasser: Dieses alte Mühlrad dreht sich noch

*Eine **Wasserkraftschnecke** sieht aus wie ein riesiger Korkenzieher. Sie wird zwischen zwei unterschiedlich hohen Stellen in einem Fluss montiert. Das Wasser läuft von dem hohen Niveau durch die Wasserkraftschnecke auf das niedrige Niveau und treibt diese dadurch an. So wird elektrische Energie gewonnen.*

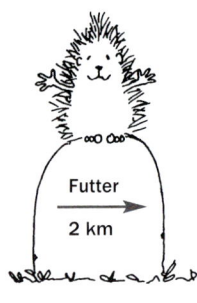

Futter

2 km

mühle mit einer Tagesleistung von bis zu 20 t Getrei-
de.

Nach Überqueren der B29 kommt ihr zur ebenfalls
aktiven *Altmühle* Dort könnt ihr im Mühlenladen die
Müllerei-Produkte kaufen. Ihr müsst unbedingt das
erhaltene Zuppinger Wasserrad anschauen, das 5 m
groß ist und neben der Fußgängerbrücke angebracht
wurde.

Von Trochtelfingen kommt ihr in südlicher Richtung
auf die Anhöhe über dem romantischen **Röhrbachtal.**
Am Röhrbach arbeiteten früher sechs Mühlen, von
denen die *Äußere Mühle* in Utzmemmingen noch in
Betrieb ist. In der Gastwirtschaft *Untere Röhrbach-
mühle* könnt ihr jetzt eine kleine Pause einlegen. Auf
dem weiteren Weg über **Utzmemmingen** an der Eger
nach **Nördlingen** gibt es nochmals sechs Mühlen.
Wenn ihr in Nördlingen angekommen seid und euch
noch fit genug fühlt, könnt ihr jetzt den ganzen Weg
wieder heimradeln. Ansonsten bringt euch die Bahn
zurück, die jede Stunde von Nördlingen nach Aufhausen fährt.

Wandern und Spazieren

Wanderung zum Tafelberg: Der Ipf

Bopfingen. ✆ 07362/801-0, Fax -50. www.bopfin-
gen.de. archiv.bopfingen@t-online.de. **Länge:**
Hinweg 3 km, reine Gehzeit 30 Min bis zum Berg, dann
45 Min Anstieg. **Bahn/Bus:** ↗ Bopfingen.

▶ Egal aus welcher Richtung man sich Bopfingen nähert, der auffällige, 668 m hohe Ipf ist nicht zu über-
sehen. Der unter Naturschutz stehende Tafelberg gilt
als unverwechselbares Beispiel für den Bau von Befestigungsanlagen in der Jungstein- und Bronzezeit.
Vom Museum im **Seelhaus** folgt man dem archäologischen Weg in Richtung Oberdorf. Er ist gekennzeichnet mit dem Symbol einer keltischen Münze, die
um 1900 auf dem Ipf gefunden worden sein soll. Am

Ortseingang von **Oberdorf** biegt ihr rechts ab und steigt in einem weiten Bogen den Berg hinauf. Unterwegs kommt ihr an drei Tafeln vorbei, auf denen alles steht, was ihr zu den Befestigungsanlagen wissen wollt. Wenn ihr oben angekommen seid, könnt ihr euch leicht vorstellen, warum unsere Vorfahren gerade diesen Berg als Wohnplatz ausgewählt hatten: Von dort oben kann man nämlich rundherum alles ganz genau überblicken und sofort erkennen, wer sich nähert. Ihr folgt demselben Weg zurück nach Bopfingen.

Limes-Rundwanderweg bei Rainau-Buch

Rainau-Buch. ✆ 07961/9002-0, Fax -22. www.rainau.de. info@rainau.de. **Länge:** 8 km, reine Gehzeit circa 2 Std. **Auto:** Südlich von ↗ Ellwangen auf der A7, Ausfahrt 114 Aalen/Westhausen. Vom Parkplatz beim Naherholungsgebiet Rainau-Buch die Straße über die Eisenbahn nördlich an Buch vorbei zur Landstraße Buch – Schwabsberg, weiter zum P im Wald Mahdholz. **Rad:** Über den Limes-Radweg oder den Kocher-Jagst-Radweg.

▶ Der ausgeschilderte Rundwanderweg verläuft von der Limesmauer und dem Limesturm zwischen Buch und Schwabsberg im Wald »Mahdholz« den Limes entlang zum Südrand von **Schwabsberg.** Hier wurden 1969 und 1976 Teile der hölzernen Palisade entdeckt. Die gespaltenen Eichenstämme sind noch knapp 1 m lang und haben zwischen 40 und 60 cm Durchmesser. Einer wissenschaftlichen Untersuchung zufolge wurde dieser Teil um 140 n.Chr. gebaut.

Der Weg führt weiter bis zum **Limestor** bei Dalkingen. Von dort geht es nach Süden zum Stausee Rainau-Buch. Am nördlichen Ufer steht das **Römerbad**

Nicht lustig: Im kurzen Soldatenröckchen bei schwäbischem Wind und Wetter am Limes Wache zu schieben

Foto: Wolfgang Taschner

Der Limes ist eine Grenzmauer, mit der sich die Römer vor ihren Feinden geschützt haben. Auf der Wanderung könnt ihr den Verlauf der Limesmauer deutlich als Schuttwall erkennen. Besonders im Wald haben sich die Reste gut erhalten, während sie in den landwirtschaftlich genutzten Gebieten meist zerstört wurden.

mit einem weiteren Gebäude. Zum **Kastell Buch** sind es dann nur wenige Gehminuten. Der Rückweg führt zum Limes am Waldrand und von dort zum **Wachturm im Mahdholz** zurück.

Wanderung durch die Täler nördlich von Lorch

Länge: Rundweg 9 km, 3 Std Wanderzeit. **Bahn/Bus:** ↗ Lorch. **Auto:** Parkplatz 250 m oberhalb des Klosters neben der Straße nach Alfdorf-Welzheim.

▶ Vom Parkplatz führt links neben der Straße der **Limeswanderweg HW6** in Richtung Kloster. Wer beim Limesstein die Straße überquert, erreicht bald die Zufahrtstraße zum Schäfersfeld. Links aufwärts passiert man die Gaststätte »Echo«. Geradeaus Richtung Hollenhof seht ihr links im kleinen Wäldchen die Reste eines ehemaligen römischen Wachtpostens. Vermutlich stand hier nicht bloß ein gewöhnlicher Römerturm, sondern eine große Feldwache aus Stein. Hier folgt ihr rechts dem **Hollenhofweg** mit seinem eindrucksvollen Blick links zum dunkel ansteigenden Schurwald sowie hinab ins Remstal und zum Hohberg in westlicher Richtung. Wenn im Wald der Limeswanderweg links Richtung Pfahlbronn-Welzheim abzweigt, wandert ihr weiter auf dem **HW3** geradeaus Richtung Schelmenklinge durch den prächtigen Wald hinab auf die von Lorch kommende **Götzentalstraße,** der ihr nach rechts folgt. Dort, wo die Talwiesen vom Wald verdrängt werden, öffnet sich rechts der Eingang zum *Landschaftsschutzgebiet Schelmenklinge (Roter Strich),* eine urwüchsige, schmale Waldschlucht, in der überall Wasser rinnt und plätschert. Die zur Sommerzeit vom Schwäbischen Albverein Lorch aufgebauten und betreuten Wasserspiele verleihen der Klinge zusätzliche Anziehungskraft.

Am Ende der Schlucht verlasst ihr den Wald, überquert die Straße weiter dem Roten Strich folgend und wandert links auf dem Asphaltweg in den Lorcher Stadtteil **Bruck.** Sehr reizvoll ist der Blick nach rechts ins waldbedeckte Mühlbachtal und hinüber nach Alfdorf. Hinter Bruck habt ihr beim Wanderparkplatz den prächtigen Blick ins Götzental und auf dunkle Wälder, zum Klotzenhof und zum sich empor wölbenden Hohberg. Südlich und südöstlich – noch breiter gelagert als zuvor – der Nordalbtrauf bis zum Braunenberg mit dem dortigen Fernsehturm. Nach dem Wanderparkplatz weist der **Rote Strich** rechts auf den Weg Richtung Schillergrotte-Alfdorf, über den ihr am sanften Knollenmergelhang entlang abwärts zum Wald lauft und in Kürze in einem zerklüfteten Bergwinkel die vom Wasser aus dem Sandstein herausgemeißelte **Schillergrotte** erreicht.

Foto: Alice Selinger

Bei der Weggabel, an der ein mit Blauem Punkt markierter Weg nach Alfdorf beginnt, wandert ihr rechts mit der Markierung Roter Strich Richtung Hohler Stein – Brucker Tal hinab ins stille, abgeschiedene **Mühlbachtal.** Auf einem breiten Fahrweg geht ihr kurz nach links und gleich im Rechtsbogen talabwärts. Wo nach dem Moltenwaldbrunnen der Wanderweg Baden-Württemberg im Linksbogen Richtung Hohler Stein abschwenkt, folgt ihr dem Mühlbach-Talweg geradeaus (Rundweg 6) und erreicht bald die Häuser der Brucker Sägmühle. In dem idyllischen Tal geht es zunächst auf dem Sträßchen rechts mit der Markierung **Blauer Punkt** weiter. Wenn gleich nach der Bachbrücke der Blaue Punkt rechts aufwärts nach Bruck weist, bleibt ihr geradeaus auf dem unmarkierten Sträßchen. Das Tal des Schweizerbachs mit seinen erlengesäumten Bachschleifen präsentiert sich in wunderschönen Bildern. Bald verlasst ihr das Tal rechts auf dem **Hermann-Löns-Weg,** der in vielen Windungen durch die prächtigen Wälder zum Ausgangspunkt zurückführt.

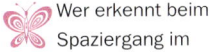

Immer schön den Überblick bewahren: Auf dem Hochsitz

Wer erkennt beim Spaziergang im Wald die meisten Baumsorten und ihre Blüten (im Frühling) oder Früchte (im Herbst)? Macht Fotos von allen unterschiedlichen Bäumen, dann könnt ihr zu Hause nachschlagen, wer Recht hatte.

Reiten und Spielen

In der Halle reiten oder über Stock und Stein

Reitanlage Härtsfeldhof, Martha Bruckmeyer, Hohenberg 3, 73441 Bopfingen-Hohenberg. ✆ 07362/5773, Fax 5763. www.haertsfeldhof.de. info@haertsfeldhof.de. **Auto:** ↗ Bopfingen, 2 km Richtung Neresheim, im Weiler Hohenberg beim 2. Hof rechts. **Zeiten:** Ganzjährig. **Preise:** Gruppen- 14 , Einzelstunde 23 €, Tagesausritt mit Picknick 75 €; Kinder 9 – 16 Jahre Gruppen- 11, Einzelstunde 23 €, Tagesausritt mit Picknick 60 €.
▶ Die moderne Reitanlage mit zwei Reithallen und einem Außenplatz bietet Möglichkeiten vom Ausritt über Reitunterricht bis hin zum Ablegen der einzelnen Reitabzeichen. Mehrere gut erzogene und brave Pferde verschiedener Größe warten auf euch.

Hunger & Durst
Im **Reiterstübchen** könnt ihr euch stärken!

Minigolf

Landgasthof Albblick, Johannes Stärk, Langestraße 66, 73453 Abtsgmünd-Pommertsweiler. ✆ 07963/ 218, 841910, Fax 1419. Handy 0173/6662327. www.landgasthof-albblick.de. info@landgasthof-albblick.de. **Bahn/Bus:** ↗ Abtsgmünd.
▶ Der kleine Platz ist außer bei Regen immer geöffnet.

Hunger & Durst
Landgasthof Albblick, ✆ 07963/218. Mi – Sa 9 – 14 und 17 – 23, So 9 – 22 Uhr. Mit Terrasse, Biergarten und Kinderspielplatz, schwäbischen Gerichten und eigener Kinderkarte.

Skifahren und Rodeln

Skizentrum Hirtenteich, 73430 Aalen. ✆ 07361/729-50, Fax 740627. www.hirtenteich.de. **Bahn/Bus:** B29 westlich von Aalen 7 km Richtung Essingen und Lauterburg. **Zeiten:** an Wochenenden und in den Ferien ab 9, sonst ab 14 Uhr. Ab 17 Uhr Flutlicht. **Preise:** Tageskarte 14 €, 3-Stundenkarte 9 €; Kinder bis 14 Jahre Tageskarte 9 €, 3 Std 6,50 €; Schüler Tageskarte 10 €, 3 Std 7,50 €. **Infos:** Schneetelefon ✆ 07365/5830.
▶ Im Skizentrum Hirtenteich warten 2 Schlepplifte und ein Kinderlift auf euch.

Skilift Sandberg, 73441 Bopfingen. ✆ 07362/3797, 80113. www.schwaebischealb.de. **Bahn/Bus:** ↗ Bopfingen. **Zeiten:** bei Schnee, auf Anfrage. **Preise:** 10er-Karte 5 €, 30er-Karte 13 €, 50er-Karte 19 €; Kinder bis 18 Jahre 10er-Karte 4 €, 30er-Karte 9 €, 50er-Karte 12,50 €. **Infos:** Schneetelefon ✆ 07362/3797.
▶ 340 m lange Abfahrt, Flutlicht und Skikurse.

Skilift Winterhalde, 73525 Schwäbisch Gmünd-Degenfeld. ✆ 07332/3935, 0162/5328940, Fax 309259. www.schwaebischealb.de. **Bahn/Bus:** Südlich von ↗ Schwäbisch Gmünd an der B466. **Zeiten:** Mo – Fr 14 – 21 Uhr (mit Flutlicht), Sa, So 9 – 17 Uhr, Klassenfahrten/Wintersporttage auch nach Anmeldung. **Infos:** Schneetelefon ✆ 07322/6530.
▶ 300 m lange Abfahrt, Flutlicht, Skikurse und Schanzenanlage. Der Skilift ist im Sommer als Sessellift in Betrieb.

Höhlen und Natur entdecken

Nach den Sternen schauen
Sternwarte, Schillerhöhe 2, 73430 Aalen. ✆ 07361/66337 (Herr Hoefer), 529027 (Sternwarte), Fax

Es muss nicht immer ein Schneemann sein! Baut doch mal eine Schneefamilie, also Schneemann, Schneefrau, Schneekinder und einen Schneehund.

UMWELT ER-FORSCHEN

▶ Damit sich die frühen mutigen Weltentdecker auf den Weiten des Ozeans überhaupt zurechtfinden konnten, wurde die Erde in 360 Längen- und 180 Breitengrade aufgeteilt. Der Breitengrad sagt aus, wie weit ein Ort vom Äquator entfernt ist. Die Längengrade verlaufen von Pol zu Pol. Einer von ihnen bildet den Nullmeridian; er geht durch Greenwich, eine Sternwarte bei London. Durch die Meridiane werden auch die Zeitzonen, in die die Erde aufgeteilt ist, bestimmt. Eine volle Umdrehung der Erde um 360 Grad (°) dauert 24 Stunden (') = 1440 Minuten (''). Also beträgt der Zeitabstand zwischen zwei Meridianen genau 4 Minuten. Orte gleicher Länge haben die gleiche Uhrzeit. ◀

10° 4' 47", 48° 50' 5"

521911. www.sternwarte-aalen.de. hh2aalen@net-scape.net. Nahe der Stadthalle beim Mahnmal auf der Schillerhöhe. **Bahn/Bus:** ↗ Aalen. **Zeiten:** Sep – April Fr 20 Uhr, Mai und Aug 21 Uhr. Ganzjährig So 15 – 17 Uhr Gruppenführung (ab 6 Pers) auf Anfrage. Termine nur bei klarem Himmel. **Preise:** Eintritt frei.

▶ Wollt ihr mal den Saturnring durchs Teleskop sehen, die Jupitermonde mit eigenen Augen betrachten oder die Sonnenflecken beobachten? Dann seid ihr in der Sternwarte goldrichtig. Und wer sich mit den geografischen **Koordinaten** auskennt: Die Sternwarte liegt auf 10° 4' 47'' östlicher Länge, 48° 50' 5'' nördlicher Breite und 467 m über dem Meer.

Geologischer Lehrpfad mit Aussicht

Urweltmuseum, Reichsstädter Straße 1, 73430 Aalen-Triumphstadt. ✆ 07361/6556, Fax 961339. www.urweltmuseum-aalen.de. **Länge:** 3,5 km Rundweg.
Bahn/Bus: ↗ Aalen. **Auto:** Ab Innenstadt entlang der Friedrichstraße und Julius-Bausch-Straße 2 km nach Süden zum Parkplatz Langertsteige.

▶ Auf dieser Rundwanderung könnt ihr sehen, wie sich im Laufe der Erdgeschichte verschiedene Gesteinsschichten gebildet haben, wie zum Beispiel Sandstein, Mergel oder Kalkstein. Erklärungen zu den Gesteinen, ihrer Entstehung und ihrem Fossilinhalt findet ihr auf Schautafeln am Rande des Weges. Wenn ihr den *Aalbäumlesturm* erreicht habt, müsst ihr nur 84 Stufen erklimmen, um eine tolle Aussicht auf die Aalener Bucht zu haben.

Natur- und Landschaftsschutzgebiete erkunden

NABU Ellwangen, Hariolf Löffelad, Holbach 19, 73479 Ellwangen. ✆ 07961/55122, **Bahn/Bus:** ↗ Ellwangen.
▶ Der Naturschutzbund Ellwangen hat eine übersichtliche Karte herausgegeben und darin die Naturschutzgebiete rund um Ellwangen beschrieben. Sie ist kostenlos bei Tourist-Information oder Natur-

Wie kann man Schlangen unterscheiden?

Wenn sie gut sehen, dann sind es See-schlangen. Wenn sie schlecht sehen, sind es Brillenschlangen. Wenn sie überhaupt nichts sehen, sind es Blind-schleichen.

schutzbund erhältlich. Mit der Karte könnt ihr seltene Tiere wie Uferschwalbe und Pflanzen wie Deutschen Enzian oder Trollblume entdecken.

Die Höhlen auf dem Rosenstein

Arge Rosenstein, Anmeldung: Gerhard Novak, 73540 Heubach. ✆ 07173/8203, www.karst.net. **Auto:** Westlich von ↗ Heubach über eine schmale Teerstraße. **Zeiten:** Führungen durch die Höhlen sind ab 8 Jahre in Gruppen möglich. 5-stündige Führung pro Person 3,80 €. 2-stündige Führung 2 €, inklusive Broschüre.

▶ Die **Große Scheuer** ist 40 m lang, 6 m breit und 10 m hoch. Ihre mächtigen Eingänge sind von einem Urfluss ausgewaschen worden. Sie sind so groß, dass ihr selbst in den entlegensten Winkeln noch ohne Taschenlampe sehen könnt. Die Große Scheuer ist über einen beschilderten Wanderweg vom Parkplatz am Rosenstein zu erreichen, der Abstieg durch die Felsenschlucht ist durch ein Geländer gesichert. Das **Haus** liegt nur 65 m weiter. Ihr tretet durch ein 10 m hohes Portal in einen riesigen Raum. In der hinteren Ecke liegt ein tonnenschwerer Felsklotz, den ihr nur mit einer Taschenlampe umrunden könnt. Dort hinten ist es nämlich stockfinster. Bei der Entdeckung dieser Höhle fanden die Forscher in mehreren Schichtlagen sehr viele außergewöhnliche Dinge: Gebrauchsgegenstände unserer Vorfahren, z.B. Keramikscherben von Tassen und Tellern oder Nadeln aus der Frühbronzezeit. Speerspitzen, Messer, eiserne Gerätschaften wie Breitbeil und Bügelschere oder Bernsteinperlen und Gürtelschloss erzählen von der römischen Zeit. Aus dem Mittelalter stammen Wirtschaftsgefäße, Nägel und Hufeisen.

Kleine Scheuer: Am östlichen Ortsende von Heubach beginnt der Franz-Keller-Weg, ein schmaler Wanderpfad, der in engen Serpentinen den Rosenstein hinaufführt. Unterhalb des Burgfelsens ist der Eingang zur Kleinen Scheuer. Im vorderen Teil ist ausreichend Tageslicht vorhanden, wenn euch auch das hintere

Foto: Kirsten Wagner

Achtung Fingerhut! Diese Pflanze ist giftig

Ihr müsst *feste Schuhe* anziehen und eine *Taschenlampe* mitnehmen. Beim Betreten der Höhlen niemals Fackeln oder Kerzen verwenden, denn der Ruß macht die Höhlendecke scheußlich schwarz und schadet den Kleinlebewesen. Sowieso klar ist, dass keiner etwas aus der Höhle mitnimmt oder seinen Abfall liegen lässt.

Gewölbe interessiert, braucht ihr eine Taschenlampe und müsst außerdem über einen 3 m hohen Steinblock klettern. Die **Drei-Eingang-Höhle** beginnt unterhalb des Sophienfelsens. Der rechte Eingang endet schon nach wenigen Metern. Durch den mittleren gelangt man in mehrere Felsenhallen (Taschenlampe mitnehmen!). Der linke Eingang führt in eine Halle, in die sich nur erfahrene Höhlengänger wagen sollten. Der Eingang zum **Finsterloch** liegt etwas versteckt südlich des Rosensteins. Er ist jedoch vergittert, damit darin lebende Vögel nicht dauernd gestört werden und die Pflanzen geschützt bleiben.

Zurück zur Natur: Landwerkstatt im Klotzenhof

Familie Kronmiller, Klotzenhof 6, Lorch. ℰ 07172/9152020, www.klotzenhof.de. **Bahn/Bus:** 2 km nördlich von ↗ Lorch.

▶ In unverbauter Landschaft, umgeben von Wald und Wiesen, werden hier Tiere gehalten, die alten, vom Aussterben bedrohten Nutztierrassen angehören. Hier leben Schafe, Ziegen, Hühner und Pferde. Von März bis Dezember finden Kurse für Kinder und Erwachsene statt, bei denen ihr den künstlerisch-handwerklichen Umgang mit Naturmaterialien lernt.

Zu essen gibt es selbst gemachte schwäbische Gerichte. Eigene Streuobstwiesen liefern Apfelsaft.

Happy Birthday!
Ihr könnt auf dem Klotzenhof euren Geburtstag feiern. Dazu könnt ihr zwischen z.B. einem Kutschfahrt- oder Walderlebnisgeburtstag wählen.

HANDWERK UND GESCHICHTE

Bahnen und Bergbahnen

Mit Volldampf übers Härtsfeld

Härtsfeld-Museumsbahn, Dischinger Straße 11, Neresheim. ℰ 07326/8149, 5755 (an Betriebstagen). www.neresheim.de. **Bahn/Bus:** ↗ Neresheim. **Zeiten:** Mai – Okt an jedem 1. So und an einigen Fei um 10.05 Uhr. **Preise:** 5 €; Kinder 6 – 14 Jahre 2,50 €.

▶ Eine Eisenbahnfahrt übers Härtsfeld, wie sie eure Großeltern vor 50 Jahren erlebt haben könnten: Ge-

© Härtsfeld-Museumsbahn

mächlich setzt sich der Dampfzug Härtsfeld-Schätte-re mit lautem Getöse in Bewegung. In gemütlicher Fahrt bewegt er sich durch Wald und Wiesen, vorbei an Wacholderheiden und Getreidefeldern. Endstation ist der Bahnhof Sägmühle, wo der Zug mit laut quiet-schenden Bremsen zum Stehen kommt. Von hier aus kann man in 2 Stunden eine Wanderung zum Härts-feldsee und zurück unternehmen und dann wieder mit dem Dampfzug zurück nach Neresheim fahren. Wer anschließend noch Lust und Zeit hat, kann sich im Bahnhofsgebäude eine Ausstellung über die Ge-schichte der Härtsfeldbahn anschauen.

TschuTschu macht die Härtsfeldbahn: Herr Mau reist als blinder Passagier mit

@ Den aktuellen Fahrplan der Museumsbahn findet ihr im Internet unter www.hmb-ev.de.

Die Königlich Bayerische Staatsbahn

Bayerisches Eisenbahnmuseum, Am Hohen Weg 6a, 86720 Nördlingen. ✆ 09083/340, Fax 388. www.bayerisches-eisenbahnmuseum.de. ries-ex-press@bayerisches-eisenbahnmuseum.de. **Bahn/Bus:** ↗ Neresheim, vom Bhf über Unterführung oder Fußgän-gerbrücke zur Straße Am hohen Weg. **Zeiten:** März, April Sa 12 – 16, So 10 – 17 Uhr, Mai – Sep Di – Sa

12 – 16, So 10 – 17 Uhr, Okt Sa 12 – 16, So 10 – 17 Uhr. **Preise:** 5 €; Kinder 2,50 €.

▶ Das Museum befindet sich in den Hallen des einstigen Lokdepots der Königlich Bayerischen Staatsbahn. Über 100 Originalfahrzeuge, davon allein 25 Dampflokomotiven, sind dort zu bewundern. Dabei geht es den Betreibern darum, einen realistischen Eisenbahnbetrieb zum »Anfassen, Miterleben und Fühlen« zu bieten. Die Anlagen und Werkstätten funktionieren noch und vermitteln das besondere Flair der 50er Jahre.

Burgen und Schlösser

Schloss Baldern im Ries

Bopfingen-Baldern. ✆ 07362/96880. www.fuerst-wallerstein.de. **Bahn/Bus:** ↗ Bopfingen ZOB Bus 7865 bis Baldern Kirche, dann ca. 1 km zu Fuß. **Auto:** 1 km nördlich von ↗ Bopfingen nach Baldern. Das Schloss ist nach 6 km erreicht. **Zeiten:** Führungen Mitte März – Okt Di – So 10 – 17 Uhr stündlich, sonst Gruppenführungen nach Voranmeldung. **Preise:** 5 €; Kinder 6 – 16 Jahre 3 €. **Infos:** Kinderführungen auf Anfrage.

▶ Der Fürstensitz wurde auf den Resten einer mittelalterlichen Burg erbaut. Die Gemächer sind prachtvoll und immer noch mit den alten Originalmöbeln eingerichtet. Im Schloss könnt ihr viele Ritterrüstungen betrachten. Die große Waffensammlung zeigt euch Ausstellungsstücke aus Europa aus 5 Jahrhunderten. Zu sehen sind unter anderem Stangenwaffen, Gewehre, Pistolen und Fahnen. Das Brunnenhaus hat seinen eigenen Reiz: In einem 80 m tiefen Brunnenschacht liefert eine Quelle Wasser. Der Führer zeigt euch wie tief der Brunnen ist, indem er etwas Wasser in den Schacht schüttet. Es dauert ganze 9 Sekunden, bis ihr es unten plätschern hört. Ihr könnt an einem **Schlossquiz** teilnehmen; dazu bekommt ihr an der Kasse ein Blatt mit Fragen. Wenn

Schon gewusst? Früher gab es den Beruf des Brunnenputzers. Das war schwere Arbeit, da alles, was im Laufe des Jahres in den Brunnen gefallen war, herausgeholt werden musste. Dort war es eng und dunkel. Schnell wurde die Luft in der Tiefe dünn und reichte kaum zum Atmen. Im Schwäbischen gibt es für jemanden, der schwer gearbeitet hat, den Spruch: »Der hot gschaffet wia Brunnaputzer«.

ihr beim Rundgang durch das Schloss gut aufpasst, könnt ihr diese leicht beantworten. Außerdem könnt ihr bei einer Naturführung im Schlosspark mitmachen, wo ihr viel Wissenswertes über Natur und Tiere erfahrt.

Bei den Rittern auf der Kapfenburg

Lauchheim. ✆ 07363/9618-0. www.schloss-kapfenburg.de. Oberhalb von ↗ Lauchheim. **Bahn/Bus:** Bhf Lauchheim Bus 109 nach Stern, Lauchheim-Hülen. Oder 2 km Fußweg von Lauchheim aus. **Auto:** Von der Ortsmitte ↗ Lauchheim auf der Bahnhofstraße die Bahnlinie unterqueren, dann rechts der Beschilderung folgen. **Zeiten:** Führungen April – Sep So und Fei 14.30 Uhr, Besichtigung sonst nach telefonischer Vereinbarung. **Preise:** 3 €; Kinder bis 16 Jahre 2 €.

▶ Auf einer Felskuppe am Nordrand des Härtsfelds liegt weithin sichtbar Schloss Kapfenburg. Schon vor fast 1000 Jahren wurde der Bau dieser Burg mit einem Haus, das Grombergbau heißt und heute noch zu sehen ist, begonnen. Die viel größeren Gebäude drum herum sind erst 500 Jahre später im Mittelalter dazu gekommen. Am schönsten ist der Rittersaal, dessen Decke mit **Stuck** prachtvoll verziert ist. An den Wänden könnt ihr Gemälde von Rittern in voller Montur bewundern.

In dem Schloss ist die Internationale Musikschulakademie untergebracht. Wenn ihr Glück habt, könnt ihr einen Chor oder ein Orchester bei den Proben hören.

Die Burg der Kelten: Ruine Rosenstein

Heubach. ✆ 07173/181-0, Fax 181-49. www.heubach.de. info@heubach.de. **Auto:** Schmale Teerstraße westlich von ↗ Heubach. **Rad:** 15 Min von Heubach.

▶ Vor ganz langer Zeit, etwa 1200 bis 500 v.Chr., lebten die Kelten in dieser Gegend. Das war ein hoch entwickeltes Volk, das in Mitteleuropa siedelte. Um sich vor ihren Feinden zu schützen, errichteten die

Hunger & Durst

Schloss-Schenke Zum Marstall, In den historischen Stallungen, 73441 Bopfingen-Baldern. ✆ 07362/ 9213-98. Reservierung unter ✆ 07362/9688-0.

Dr. Reiner Knizia: Was ist was Junior: Kartenspiel Ritterburg. Hier könnt ihr den Alltag auf einer Burg kennen lernen. ISBN 3-7886-1612-0, 9,95 €.

Die reliefartigen Verzierungen an Gewölben, Decken, Wänden und Fassaden nennt man **Stuck**, *wenn sie aus Gips, Kalk, Sand und Leimwasser modelliert sind.*

DIE OSTALB

Hunger & Durst

Waldschenke, Auf dem Rosenstein, 73540 Heubach. ✆ 07173/ 2372, Ostern – Nov ab 10 Uhr, Do Ruhetag, Nov – Ostern Mi, Sa und So ab 10 Uhr. Hausmacherspezialitäten sowie Kaffee und selbst gebackenen Kuchen.

Kelten mehrere *Ringwälle* auf dem Rosenstein. Relikte dieser gewaltigen keltischen Fliehburg sind heute noch zu erkennen. Lange Zeit später – im Mittelalter – wurde an dieser Stelle die Burg Rosenstein gebaut. Ihre Ruine könnt ihr jederzeit besichtigen.

Museen und Stadtführungen

Die Grenze der Römer: Limesmuseum

Sankt-Johann-Straße 5, 73430 Aalen. ℰ 07361/ 528287-0, Fax 528287-10. www.limesmuseum.de. limesmuseum.aalen@t-online.de. **Bahn/Bus:** ↗ Aalen. **Zeiten:** Di – So, Fei 10 – 17 Uhr, 24.12., 25.12., 31.12. und 1.1. geschlossen. **Preise:** 4 €; Kinder 6 – 16 Jahre 3 €; Familienkarte 9,50, Gruppen ab 15 Personen je Person 3 €. **Infos:** Jeden 1. Sa im Monat 14.30 Uhr kostenlose Führung.

▶ Der obergermanisch-rätische Limes bildete im 2. und 3. Jahrhundert n.Chr. auf einer Länge von 550 km zwischen Rhein und Donau die Grenze des Römischen Reiches zu Germanien. Viele tausend Soldaten waren entlang dieser Linie in Kastellen stationiert. Das größte Reiterkastell nördlich der Alpen und einer der wichtigsten Standorte am **rätischen** Limes befand sich im heutigen Aalen. Auf der Hauptstraße des ehemaligen Kastells steht heute das Limesmuseum. Zahlreiche Funde und Miniaturmodelle zeigen euch, wie die Menschen in der Römerzeit gelebt haben. Für Kinder besonders spannend sind die vielen Kurzhörspiele, Filme und interaktiven Computeranimationen. Gleich neben dem Eingang könnt ihr euch wie Römer verkleiden und in einem großen Spiegel betrachten. Probiert doch auch mal das Kettenhemd an, dann wisst ihr, wie schwer es damals gewesen sein muss, diesen Schutzpanzer die ganze Zeit an sich zu tragen. Ihr findet dort auch Bastelsachen und Malzeug.

*Die **Räter** bewohnten das Gebiet zwischen Graubünden, Tirol und dem Alpenvorland bis zur Schwäbischen Alb. Sie waren vorkeltische Indogermanen und wurden unter Kaiser Augustus 15 v.Chr. von den Römern besiegt.*

Fossilien zuhauf: Urweltmuseum

Reichsstädter Straße 1, 73430 Aalen. ✆ 07361/6556, Fax 528287-10. www.urweltmuseum-aalen.de. info@urweltmuseum-aalen.de. **Bahn/Bus:** ↗ Aalen. **Zeiten:** Di – So 10 – 12 und 14 – 17 Uhr. **Preise:** 2 €; Kinder 4 – 14 Jahre 1,50 €; Familienkarte 5 €. **Infos:** Kindergeburtstag im Museum ✆ 07361/6556.

▶ Vor vielen Millionen Jahren herrschte auf der Schwäbischen Alb ein tropisch warmes Klima. An der Stelle, an der ihr heute steht, war ein großes Meer. Als sich der Boden hob, und das Wasser abfloss, starben zahlreiche Muscheln und Schnecken und andere Tiere, und ihre Körper und Panzer versteinerten. Hier im größten Fossilienmuseum Süddeutschlands könnt ihr euch ein Bild von der damaligen Tierwelt machen. Es gibt versteinerte Saurier, Tintenfische und Riesenammoniten zu bestaunen. Ammoniten sind ausgestorbene Kopffüßler mit einem Kalkpanzer, sie sehen wie versteinerte Schnecken aus. Wenn ihr anschließend selbst nach Fossilien suchen wollt, könnt ihr in den ehemaligen Kalksteinbrüchen

☀ Das Museum veranstaltet Geologiewochenenden mit Steinbruchführungen, Info unter ✆ 07361/6556.

So nah kommt man den großen Dinos nur selten: Im Urweltmuseum könnt ihr ihnen in die Nasenlöcher blicken

© Urweltmuseum Aalen

am *Braunenberg* oberhalb von Wasseralfingen mit etwas Glück schöne Stücke finden. Wie ihr dabei vorgeht, wird in einem Videofilm im Museum anschaulich gezeigt.

Besucherbergwerk: Tiefer Stollen

Erzhäusle 1, 73433 Aalen-Wasseralfingen. ✆ 07361/970249, Fax 970259. www.bergwerk-aalen.de. tiefer-stollen@aalen.de. **Bahn/Bus:** ↗ Aalen. **Zeiten:** Mitte März – Anfang Nov Di – So 9 – 12 und 13 – 16 Uhr, an Fei auch Mo geöffnet. **Preise:** 6 €; Kinder 4 – 16 Jahre 4,50 €; Familienkarte ab 18 €.

▶ Von 1608 bis 1939 wurde im Braunenberg Eisenerz abgebaut. Im Reich des Berggeists stehen heute die interessantesten Stollen, Schächte und Gänge als Schaubergwerk und für Atemkuren offen. Ein Erlebnis ist schon die Einfahrt auf der Grubenbahn in die riesigen Sandsteinhallen, in denen Bergleute Formsand und Bausteine gewannen. Dort seht ihr eine Multivisionsschau über Abbauverfahren, Eisengewinnung, Gießereitechnik und die Geschichte des Bergbaus im Raum Aalen. Beim 800 m langen Rundgang durch die Stollen bekommt ihr eine Ahnung davon, was für eine harte Arbeit die Bergleute verrichten mussten. Versucht euch mal in die Lage der Bergmänner zu versetzen, die hier jeden Tag in den tiefen, dunklen und engen Stollen das Erz abbauten.

Rund ums Eisen

Museum Wasseralfingen, Bürgerhaus, Stefansplatz 5, 73433 Aalen-Wasseralfingen. ✆ 07361/52-1021, 979143, Fax 52-3919. www.museen-aalen.de. museen@aalen.de. **Bahn/Bus:** ↗ Aalen, Bus Stephanuskirche. **Zeiten:** Sa, So, Fei 13 – 17 Uhr, bei Sonderausstellungen auch Do, Fr 14 – 17 Uhr. **Preise:** Eintritt frei.

▶ Im Ambiente der ehemaligen Schule gibt es im Museum Wasseralfingen neben Kunst und Ortsgeschichte auch Sonderausstellungen zu sehen.

Foto: Ingrid Retterath

Steht er mir? Egal, im Bergwerk ist ein Helm zum Schutz immer Pflicht

Die Führung dauert etwa 1,5 Std bei circa 11 Grad. Warme Kleidung und festes Schuhwerk mitnehmen.

Apotheke der früheren Reichsstadt

Historische Kräuterkammer, Hauptstraße 8, 73441 Bopfingen. ✆ 07362/96340, Fax 963419. www.ostalbkreis.de, unter Landkreis, Kunst und Kultur. reichsstadt-apotheke@t-online.de. **Bahn/Bus:** ↗ Bopfingen. **Zeiten:** Mo – Fr 9 – 12 und 14 – 18 Uhr sowie nach telefonischer Vereinbarung. **Preise:** Eintritt frei.

▶ In der Reichsstadt-Apotheke von 1720 findet ihr eine historische Kräuterkammer. Dort wurden **Heilkräuter** aufbewahrt, gewogen, gehackt oder zerstoßen und zu Pulver, Tee oder Salben verarbeitet. In der Kräuterkammer seht ihr die alte Einrichtung von damals und verschiedene Geräte zum Verarbeiten der Heilkräuter, wie Mörser oder Hackmesser. Auch die alten Kräuterbehälter sind noch da, allerdings ohne Inhalt.

Heilkräuter sind Pflanzen, die bei bestimmten Krankheiten helfen können, z.B. hilft ein Kamillentee bei Magenschmerzen oder ein Pfefferminztee bei Erkältung.

Das Seelhaus

Städtisches Museum, Spitalplatz 1, 73441 Bopfingen. ✆ 07362/80129, 3855, Fax 80150. www.bopfingen.de. f.sutschek@bopfingen.de. **Bahn/Bus:** ↗ Bopfingen. **Zeiten:** März – Okt Di – Fr 14 – 16 Uhr, Sa, So und Fei 14 – 17 Uhr, Nov – Feb Sa, So und Fei 14 – 17 Uhr. **Preise:** 1,50 €; Kinder 0,50 €; Familienkarte 3 €. **Infos:** Besuche außerhalb der Öffnungszeiten sowie Führungen nach telefonischer Vereinbarung unter ✆ 07362/3855 oder 8010 möglich.

▶ Das Seelhaus ist ein Fachwerkbau von 1505. In diesem Gebäude wurden früher von sogenannten Seelschwestern alte und bedürftige Menschen gepflegt. Lange danach entstanden Wohnungen im Seelhaus. Dann wurde es restauriert, und heute ist das Städtische Museum darin untergebracht. Die zweistöckige Dauerausstellung zeigt mit vielen Ausstellungsstücken und Schautafeln die Geschichte der Region von der Steinzeit bis ins 19. Jahrhundert. Im Mittelpunkt der Funde aus der **Keltenzeit** steht der Berg *Ipf*. Dokumente über die Geschichte Bopfingens als Reichsstadt informieren über das spätere

Die Kelten siedelten vor den Römern in großen Teilen Europas und wurden später von diesen vertrieben oder versklavt.

Mittelalter. Den Übergang zum Industriezeitalter illustrieren die Schaustücke zur Leder- und Leinenherstellung.

Geschichte der Juden im Ostalbkreis

Historisches Museum, Lange Straße 13, 73441 Bopfingen-Oberdorf. ✆ 07362/801-29, 7842, Fax 801-50. www.bopfingen.de. **Bahn/Bus:** ↗ Bopfingen. **Zeiten:** März – Okt Sa, So und Fei 14 – 16 Uhr und nach telefonischer Vereinbarung, Führungen ab 10 Pers. **Preise:** 2 €; Kinder 1 €. **Infos:** Führungen sind auf Anfrage möglich.

▶ In der alten **Synagoge** Oberdorf ist das Museum zur Geschichte der Juden im Ostalbkreis untergebracht. Es beschäftigt sich auch mit der einst größten jüdischen Gemeinde Ostwürttembergs. 28 Bild- und Texttafeln und Objekte in vier Vitrinen informieren über die Ereignisse der jüdischen Geschichte. Durch die Darstellung erfahrt ihr, wo die deutschen Juden herkamen und wie sie bis zur Zeit der **Shoa** lebten. Das Haus ist auch Gedenk- und Begegnungsstätte.

Bäuerliche Technik und Kultur

Heimatstube Trochtelfingen, Ostalbstraße 54, 73441 Bopfingen-Trochtelfingen. ✆ 07362/801-29, Fax 801-50. www.bopfingen.de. **Bahn/Bus:** ↗ Bopfingen. **Zeiten:** März – Okt So 14 – 16 Uhr und nach telefonischer Vereinbarung, Führungen ab 10 Pers. **Preise:** 1,50 €; Kinder 0,50 €; Familienkarte 3 €.

▶ Im Erdgeschoss des alten **Rathauses** seht ihr die Geschichte des Ortes auf Tafeln dargestellt. Ihr könnt in mehrere komplett eingerichtete Stuben schauen und euch vorstellen, wie man dort im 19. und 20. Jahrhundert gelebt hat. Werkzeuge und Geräte des bäuerlichen Handwerks findet ihr im Obergeschoss. Ganz oben unter dem Dach seht ihr dann die Hauswirtschaftsgeräte, die von den Bauern rund ums Jahr gebraucht wurden.

Synagoge heißt das Versammlungshaus der jüdischen Gemeinde für den Gottesdienst. Das hebräische Wort Shoa bedeutet »Völkermord« und bezieht sich auf die Zeit des Nationalsozialismus (1933 – 45). Die Nazis ermordeten rund 6 Millionen Juden.

Das Rathaus ist das Verwaltungs- und Repräsentationsgebäude einer Stadtgemeinde. Bürgermeister oder Bürgermeisterin haben dort ihr Büro.

Fernrohre für Astronauten

Optisches Museum, Carl-Zeiss-Straße 22, 73447 Oberkochen. ✆ 07364/20-0, Fax 20-3370. www.oberkochen.de. **Bahn/Bus:** ↗ Oberkochen. **Zeiten:** Mo – Fr 9 – 17, So 9 – 12 Uhr. **Preise:** Eintritt frei.

▶ Das Museum ist im Ausstellungszentrum des Zeiss-Hochhauses untergebracht. Es zeigt über 700 Jahre Geschichte der optischen Geräte. Die Sammlung unterschiedlicher Sehhilfen ist groß. Darunter befindet sich die Brille, die *Eduard Mörike* beim Verfassen seiner Gedichte trug. Interessant zu sehen sind die Instrumente zum Vermessen der Erde. Die Entwicklung des Fernrohrs und des Fernglases seit dem 17. Jahrhundert ist übersichtlich dargestellt, und ihr erfahrt etwas über die Entwicklungsgeschichte fotografischer Objektive und wie sich die Technik des Mikroskops gewandelt hat. Außerdem seht ihr optische Geräte, die die Astronauten im Weltraum und auf dem Mond benutzt haben.

Aus der Geschichte des Härtsfelds

Härtsfeldmuseum, Hauptstraße 22, 73450 Neresheim. ✆ 07326/8115, 8149. www.neresheim.de. **Bahn/Bus:** ↗ Neresheim. **Zeiten:** April – Okt So 13.30 – 16 Uhr und nach telefonischer Vereinbarung. **Preise:** 1,50 €; Kinder 4 – 14 Jahre 0,50 €.

▶ In dem ehemaligen Vogtshaus erhaltet ihr Einblick in die Geschichte der Stadt Neresheim. Doch richtig interessant für euch wird's erst im 2. Stock, wo ihr altes Spielzeug wie Schaukelpferd, Puppenwagen oder Schlitten findet. Und: Im Eingangsbereich ist extra für euch eine Spielecke eingerichtet.

Auf den Spuren alamannischer Ahnen

Alamannenmuseum Ellwangen, Haller Straße 9, 73479 Ellwangen. ✆ 07961/969747, Fax 969749. www.alamannenmuseum-ellwangen.de. alamannenmuseum@ellwangen.de. **Bahn/Bus:** ↗ Ellwangen, westlich des Bhfs durch die Unterführung. An der Jagst den

Manfred Waßner: *Kleine Geschichte Baden-Württembergs.* Von der Steinzeit über die Römer bis hin zum Entstehen Baden-Württembergs sind alle wichtigen Ereignisse beschrieben. Theiss Verlag, 176 Seiten, 19,90 €.

Fluss überqueren. **Auto:** An der B290. **Rad:** Am Kocher-Jagst-Radweg. **Zeiten:** Di – Fr 10 – 12.30 und 14 – 17 Uhr, Sa, So und Fei 10 – 17 Uhr. **Preise:** 2,50 €; Kinder 6 – 18 Jahre 1,50 €. **Infos:** Archäologisches Museum, Träger Stadt Ellwangen.

▶ Das Museum befindet sich im Gebäude der Nikolauspflege. Dort wurden früher arme und kranke Menschen gepflegt. Auf drei Stockwerken werdet ihr erfahren, wie in mittelalterlicher Zeit der Alltag der *Alamannen,* ihre Handwerkskunst und die Rituale um Leben und Sterben der einfachen Leute aussahen. Sie waren gute Reiter, Schreiner, Drechsler, Weber, Goldschmiede oder Bauern. Neben den Originalfunden gibt es interaktive Medien und bewegte Bilder zum Mitmachen. Danach könnt ihr noch in den Museumsgarten mit Nikolauskapelle gehen oder in den Museumsshop und die Cafeteria.

Ellwangen für junge Nachtschwärmer

Tourist-Information, Spitalstraße 4, 73479 Ellwangen. ☏ 07961/84303, Fax 55267. www.ellwangen.de. tourist@ellwangen.de. **Auto:** ↗ Ellwangen, im Zentrum. **Preise:** Stadtführung 4 €, Candle-Light-Führung 7 €; Stadtführung für Kinder unter 16 Jahre in Begleitung der Eltern frei, Candle-Light-Führung 7 €.

▶ Anfang Juni bis Ende September veranstaltet die Tourist-Information verschiedene Stadtführungen. Sehr hübsch sind die Candle-Light-Führungen, bei denen man spät abends im Schein von Lampions die Innenstadt erkundet. Dafür muss man sich bei der Tourist-Information anmelden. In den Sommerferien werden weitere Stadtführungen extra für Kinder angeboten.

Schwäbisch Gmünd für Kinder

i-Punkt am Marktplatz, Marktplatz 37/1, 73525 Schwäbisch Gmünd. ☏ 07171/603-4250, Fax 603-4299. www.schwaebisch-gmuend.de. tourist-info@schwaebisch-gmuend.de. **Länge:** 1,5 Std, Startpunkt nach Ab-

Die Alamannen oder Alemannen waren westgermanische Völker, die zur Zeit der großen Völkerwanderung von 500 n.Chr. in Europa, besonders in Südwestdeutschland, in der Schweiz und im Elsass lebten. Von ihrer Sprache stammt die schwäbische Mundart ab. Orte, die von den Alamannen gegründet wurden, enden entweder auf -ingen oder auf -heim.

Jeden 2. Sa im Monat findet eine Schlossführung statt!

sprache. **Bahn/Bus:** ↗ Schwäbisch Gmünd. **Preise:** für Gruppen bis 20 Pers 40 € (1 Std), 55 € (1,5 Std); für Kinder 4 – 14 Jahre. **Infos:** Anmeldung und Organisation im i-Punkt am Marktplatz.

▶ Der Stadtrundgang speziell für Kinder soll zu einer spannenden Reise durch die Geschichte der Stadt werden. Ein besonderer Höhepunkt ist die Besteigung des **Königturms,** der als Hochwacht, aber auch als Verlies für Halunken und vermeintliche Hexen diente.

Gang durch die Geschichte

Museum im Prediger, Johannisplatz 3, 73525 Schwäbisch Gmünd. ℰ 07171/603-4130, Fax -4129. www.museum-galerie-fabrik.de. museum@schwaebisch-gmuend.de. **Auto:** ↗ Schwäbisch Gmünd, im Zentrum. **Zeiten:** Di, Mi, Fr 14 – 17, Do 14 – 19, Sa und So 11 – 17 Uhr. **Preise:** Sammlung 3. Stock 2 €, Sonderausstellung 3,50 €; Kinder Sammlung 3. Stock 1 €, Sonderausstellung 2,50 €.

▶ Das Kunstgewerbemuseum im ehemaligen Dominikanerkloster vermittelt einen Überblick über die Kunst- und Kulturgeschichte verschiedener Epochen. Zu sehen sind Gesteinsabformungen eiszeitlicher Lebewesen, Funde aus der Römer- und Stauferzeit, Architekturfragmente romanischer und gotischer Kirchenkunst, Portraitkunst der Renaissance und des Barock bis hin zur Malerei der Neuzeit. Außerdem ist hier der Kirchenschatz aus dem Heilig-Kreuz-Münster zu bewundern.

In der Kinderwerkstatt des **Silberwaren- und Bijouteriemuseums** in der Ott Pauserschen Fabrik könnt ihr euren eigenen Schmuck herstellen. Ihr lernt an speziell gesicherten Pressen und Walzen den Umgang mit Materialien und Techniken der Schmuckherstellung. Anmeldung bei Annemarie Wieser, ℰ 07171/38910. 15 € pro Kind.

DIE OSTALB

Dokumentation des Meteoriteneinschlags

Rieskratermuseum, Eugene-Shoemaker-Platz 1, 86720 Nördlingen. ℰ & Fax 09081/2738220. www.rieskrater-museum.de. rieskratermuseum@noerdlingen.de. **Bahn/Bus:** ↗ Aalen RB Richtung Donauwörth. **Auto:** Über B29 östlich von Bopfingen. **Zeiten:** Mai – Okt Di – So 10 – 16.30 Uhr, Nov – April 10 – 12, 13.30 – 16.30

☀ Mit der **Museum-scard** kann man den Daniel – so heißt der Kirchturm der St.-Georgskirche – Stadt-mauer-, Stadt- und ↗ Rieskratermuseum einmalig besuchen. Sie kostet für Erw 7,50 € und für die ganze Familie 16 €. Die Karte ist zeitlich unbefristet, man muss also nicht alles an einem Tag besichtigen.

🦉 *Suevia ist der lateinische Name für Schwaben. Der Suevit ist also so etwas wie der »Schwabenstein«.*

Uhr. **Preise:** 4 €; Kinder 4 – 14 Jahre 1,50 €; Familienkarte 8,50.

▶ Durch ein gewaltiges Naturereignis entstand vor 15 Mio Jahren das Ries. Ein Meteorit von 1200 m Durchmesser schlug mit 100.000 km/h auf der Erde ein. Es entstand ein fast runder Krater von etwa 25 km Durchmesser. Der Einschlag setzte so große Hitze frei, dass der Meteorit vollständig verdampfte. Das Ries ist nicht nur der größte Meteoritenkrater Europas, sondern auch der am besten erhaltene und heute am besten erforschte Krater der Erde. Das Ries befindet sich nördlich der Donau zwischen der Schwäbischen Alb im Westen und der Fränkischen Alb im Osten. Noch heute kann man an den verschiedenen Gesteinsarten das Naturereignis nachvollziehen. Deshalb ist die Gegend für Geologen und Mineralogen besonders interessant. Sogar die Besatzungen von Apollo 14 und 17 kamen wegen des »mondähnlichen« Gesteins »Suevit« zum Feldtraining ins Ries.

Das geologische Spezialmuseum ist in einem restaurierten mittelalterlichen Scheunengebäude untergebracht und informiert über die Entstehung von Einschlagkratern. Illustriert wird dies mit verschiedenen Fundstücken u.a. aus dem Nördlinger Ries und mit Videovorführungen. Sogar ein echter Meteorit ist zu sehen.

Stadtbummel durch Nördlingen

Tourist-Information, Marktplatz 2, 86720 Nördlingen. ☎ 09081/84116. www.noerdlingen.de. **Bahn/Bus:** ↗ Aalen RB Richtung Donauwörth. **Auto:** Über B28, von Norden über B466. **Rad:** Härtsfeldradweg von Lauchheim oder Neresheim. **Zeiten:** Karsamstag – 1. Nov einstündige Stadtführung um 14 Uhr ab Tourist-Information. **Preise:** 3 €; Kinder bis 12 Jahre kostenlos.

▶ In den alten und engen Gassen rund um die Georgskirche lebten und arbeiteten früher Handwerker in Berufen, die es längst nicht mehr gibt. Es war die

Zeit der Lodenweber, Gerber und Färber. In den stattlichen Bürgerhäusern lebten reiche Kaufleute und Händler. Ein mittelalterlicher Beruf ist jedoch bis heute bestehen geblieben. Der Turm der St-Georgs-Kirche ist nämlich immer noch von einem Türmer besetzt. Im Mittelalter musste er immer gut aufpassen, um beim Ausbruch eines Feuers sofort Alarm schlagen zu können. Außerdem hatte er die Aufgabe, alle fremden Personen zu melden, die in die Stadt wollten. Heute ruft der Türmer von Nördlingen abends von 22 bis 24 Uhr jede halbe Stunde den Spruch »So G'Sell so« vom Turm, der seinen Ursprung in einer Legende hat.

Auf dem Wehrgang der Stadtmauer könnt ihr die historische Innenstadt umrunden und dabei 11 Türme zählen. Das dauert ungefähr 1,5 Stunden.

Wie die Korallen auf die Alb kamen

Korallen- und Heimatmuseum, Alte Schule, Neresheimer Straße 9, 89564 Nattheim. ✆ 07321/73248, 9784-0, Fax -32. www.nattheim.de. info@nattheim.de. **Bahn/Bus:** ↗ Nattheim. **Zeiten:** So 14 – 17 Uhr und nach telefonischer Anmeldung. **Preise:** Eintritt frei. **Infos:** Führungen für Gruppen und Einzelbesucher nach Vereinbarung.

▶ In der Alten Schule zu Nattheim sind Funde ausgestellt, mit denen ihr im ersten Moment wohl nicht gerechnet hättet. Vor 140 Mio Jahren war hier ein Korallenriff des Jurameeres. Darin lebten neben Schwämmen und Korallen Fische, Muscheln, Seeigel, Seelilien und Schnecken. Die starke Verdunstung unter tropenheißem Klima und das salzreiche Bodenwasser haben dann die Tiere absterben lassen und teilweise konserviert. Im Bereich Nattheims sind sie besonders gut erhalten. Der Verwitterungsprozess und Temperaturunterschiede über lange, lange Zeit haben die Skelette der Korallen an der Erdoberfläche freigesetzt. Ein zweites Thema im Museum ist die Lokalgeschichte um Nattheim.

1440 wollte Graf Hans von Oettingen Nördlingen erobern. Um unbemerkt in die Stadt zu gelangen, bestach er einen Turmwächter mit Geld, damit dieser nachts das Löpsinger Tor offen ließ. Als eine Webersfrau in der Nacht nach draußen ging, bemerkte sie das offene Tor, da sich ein entflohenes Schwein daran rieb. Daraufhin rief sie »So G'Sell so«, was als Drohung gegen den verräterischen Torwächter zu verstehen ist.

Hunger & Durst

Adlerstube, Familie Mack, Nereshemer Straße 8 – 16, 89564 Nattheim. ✆ 07321/ 98767-0. www.metzgerei-mack.de. Mo – Fr 10 – 22 Uhr, Sa 10 – 13 Uhr. Obst und Gemüse aus einheimischen Anbaugebieten, schwäbische Küche, Verkaufstheke für Wurst, Käse, Pralinen und Brot.

FESTKALENDER

Januar: Mo – Mi nach Dreikönig, Ellwangen: **Kalter Markt,** einer der ältesten Pferdemärkte Süddeutschlands.

Fasnacht: Bopfingen: **Rosenmontagsumzug** durch den Ortsteil Schlossberg.

Neresheim: **Schwäbisch-Alemannische Fasnacht.**

Schwäbisch Gmünd: **Internationales Guggenmusiktreffen.**

So, Dischingen: Faschingsumzug um 13.33 Uhr.

Mai: Berghülen: **Berghüler Mairock** mit deutschen und internationalen Rockbands. www.mairock.com.

Pfingsten: Mo, Nattheim: **Kinderfest.**

Juni: 2. Wochenende, Schwäbisch Gmünd: **Stadtfest,** mit traditionellem Vierzigerfest (Altersgenossenfest).

Letzter Sa, Bopfingen: **Rutenfest,** großes Kinderfest.

Letztes Wochenende, Neresheim: **Stadtfest,** historisches Fest in der Altstadt mit Kultur, Spiel und Spaß sowie Kulinarischem aus der Region.

Letztes Wochenende vor den Sommerferien, Ellwangen: **Heimattage.**

Juli: 1. Sa, Bopfingen: **Ipfmesse,** Messe auf dem markanten Berg nahe der Stadt.

2. Wochenende, Dischingen: **Ulrichsmarkt.**

August: Alle 2 Jahre, Bartholomä: **Rosstag.**

September: 2. Wochenende, Aalen: **Reichsstädter Tage,** großes Stadtfest.

3. Wochenende, Ellwangen: **Pferdetage.**

November: 1. Wochenende, Nattheim: **Martinimarkt.**

Dezember: Silvesterabend, Westhausen: **Silvesterritt,** Reiterprozession zum Jahreswechsel.

STAUFERLAND

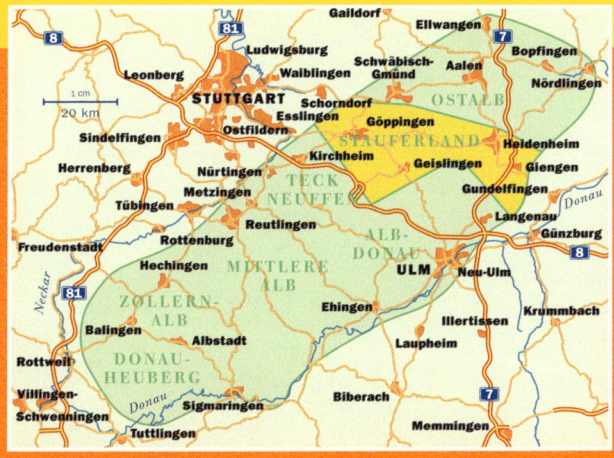

Das Stauferland bezeichnet die Gegend rund um Göppingen, Geislingen und Heidenheim. Die Zeit der Staufer im 12. und 13. Jahrhundert prägt bis heute das Bild der gesamten Region am nördlichen Rand der Schwäbischen Alb. Unter Kaiser Friedrich I., wegen seines roten Bartes besser bekannt als »Barbarossa«, wurden zahlreiche Städte, Burgen und Klöster gegründet.

Daneben zeugen Urweltfunde in mehreren Museen von der Zeit, als es vor 150 Mio Jahren im Bereich der Schwäbischen Alb ein tropisches Meer gab, in dem Korallen und Schwämme wuchsen sowie Dinosaurier, Krokodile und Flugechsen den angrenzenden Wald bevölkerten.

Frei- und Hallenbäder

Freibad Göppingen

Ulmer Straße 50, 73037 Göppingen. ✆ 07161/611650, Fax 6101653. www.evf.de. **Bahn/Bus:** ↗ Göppingen ZOB, OVG Bus 1 und 3. **Auto:** Vom Bhf Jahnstraße nach Osten. **Zeiten:** Mai – Aug Mo – Fr 7 – 20, Sa, So, Fei 8 – 20, Sep täglich 7.30 – 19 Uhr. **Preise:** 3,30, für 90 Min 2,80 €, Familientageskarte (mind. ein Elternteil mit Kind) 6,60 €; Kinder 1,80 €, bis 6 Jahre Eintritt frei.

▶ Eine 77 m lange Riesenrutsche führt ins Wasserbecken. Weitere Attraktionen im Freibad sind Wasserpilz, Strömungskanal oder Sprudelliegen, Feder-, Volleyl-, Beachvolleyball- und Bolzplatz, Basketball-Korb, Tischtennisplatten, Kinder- sowie Sandspielplatz. Wer nach so viel Körpereinsatz Hunger bekommt, kann sich in der Cafeteria stärken.

Hallenbad Eislingen

Scheerstr. 15, 73054 Eislingen. ✆ 07161/804-250, Fax 804-299. www.eislingen.de. **Bahn/Bus:** ↗ Göppingen Bus 7688 Richtung Heidenheim oder Bus 6 Rich-

Unterwasser Unterwelt: Als die Alb noch Tropenmeer war, tummelten sich hier Polypen und Urhaie

tung Ottenbach. **Auto:** Vom Bhf nach Süden. **Zeiten:** Mo 14 – 18.30 Uhr, Di 9 – 13.30 und 15.30 – 21, Mi 9 – 20, Do 9 – 18, Fr 9 – 21, Sa 9 – 17, So 9.30 – 13 Uhr, Nov – März zusätzlich 13 – 17 Uhr. **Preise:** 3,50 €; Kinder und Jugendliche bis 18 Jahre 2 €.

▶ Neben der Schwimmhalle mit 1-m- und 3-m-Brett gibt es eine Sauna und ein Solarium sowie ein Badcafé.

Freibad Donzdorf

Reichenbacher Straße 7, 73072 Donzdorf. ✆ 07162/ 922-703, 922-210, Fax 922-528. www.donzdorf.de. evelyn.unseld@donzdorf.de. **Bahn/Bus:** ↗ Göppingen Bus 7688 bis Abzw. Reichenbach. **Auto:** Über die Hauptstraße nach Westen. **Rad:** Von Norden und Süden über Radweg erreichbar. **Zeiten:** Mitte Mai – Juni 9 – 19, Juli – Aug 9 – 20, Mitte Sep 9 – 19 Uhr, Mi Frühbadetag ab 7 Uhr. **Preise:** 2,80 €, Saisonkarte 45 €, Abendkarte ab 17 Uhr 1,70 €; Kinder 6 – 16 Jahre 1,80 €, Saisonkarte 18 €, abends ab 17 Uhr 1 €; Familien (mit mind. 1 Kind) 7 €, Saisonkarte 80 €.

▶ Großzügig angelegtes Badegelände mit Schwimmer-, Nichtschwimmer- bzw. Erlebnisbecken, Kinderbecken, Matsch- und Kinderspielplatz, Spielfeld für Ballspiele, Tischtennisplatten und Beachvolleyballfeld. Kiosk mit Snacks.

Freibad in der Wölk

Rheinlandstraße 62, 73312 Geislingen a.d.St. ✆ 07161/6101-690, Fax 941-393. www.geislingen.de. **Bahn/Bus:** ↗ Geislingen, vom Busbhf Bus 54 Richtung Friedhof. **Auto:** Über Bahnhofstraße nach Nordwesten am Springplatz in Springstraße. **Zeiten:** Mai – Mitte Sep täglich 8 – 20 Uhr. **Preise:** 3,30 €; Kinder 6 – 14 Jahre 1,80 €; Familienkarte 6,60 €.

▶ Das Freibad in der Wölk hat beheiztes Wasser. Kneippanlage und Massagepilz stehen zur Verfügung. Auf der Liegewiese im Grünen kann man auch Ball spielen.

In den Tourist-Informationen der Region gibt es einen Kinderstadtplan, in dem Parks, Spielplätze, Kinderattraktionen mit von Kindern entworfenen Symbolen eingetragen sind.

Hunger & Durst
Speisegaststätte im Freibad, 73312 Geislingen a.d.St. Mit Thekenverkauf.

Freibad Waldstetten

Freibadweg, 73550 Waldstetten. ✆ 07171/44670, Fax 44418. www.waldstetten.de. info@waldstetten.de.
Bahn/Bus: ↗ Waldstetten, vom Rathaus Bus 21 Richtung Weilerstoffel. **Auto:** Über Straßdorfer und Hauptstraße. **Zeiten:** Mai – Aug 9 – 20 Uhr, Sep 9 – 19 Uhr. **Preise:** 2,80 €; Kinder 6 – 16 Jahre 1,70 €.
▶ In das solarbeheizte Bad mit einer Wassertemperatur von bis zu 27 Grad führt eine Kinderrutsche. Es gibt ein Sportbecken und für die Kleinsten ein Babybecken. Außerhalb der Wasserzone stehen kleine Holzhäuser für Kinder, der Spielplatz ist nicht weit, ebenso ein Kiosk.

Hunger & Durst

Im Freibad-Kiosk gibt's leckere, echt schwäbische Hamburger. Das sind »g'scheite Hackfleischküchle mit gute Weckla und nit mit so ma lädschada Brot«.

Erfrischendes Freizeitbad Lonido

Neuffenstraße 33, 89168 Niederstotzingen. ✆ 07325/102-75, Fax 102-36. www.niederstotzingen.de. info@niederstotzingen.de. **Bahn/Bus:** ↗ Niederstotzingen Bus 59 Richtung Ulm. **Auto:** Über Bahnhofstraße, Große Bahnhofstraße und Sontheimer Straße. **Zeiten:** Mo 9.30 – 11.30 und 17 – 20.30, Mi 14.30 – 21 Uhr. **Preise:** 3,50 €; Kinder 2 – 6 Jahre 2 €, Jugendliche 7 – 16 Jahre 2,50 €; Familien 9 €.
▶ Selbst die alten Seefahrer kommen noch ins Spiel: Die Kinder können um ein Wikingerschiff mit Wasser speiendem Drachen spielen, plantschen und toben. Bei der Babykuhle mit Wasserigel ist die Rutsche für die Kleinen. Es gibt aber auch eine 50 m lange Wasserrutsche und ein Mehrzweckbecken mit Massagedüsen und Nackenbrause. Umkleideräume, Duschen und Toiletten sind behindertengerecht gebaut. Die Cafeteria bietet unter anderem frische Säfte an.

Zum Bad gehört eine größere Saunalandschaft mit Blockhaus-Sauna und Finnischer Sauna sowie einer Wassertretanlage.

Hallenfreizeitbad Aquarena

Friedrich-Pfenning-Straße 24, 89518 Heidenheim a.d.Br. ✆ 07321/328-130, Fax -159. www.hellenstein-energie-logistik.de. aquarena@stadtwerke-heidenheim.de. **Bahn/Bus:** ↗ Heidenheim, von Berufsakademie Bus 5 Richtung Schnaitheim. **Auto:** Über

Hunger & Durst

Aquarena-Restaurant, im Eingangsbereich, Speisen und Getränke.

Zwei Mannschaften halten je einen Eimer mit Wasser an einem geheimen Ort versteckt. Dort werden die Wasserpistolen aufgefüllt, mit denen die Spieler der gegnerischen Mannschaft bespritzt werden. Ziel ist es natürlich, sich gegenseitig so richtig nass zu machen. Wer schlau ist, versucht dabei, den gegnerischen Wassereimer umzuwerfen und den eigenen zu schützen!

Schnaitheimer und Wilhelmstraße in Heckentalstraße nach Norden. **Zeiten:** Mo 12 – 21 Uhr, Di – Do 8 – 21, Fr 8 – 22, Sa, So, Fei 9 – 18 Uhr, Behindertenschwimmen Sa 7.30 – 9 Uhr. **Preise:** Tageskarte 7 €; Kinder 3 – 6 Jahre 3,30 €, 7 – 17 Jahre 5,20 €.

▶ Der Badespaß im Aquarena verteilt sich über vier Becken. Die Jüngsten sind im Kleinkinderbecken mit Hubboden bestens aufgehoben. Für Schwimmer ist die 21 m breite 50-m-Bahn der ideale Platz. Ein separates Sportbecken gibt Springern die Möglichkeit, vom 5-m-Brett ihre Saltos zu schlagen. Der Höhepunkt für wagemutige Wasserratten ist allerdings die 95 m lange Riesenrutsche, bei der ihr durch eine schwarze Röhre mit tollen Lichteffekten saust. Eine zweite Rutsche ist 55 m lang. Das Außenbecken hat eine Wassertemperatur von 33 Grad und ist das ganze Jahr über in Betrieb. 18 Massagedüsen, Schwallbrausen und -pilz sorgen für Belebung. Das Warmsprudelbecken mit Massagedüsen und Unterwasserscheinwerfern hat 37 Grad.

Waldfreibad Heidenheim

Jahnstraße 46, 89522 Heidenheim a.d.Br. ✆ 07321/44100, Fax 480369. **Bahn/Bus:** ↗ Heidenheim, ab Berufsakademie Bus 30 Richtung Steinheim oder ab Levillainanlage Bus 7688 Richtung Böhmkirch bis Jahnhaus. **Auto:** Von der B466 Wilhelmstraße nach Norden abbiegen. **Zeiten:** Mitte Mai – Mitte Sep, Mai 8 – 20 Uhr, Juni – Aug 8 – 20.30, Mi ab 6 Uhr, Sep 8 – 20 Uhr. **Preise:** 3,30 €; Kinder 7 – 17 Jahre 2,20 €; Familienkarte (2 Erw und 2 Kinder 7 – 17 Jahre) 9 €.

▶ Viel Platz und jede Menge Spiel- und Sportzonen bietet das Waldfreibad. Abseits vom Wasser kann man Badminton, Beachvolleyball, Basketball und Street-Soccer spielen. Neben dem Becken für Schwimmer mit Sprungturm und dem Nichtschwimmerbecken gibt es für Kleinkinder ein teilweise überdachtes Plantschbecken.

Bergbad Giengen

Auf dem Schießberg, 89537 Giengen a.d.Br. ✆ 07322/ 952-2450, 5373 (Kasse), Fax 952251. **Bahn/Bus:** ↗ Giengen, ab Bhf Bus 65 Richtung Giengen Bhf. **Auto:** Auf Memminger Straße nach Norden Beschilderung Schießberg folgen. **Zeiten:** Mai – Aug 8 – 20 und Sep 8 – 19 Uhr. **Preise:** 3,50, Abendtarif 3 € für die letzten 2 Stunden; Kinder 7 – 17 Jahre 2,30, Abendtarif 2 €; Familienkarte 8 €.

▶ Das Freibad liegt auf dem Schießberg in einer parkähnlichen Landschaft. Als Attraktion gilt die 60 m lange Riesenrutsche ins Wasserbecken. Im Plantschbereich mit 28 Grad haben selbst die Kleinsten eine Minirutsche. Getrennt vom Spielbereich für Kleinkinder gibt es ausreichend Flächen für Sport und Spiel. Das Beachvolleyball-Feld ist besonders gefragt.

Hunger & Durst

Das **Terrassencafé des Bergbads** bietet Snacks und Erfrischungen.

Radeln und Skaten

Skateranlage Adelberg

Sportcenter Adelberg, Klosterpark 3 – 5, 73099 Adelberg. ✆ 07166/404, 73735, Fax 910113. www.sunrise-adelberg.de. info@sunrise-adelberg.de. **Bahn/Bus:** ↗ Adelberg. **Auto:** Unterhalb einer Anhöhe westlich des Ortes, Parkplatz vorhanden. **Zeiten:** Mo 14 – 20.15, Di 14 – 17.30, Mi – Fr 14 – 21 Uhr, Sa 10 – 22, So, Fei 10 – 21.30 Uhr. **Preise:** ab 15 Jahr 5,90 €; Kinder bis 6 Jahre 4,20 €, 6 – 14 Jahre 5,30 €.

▶ Ein Superangebot für Skater: Im Sommerhalbjahr ist in der Eissporthalle für alle Skateboarder, Inliner, Roller-Skater und BMXler der Sunrise-Indoor-Skaterpark aufgebaut. Es gibt eine Mega-**Halfpipe,** eine Mini-Ramp, die Fun-Box, Flybox und Pyramide sowie 4-Quarter-Pipes, Spine und Jump-Ramp.
Rollerblades können an der Kasse ausgeliehen werden. Vergesst nicht, euren Helm aufzusetzen, damit ihr euch nicht verletzt!

NATUR SPORTLICH

*Die Holz-**Halfpipe** in Adelberg ist 8 m breit und zählt mit ihrem Flat von 5 m zu den »geilsten Anlagen« in Deutschland. Auch im Winter zugänglich.*

Wanderkarte des LVA Baden-Württemberg (Blatt 16) oder die ADFC-Regionalkarte Ostalb/Stauferland.

Das »radorado« an der Brenz

Heidenheim a.d.Br. ✆ 07321/321-2593, Fax -2592. www.landkreis-heidenheim.de. wiftour@landkreis-heidenheim.de. **Länge:** 55 km und 28 km. **Bahn/Bus:** ↗ Heidenheim. **Infos:** Prospekt mit kompletten Streckenbeschreibungen beim Landratsamt Heidenheim.

▶ Die Radfahrerattraktion auf der Ostalb heißt »radorado«. Dieser geschützte Begriff bezeichnet seit 2001 die 55 km lange BrenzTour. Der Radweg führt von der Quelle bis zur Mündung des Flüsschens Brenz sowie vier Seitenschleifen, die zusammen ein abwechslungsreiches Tourensystem bilden. Kern des radorados ist die beschilderte Strecke vom Brenztopf bei Königsbronn über Heidenheim, vorbei an den Steinernen Jungfrauen, Herbrechtingen, Giengen,

Los Sam, komm schon: Natürlich wird immer auf den Kleinsten gewartet

Foto: Kirsten Wagner

Gundelfingen und Lauingen bis zur Mündung des Flusses in die Donau. Die Tour hat nur 80 m Höhenunterschied und ist deshalb auch für Familien mit kleineren Kindern geeignet, wenngleich auch nur bei einer Einteilung in kürzere Teilstrecken. Da die Hauptstrecke entlang dem Brenztal fast vollständig von Bahnstrecken begleitet wird, bietet sich auch eine Kombination aus Radtour und Bahnrückfahrt zum Ausgangspunkt an.

Etwas anspruchsvoller sind die vier ebenfalls beschilderten Seitenschleifen. Es handelt sich um die »MeteorTour« rund um das Steinheimer Becken, die »HärtsfeldTour« bei Neresheim, die »KliffTour« mit Heldenfinger Kliff und die 28 km lange »HöhlenTour« durch das Urbrenztal zur ➚ Charlottenhöhle und über das Lonetal zur ➚ Vogelherdhöhle.

Wandern und Spazieren

Wanderung zum Hohenstaufen

Göppingen. ✆ 07161/650-292, Fax 650-299. www.goeppingen.de. info@goeppingen.de. **Länge:** 5 Std.
Bahn/Bus: ➚ Göppingen.

▶ Vom Bahnhof Göppingen (320 m) geht es über die Flugplatzstraße und das Bürgerhölzle in das große Waldgebiet Wachtert. Kurz hinter dem Wannenhof lichtet sich der Wald und der Anstieg zum Hohenstaufen (648 m) beginnt.

In direkter Nachbarschaft zum Barbarossakirchlein am Fuß des Hohenstaufens liegt der **Dokumentationsraum für staufische Geschichte.**

Die wohlverdiente Pause könnt ihr bei den Grillplätzen unterhalb der Ruine Hohenstaufen einlegen. Wenn ihr anders zurückgehen wollt, nehmt ihr den Weg über *Hohrein, Lerchenberg* und *Bartenbach.* Dort geht es nicht mehr durch den Wald, sondern über Wiesen und Felder.

Hunger & Durst

Brauereigasthof Schlüssel, Marktstraße 68, 89537 Giengen. ✆ 07322/5334. www.schluessel-giengen.de. Warme Küche Mo – Sa 11.30 – 21, So bis 15 Uhr. Kindergerichte.

 **Dokumentationsraum für staufische Geschichte,** 73033 Göppingen. ✆ 07165/8736. 15. März – 15. Nov Di – So 10 – 12 Uhr und 13 – 17 Uhr, 16. Nov – 14. März Sa, So 10 – 12 und 13 – 17 Uhr. Hier könnt ihr die Erbauung der Staufer-Stammburg und ihre Zerstörung im Bauernkrieg 1525 nachvollziehen. Eintritt frei.

Wanderung zum Stausee und zum Waldspielplatz

Adelberg. ✆ 07166/910-110, Fax -113. www.adelberg.de. gemeinde@adelberg.de. **Länge:** 10 km, knapp 3 Std. **Bahn/Bus:** ↗ Adelberg.

▶ Ihr geht durch das nördliche Tor in die Klosteranlage Adelberg, rechts an der Ulrichkapelle vorbei und folgt dem Hinweisschild »Stausee 20 Min«. Am **Herrenbachstausee** angekommen, haltet ihr euch rechts und folgt dem Rundwanderweg. Ab einer Weggabelung mit dem an einer Eiche angebrachten Hinweisschild »Spielplatz« folgt ihr den Serpentinen des gut ausgebauten Fahrwegs bergan. Die Stille im Wald wird lediglich durch das Plätschern des Einsiedelbachs unterbrochen. Ein kurzes Stück hinter der Einsiedelhütte gabelt sich der Weg, links an einer Eiche findet ihr wieder einen Wegweiser. Das »Höllsträßchen«, dem ihr nun folgt, bringt euch zum Teufelsbrunnen und zum **Waldspielplatz.** Platz zum Picknicken findet ihr unter den stattlichen Rotbuchen bei der Grillstelle.

Nachdem ihr den Waldspielplatz wieder verlassen habt, trefft ihr bei einer Weggabelung auf den »Oberberkener Kirchenweg«. Ihr wandert hier mit dem Zeichen Roter Strich geradeaus, um dann nach links Richtung Adelberg einzubiegen. Beim Erreichen der Landstraße orientiert ihr euch an den Hinweisschildern der im Gewerbegebiet »Ziegelhau« ansässigen Firmen, welche kurz darauf links auftauchen. Hier gibt der Wald die ersten Blicke auf die Schwäbische Alb und die Kaiserberge frei. An einem abgesägten Baumstamm findet ihr den Hinweis »Adelberg 3 km«. Ihr folgt dem Roten Strich und gelangt zu einem **Biotop** mit Sitzbank, auf der ihr euch zwischendurch mal ausruhen könnt.

Weiter geradeaus seht ihr bei einem **Bienenstand** bereits den Ortsrand von **Adelberg** vor euch. In der Ortschaft folgt ihr der Ziegelstraße. Ihr behaltet den **Wasserturm** im Auge und biegt, sobald ihr dort an-

Ein Bienenstand ist ein Holzverschlag, in dem der Imker seine Bienenstöcke, auch Beuten genannt, aufbewahrt. So sind sie vor Regen und Kälte geschützt.

gekommen seid, in die Turmstraße ein. Beim Postamt geht es dann rechts und 40 m weiter links die Frühlingsstraße hinunter bis zum Kindergarten. Dort geht ihr rechts durch die Fußgängerunterführung zurück zum Parkplatz an der Klosteranlage.

Wanderung zur Burgruine Helfenstein und zum Ödenturm

Geislingen a.d.St. ℰ 07331/24266, Fax 24376. **Länge:** 4 km, reine Gehzeit 1 – 1,5 Std. **Bahn/Bus:** ↗ Geislingen.

▶ Jenseits des Fußgängerstegs beim Bahnhof folgt ihr der Markierung Rote Gabel nach rechts auf der alten **Weiler Steige.** Nach dem letzten Haus führt ein Zickzackweg links vom Helfensteiner Waldlehrpfad durch den Wald zum unteren Burgtor. Über den historischen Treppenaufgang gelangt ihr von der äußeren Ummauerung in das Innere der **Burgruine.**

Eine Tafel informiert über die Geschichte der Burg: Sie wurde um 1100 von den Grafen von Helfenstein erbaut, einem Adelsgeschlecht, das im 14. Jahrhundert große Ländereien um Geislingen, Heidenheim, Blaubeuren und Wiesensteig besaß. Nach dem Kauf durch die Reichsstadt Ulm 1396 wurde die Burg ausgebaut. Nach 1552 beschloss der Ulmer Rat, die Burg abzubrechen. 1760 hat man die letzten Reste beseitigt. 1932 – 1937 wurden die Grundmauern freigelegt und teilweise wieder aufgebaut. Die Aussicht vom Burgfried, dem höchsten Turm, reicht an klaren Tagen bis zum Schwäbischen Wald.

Auf dem **Rückweg** überquert ihr bei der unteren Holzbrücke den Burggraben und erreicht kurz darauf den Stadtbezirk **Weiler.** Bei den ersten Häusern führt der Weg rechts (Gelbe Gabel) durch eine flache Senke, die »Teufelsklinge«, hinüber zum **Ödenturm.** Der Turm, inzwischen Wahrzeichen der Fünftälerstadt, ist seit 1823 in deren Besitz. Er ist von Mai bis Oktober an Sonn- und Feiertagen geöffnet. Die Bauweise des Turmes ist typisch für das Spätmittelalter. Ebenerdig

Hunger & Durst

Pizzeria Im Klosterhof,
Kloster 1, 73099 Adelberg. ℰ 07166/606.
Di – Sa 17 – 23 Uhr, So 11 – 14 und 17 – 23 Uhr.

Hunger & Durst

Burgschenke Burgruine Helfenstein, 73312 Geislingen. ℰ 07331/43247. Sa, So und Fei. Schwäbisches Vesper, kleine warme Gerichte, Kaffee und Kuchen.

STAUFERLAND

wurde mit einem viereckigen Grundriss begonnen, etwas höher gingen die Bauherren zum Achteck über und noch weiter oben wurde rund gebaut. Bis ihr oben in der Turmstube angelangt seid, könnt ihr 118 Stufen zählen – oder waren es doch 122?

Wieder unten beim Ausgang des Turmes, zeigt ein Gelbes Dreieck den Abstieg zur Stadt. Der Weg endet in der Fußgängerzone, durch die ihr über die Bahnhofstraße zurück zum Ausgangspunkt gelangt.

Die Schleife der Brenz: Wanderung im Naturschutzgebiet Eselsburger Tal

Herbrechtingen. ℂ 07324/955-0, Fax -140. www.herbrechtingen.de. **Länge:** 3 – 4 Stunden Rundgang durch das Eselsburger Tal, Startpunkt ist das Hallenbad. **Bahn/Bus:** ↗ Herbrechtingen.

▶ Südlich von Herbrechtingen liegt eines der landschaftlich großartigsten Flusstäler auf der sonst wasserarmen Ostalb, das **Eselsburger Tal.** Die Brenz umfließt dort in einer 5 km langen Schleife den Umlaufberg Buigen (das kommt von »biegen«).

Ausgangspunkt ist das Hallenbad Herbrechtingen, von dort führt ein Weg links zum Waldrand hinauf und dann über die Heide am Bindstein hinab zum Beginn des Eselburger Tals. Ab hier könnt ihr der Beschilderung über den malerischen Weiler Eselsburg zurück nach Herbrechtingen folgen. Unterwegs seht ihr Wacholderheiden, Felsen und Feuchtgebiete sowie die Hangwälder. Besonders schön ist es im Frühling, wenn tausende von Märzenbechern, Leberblümchen, Buschwindröschen, Küchenschellen und Lerchensporne blühen. In den Hangwäldern kommen danach Türkenbundlilie, Hirschzunge, Silberblatt, Knabenkraut und gelber Eisenhut zum Vorschein. Insgesamt wurden über 640 Blütenpflanzen- und Farnarten gezählt, und mehr als 80 Vogelarten brüten im Eselsburger Tal.

Zudem könnt ihr bis zu 13 Kulturdenkmäler mit wertvollen Zeugnissen aus der Vor- und Frühgeschichte

Thomas Pfündel: Die Pflanzenwelt der Schwäbischen Alb, 322 Farbfotos zeigen die Vielfalt der Vegetation, im Text sind die ökologischen Zusammenhänge zwischen Pflanzen und Landschaft erläutert. 240 Seiten, 14,90 €.

entdecken, darunter Eselsburg, Falkenstein, Hirgenstein und Buigenwall sowie Felsen und Höhlen wie Bindstein, Malerfels und Spitzbubenhöhle.
Am bekanntesten sind aber die **Steinernen Jungfrauen,** zwei schlanke Felsnadeln um deren Entstehung sich eine schöne Sage rankt. Über Eselsburg erhebt sich der Burgfels mit Mauerresten der Eselsburg.

▶ Vor vielen Jahrhunderten stand einst auf dem Felsen über dem Ort **Eselsburg** eine stattliche Burg. Die Herren der Burg waren die Ritter »Esel von Eselsburg«. Das Burgfräulein war sehr schön, aber hart und stolz. Kein Freier war ihr gut genug. Das Burgfräulein wurde älter und

DIE SAGE VON DEN STEINERNEN JUNGFRAUEN

die Freier blieben aus. Diese Schande ertrug es nicht und fing an, alle Männer zu hassen. Sie verbot sogar den zwei jungen Mägden auf der Burg jemals mit einem Mann zu sprechen. Die beiden jungen Mädchen mussten jeden Abend ins Tal hinabsteigen, um Wasser für den nächsten Tag zu schöpfen. Lange Zeit hielten sie sich an das Verbot, denn sie fürchteten sich vor der Strafe ihrer strengen Burgherrin. Ein langer Winter auf der Burg war endlich zu Ende gegangen. Die Mädchen freuten sich über den ersten warmen Frühlingstag. Sie sehnten den Abend herbei, denn das Wasserholen war ihre liebste Beschäftigung. Schon auf halbem Wege hörten sie Musik. Gerne lauschten sie. Hastig schöpften sie das Wasser und eilten den steilen Weg zur Burg zurück. Die Burgherrin erwartete sie ungeduldig. So ging es jeden Abend. Von Mal zu Mal lauschten sie länger und bald hatten sie das strenge Gebot ihrer Herrin vergessen.
Sie plauderten mit dem jungen Fischer, sangen Lieder und schaukelten im Boot, bis die Sonne untergegangen war. Die Burgherrin schöpfte Verdacht und machte sich selbst auf den Weg, um nach ihnen zu schauen. Böse war sie auf die beiden, so sehr, dass sie rief: »Werdet zu Stein! Das ist die Strafe für euren Ungehorsam.« Die Mädchen erstarrten auf ihrer Flucht und stehen seitdem als Felsen am Fischweiher. Die Burgherrin wurde in der folgenden Nacht vom Blitz erschlagen, als sie voller Genugtuung vom Turm der Burg hinab ins Tal schaute. Das Feuer vernichtete die ganze Eselsburg. ◀ Quelle: Tourist-Information Herbrechtingen

Beim **Falkenstein** fällt der Falkenfelsen steil ab. Gegenüber liegt der Bachfelsen. Talaufwärts folgt der Bindstein mit seinen unglaublich glatten Wänden. Direkt am Fuß standen bis 1940 Reste der früheren Bindsteinmühle. Auf dem Felskopf soll früher ein Wachturm gestanden haben, dessen Erdgeschoss, heute noch erkennbar, aus dem Felsen gehauen wurde. Zum Schutz seltener Brutvögel müssen die meisten Felsen – zumindest zeitweise – für das Klettern gesperrt werden.

Die **Brenz** hat ein außerordentlich geringes Gefälle, nur 73 m vom Quelltopf bis zur Donau. In dem nährstoffreichen, träge dahinfließenden Wasser gedeihen Pflanzen wie Wasserstern und Berle im Übermaß. Im dichten Uferröhricht brüten Blässhuhn, Teichhuhn und Stockente.

Für **Amphibien** und **Reptilien** ist das Eselsburger Tal mit Abstand das wertvollste im Kreis Heidenheim. Hier kommt der vom Aussterben bedrohte Laubfrosch vor, Bergmolch, Kammolch und Gelbbauchunke leben in den Tümpeln der Brenzaue, Grasfrösche und Erdkröten laichen zu Hunderten. Wer Glück hat, bekommt sogar eine schwimmende Ringelnatter zu Gesicht.

Die Hangwälder bieten ideale Brutplätze für **Vögel,** während Wiesen und Schafweiden ihnen als Nahrungsgebiete dienen. Unter den seltenen Arten sind Sperber, Habicht, Rotmilan, Schwarzspecht und Kleinspecht. In lichten Waldteilen liegen die Lebensräume von Mittelspecht, Grünspecht und Grauspecht. Neuntöter und Dorngrasmücke leben in den offenen Fluren. Dohle und Kolkrabe brüten an den Felsen des Eselsburger Tals.

Wanderung zum Wentalweible

Steinheim a.Al. ✆ 07329/9606-0, Fax 9606-70. www.steinheim-am-albuch.de. info@steinheim-am-albuch.de. **Länge:** 10 km, Gehzeit circa 3 Std. **Auto:** B466 Heidenheim – Böhmenkirch nach 4 km rechts nach ⬈ Steinheim. In der Ortsmitte der Kappelstraße bis ans Ende folgen.

▶ Ihr verlasst Steinheim auf der Kappelstraße dem Wegweiser »Wental« folgend. Ungefähr nach einer Viertelstunde kommt ihr zum **Hirschfelsen.** Hier seht ihr zwar

beide Fotos: Kirsten Wagner

schon den größten Felsen des Wentals, es gibt aber noch viel mehr Sehenswertes auf dem weiteren Weg. Zunächst erreicht ihr einen schönen **Spielplatz,** auf dem ihr euch austoben könnt. Dann geht es weiter durch dichten Wald. Bald darauf seht ihr die nächsten Felsformationen zwischen den Bäumen stehen. Die markanteste davon ist das **Wentalweible,** die aussieht wie eine sitzende weibliche Figur. Ihr könnt sie genau erkennen an dem kleinen Kreuz auf ihrer höchsten Stelle.

Die Sage vom Wentalweible erzählt, dass in den Hungerjahren zu Beginn des 19. Jahrhunderts eine Marktfrau aus Steinheim ganz besonders schlau gewesen sein wollte. In guten Zeiten habe sie große Vorräte angelegt, die sie während der Hungerjahre zu Wucherpreisen wieder verkauft habe. Dabei soll sie auch Maße und Gewichte gefälscht haben. Als schließlich ihre Untaten ans Licht kamen, wurde sie hart bestraft. Aus Gram darüber habe sie sich von einem Felsen gestürzt und sei dabei zu Tode gekommen. Seit dieser Zeit heißt der Felsen »Wentalweible«. Es soll vorkommen, dass man eine wimmernde Stimme hört, wenn man zur Dämmerstunde hier vorbeigeht:

Drei Vierleng send koi Pfond; drei Schoppa send koi Mauß! Ei, ei, ei und au, au, au, hätt i no des Deng net tau, Müßt i net em Wental gau!«

Durchblick: Mit einem Fernglas könnt ihr sogar den Salamander beobachten

Landhotel Wental, am Ende des Wentalwanderwegs, 73566 Bartholomä. ✆ 07173/ 978190. www.wental.de. Di – Sa 11.30 – 21.30, So 11.30 – 19.30 Uhr. Gute Küche, Favorit bei den Kindern sind panierte Schnitzel mit Pommes Frites für 5,70 €.

Außer dem Wentalweible stehen dort in der Gegend noch weitere Gestalten, deren Namen auf Schildern angegeben sind. Ihr könnt ihnen natürlich auch eigene Fantasienamen geben! Die abwechslungsreiche Wanderung endet beim **Landhotel Wental.** Dort gibt es einen sehr schönen Spielplatz.

Wenn ihr dann auf dem Rückweg wieder an den Felsformationen vorbeikommt, werdet ihr vielleicht ganz neue Gestalten in den Felsen entdecken.

Tier- und Erlebnisparks

Reiten nicht nur für Kinder

Reitstall Edelhof, Familie Kottmann, Edelhof, 73550 Waldstetten. ✆ 07171/42745. www.edelhof.de. **Bahn/Bus:** ↗ Waldstetten. **Zeiten:** Oster-, Pfingst-, Sommer- und Herbstferien, sonst auf Anfrage. **Preise:** 310 €/Woche Reiterferien für Mädchen ab 8 Jahre.

▶ Der ehemalige Bauernhof in reizvoller Lage wurde vor 25 Jahren in einen Reitstall umgewandelt. Es gibt zwei Reithallen und großräumige, helle Stallungen sowie weitläufige Koppeln für 70 Pferde und Ponys. Das Angebot des Hofes reicht von Reitstunden für Kinder ab 2 Jahre, Voltigieren ab 6 und Ponygruppen ab 7 Jahre über Reiterspiele, Dressur- und Springkurse bis zur Turniervorbereitung für geübter Reiter.

Streicheln und nachäffen

Tierpark Göppingen, Schickhardtstraße 25, 73033 Göppingen. ✆ 07161/25760, www.tierpark-goeppingen.de. **Bahn/Bus:** ↗ Göppingen. **Auto:** B297 Richtung Lorch, ausgeschildert. **Zeiten:** Ganzjährig 10 – 19 Uhr. **Preise:** 2,50 €; Kinder 3 – 16 Jahre 1 €.

▶ Im Park könnt ihr Tieren wie Ziegen, Eseln und Schafen näher kommen und diese streicheln. Farbenfrohe Kanarienvögel, Papageien und verschiedene Sitticharten sind zu sehen. Vor allem sorgen unterschiedliche Affengruppen für viel Aufregung.

Aktion auf dem Spielplatz

Aktivspielplatz Göppingen-Ursenwang e.V., 73037 Göppingen-Ursenwang. ✆ 07161/82325, www.aki-ursenwang.de. **Auto:** ↗ Göppingen. **Zeiten:** Di – Fr 13.30 – 18 Uhr, Sa 13 – 17 Uhr.

▶ Auf dem Aktivspielplatz könnt ihr euch nach Herzenslust austoben. Hütten bauen, baden, klettern und grillen macht mit vielen anderen Kindern am meisten Spaß. Und wenn ihr einmal Hilfe in der Schule brauchen solltet, bieten die Sozialpädagogen auch Nachhilfe an.

Geisterhaus und Riesenrutsche: Freizeitzentrum Adelberg

Ady's Family Spieleland und Eissporthalle, Klosterpark 3 – 5, 73099 Adelberg. ✆ 07166/404, Fax 07181/ 72473. www.adys-family-spieleland.de. info@adys-family-spieleland.de. **Auto:** B297 Richtung Lorch, L1147 Richtung Schorndorf. Links Richtung Campingplatz/ Kloster, Schild Campingplatz folgen, links Sportcenter Adelberg. **Zeiten:** Mo – Fr 14 – 19 Uhr, Sa, So und Fei 11 – 19 Uhr, in den Ferien täglich 11 – 19 Uhr. **Preise:** 3,70 €; Krabbelkinder bis 2 Jahre 2 €, 2 – 14 Jahre 6,80 €.

▶ Das Spieleland bringt Spaß und Abwechslung für große und kleine Leute. Egal, ob ihr das kunterbunte Funhaus erkundet, auf Trampolins hüpft oder versucht, den großen Softberg zu erklimmen – langweilig wird es euch hier nicht! Für die ganz jungen Gäste gibt es einen separaten Bereich mit Ballbad und Softteilen. Auf Bobby- und Tretcars könnt ihr schon mal Fahren üben oder mit dem Indoor-Safarizug eine Runde drehen. Außerdem wartet noch das gruselige Geisterhaus auf euren Besuch …

Juchheissa, es regnet! Ab ins Spieleland …

© Ady's Family Spieleland

Skifahren & Rodeln

Waldskilift, Böhmenkirch-Schnittlingen. ✆ 07331/ 82714, www.waldskilift.de. info@waldskilift.de. **Auto:** Von der B466 westlich von ↗ Böhmenkirch Richtung Treffelhausen. **Zeiten:** Mo – Fr 14 – 21 Uhr, an Wochenenden und Ferien 10 – 21 Uhr. **Preise:** Auf Anfrage. **Infos:** Schneetelefon 0173/5909178.

▶ 300 m lange Abfahrt, Flutlicht, Skikurse und Gastronomie.

Skilift Kriegsburren, Böhmenkirch-Treffelhausen. ✆ 07332/6108, www.skilifte-treffelhausen.de. info@Lang-Strickwaren.de. **Auto:** Von der B466 westlich von ↗ Böhmenkirch nach Treffelhausen. **Zeiten:** in den Ferien Mo – Fr 10 – 21, sonst Mo – Fr 13 – 21 Uhr, Sa und So immer 9 – 21 Uhr. **Preise:** Tageskarte 15 €, 13 – 17 Uhr 10 €, 17 – 21 Uhr 10 €; Kinder Tageskarte 11 €, 13 – 17 Uhr 8 €, 17 – 21 Uhr 8 €.

▶ Am Nordhang des Kriegsburren gibt es einen Doppel- und einen Einzelschlepplift über 420 m. Kinderfreundlicher Service ohne gefährliche Selbstbedienung und Drehkreuze. Es gibt außerdem Flutlicht, Skikurse und Gastronomie direkt im Skigebiet.

UMWELT ER-FORSCHEN

Quellen und Höhlen

Mineralquellen

✆ 07161/804-266, Fax -298. www.eislingen.de. stadtinfo@eislingen.de. **Bahn/Bus:** ↗ Eislingen.

▶ Zwei Mineralquellen, der **Barbarossa-Brunnen** in der Poststraße im südlichen und der **Ludwig-Uhland-Brunnen** in der Talstraße im nördlichen Stadtgebiet, wurden im Angulatensandstein erbohrt. Beide Brunnen sind frei zugänglich und sprudeln als Heilquellen (Natrium-Hydrogen-Carbonat-Säuerling). Ihr Wasser lässt sich als Trinkkur bei Diabetes, Gicht, Magenschleimhautentzündung und Erkrankungen der Harnwege anwenden.

Fundort alter Schnitzereien:
Die Vogelherdhöhlen

Niederstotzingen. ✆ 07325/102-0, Fax -36. www.nie-derstotzingen.de. info@niederstotzingen.de. **Auto:** A7 Würzburg – Ulm, ab Ausfahrt 118 Niederstotzingen der Straße dorthin folgen, nach 2 km links an der Abzwei-gung nach Lontal parken, von dort Trampelpfad in den Wald 5 Min bergauf.

▶ Die **kleine und die große Vogelherdhöhle** sind Kleinhöhlen. Sie sind nur wenige Meter lang und wa-ren Rastplatz und Unterstand für die Jäger der Eis-zeit. Hier fanden Forscher 1931 besonders schöne **Elfenbeinschnitzereien.** Es sind Darstellungen von Mammut, Ren, Panter, Bär und Höhlenlöwe. Die al-lerschönste Figur ist die eines Wildpferds, sie soll vor fast 40.000 Jahre geschnitzt worden sein. Ihr könnt sie im Ulmer Museum bewundern. Die große Höhle hat drei Eingänge, durch zwei kann man aufrecht hin-durchgehen. Der dritte Eingang ist sehr niedrig und wird von den meisten gar nicht entdeckt. Auch bei der kleinen Höhle ist der Eingang recht versteckt. Er geht nicht geradeaus ins Innere, sondern knickt gleich am Anfang um die Ecke ab. Deshalb ist die Höhle von außen fast nicht sichtbar. Ein sicheres Ver-steck, auch wenn die Sicht nach draußen versperrt ist. Ihr könnt die Höhlen trotzdem leicht finden, da euch der Wanderweg direkt vor den Eingang führt.

HöhlenErlebnisWelt in Hürben:
Die Charlottenhöhle

Lonetalstraße 61, 89537 Giengen a.d.Br.-Hürben. ✆ 07324/987146, 7296 (Gruppenanmeldung). www.giengen.de. **Auto:** Von der Ortsmitte in ↗ Giengen über Bahnhofstraße und Hermaringer Straße 4 km süd-lich bis Stadtteil Hürben, geradeaus zum südlichen Ortsende. **Zeiten:** April – Ende Okt täglich 9 – 11.30 und 13.30 – 16.30 Uhr. So, Fei 9 – 16.30 Uhr. **Preise:** 3,50 €; Kinder 6 – 14 Jahre 2 €; Gruppen über 20 Per-sonen pro Person 3 €.

Landgasthof Adler,
Kirchstraße 15, 89168 Niederstotzingen-Stet-ten. ✆ 07325/919-090. Di – Sa 17.30 – 24 Uhr, So und Fei 11 – 14 und 17.30 – 21 Uhr. Warme Küche 17.30 – 21 Uhr. Der ehrwürdig eingerichtete Landgast-hof bietet gutbürgerli-che schwäbische und in-ternationale Küche.

Höhlenhaus,
89537 Giengen a.d.Br. www.giengen.de. April – Sep täglich 9 – 19, Okt 9 – 18 Uhr, Nov – März Sa, So 11 – 18, Mi 14 – 18 Uhr und bei Voranmeldung. Im Infozentrum am Fuß der Höhle könnt ihr noch mehr zum Thema Höhle, Siedlungsgeschichte und Lonetal erfahren. Hier gibt es auch Bewir-tung: Imbiss, Eis, Kaf-fee, Kuchen. Grillplatz-benutzung nach Anmel-dung, Gebühr 5 €.

▶ Bevor ihr die Charlottenhöhle betretet, werdet ihr auf einem Zeitreisepfad von der Gegenwart zurück in die Zeit des Höhlenbären geführt. Danach geht es auf Erkundungstour in die Höhle. Sie ist benannt nach *Königin Charlotte* (1864 – 1946), der zweiten Frau des württembergischen Königs Wilhelm II. Entdeckt wurde die Höhle erst 1893 von drei Zimmerleuten und einem Oberförster. Dabei ist die 587 m lange Grotte schon ganz schön alt.

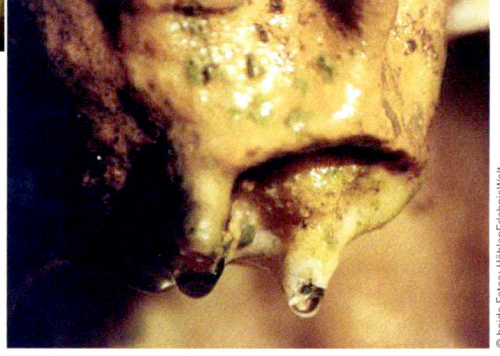

Steter Tropfen formt den Stein: Stalagtit, an dem sich gerade wieder ein winziger Millimeter Tropfstein bildet

© beide Fotos: HöhlenErlebnisWelt

Vor etwa 2,5 – 3 Mio Jahren hatte sich Wasser durch das Kalkgestein gefressen und Höhleneingänge und Hallen geschaffen. Über lange Zeit haben sich dann Tropfsteingebilde entwickelt. Stalaktiten nennt man die Formen, die von der Höhlendecke herabhängen. Stalakmiten sind Tropfsteine, die wie Skulpturen vom Boden hochwachsen. Manche haben schon Namen wie »Berggeist«, »Göttersaal« oder »Seehund«, andere warten noch auf ihre Taufe. Hier ist eurer Fantasie keine Grenze gesetzt. Es gibt die lustigsten und schaurigsten Formen, die ihr euch vorstellen könnt.

Die Höhle bietet Raum für verschiedene Lebewesen: Farne, Pilze, Moose und Flechten fühlen sich wegen der hohen Luftfeuchtigkeit wohl, und Fledermäuse haben in dem geschützten Platz ihr Winterquartier. Nach der Höhlenführung wartet draußen der »Abenteuer- und Wasserspielplatz« auf euch.

Himmel und Erde erkunden

Astronomischer Lehrpfad: Sternwarte Donzdorf

Hans-Joachim Brinck, Gmünder Straße 12, 73072 Donzdorf-Winzingen. ✆ 07162/27215, www.sternwarte-donzdorf.de. **Bahn/Bus:** ↗ Donzdorf.

▶ Im Schlosspark beginnt der Astronomische Lehrpfad, in dessen Verlauf euch die Welt der Sterne näher gebracht wird. Für jeden Planeten unseres Sonnensystems ist eine spezielle Informationstafel aufgestellt. Die Entfernung zwischen den Tafeln ist maßstabsgerecht im Verhältnis 1:1 Milliarde. Der Planet Saturn ist z.B. auf dem Lehrpfad 1,5 km von der Sonne entfernt, in Wirklichkeit sind es 1,5 Milliarden km. Um den Planeten Pluto zu erreichen, der am Weitesten von der Sonne entfernt ist, müsst ihr 7 km weit wandern. Damit der Weg spannend bleibt, findet ihr unterwegs Großtafeln, auf denen Kometen, Meteoriten und Sternbilder beschrieben werden.

Wollt ihr die Sterne durchs Fernrohr betrachten? Jeden 1. Fr Sep – April findet in der Sternwarte auf dem Messelberg bei klarem Himmel eine Sternführung statt. Erw 3 €, Kinder 2 €. Info unter ✆ 07162/27215.

Heilkräuter und ihre Wirkung entdecken im Heilkräutergarten Kloster Adelberg

Hans-Joachim Schneider, 73099 Adelberg. ✆ 07172/911057, Handy 0172/7402235. www.adelberg.de. **Bahn/Bus:** ↗ Adelberg. **Zeiten:** Ab Mai, Führungen anmelden. ✆ 0172/7402235. **Infos:** ✆ 07161/13795 oder 0172/7402235.

▶ Der Heilkräutergarten hat 4 Kräuterbeete mit je 16 qm Fläche. Im Garten könnt ihr eine große Pflanzenvielfalt erleben. 250 bis 300 Arten sind zu finden.

 Das **Kloster Adelberg,** das 1178 gegründet wurde, ist ein Museum, in dem ihr eine naturkundliche Ausstellung zum Thema Wald anschauen könnt.

Johannes Kepler lebte hier 1571 – 1630. Er war kaiserlicher Mathematiker und Astronom. Er fand die Gesetze, nach denen sich die Planeten um die Sonne drehen.

Im Beet links vorne wachsen Kräuter, die Bestandteil der Hausapotheke des berühmten Pfarrers *Sebastian Kneipp* waren. Im Beet links hinten seht ihr alte und neu entdeckte Heilpflanzen. Und in einem anderen Beet wachsen Heilkräuter aus aller Welt, z.B. indische für die alte ganzheitliche Heilkunst Ayurveda oder chinesische für die traditionelle chinesische Medizin. Führungen bringen den Interessierten alles Wissenswerte zum Thema Heilpflanzen nahe.

Fossiliensuche im Steinheimer Becken

Steinheim a.Al. ✆ 07329/960-656, Fax 960-670. www.steinheimer-becken.de. info@steinheim-am-albuch.de. **Länge:** große Wanderung 9 km, kleine Wanderung 6 km, Start Meteorkrater-Museum. **Bahn/Bus:** ↗ Steinheim am Albuch.

▶ Nachdem ihr im ↗ Meteorkrater-Museum alles über die Geologie und Erforschungsgeschichte des Steinheimer Beckens und über **Meteoriten** erfahren habt, könnt ihr euch nun den Meteorkrater anschauen. Der geologische Wanderweg beginnt direkt am Museum und ist mit Rotem Strich oder Punkt gekennzeichnet. Unterwegs sind an interessanten Stellen Hinweistafeln aufgestellt, auf denen alles erklärt wird. Neben Orten wie *Burgstall, Knill, Galgenberg* oder *Ried* werdet ihr den *Klosterberg* mit Heimatstube und Klostergarten, den *Steinhirt* mit dem *Wäldlesfelsen* sowie die *Pharion'sche Sandgrube* sehen. Das ist eine weltbekannte Fossilienfundstelle, in der Wissenschaftler nach solchen Urweltfunden graben, wie ihr sie auch im Museum gesehen habt.

HANDWERK UND GESCHICHTE

Burgen und Schlösser

Schloss Wäscherburg

Staufergedächtnisstätte und Museum, Wäschenbeuren-Wäscherhof. ✆ 07172/6232. 2 km nordöstlich von ↗ Wäschenbeuren. **Auto:** ↗ Wäschenbeuren. **Rad:**

↗ Wäschenbeuren, dann 2 km nordöstlich. **Zeiten:** Ostern – Ende Okt Di – Fr 10.30 – 12 und 13.30 – 16 Uhr, Sa, So 10.30 – 17 Uhr, Mo nach Vereinbarung, im Winter nach Anmeldung. **Preise:** 2,50 €; Kinder ab 6 Jahre 1,50 €; Familien ab 2 Kinder 6 €.

▶ Der Sage nach hatte *Kaiser Barbarossa* eine Wäscherin als Geliebte. Er soll ihr diese Burg geschenkt haben, auf der sie dann gewohnt hat und die deshalb fortan die Wäscherburg genannt wurde. Das spätgotische Fachwerkhaus aus Eichenholz ist immer noch von einem tiefen Wallgraben umgeben. Die Burgbewohner lebten in dem großen Aufenthaltsraum im Erdgeschoss. Dort könnt ihr heute die bäuerlichen Gerätschaften anschauen, mit denen früher gearbeitet wurde. Wenn ihr die Treppe raufkommt, tretet ihr in den prächtigen Rittersaal. Dort wurden Feste gefeiert. Noch eine Treppe höher und ihr könnt verschiedene Musikinstrumente aus dem Mittelalter, wie z.B. einen Dudelsack, bewundern.

☀ In den Sommermonaten gelten die Konzerte mit mittelalterlicher Musik im Burghof als Besonderheit. Termine und Infos unter ✆ 07172/6232 und im Internet.

Markt mit Ritterturnier

Rittergut Stetten, Allee 6, 89168 Niederstotzingen-Stetten ob Lonetal. ✆ 07325/ 4799, Fax 8662. www.wuerttemberger-ritter.de. **Bahn/Bus:** ↗ Niederstotzingen. **Auto:** Nach Oberstotzingen, dort rechts 2 km nach Stetten. **Termin:** Fr, Sa und So am 3. Juniwochenende. **Preise:** Turnier und Markt an der Tageskasse 10 €, Sitzplatz 13 €; Kinder 6 – 14 Jahre 8 €, Sitzplatz 11 €; Familie (2 Erw, 2 Kinder) 27 €, Sitzplätze 37 €. **Infos:** H. Hummel, ✆ 07325/4799, Fax 8662.

▶ Einmal im Jahr findet im Rittergut Stetten ein mittelalterlicher Kunsthandwerkermarkt statt. Dort könnt ihr dann zuschauen wie der Schmied Waffen herstellt oder auch kunstvolle Kerzenständer. Es tummeln sich Ritter, edle Damen, Knechte,

Im Dienst: Der Knappe muss die Waffe tragen

Foto: Kirsten Wagner

__Knappe__ hieß im Mittelalter der Edelknabe, der bei einem Ritter in Dienst stand.

Happy Birthday!
1,5-stündige Stadtführung für Kinder 7 – 11 Jahre. Auch für Kindergeburtstage geeignet. Pro Gruppe (bis 15 Kinder) 38 €.

**Fabrikverkäufe an der WMF Fischhalle,** Eberhardstraße, Geislingen. ✆ 07331/ 257797. Mo – Sa 10 – 18 Uhr. Günstige Einkaufsmöglichkeit.

Mägde und selbst Narren und Gaukler auf dem Gelände. Auf der Wiese davor werden Ritterturniere abgehalten. An den Kassen gibt es kostenlose Lose für Kinder von 6 bis 14 Jahre. Wer bei der anschließenden Verlosung Glück hat, darf im **Knappengewand** den Turnierknappen helfen, auf der Ehrentribüne nach dem Rechten zu sehen und die Pferde zu versorgen.

Museen und Stadtführungen

Rund um den Forellenbrunnen
Stadtrundgang Geislingen, 73312 Geislingen a.d.St. ✆ 07331/24-279, Fax 24-276. www.geislingen.de. **Bahn/Bus:** ↗ Geislingen an der Steige.
▶ In der Innenstadt von Geislingen stehen zahlreiche, noch sehr gut erhaltene Fachwerkhäuser. Besonders schön ist auch die Stadtkirche mit dem holzgeschnitzten Hochaltar (1520). Die Figuren des Forellenbrunnens fordern die Fantasie heraus: Die Tiere stellen mit ihren menschlichen Zügen typische Vertreter der Geislinger Gemeinde dar. Eine Beschreibung der einzelnen Gebäude findet ihr in einer Broschüre, die es bei der Stadtinformation gibt.

Schloss Hellenstein und Museum für Kutschen, Chaisen und Karren
Schlosshausstraße, 89522 Heidenheim. ✆ 07321/ 327-4717, 43381. www.heidenheim.de. **Bahn/Bus:** ↗ Heidenheim an der Brenz. Wenige Min via Hermann-Mohn-Weg. **Zeiten:** Mitte März – Mitte Nov Di – Sa 10 – 12 und 14 – 17 Uhr sowie So und Fei 10 – 17 Uhr. **Preise:** 1,50 €; Kinder und Jugendliche 6 – 17 Jahre 0,80 €; Mit dem Museumspass kostet der Eintritt in allen 4 Museen in Heidenheim 2,50 € für Erwachsene und 0,80 € für Kinder.
▶ Durch das südliche Tor gelangt ihr in den großen Innenhof. Direkt vor euch seht ihr die Schlosskirche,

© Dt. Zentrale für Tourismus

die Obervogtei, die Burgvogtei und den Altanenbau. Das abseits stehende markante Gebäude auf der rechten Seite ist der Fruchtkasten. Hier mussten früher die Bauern einen Teil ihrer Ernte abliefern. Heute ist darin das *Museum für Kutschen, Chaisen und Karren* untergebracht. Auf 4 Stockwerken findet ihr alte Fahrzeuge, darunter das älteste Motortaxi Deutschlands, das es 1898 auf immerhin 25 km/h brachte. Im *Museum Schloss Hellenstein,* das sich in den anderen Schlossgebäuden befindet, könnt ihr Fundstücke aus der Vor- und Frühgeschichte der Region und der Geschichte der Stadt betrachten. Besonders werden die Fertigkeiten von Zinngießern, Hafnern, Kupferschmieden und Webern ausgestellt. Diese Berufe werden heute kaum noch ausgeübt.

Leuchtet hell im Dunkeln: Schloss Hellenstein

Der berühmteste Bär der Welt: Im Steiff Museum

Margarete-Steiff-Platz 1, 89537 Giengen a.d.Br. ✆ 01805/131101, www.steiff.de. **Bahn/Bus:** ↗ Giengen a.d.Br., gegenüber vom Bhf. **Zeiten:** Täglich April – Okt 9.30 – 19 Uhr, Nov – März 10 – 18 Uhr, 1.11., 25. und 26.12., 1.1. und Karfreitag geschlossen; 24. und

Steiff Club, Margarete Steiff GmbH, 89530 Giengen a.d.Br., ✆ 07322/131-555, Fax -700, www.steiff-club.de. Sammler-Kontakte, Tauschbörse, Clubzeitung, Veranstaltungen sowie ein jährliches Geschenk.

31.12. bis 13 Uhr geöffnet. **Preise:** 8 €, Steiff Clubmitglieder frei; Kinder 6 – 18 Jahre 5 €; Familienkarte (2 Erw und deren Kinder) 20 €.

▶ Bei einer Reise in »Die Welt von Steiff« könnt ihr im Erlebnismuseum die kuscheligen Tiere in tollen Kulissen bewundern und euch von der animierten Traumwelt verzaubern lassen. Auf insgesamt drei Ebenen sind Teddy & Co nämlich nicht nur zu sehen, sondern auch zu hören und zu fühlen. In der Schaufertigung dürft ihr zusehen, wie Tag für Tag die Steiff-Tiere entstehen – immer noch nach der alten Tradition. Wer dann noch nicht genug hat, kann außerdem das restaurierte Geburtshaus von Margarete Steiff, der Begründerin der Steiff-Manufaktur, besichtigen oder sich im **Bistro Knopf** stärken.

Heimatmuseum Herbrechtingen

Alte Mühle, Eselsburger Straße, 89542 Herbrechtingen. ✆ 07324/41522. www.herbrechtingen.de.
Bahn/Bus: ↗ Herbrechtingen, vom Bhf 20 Min Fußweg. Links auf Mergelstetter Straße, dann rechts Brunnenstraße – Baumschulenweg. **Zeiten:** Sommerhalbjahr So 14 – 16 Uhr. **Preise:** Eintritt frei.

▶ Das Museum ist in der 1799 errichteten ehemaligen Sägemühle in Herbrechtingen untergebracht. Es vermittelt ein Bild vom Leben in dieser Gegend vor etwa 150 Jahren. Wenn ihr ins Erdgeschoss tretet, seht ihr Stube, Küche und Schlafkammer. Originalmöbel, wie der Küchenschrank, genannt »Kuchekaschda«, sind zu finden, und ihr könnt an bestimmten Einzelheiten wie einem ganz abgenutzten Löffel sehen, wie sparsam die Menschen damals sein mussten, denn die Dörfler der Ostalb waren meist arm. Im Kellergeschoss lernt ihr, wie die **Flachsverarbeitung** vonstatten ging: Die Weberei war für die armen Bauern eine notwendige Nebenerwerbsquelle. Sie arbeiteten mit einfachem Gerät unter sehr ungesunden Bedingungen, da der Flachs nur in feuchten Räumen optimal verarbeitet werden konnte.

Hunger & Durst

Bistro Knopf, im Steiff Museum. ✆ 07322/954395. 11 – 17 Uhr, April – Okt bis 18 Uhr. Kaffee, Getränke und Mittagessen.

Leinenweber verarbeiteten gesponnenen Flachs und Hanf zu Leinwand. Aus Gräberfunden weiß man, dass die Weberei in Ägypten schon vor 4000 Jahren weit entwickelt war. In Europa wurde im Mittelalter die Leinenweberei auf dem Land von armen Bauern und Tagelöhnern verrichtet. Leinwand war ein im Mittelalter hoch geschätztes Gewebe, aus dem nicht nur Hemden und Bettzeug, sondern auch Kleider, Satteldecken oder Hutbezüge gearbeitet wurden.

Die Donauschwaben und ihre Ulmer Schachteln

Museum der Donauschwaben, Elsterweg 5, 89542 Herbrechtingen. ✆ 07324/3090. www.herbrechtingen.de. **Bahn/Bus:** ↗ Herbrechtingen, auf der Fußgängerbrücke die Bahnlinie überqueren und dem Härtweg circa 10 Min bis ans Ende folgen. **Zeiten:** So 14 – 18 Uhr. **Preise:** Eintritt frei.

▶ Kultur und Lebensart der Deutschen im donauschwäbischen Raum wird hier mit Originalstücken, wie Möbeln, Bekleidung und Werkzeug dokumentiert. Die Donauschwaben fuhren bereits im 17. Jahrhundert auf Flößen, den so genannten Ulmer Schachteln, auf der Donau bis nach Kroatien, Serbien, Ungarn und Rumänien. Sie siedelten dort bis zu ihrer Vertreibung während dem Zweiten Weltkrieg.

Der prominenteste Nachfahre der rückgewanderten Donauschwaben ist der ehemalige Außenminister Joschka Fischer.

Meteoriten und Rüsseltiere

Meteorkrater-Museum, Hochfeldweg 4, 89555 Steinheim a.Al.-Sontheim. ✆ 07329/9606-58, 921451, Fax 9606-70. www.steinheim.com/meteor/. s.kaufmann@steinheim-am-albuch.de. **Bahn/Bus:** ↗ Steinheim. **Zeiten:** Mo 8 – 12 und 13 – 17 Uhr, Fr 8 – 13 Uhr, Sa, So 9 – 12, 14 – 17 Uhr. Ansonsten nach Vereinbarung unter ✆ 07329/9606-58. **Preise:** 2,50 €; Kinder 1 €; Familienkarte 5 €.

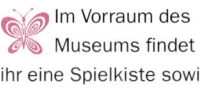

Im Vorraum des Museums findet ihr eine Spielkiste sowie Malsachen.

▶ Der eine Ausstellungsraum ist der Frage gewidmet, wie vor 15 Mio Jahren durch Einschlag eines Meteoriten das Steinheimer Becken entstand, der besterhaltene Meteorkrater mit Zentralkegel. Auf den Einschlag folgte bald wieder Leben: Im Krater sammelte sich Wasser, Lebewesen siedelten sich an. Die damaligen Tiere und Pflanzen wurden in Ablagerungen versteinert und in der heutigen Zeit bei Ausgrabungen wieder entdeckt. Diese beeindruckenden Fossilienfunde, angefangen von Pflanzenresten über winzig kleine Muschelkrebse bis zu elefantengroßen Rüsseltieren, sind im zweiten Raum des Museums ausgestellt.

Theater und Feste

Naturtheater Heidenheim

Schlosshausstraße 72, 89522 Heidenheim a.d.Br.
☎ 07321/92550. www.naturtheater.de. **Bahn/Bus:**
↗ Heidenheim an der Brenz. **Zeiten:** meist Mi und So
15 Uhr sowie Fr und Sa 20 oder 20.30 Uhr. **Preise:** 6 –
20 €; Kinder 4 – 16 Jahre 4 – 15 €.

▶ Auf einer Freilichtbühne wird jedes Jahr ein anderes Kinder- und Jugendstück gezeigt. Die Zuschauertribüne mit über tausend Sitzplätzen ist überdacht, sodass die Aufführungen bei jedem Wetter stattfinden können.

Lust auf Verkleiden? Mo, Mi und Fr könnt ihr euch 14 – 18 Uhr im Naturtheater ein Kostüm ausleihen.

FESTKALENDER

Mai/Juni: Nürtingen: **Maientag,** farbenfrohes Fest der Schulen mit Umzug.

Ungerade Jahre, letztes Wochenende, Bad Überkingen-Unterböhringen: **Blätzlesfest.**

Di nach Pfingsten, Giengen an der Brenz: **Kinderfest,** Tradition seit 1677.

Ende Mai, Anfang Juni, Göppingen: **Maientage,** historischer Festumzug zur Stadt- und Staufergeschichte.

Gerade Jahre, Ende Mai/Anfang Juni, Heidenheim: **Schäferlauf,** Traditionsfest der Schäfer.

Juni: Letztes Wochenende, Unterböhringen: **Bronnafeschd.**

Letzter Sa, Niederstotzingen: **Rosenmarkt** auf dem Marktplatz.

Juni/Juli: Letztes Wochenende vor den Sommerferien, Giengen an der Brenz: **Stadtfest,** internationales Straßenfest.

Juli: Göppingen: **Fest im Park,** Kulturelles und Kulinarisches in den Mörikeanlagen; www.fest-im-park.de.

August: Anfang des Monats, Esslingen a.N.: **Zwiebelfest,** Kulinarisches rund um die Zwiebel auf dem Marktplatz.

September: 1. Wochenende, Adelberg: **Klosterfest.**

2. Wochenende, Göppingen: **Stadtfest,** Straßenfest der Göppinger Vereine in der Innenstadt.

ALB-DONAU-KREIS

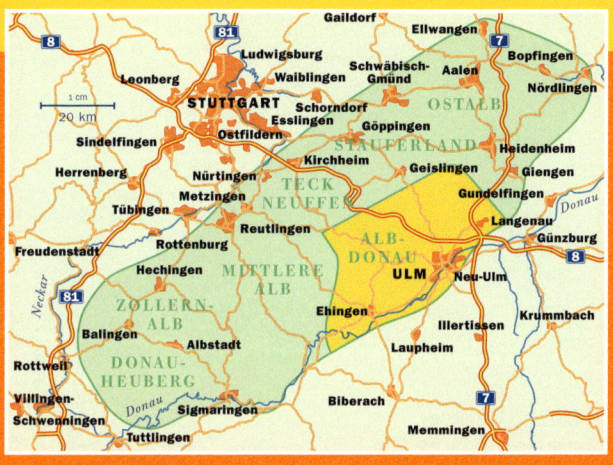

Im Herzen der Region liegt einer der schönsten Plätze auf der Schwäbischen Alb, der Blautopf in Blaubeuren. Die große Karstquelle ist geheimnisvoll. Angeblich reicht das zum Teil noch unerforschte Höhlensystem, aus dem das Wasser ans Tageslicht kommt, bis zum Bodensee. In den Seitentälern der Donau haben schon die Steinzeitmenschen in Höhlen gelebt.

In der Höhle *Hohle Fels* wurde im September 2008 die älteste Menschenfigur der Welt gefunden. Sie ist in Kalkstein geschnitzt und wird auf ein Alter von circa 40.000 Jahren geschätzt. Andere Figürchen sind aus Mammut-Elfenbein und mit 30.000 Jahren ebenfalls beachtlich alt! Im *Urgeschichtlichen Museum* von Blaubeuren könnt ihr einige davon sehen.

Frei- und Hallenbäder

Bad im Quellwasser: Badepark Blaustein

Bad Blau, Jürgen Stübler, Boschstraße 12, 89134 Blaustein. ✆ 07304/802-162, -164, Fax -169. www.badblau.de. info@badblau.de. **Bahn/Bus:** ↗ Blaustein, kurzer Fußweg vom Bhf, Ehrensteiner Straße nach Nordwesten. **Auto:** B28 Ulmer Straße, Hummelstraße in Ehrensteiner Straße oder über Martinstraße. **Zeiten:** Mo, Di 9 – 22, Mi 7 – 22, Do – Sa 9 – 23, So 9 – 21 Uhr. **Preise:** Tageskarte 6,50 €; Kinder 6 – 18 Jahre Tageskarte 5 €; Familientageskarte 17 €, auch verschiedene Stundenkarten erhältlich.

▶ Das Wasser des Freibads speist sich aus eigenen Brunnen und Quellen. Das Kinderplantschbecken hat eine Elefantenrutsche. Ideal für Nichtschwimmer ist die 60 m lange Rutsche ins Abenteuerbecken mit Jetstream-Anlage. Vom Innenbereich führt ein Schwimmkanal in das mit heilkräftigem Solewasser gefüllte Außenbecken.

TIPPS FÜR WASSER-RATTEN

ALB-DONAU-KREIS

Happy Birthday!

Das Bistro verkauft Tagesessen und selbst gebackenen Kuchen. Kindergeburtstage könnt ihr hier auch feiern; auf alle wartet eine Überraschung. Geburtstagskinder bis 16 Jahre haben freien Eintritt!

Spieglein, Spieglein … sag, wer ist der blauste Topf im Land?

Hallenbad Blaubeuren

Dodelweg 18, 89143 Blaubeuren. ✆ 07344/7043, Fax 952434. www.tw-blaubeuren.de. tourismuszentrale-blaubeuren@arcor.de. **Bahn/Bus:** ↗ Blaubeuren, 50 m vom Busbhf nach Norden. **Auto:** Marktstraße nach Osten über Hirschgasse und Auf dem Graben. **Zeiten:** Okt – Anfang April Di – Do 10 – 20.30, Fr – So 10 – 17 Uhr. **Preise:** 3,50 €; Kinder 7 – 17 Jahre 2 €.

▶ Zur Ergänzung des Angebots an Freizeiteinrichtungen und zur Förderung des Schulsports baute die Stadt am Fuße des Freibads ein großzügiges Hallenbad mit Schwimm- und Lehrschwimmbecken. Dem Bad ist eine Cafeteria angegliedert. Eine moderne Sauna, die neben dieser gesundheitsfördernden Einrichtung auch alle Arten von Massage anbietet, ist ebenfalls im Hallenbad untergebracht.

Matschspiele im Freibad Blaubeuren

Mühlweg 16, 89143 Blaubeuren. ✆ 07344/3956, Fax 952434. www.tw-blaubeuren.de. tourismuszentrale-blaubeuren@arcor.de. **Bahn/Bus:** Vom Bhf Blaubeuren nach Norden die Karlstraße bis ans Ende gehen, am Marktplatz geradeaus weiter in die Klosterstraße, dort über die Blautopfstraße. **Auto:** Am nördlichen Ende der Stadt. Entlang dem Dodelweg gibt es mehrere Parkplätze. Die Anfahrt ist ausgeschildert. **Zeiten:** Mai – Sep täglich 9 – 20 Uhr, bei schlechtem Wetter 9 – 10.30 und 17 – 19 Uhr. **Preise:** 3,50 €; Kinder und Jugendliche 7 – 17 Jahre 2 €.

▶ Das Christian-Schmidbleicher-Freibad verfügt über eine 65 m lange Wasserrutsche, ein Schwimm- und Nichtschwimmerbecken mit 3-m-Sprungturm, Wasserpilz, Bodensprudler und Nackendusche sowie über ein attraktives Kinderbecken mit Matschbereich und großzügigen Liegewiesen.

Erlebnisbad Atlantis

Freizeitanlagen Neu-Ulm Betriebsgesellschaft mbH,
Wiblinger Straße 55, 89231 Neu-Ulm. ✆ 0731/

Vom Freibad ist es nicht mehr weit zum Blautopf, der größten Karstquelle der Schwäbischen Alb. Ihr müsst nur dem Blauufer etwa 500 m flussaufwärts folgen. Aus dem etwa 20 m breiten Quelltopf dringt das Wasser an die Oberfläche. Das sieht sehr schön aus.

98599-0, Fax -4. www.atlantis-freizeitpark.de. kontakt@atlantiserlebnisbad.de. **Bahn/Bus:** ↗ Ulm, nach Neu-Ulm, dort Bus 89. **Auto:** Über Adenauerbrücke von Ulm nach Neu-Ulm, links auf die Wiblinger Straße abbiegen. **Zeiten:** Mitte Sep – Mitte Mai Mo 10.30 – 22.30 Uhr, Di, Mi, Do, So und Fei 9 – 22.30 Uhr, Fr, Sa 9 – 23.30 Uhr. **Preise:** 2 Std 4 €, 4 Std 7 €, 1 Tag 9 €; Kinder 4 – 16 Jahre 2 Std 3 €, 4 Std 4,50 €, 1 Tag 6 €; Familienkarte (2 Erw mit 3 Kindern) 2 Std 11 €, 4 Std 17 €, 1 Tag 23 €.

▶ Hier könnt ihr was erleben: Gleich drei verschiedene Rutschen, Jump, Black-Hole mit 106 m Länge und Crazy-River führen euch ins Wasser. Der Name hält, was er verspricht. Außerdem gibt es im Kinderbecken zwei Kleinkinderrutschen. Die Thermalbecken, eins drinnen und eins draußen, haben eine Wassertemperatur von 34 Grad. Bleibt nicht länger als 20 – 30 Minuten im Thermalwasser, für Herz und Kreislauf ist das sonst zu anstrengend.

Schaut euch mal das Außenbecken mit Strömungskanal, Grotte und Wasserfall an und das Wellenbecken mit Tristrahl und Wasserpilz. Für Saunafreunde gibt es eine finnische Blocksauna, Erdsauna, osmanisches Dampfbad und vieles mehr.

Im gastronomischen Bereich bietet das **Bistro Pinguin** kleine Speisen an, und im italienischen Eiscafé bekommt ihr selbst gemachtes Eis.

Freizeiterlebnisbad Ehingen

Uhlandstraße 35, 89584 Ehingen (Donau). ℰ 07391/770-150, Fax 770-1516. www.ehingen.de/freibad. f.haering@ehingen.de. **Bahn/Bus:** ↗ Ehingen, Busbhf Bus 317 Richtung Rottenacker bis Lindenplatz, dann Bus 21. **Auto:** Bhf über Pfister- und Spitalstraße in die Biberacher Straße in Richtung Süden. Dann Richtung Osten in die Panoramastraße. **Zeiten:** Mai – Aug täglich 9 – 20 Uhr, Sep 9 – 19 Uhr, Mi ab 7 Uhr. **Preise:** 2,70 €, 12er Karte 27 €; Kinder 6 – 16 Jahre 1,50 €, 12er Karte 13,50 €.

ALB-DONAU-KREIS

Kiosk und Bistro,
89584 Ehingen
(Donau). Für Essen und
Trinken wird in Bistro
und Kiosk gesorgt.

▶ Das mit 24 Grad beheizte Freibad am Stadtrand
hat eine 55 m lange Wasserrutsche. Im kleineren Becken findet ihr einen Strömungskanal mit Ruheflä-
chen, Wasserkaskaden und Wandmassagedüsen.
Die Bodenblubber machen richtig Spaß. Der Kinder-
Fun-Bereich ist großzügig angelegt. Platz für sportliche Betätigung außerhalb des Wassers bietet sich
z.B. beim Beachvolleyball und vielen anderen Aktivitäten. Es gibt außerdem einen Abenteuerspielplatz.

Schiffstouren auf der Donau

Der »Ulmer Spatz« und die »MS Donau«: Schiffsrundfahrt in Ulm

Reinhold Kräß, Augsburger Straße 96, 89231 Neu-Ulm.
✆ 0731/62751, Fax 66444. Handy 0175/3232178.
www.schifffahrt-ulm.de. info@schifffahrt-ulm.de.
Bahn/Bus: ↗ Ulm. **Zeiten:** Ostern – Mitte Okt Sa, So,
Fei 14, 15 Uhr, 15.5. – 30.9. täglich 14, 15 Uhr, in den
Sommerferien Ba-Wü täglich auch 16 Uhr. Dauer etwa
50 Min. **Preise:** 8 €; Kinder 4 – 14 Jahre 5 €.

▶ Der Metzgerturm liegt wenige Gehminuten vom Ulmer Rathaus entfernt. Ihr müsst nur von der Rückseite durch die engen Gassen in Richtung Donau gehen.
Die Schiffe sind schon von Weitem zu sehen. Die Mo-
torschiffe »Ulmer Spatz« und »MS Donau« fahren die
Donau bis zur Friedrichsau hinab und wieder zurück.
Die »MS Donau« wurde den historischen Ulmer
Schachteln, den so genannten Ordinari-Schiffen,
nachgebaut. Mit solchen Holzbooten sind die Menschen im 17. Jahrhundert die Donau abwärts getrie-
ben, um damals nahezu unbewohnte Gebiete entlang
dem Fluss in Ungarn, Rumänien und Serbien zu be-
siedeln. Aufgrund ihrer Herkunft haben diese Leute
den Namen Donauschwaben erhalten.

Radeln, Skaten und Wandern

Inlineskaten in Ulm

Reithalle in der Donaubastion beim Roxy, Schillerstraße 1, 89073 Ulm. ✆ 0731/6026568, 14069-0, Fax 14069-69. www.reithalle-ulm.de. merz@sjr-ulm.de. **Bahn/Bus:** ↗ Ulm. **Zeiten:** Mi, Fr 15 – 21, Do 17 – 21 (MTB & BMX), Sa, So 13 – 21 Uhr. **Preise:** 3 €, Tageskarte BMX 4,50 €, 10er-Karte 25 €, 10er Karte BMX 35 €, Jahreskarte 80 €, Jahreskarte BMX 95 €.

▶ Wer in der Ulmer Reithalle Pferde sucht, wird lange suchen … Hier wird nämlich geskatet und nicht geritten. Die Halle bietet auf 900 qm zahlreiche Herausforderungen für geschickte Skater, Inlineskater und BMX-ler. Um die verschiedenen Ramps, Wallrides und Boxes zu bewältigen, sollten allerdings schon entsprechende Grundkenntnisse vorhanden sein! Skatet nie ohne ausreichend Kopf- und Körperschutz.

Im Naturschutzgebiet Kleines Lautertal

Blaustein. **Bahn/Bus:** Ab Bhf Herrlingen ist das Naturschutzgebiet gut über markierte Wanderwege des Schwäbischen Albvereins zu erreichen. Öffentliche Busse fahren bis Lautern. **Auto:** Von ↗ Blaustein nach Norden Richtung Weidach, dort etwa 5 km Landstraße nach Lautern. Der Parkplatz ist direkt vor der evangelischen Kirche. **Rad:** Vom Bahnhof Herrlingen 20 – 30 Minuten.

▶ Das Kleine Lautertal gehört zum überwiegenden Teil zur Gemeinde Blaustein. Mit einer Fläche von rund 280 Hektar wurde es 1995 durch das Regierungspräsidium Tübingen als Naturschutzgebiet ausgewiesen. Steile, felsdurchsetzte Hänge begleiten den Besucher auf ganzer Länge des Tals, teils mit naturnahen Waldbeständen, teils mit artenreichen Halbtrockenrasen und Steinschuttfluren. Oberhalb der Ortschaft Lautern entspringt in einem Karstquelltopf die Kleine Lauter, schlängelt sich mit klarem Wasser durch Wiesen und Äcker im Talgrund, um

ALB-DONAU-KREIS

Zum Reinbeißen schön – aber Achtung: In einen Fliegenpilz beißt man nur einmal im Leben!

© Annette Sievers

Habt ihr schon mal einen Tannenzapfen gefunden? Kann gar nicht sein! Die Zapfen der Tanne stehen nach oben, und wenn sie im Herbst ihre Samen verlieren, lösen sie sich langsam auf, nur die Spindel

Zapfen der Edeltanne und der Rottanne (Fichte)

bleibt stehen. Das sieht aus, als würden kleine Pilze auf den Ästen sitzen. Auf dem Boden sind also nie vollständige Zapfen zu finden. Falls ihr schon einmal Zapfen gesammelt habt, waren das sicher Fichten- oder Kiefernzapfen.

später bei Herrlingen in die Blau zu münden. Die herrliche Landschaft, aber auch das Vorkommen zahlreicher gefährdeter Tier- und Pflanzenarten machen das Gebiet zu einem Kleinod der Schwäbischen Alb.

Route 1, »Falke«, Länge: 8 km, gut 2 Std
Lauterursprung – Hohenstein – Bermaringer Feldflur – Hoher Felsen – Bermaringer Kleingartenanlage über die Kreisstraße hinunter ins Kleine Lautertal – durch das Trockental mit Schonwald – Lauterursprung (Ausgangspunkt)

Route 2, »Schaf«, Länge: 6 km, gut 1,5 Std
Lauterursprung – Kirche Lautern – Parkplatz Untere Mühlen – Parkplatz Ochsenwies – Überquerung der Lauter und der Kreisstraße – Naturfreundehaus Spatzennest – Querung der Waldacher Waldsteige – Parkplatz Weidach Hohenstein – durch den Wald (Holzhalde) – Lauterursprung (Ausgangspunkt)

Route 3, »Eichhörnchen«, Länge: 3 km, 1 Std
Parkplatz Sträßchen nach Wippingen – über den Wanderweg des Schwäbischen Albvereins nach Lautern – Lauterursprung – entlang der Kleinen Lauter (oder vom Lauterursprung am Waldrand entlang) – Parkplatz Sträßchen (Ausgangspunkt)

Wanderung am Klötzle Blei vorbei: Blaubeuren – Bismarckfelsen – Rusenschloss

Blaubeuren. **Länge:** 7 km, reine Gehzeit etwa 2 Std.
Bahn/Bus: ↗ Blaubeuren. **Auto:** Am nördlichen Ende der Stadt. Am Dodelweg gibt es mehrere Parkplätze. Anfahrt ist ausgeschildert.

▶ Man geht die Ulmer Straße entlang und wendet sich einige hundert Meter nach dem klotzigen 60 m hohen **Metzgerfelsen** (»Glei bei Blaubeura leit a Klötzle Blei«) nach links aufwärts durch das Wäldchen oder am Friedhof den Zickzackweg aufwärts zum Rucken und von da auf dem Grat weiter. Auf dem *Bismarckfelsen* (Namen 1895 zum 80. Geburtstag des Fürsten eingemeißelt) steht die **Burg Ruck,** sie wurde von den Pfalzgrafen von Tübingen erbaut und war Stammsitz des Minnesängers *Heinrich von Rugge* (1200 gestorben). Die Burg fiel im 13. Jahrhundert an die Grafen von Helfenstein, diese mussten sie später wegen Geldnot an Württemberg verkaufen und schließlich wurde sie 1751 an den Herzoglichen Kirchenrat verkauft. Heute ist die Burg Ruck bis auf ein Kellergewölbe zerfallen.

Foto: Wolfgang Taschner

Da hängt es, das Kötzle Blei am Metzgerfelsen

Den Besuch des Rusenschlosses (634 m) kann man direkt anschließen. Der Weg führt links vom Bahndamm ins Blautal hinab, über die Blau hinweg an den Fuß des Frauenbergs. Zwei deutlich sichtbare Ringwälle aus vorgeschichtlicher Zeit, der Hallstatt-Epoche, sind die Reste einer keltischen Fliehburg hinter dem Rusenschloss. Ab hier ziemlich steiler Anstieg zum Schloss.

Will man direkt von der Stadt zum Rusenschloss, so führt der Weg entweder über den Blautopf oder den Klosterhof zum Schwimmbad und weiter über den »Tugendpfad« zur Ruine oder über die neue Sonderbucher Steige mit Blick auf Stadt und Talkessel zum Wilhelmsfelsen (W-Form) und dort rechts ab in halber Höhe des Tales zum **Rusenschloss.**

Vom Palas bietet sich ein Blick auf die gesamte Landschaft und die Stadt. Vom einst stattlichen Schloss aus dem 12. Jahrhundert sieht man heute nur noch den einzigartigen Tragbogen des Wohnhauses aus Buckel-Quadern über schwindelndem Abgrund, Reste der Umfassungsmauer, Burgtor, Kellergewölbe und einzelne Turmreste.

Auf dem **Rückweg** geht man entweder nach Norden auf dem Grat zur neuen Sonderbucher Steige, am *Knoblauchfelsen* vorbei, dessen Besteigung mit wenigen Schritten man nicht versäumen sollte, oder einige Schritte auf den *Südgrat,* dann beim Wegweiser rechts abwärts entlang gewaltiger Felsen zur Großen Felsengrotte und weiter zum Tugendpfad. Von hier

über den Blausteg nach Süden oder nordwärts am Schwimmbad vorbei zur Stadt.

Kleine Wanderung zur Hüle von Bühlenhausen

Berghülen. **Länge:** 4 km, Gehzeit gut 1 Std. **Bahn/Bus:**
↗ Berghülen.

▶ Von der Dorfmitte in **Berghülen** geht ihr zunächst auf der Schulstraße in östlicher Richtung. Am Ortsende biegt ihr bei der Schule links in die Treffensbucher Straße und kurz darauf rechts in den Tannenweg ab. Sobald auf der rechten Seite die ersten Häuser auftauchen, nehmt ihr den Feldweg, der exakt im rechten Winkel vom Tannenweg wegführt. Diesem folgt ihr nun im weiten Bogen um den Ortsteil Bühlenhausen bis ihr auf die Lange Straße trefft. Dort geht es rechts nach **Bühlenhausen,** einem idyllischen Fleckchen Erde, das in seiner Mitte eine der letzten Hülen auf der Schwäbischen Alb hat. *Hülen* sind Wasserbecken, etwa 8 x 8 m groß, die früher angelegt wurden, um immer Wasser zum Feuerlöschen zu haben. In Bühlenhausen steht die Evangelische Kirche zum Hl. Veit, die im Stil der Spätgotik erbaut ist. Im Inneren könnt ihr Wandmalereien von 1477 bewundern, die die törichten und klugen Jungfrauen darstellen.

Zurück folgt ihr zunächst der Lindenstraße in Richtung Süden, überquert die Ulmer Straße und nehmt kurz darauf den schmalen Weg, der parallel zur Ulmer Straße in Richtung Berghülen führt. An seinem Ende geht es zunächst links und gleich darauf rechts in den Holunderweg. Über den Wacholderweg und die Blaubeurer Straße kommt ihr wieder an den Ausgangspunkt zurück.

Zum Burgturm: Spaziergang mit Alpenblick

Schelklingen. **Länge:** etwa 15 Minuten. **Bahn/Bus:**
↗ Schelklingen. **Zeiten:** April – Sep, jeden 3. So im Mo-

Ihr wolltet schon immer mal mit einem echten Schäfer über die Alb ziehen? Wenn ihr Vesper und Getränk mitbringt, könnt ihr die Schafherde Mai – Okt begleiten und dabei die Natur erkunden. Infos gibt es unter ✆ 07321/327-4910, www.heidenheim.de.

Hunger & Durst
Gasthof zum Ochsen, Lore Braungart, Blaubeurer Straße 14, 89180 Berghülen. ✆ 07344/9609-0. www.ochsen-berghuelen.de. Di – So 10 – 24 Uhr. Der Familienbetrieb in ruhiger Umgebung serviert schwäbische Spezialitäten. Nach einer längeren Wanderung gibt es hier ein deftiges Vesper.

▶ Die **Wacholderheiden** sind im nördlichen Alb-Donau-Kreis so wichtig, dass sie unter Naturschutz stehen. Sie zählen nämlich zu den artenreichsten Lebensräumen Mitteleuropas! Hier kann man fast die Hälfte aller Pflanzenarten Baden-Württembergs finden. Zu den Licht liebenden Pflanzen wie z.B. Orchideen gesellen sich zahlreiche Tierarten wie Heuschrecken, Schmetterlinge oder Vögel. Allerdings leben in der Wacholderheide nur solche Vögel, die auf dem Boden brüten. Logisch, es sind ja keine Bäume da. Die Wacholderheiden werden durch die Hüteschäferei erhalten, d.h. bei der Herde ist immer ein Schäfer, der aufpasst, dass die Schafe nicht davonlaufen. Meist hilft ihm der Hütehund dabei.

SCHÄFCHEN ZÄHLEN

Die Schafe haben ein bestimmtes Fressverhalten, sie wählen die Pflanzen, die sie fressen genau aus und verschmähen z.B. stachelige Silberdisteln oder bitter schmeckende Enziane. So werden zwar Gras, aufkeimende Büsche und Bäume abgefressen, die anderen Pflanzen bleiben aber stehen.

Ohne die Schafe würden die Wacholderheiden innerhalb weniger Jahre mit Büschen und Bäumen zuwachsen. Die seltenen Pflanzen und dort lebenden Tierarten bekämen dann keine Sonne mehr und würden aussterben.

Foto: Wolfgang Taschner

Abgegrast: Typische Albwiese mit Wacholder

Deshalb ist die Hüteschäferei nötig für den Erhalt der Heiden. Sie sorgt aber nicht nur für eine kostengünstige Offenhaltung der Flächen, sondern leistet auch einen wichtigen Beitrag für die Verbreitung von Tier- und Pflanzenarten: Im Fell der Schafe werden nämlich Samen und Kleintiere transportiert und verbreitet. ◀

*Südwestlich von Blaubeuren, auf der rechten Seite des Achtals in einer halbrunden Felsengruppe, liegt die kleine **Höhle Geißenklösterle.** Hier gab es bedeutende Funde wie etwa 30.000 bis 35.000 Jahre alte Schnitzereien aus Mammutelfenbein. Die 3 Tierfiguren und eine Menschendarstellung sind im ↗ Urgeschichtlichen Museum in Blaubeuren ausgestellt. Außerdem fand man 2 Flöten aus Vogelknochen. Die Höhle wurde zum Schutz vergittert.*

Hunger & Durst
Landgasthof Ochsen,
Familie Geiselhart, Darrengasse 42, 89614 Öpfingen. ✆ 07391/6129. Di – So 10 – 14 und 16.30 – 21 Uhr. Hier wird schwäbische Küche serviert. Das Fleisch stammt aus artgerechter Tierhaltung direkt aus dem Ort. Es gibt eine Kinderkarte und von den meisten Gerichten könnt ihr halbe Portionen haben.

nat, 14 – 17 Uhr. **Preise:** 1 €; Kinder 0,50 €. **Infos:** Für Gruppen können weitere Termine vereinbart werden.

▶ Der **Burgruine Hohenschelklingen** ist nur zu Fuß erreichbar. Gegenüber der Stadthalle führt ein Pfad zum Turm hoch, der aus markanten staufischen Buckelquadern erbaut ist. Von der Burg, die sich einst über den ganzen Bergsporn ausdehnte, blieb nur der Turm erhalten. Er gibt Zeugnis von einer der glanzvollsten Zeiten der Schelklinger Geschichte. Hier hatten die mächtigen *Grafen von Schelklingen-Berg* im 13. und 14. Jahrhundert ihren Wohnsitz. Seit kurzem ist er renoviert und ihr könnt von der Aussichtsplattform einen schönen Blick auf das Schelklinger Tal genießen. Bei guter Fernsicht kann man bis zu den Alpen sehen.

Rundwanderung zu den Wasservögeln am Öpfinger Stausee

Öpfingen. **Länge:** Rundweg 9 km, Gehzeit etwa 2,5 Std. **Bahn/Bus:** ↗ Ehingen Bus 21. **Auto:** A7 Würzburg – Ulm, Ausfahrt 122 Ulm/Senden zur B30. Dort Richtung Friedrichshafen und an der Ausfahrt Donaustetten nach Erbach; erste Ampel links B311 nach Öpfingen.

▶ Vom Ortszentrum **Öpfingen** geht ihr zunächst auf der Hauptstraße in Richtung Süden bis zur großen **Donaubrücke.** An dieser Stelle, im sogenannten Loch, beginnt der Wasserzulauf zum Stausee. Ihr überquert den Zulaufkanal über die erste Brücke und geht dann links hinunter auf den schmalen Inselweg. Nach einigen hundert Metern geht es links auf dem Damm weiter, bis ihr nach 15 Minuten am **Stausee** angelangt seid. Wenn ihr am südlichen Ufer weitergeht, werdet ihr bald die vielen Wasservögel beobachten können, die hier das ganze Jahr über heimisch sind. In den Wintermonaten gesellen sich viele Zugvögel aus dem hohen Norden hinzu.

Am Ende des Stausees seht ihr das große **Wehr,** das Wasser staut und durch Turbinen leitet. Auf dieser Seite könnt ihr eine Fischtreppe entdecken, über die

die Fische vom Stausee zurück in die Donau gelangen können. Ihr folgt dem Donaukanal, bis ihr nach wenigen Minuten einen Steg erreicht, über den ihr an das andere Ufer gelangt.

Wenn ihr eure Sonntagsschuhe anhabt, geht ihr geradeaus weiter in Richtung Oberdischingen, bis ihr auf einer Teerstraße links abbiegen könnt. Mit Wanderschuhen geht es vom Steg aus gleich links zunächst ein Stück am Kanal entlang zurück und dann rechts neben einem Graben bis zur gleichen Teerstraße. In beiden Fällen müsst ihr bei der Teerstraße die **Brücke** überqueren. Danach geht es zunächst rechts und dann links auf dem Dischinger Weg zurück zur Hauptstraße in Öpfingen.

© Peter Meyer

Aufmerksam: Reiher

Reiten und Klettern

Reiterferien und Kurse
Reitanlage Renz, Hochsträß 2, 89584 Ehingen (Donau)-Heufelden. ✆ 07391/53775, Fax 753453. www.reitanlage-renz.de. info@reitanlage-renz.de. **Auto:** Von Ortsmitte ➚ Ehingen über die Heufelder Straße nach Heufelden, circa 2 km. **Zeiten:** Ganzjährig. **Preise:** Auf Anfrage.

▶ Der Reiterhof ist ein Familienunternehmen und bietet Kindern und Jugendlichen Reitersommerferien und ganzjährig Ponyreiten an. Außerdem können Jung und Alt Ausritte und Reitstunden inmitten der Landschaft der Schwäbischen Alb genießen.

Klettern und Kraxeln
Kletterwald Laichingen GmbH, 89146 Laichingen. ✆ 07333/950010, 0170/4756120, www.kletterwald-laichingen.de. info@kletterwald-laichingen.de. **Auto:** A8 Ausfahrt Merklingen, Tiefenhöhle ausgeschildert. **Zeiten:** März/April – Okt/Nov täglich ab 9.30 Uhr bis Sonnenuntergang, bei Gruppen über 10 Pers Voranmeldung erbeten. **Preise:** ab 18 Jahre 17 €; Kinder 5 – 10

Hunger & Durst
Reiterstüble, Hochsträß 2, 89584 Ehingen (Donau)-Heufelden. Vesper und Getränke.

Wenn ihr den Kletterwald mit der ➚ Tiefenhöhle kombiniert, habt ihr einen tollen Tagesausflug.

Jahre 8 €, 11 – 15 Jahre 12 €, 16 – 17 Jahre 14 €; Familien (1 Erw, 1 Kind) 22 €, (2 Erw 2 Kinder) 40 €.

▶ Kraxeln, Klettern und von Ast zu Ast schwingen. Klingt wie im Affengehege? Ihr könnt das alles selbst im Kletterwald bei der ↗ Tiefenhöhle ausprobieren. Rein in den Klettergurt und los gehts! Je nach Alter gibt es verschiedene Parcours mit Einweisung. Anschließend könnt ihr die Höhle besuchen.

Pony- und Märchenpark Zwergental

Familie Mahler, Ponyhof 1, 89150 Laichingen-Machtolsheim. ✆ 07333/5600, Fax 21573. www.ponymaerchenpark.de. **Auto:** A8 Stuttgart – Ulm, ab Ausfahrt 61 Merklingen 3 km Richtung Süden nach Machtolsheim. **Zeiten:** täglich Ostern – Nov 9 – 18 Uhr. **Preise:** 3 €; Kinder ab 2 Jahre 3 €, Ponyreiten für Kinder unter 12 Jahre pro 1-km-Runde 4 €.

▶ In Machtolsheim, dem östlichen Stadtteil Laichingens, liegt der Pony- und Märchenpark. Hier könnt ihr die bekanntesten Märchen hören und sehen und mit der Raupenbahn und einer kleinen Eisenbahn fahren. Wenn ihr Lust habt, eine Runde zu reiten, muss euer Pony von einem Erwachsenen geführt werden.

Ausflug ins Legoland

Legoland Deutschland Freizeitpark GmbH, Legoland-Allee, 89312 Günzburg. ✆ 01805/70075701, Fax 700399. www.legoland.de. info@legoland.de. Günzburg und Legoland liegen 22 km Luftlinie östlich von Ulm. **Bahn/Bus:** Vom Bhf Günzburg auf der Strecke Ulm – Augsburg mit dem Shuttle-Bus zum Legoland. **Auto:** A8 München – Stuttgart, Ausfahrt 67 Günzburg, gut 1 km auf der B16 nach Süden Richtung Krumbach. **Zeiten:** Ostern – Anfang Nov 10 – 18 Uhr; Anfang – Mitte Mai sowie 2 Wochen im Sep Mo, Di und Mi geschlossen. **Preise:** 28 €; Kinder 3 – 11 Jahre 24 €.

▶ In Deutschland wohnen mehr als 80 Mio Menschen. Wenn jeder zweite Deutsche einschließlich aller Kinder nach Günzburg zum Legoland käme und einen Legostein mitbringen würde, dann könnte man aus 40 Mio Legosteinen eine Miniaturwelt aus Landschaften, Städten, Tieren und Figuren bauen. Genau das ist im Legoland auch geschehen;

mit dem feinen Unterschied, dass das Baumaterial in der Legofabrik hergestellt wird, die ihr nebenbei besichtigen könnt.

Im Zentrum des Parks, dem **Miniland,** steckt die Liebe zwischen all den bekannten Gebäuden im Detail: Eine winzige Möwe fliegt durch den Hamburger Hafen und der flippige Raver düst durch die Berliner Love Parade. Im Bereich Mindstorms könnt ihr selbst aktiv werden und nach Herzenslust forschen, konstruieren und spielen – lasst eurer Fantasie mit den Legosteinen freien Lauf. Oder taucht in das Land der Abenteuer ein, das versteckt im Dschungel aus Bäumen und Gestrüpp, wilden Tieren und fantastischen Kreaturen verborgen ist. Wenn ihr die Legowelt von oben betrachten wollt, besteigt einfach den 65 m hohen Aussichtsturm. Besonders gigantisch zeigt sich die Legowelt im Lego X-treme, bei der Fahrt mit dem Wellenreiter etwa spritzt das Wasser nur so umher. Im Knights' Kingdom wartet die mittelalterliche Burg auf eure Erkundung, ein Höhepunkt ist das rasante Achterbahnerlebnis mit dem Feuerdrachen. Und wenn euch das immer noch nicht reicht, könnt ihr an Veranstaltungen wie Bauaktionen, Konzerten, Ritterspielen, Erlebnisbauernhof, Kinderliederfestival und Halloween-Kostümpartys teilnehmen.

Wie wär's mit einem neuen Berufswunsch? Tierpfleger im Dschungel von Legoland …

Warum hat die Giraffe einen so langen Hals?

Weil der Kopf so weit oben ist.

Höhlen und Quellen

Die älteste Schauhöhle Deutschlands und ihre Wintergäste

Höhlenverein Sontheim e.V., Kohlhalde 1, 72535 Heroldstatt. ℰ 07389/906109, Fax 909090. www.sontheimer-hoehle.de. kontakt@sontheimer-hoehle.de. **Auto:** Vom Ortszentrum ↗ Heroldstatt über die Lange Straße nach Merklingen und kurz vor dem Ortsende rechts abbiegen, insgesamt 1,5 km. **Zeiten:** Mai – Okt Sa 14 – 17 Uhr, So, Fei 10 – 17 Uhr, Führungen zur vollen Stunde. Wochentags Gruppen nach Voranmeldung unter ℰ 07389/906404. **Preise:** 2,50 €; Kinder 6 – 16 Jahre 1,50 €.

▶ Die **Sontheimer Höhle** ist die älteste Schauhöhle Deutschlands (seit 1516). Ihr Alter wird auf 12 bis 15 Mio Jahre geschätzt. Sie entstand, weil sich ein unterirdischer Fluss seinen Weg durch das Kalkgestein gebahnt hat. Forscher haben hier menschliche Knochen aus dem 7. Jahrhundert v.Chr. und dem 4. Jahrhundert n.Chr. gefunden. Die Kalkhöhle ist 530 m lang und auf einer Länge von circa 200 mit elektrischem Licht beleuchtet.

Die Sontheimer Höhle ist das bedeutendste **Fledermausquartier** der Schwäbischen Alb. Jedes Jahr überwintern hier 13 verschiedene **Fledermausarten,** etwa 300 Tiere. Habt ihr gewusst, dass Fledermäuse zusammen mit den Flughunden zu den Fledertieren bzw. Flattertieren gehören und dass es davon weltweit 957 Arten gibt? Und habt ihr gewusst, dass sich Fledermäuse in der Dunkelheit am Echo der Laute orientieren, die sie auf ihren Beuteflügen fortwährend ausstoßen? Diese Laute sind so hoch, dass das menschliche Gehör sie nicht wahrnehmen kann. Und schließlich: Habt ihr gewusst, dass sich Fledermäuse mit einer Zehenkralle kopfunter aufhängen können? Sie brauchen dabei keine Muskelkraft, sondern sie besitzen einen Sehnensperrmechanismus, der auch dann noch wirkt, wenn die Fledermaus

Alle in Deutschland heimischen Fledermausarten sind sehr gefährdet und durch das Bundesnaturschutzgesetz geschützt. Doch schon so manche Fledermauskolonie wurde bei Bauarbeiten eingemauert oder von ihren Nistplätzen auf Dachböden oder in zuvor unverputzten Mauern ausgesperrt. Auch die meisten Holzschutzmittel sind für Fledermäuse giftig.

längst gestorben ist. Unsere einheimischen Fledermäuse ernähren sich ausschließlich von Insekten und Spinnentieren.

Um ihren Winterschlaf nicht zu stören, ist die Höhle vom 1. Nov – 30. April geschlossen.

Der Blautopf, die größte Karstquelle Deutschlands

Blaubeuren. ✆ 07344/921025, Fax 952434. www.blautopf.org. info@blautopf.org. **Bahn/Bus:** ↗ Blaubeuren nach Norden bis ans Ende der Karlstra-

▶ In seiner »Historie von der Schönen Lau« erzählt der Dichter *Eduard Möricke* (1804 – 75) die Geschichte von einer Wassernixe aus dem Schwarzen Meer.

DIE SCHÖNE LAU

Er beginnt sein Werk: »Im Schwabenlande, auf der Alb, bei dem Städtlein Blaubeuren, dicht hinter dem alten Mönchskloster, sieht man nächst einer jähen Felswand den großen runden Kessel einer wundersamen Quelle, der Blautopf genannt. Gen Morgen sendet er ein Flüsschen aus, die Blau, welche der Donau zufällt. Dieser Teich ist einwärts wie ein tiefer Trichter, sein Wasser von Farbe ganz blau, sehr herrlich, mit Worten nicht wohl zu beschreiben, wenn man es aber schöpft, sieht es ganz hell in dem Gefäß.

Zuunterst auf dem Grund saß ehemals eine Wasserfrau mit langen fließenden Haaren. Ihr Leib war allenthalben wie eines schönen, natürlichen Weibs, dies eine ausgenommen, dass sie zwischen den Fingern und Zehen eine Schwimmhaut hatte, blühweiß und zärter als ein Blatt vom Mohn. Beim Volk hieß sie die arge Lau im Topf, auch wohl die schöne Lau.«

Die Unglückliche war von ihrem Gemahl, einem alten Donaunix, verstoßen worden und trieb nun im Blautopf ihr Unwesen. Der Sage nach lockte sie Männer in die unergründlichen Tiefen und verschlang sie. Erst wenn sie fünfmal von Herzen gelacht haben sollte, könnte sie erlöst werden. Das Lachen konnte sie nur bei den Menschen lernen. Die Weissagung ging nach einer langen Geschichte schließlich in Erfüllung. ◀

*Der bekannte Höh-lenforscher **Jochen Hasenmayer** hat viele spektakuläre Tauchgänge mit einem Mini-U-Boot unternommen. 1985 tauchte er 1250 m weit durch die wassergefüll-ten Felsspalten und ent-deckte eine unterirdische Großraumhöhle mit me-terhohen Tropfsteinen über und unter Wasser. Sein einstündiger Film »Im Reich der Schönen Lau« zeigt seine Entde-ckungen und wird Palm-sonntag – 31. Okt täglich 9.30 – 17.30 Uhr im Blautopfhaus gezeigt. Info unter ℰ 07344/ 921027.*

ße. Am Marktplatz geradeaus in die Klosterstraße, über die Blautopfstraße, insgesamt 20 Gehmin. **Auto:** Am Dodelweg am nördlichen Ende der Stadt gibt es mehre-re Parkplätze. **Preise:** Eintritt frei.

▶ Den Blautopf müsst ihr einfach gesehen haben. Am Rande der Altstadt von Blaubeuren entspringt die *Blau* aus der größten Karstquelle Deutschlands. Hat es ein paar Tage nicht geregnet, ist das Wasser wirk-lich von einem tiefen, reinen Blau, sonst eher türkis-grün bis bräunlich. Schaut man ins Wasser, kommt es einem unendlich tief vor. In einem weit verzweig-ten, unterirdischen Höhlensystem werden große Wassermassen gesammelt. Diese drängen dann über einen 21 m tiefen trichterförmigen Quelltopf nach oben. Über den Verlauf der unterirdischen Was-serhöhle, auch *Blauhöhle* genannt, ist noch wenig be-kannt. Sie soll aber mehrere Kilometer lang sein.

Die tiefste Höhle der Schwäbischen Alb

Tiefenhöhle, 89146 Laichingen. ℰ 07333/4414, Fax 21202. www.tiefenhoehle.de. anmelden@tiefen-hoehle.de. **Bahn/Bus:** ↗ Laichingen. **Auto:** Suppinger Straße Richtung Süden und bei den letzten Häusern halblinks, insgesamt 1 km. **Zeiten:** Karfreitag – Ende Okt täglich 9 – 18 Uhr. Führungen dauern 45 Min. **Prei-se:** 3 €, inklusive Eintritt zum Museum für Höhlen-kunde; Kinder 6 – 14 Jahre 2,20 €. **Info:** Die Tiefenhöh-le ist eine Schachthöhle, was bedeutet, dass es auf Eisentreppen bis auf 55 m Tiefe hinunter geht. Trotz-dem ist der Abstieg auch mit kleineren Kindern zu machen. Eine warme Jacke und feste Schuhe sind zu empfehlen.

▶ Südlich von Laichingen liegt die *Laichinger Tiefen-höhle.* Sie ist die tiefste begehbare Schauhöhle Deutschlands. In ihr könnt ihr den Aufbau der Schwä-bischen Alb an den einzelnen Gesteinsschichten ge-nau verfolgen. Deshalb nennt man die Höhle auch »Röntgenbild der Alb«. 1892 entdeckte sie der Sand-gräber *Johann Georg Mack.* Schon 1906 war die Höhle bis auf den tiefsten Punkt erforscht. Sie ist 80 m tief und hat eine Länge von 1250 m. Ihr werdet gewaltige Schächte und große Hallen sehen. Wenn ihr euch während einer Führung auf den 320 m langen Rundgang begebt, kommt ihr auf Treppen und Leitern in 40 m Tiefe in die Große Halle. Dies ist der größte Raum der Höhle. Die Kleine Halle ist mit 55 m die tiefste Stelle, die Besucher im Erdinneren begehen können. Wenn hier Wasser versickert, tritt es über eine unterirdische Verbindung im Blautopf bei Blaubeuren wieder zu Tage. Über den Blumenkohlgang und den Nassen Schacht kommt ihr zum Wasserfall und über die Ostschächte wieder zum Höhlenausgang.

Zu den Höhlenbären im Hohlen Fels

Schelklingen. ☎ 07394/595. www.museum-schelklingen.de. e.haggenmueller@t-online.de. **Bahn/Bus:** ↗ Schelklingen. **Rad:** Direkt am Donau-Radwanderweg etwa 1 km östlich von Schelklingen im Achtal. **Zeiten:** Mai – Okt bei gutem Wetter So 14 – 17 Uhr, Führungen auf Anfrage. **Preise:** 2 €; Kinder 6 – 16 Jahre 1 €.

▶ Die Höhle ist 120 m lang und 23,4 m hoch. Wegen ihrer großen Halle, die eine Grundfläche von 5000 qm hat, nennt man sie eine Hallenhöhle. Sie zählt damit zu den größten und beeindruckendsten Höhlen der Schwäbischen Alb. Seit 1870 finden Ausgrabungen zur menschlichen Urgeschichte statt. Die Forscher haben hier zu diesem Thema viele wichtige Funde gemacht: Reste von Höhlenbär, Mammut, Ren und Wildpferd ebenso wie steinzeitliches Werkzeug. Eines der Stücke ist ein bemaltes Felsbruchstück. Stellt euch vor, es soll etwa 13.000 Jahre alt sein! Ein anderes ist ein Pferdeköpfchen aus Elfenbein geschnitzt, mit 30.000 Jahren noch älter. Die erst im September 2008 entdeckte Frauenfigur ist mit ungefähr 40.000 Jahren die hier bisher älteste Entdeckung. Auch Knochen von Bären hat man in der Höhle gefunden.

Hunger & Durst

Raststätte über der Tiefenhöhle, 89146 Laichingen. ☎ 07333/5586. Vom Höhlenverein wird über der Höhle eine Raststätte betrieben, in der ihr euch stärken könnt. Um das Rasthaus wachsen Wacholderpflanzen und Schatten spendende Buchen. Für Kinder gibt es den Höhlenspielplatz mit Rutschbahn, Karussell und Spielstadt. An überdachten Feuerstellen kann man grillen.

Dr. Rainer Köthe: *Was ist was: Höhlen.* Spannende und kindgerechte Aufbereitung, viele Bilder und gute Erklärungen. Tessloff Verlag, 48 Seiten, 9,95 €, für Kinder ab 8 Jahre.

Natur begreifen, Tiere erleben

Bei Fischen und Schlangen

Tiergarten Ulm, Friedrichsau 40, 89073 Ulm. ✆ 0731/
161-6742, Fax 9214415. www.tiergarten.ulm.de. tier-
garten@ulm.de. **Bahn/Bus:** ↗ Ulm. **Auto:** Neue Straße
nach Osten auf die Basteistraße, Beschilderung zur Do-
nauhalle folgen, dort großer Parkplatz. **Zeiten:** April –
Sep 10 – 18 Uhr, Okt – März 10 – 17 Uhr, täglich geöffnet. **Preise:** 5 €; Kinder 6 – 14 Jahre 3 €; Familienkarte 10 €.

▶ Das Ulmer Aquarium und Tropenhaus mit Außen-
gehege liegt in der *Friedrichsau* an der Donau. Im Gebäude des Aquariums
könnt ihr einheimische und
tropische Tiere sehen. Sie
leben in Becken, Terrarien
und Volieren. Letzteres
sind große Vogelkäfige, in
denen die Tiere fast unge-
hindert fliegen können.
Weiter geht's zum Tropen-
haus. Hier leben Vögel mit
ganz buntem Gefieder und
eine lustige Schar von Af-
fen. Für Kinder ist sicher
der Streichelzoo interessant. In den Außengehegen
könnt ihr außerdem Kängurus, Alpakas und Damhir-
sche beobachten.

Foto: Marion Landwehr

Es tropft von den Blättern,
würdevoll schreitet ein Roter Sichler vorbei … Im
Tropenhaus geht es span-
nend zu

Museum für Höhlenkunde

Laichingen. ✆ 07333/5586, Fax 21202. www.tiefen-
hoehle.de. anmelden@tiefenhoehle.de. Im Eingangsge-
bäude der Tiefenhöhle. **Bahn/Bus:** ↗ Laichingen, von
der Stadtmitte 20 Min zu Fuß. **Auto:** Suppinger Straße
nach Süden, bei den letzten Häusern halblinks abbiegen, circa 1 km. **Zeiten:** Karfreitag – Ende Okt täglich
9 – 18 Uhr. **Preise:** Im Eintritt der ↗ Tiefenhöhle enthalten.

▶ Das modern eingerichtete Museum, das sich im Rasthaus über der **Tiefenhöhle** befindet, informiert euch über die erdgeschichtliche Entstehung sowie Mineralien und Lebewesen in den Höhlen, den geologischen Aufbau der Alb und die Entstehung einer Karstlandschaft. Ein Modell, das aus Originalsteinen der Schwäbischen Alb aufgebaut ist, zeigt die Reihenfolge der einzelnen Gesteinsschichten. Bilder aus den Schauhöhlen der Schwäbischen Alb ergänzen die Geo-Schau.

*Der **Höhlenbär** war aufgerichtet gut 4 m hoch. Er ernährte sich ausschließlich vegetarisch.*

Die Kraft der Sonne

Solar-Testfeld und Kachelmann-Wetterstation, Widderstall 14, 89188 Merklingen. ✆ 07337/923940, Fax 9239420. www.zsw-bw.de. info@zsw-bw.de. **Auto:** Von ↗ Merklingen auf der Landstraße in Richtung Wiesensteig, circa 3 km außerhalb des Orts. **Zeiten:** Besucherpavillon durchgehend geöffnet, Führungen nach Vereinbarung. **Preise:** Eintritt frei.

▶ Nordwestlich von Merklingen liegt das Solartestfeld des Zentrums für Sonnenenergie- und Wasserstoff-Forschung Baden-Württemberg. Bei den Besuchern der Schwäbischen Alb ist es sehr gefragt. Es geht um erneuerbare Energien. Hier könnt ihr die umweltschonende Energietechnik der Zukunft aus der Nähe anschauen und lernen wie es gelingt, die Kraft der Sonne in Energie umzuwandeln und für uns Menschen zu nutzen.

Die Welt, in der wir leben

Naturkundliches Bildungszentrum, Kornhausgasse 3, 89073 Ulm. ✆ 0731/1614742, Fax 1611681. www.naturkunde-museum.ulm.de. **Bahn/Bus:** ↗ Ulm, vom Münsterplatz wenige Gehminuten über die Hafengasse. **Zeiten:** Di – Fr 11 – 16 Uhr, Sa, So und Fei 11 – 17 Uhr. **Preise:** 2,40 €; Kinder ab 6 Jahre 1,50 €; Familienkarte für 2 Erw und 2 Kinder 4,50 €. **Info:** Mit dem 12 Monate und in 7 Ulmer Museen gültigen Museumspass (12 €) kostenlos.

HANDWERK UND GESCHICHTE

▶ Unter den 60.000 Ausstellungsstücken des Museums gibt es lebende Tiere und Modelle, die ihr zum Teil anfassen dürft. Die großen Themen sind Mineralogie, Geologie, Paläontologie, Botanik, Zoologie und Ökologie. Kinder sind im Naturkundlichen Bildungszentrum gern gesehene Gäste. Für euch wird jährlich ein spezielles Programm zusammengestellt. Außerdem gibt es Sonderveranstaltungen, Vorträge und Exkursionen.

Bahnen und Flieger

Fahrt mit dem Alb-Bähnle

Ulmer Eisenbahnfreunde Sektion Alb-Bähnle, Alb-Bähnle Amstetten-Oppingen, Heinrich Biro, Industriestraße 41, 73340 Amstetten. ✆ 07331/7979, Fax 7979. www.albbaehnle.de. alb-baehnle@uef-dampf.de. **Auto:** ↗ Amstetten, Parkplatz am Bhf. **Zeiten:** Mai – Okt, Betriebstage siehe Internetseite. **Preise:** 4 € einfach, 5,50 € hin und zurück; Kinder 4 – 14 Jahre 2 € einfach, 3 € hin und zurück; Familien (2 Erw und 2 Kinder) 15 €, Gruppen und Sonderfahrten nach Reservierung.

▶ Die 1-m-Schmalspurbahn wurde 1901 von **Amstetten** nach **Laichingen** eröffnet. Nach der Stilllegung 1985 konnte der landschaftlich schönste Streckenabschnitt, der Albaufstieg bis **Oppingen,** gerettet werden. Nun fährt das Alb-Bähnle wieder mit seinen fauchenden, pustenden Dampfrössern. Menschen, die ehrenamtlich arbeiten, halten Lok, historische Wagen und die Gleisanlagen instand. Im Museumsbetrieb könnt ihr eine der ältesten, noch betriebsbereiten Dampflokomotiven erleben. Kurz nach der Ausfahrt aus Amstetten hat der Zug auf 6 km im Aufstieg auf die Albhochfläche 120 Höhenmeter vor sich. Die Fahrt geht vorbei an Wacholderheiden, Wäldern und Windkraftanlagen. Endstation ist Oppingen. Dort findet ihr schöne Plätze zum Picknicken oder Wandern, bis es wieder per Bummelfahrt zurück geht.

© Wolfgang Taschner

Nostalgisches Blautopfbähnle

Auto-Mann GmbH, Steingrubenstraße 13, 89143 Blaubeuren. ✆ 07433/963030, Fax 963033. www.auto-mann.com/baehnle. doris.mann@auto-mann.com. **Auto:** ↗ Blaubeuren. **Zeiten:** Fr 14.30, 16 Uhr, Sa, So 11, 14, 15.30, 17 Uhr Panoramafahrt. **Preise:** 6,20 €; Kinder 3 – 14 Jahre 4 €; Familie mit 3 – 5 Kindern 21 €.

▶ Die Höhlentour vermittelt euch einzigartige Eindrücke aus grauer Vorzeit. An den Höhlen »Große und kleine Grotte«, Brillenhöhle, Grabungsstätte Geißenklösterle, Sirgensteinhöhle und Hohlen Fels fährt das Blautopfbähnle vorbei.

Der ↗ Hohle Fels wird von innen besichtigt und anschließend geht es in das Urgeschichtliche Museum.

Die Schwäbische Alb aus der Luft erkunden

Flughafen Sonderbuch, Fliegergruppe Blaubeuren e.V., Silcherstraße 34, 89171 Blaubeuren-Illerkirchberg. ✆ 07344/919293, Flugleitung 919294, Fax 919521. www.flgblaubeuren.de. **Bahn/Bus:** ↗ Blaubeuren Bus 336 Richtung Gerhausen bis Sonderbuch Rathaus. **Auto:** Im Ort an der Blaubeurer Steige zweimal links nach Sonderbuch.

▶ In Sonderbuch ist ein Flugplatz für Segelflugzeuge. Feste Betriebszeiten gibt es nicht, am Wochenende ist jedoch fast immer offen und dann gibt es immer viel zu sehen.

Die Mitglieder der Fliegergruppe nehmen gegen Gebühr gern Passagiere in einem ihrer doppelsitzigen Segelflugzeuge mit. Mitfliegen ist zwischen April und Okt an sonnigen Wochenenden oder Feiertagen möglich, bei **Quellbewölkung** ist meistens gutes Segelflugwetter.

Typische Quellwolken haben die Form eines riesengroßen Blumenkohls. Sie entstehen, wenn warme Luft nach oben steigt. Dies ist deshalb gut für die Segelflieger, weil sie mit dieser warmen Luft, der so genannten Thermik, ebenfalls nach oben getragen werden.

Modellbahnshow Merklingen

Siemensstraße 2, 89188 Merklingen. ✆ 07337/923194, Fax 923195. www.modellbahnshow.de. info@modellbahnshow.de. Industriegebiet an der A8.

Hunger & Durst

Restaurant Gaumen-schmaus, im Haus der Modellbahnschau, 89188 Merklingen. ℡ 07337/394. Mo – Fr 11.30 – 14 und 18 – 22 Uhr, Sa und So durchgehend geöffnet. Schwäbische und internationale Küche, Pasta und Vegetarisches. Kinder unter 10 Jahre bekommen in dem familienfreundlichen Lokal Spätzle mit Soße oder Pommes Frites umsonst. Klar gibt es auch andere Kindergerichte.

Bahn/Bus: ↗ Merklingen. **Zeiten:** Do – So 10 – 18 Uhr, Fei geöffnet, letzter Einlass 17 Uhr, Juli und Schulferien Baden-Württemberg Di – So 10 – 18 Uhr. **Preise:** 12 €; Kinder 4 – 5 Jahre 5 €, Kinder 6 – 15 Jahre 8 €; Familienkarte 29 €.

▶ Die Märklin-Modelleisenbahnanlage mit über 400 qm ist ein Riesenspaß für die ganze Familie. Auf mehreren Kinderspielbahnen können die jungen Besucher selbst spielen. Außerdem ist die Anlage so konzipiert, dass man ganz nahe am Geschehen ist. Am Rand der Anlage gibt es Schalter, die von Erwachsenen und Kindern betätigt werden können. So könnt ihr selbst verschiedene Aktionen auf der großen HO-Modellbahnanlage in Gang setzen. Neben der Spur-1-Ausstellung, einer Videoübertragung aus einer fahrenden Lok, wechselnden Ausstellungsstücken und Sonderausstellungen könnt ihr auf der Gästestrecke eure eigene, mitgebrachte Bahn (Märklin dreileitertauglich) fahren lassen.

Klöster und Kirchen

Der höchste Kirchturm der Welt: Das Ulmer Münster

Münsterplatz, 89073 Ulm. ℡ 0731/379945-0, Fax 379945-15. www.muenster-ulm.de. **Bahn/Bus:** Vom Hbf in wenigen Min durch die Fußgängerzone zum Münster, das bereits von Weitem zu sehen ist. **Auto:** Parkplätze rund um den Münsterplatz. **Zeiten:** Nov – Feb 9 – 16.45 Uhr, März und Okt 9 – 17.45, April – Juni und Sep 9 – 18.45, Juli und Aug 9 – 19.45 Uhr. Letzte Turmbesteigung immer 1 Std vor Ende. **Preise:** Münster frei, Turmbesteigung 4 €; Schüler 7 – 17 Jahre 2,50 €; Familienkarte 10 €.

▶ Schon 1377 hatten die Ulmer mit dem Bau begonnen, doch erst 1890 wurde das Münster fertig. Am spannendsten ist es, die 768 Stufen auf den höchsten Kirchturm der Welt hinaufzusteigen. Er ist genau

161,53 m hoch. Gleich nach dem Beginn der Wendeltreppe kommt ihr am *Martinsfenster* vorbei. Mittwochs und samstags habt ihr hier einen schönen Überblick über das bunte Markttreiben auf dem Münsterplatz. Etliche Wendeln weiter passiert ihr den verschlossenen Eingang zum *Läuteboden.* Ihr könnt die Glocken sehen, wenn ihr den schmalen Gang betretet, der am Ende vergittert ist. Es ist schon ein Erlebnis, den Glockenschlag zu jeder Viertelstunde aus nächster Nähe zu hören.

In etwa 70 m Höhe könnt ihr das *Viereck* umrunden. Die Stadt ist jetzt schon ganz gut zu überblicken. Ab dem 30 m höher liegenden *Achteck* müsst ihr mit Gegenverkehr rechnen: Langsam wird es so eng im Turm, dass kein Platz mehr für zwei Treppen bleibt. Oben angekommen habt ihr einen herrlichen Panoramablick, der bei guter Fernsicht von der Zugspitze im Osten bis zu den Schweizer Alpen im Westen reicht.

© dzt

Ganz schön hoch: Das Ulmer Münster

Wunderbare Holzschnitzereien

Kloster Blaubeuren, Klosterhof 2, 89143 Blaubeuren. ✆ 07344/962625, Fax 962634. www.kloster-blaubeuren.de. kloster@seminar-blaubeuren.de. **Bahn/Bus:** ↗ Blaubeuren, vom Bhf nach Norden bis ans Ende der

▶ Beim Bau des Münsters wollten die Ulmer Holzbalken aus dem Wald in die Stadt bringen. Weil sie jedoch die Balken quer auf das Fuhrwerk gelegt hatten, kamen sie nicht durch das schmale Stadttor. Sie wollten schon das Tor abreißen, da sahen sie einen Spatzen herbeiflattern, der einen langen Strohhalm quer im Schnabel trug. Als dieser durch eine schmale Öffnung zu seinem Nest wollte, schob er den Halm der Länge nach hinein. So kam auch den Ulmern die Erleuchtung, sie legten ihre Balken der Länge nach auf den Wagen und fuhren erleichtert in die Stadt. Zum Dank dafür setzten sie dem Spatzen ein kupfernes Denkmal aufs Münsterdach. ◀

DER ULMER SPATZ

*Der **Schneider von Ulm**, Albrecht Ludwig Berblinger, lebte 1770 – 1829. Er konstruierte einen Apparat, mit dem er wie ein Vogel durch die Luft gleiten wollte. Am 31. Mai 1811 versuchte Berblinger in Anwesenheit des Königs von der einen Seite der Donau auf die andere zu fliegen. Es misslang, da über dem kalten Fluss der warme Aufwind fehlt.*

Den Schlüssel zur St. Afra-Kapelle und eine Kurzbeschreibung bekommt ihr im Café Bachner neben dem Friedhof.

Kinderfest am letzten Mo vor den Schulferien oder im Mai/Juni mittelalterliches Spektakel auf dem Klosterhofgelände.

Karlstraße, am Marktplatz geradeaus in die Klosterstraße und durch das Klostergängle. **Auto:** Am nördlichen Ende der Stadt. Am Dodelweg gibt es mehrere Parkplätze. **Zeiten:** Palmsonntag – Allerheiligen täglich 9 – 18 Uhr, 2. Nov – Sa vor Palmsonntag Mo – Fr 14 – 16, Sa, So und Fei 11 – 16 Uhr. Hl. Abend geschlossen. **Preise:** 2,50 €; Kinder 7 – 18 Jahre 2 €. **Infos:** Klosterführung nach Anmeldung unter ☎ 07344/962625, 25 €.

▶ Das Kloster wurde 1085 von den *Pfalzgrafen von Tübingen* gestiftet. Kreuzgang und Kirche im alten Benediktinerkloster stehen dem Besucher offen. Heute wird ein Großteil der Anlage vom Evangelisch-theologischen Seminar genutzt. In der gotischen Kirche findet ihr einen doppelflügeligen Hochaltar. Er ist einer der größten Wandelaltäre Deutschlands. Am Chorgestühl, geschaffen von *Jörg Syrlin,* könnt ihr wunderbare Schnitzkunst bewundern.

St. Afra-Kirche

Schelklingen. ☎ 07394/2480, Fax 24850. www.schelklingen.de. info@schelklingen.de. **Bahn/Bus:** ↗ Schelklingen. **Zeiten:** Täglich außer Mi-Nachmittag. **Preise:** Eintritt frei. **Infos:** Für Führungen unter ☎ 0731/384910 anmelden.

▶ Auf dem Friedhof der Stadt, unweit des Bahnhofs, liegt die von außen unscheinbar wirkende Kirche. Ihr werdet in ihrem Inneren eine sehr gut erhaltene Folge gotischer Wandmalereien entdecken. Die Malereien sind um 1300 entstanden und zeigen die Passion Christi und die Leiden von Heiligen in der Nachfolge Christi. Der Maler war wohl ein origineller Künstler, weil er seltene Motive in die Bilder brachte.

Museen und Stadtführungen

Museum der Brotkultur

Salzstadelgasse 10, 89073 Ulm. ☎ 0731/69955, Fax 6021161. www.museum-brotkultur.de. info@museum-brotkultur.de. **Bahn/Bus:** ⬈ Ulm, vom Münsterplatz wenige Gehminuten über die Pfauengasse. **Zeiten:** 10 – 17 Uhr, Mi 10 – 20.30 Uhr. **Preise:** 3,50 €; Kinder 6 – 18 Jahre 2,50 €; Familienkarte für 2 Erw und 3 Kinder 9,50 €.

▶ Das Museum der Brotkultur ist das älteste Spezialmuseum seiner Art. Seit 1991 ist es in den historischen Räumen des Salzstadels von 1592 untergebracht, einem Lagerhaus der ehemaligen freien Reichsstadt Ulm. Auf drei Ebenen erfahrt ihr, welche Rolle das Nahrungsmittel Brot im Laufe der Menschheitsgeschichte spielte, wie es zubereitet und genossen wurde.

Der Löwenmensch

Ulmer Museum, Marktplatz 9, 89073 Ulm. ✆ 0731/161-4312, Fax 161-1626. www.museum.ulm.de. info.ulmer-museum@ulm.de. **Auto:** ⬈ Ulm, zum Zentrum südlich des Münsters. **Zeiten:** Di – So 11 – 17 Uhr, öffentliche Führungen Do 18 Uhr, für Gruppen nach Vereinbarung unter ✆ 0731/161-4312. **Preise:** 3,50 €, Fr frei; Kinder 6 – 18 Jahre 1 €, Fr frei; Familienkarte für 2 Erw mit Kindern unter 16 Jahre 6 €.

▶ Das Museum zeigt Funde aus der Ur- und Frühgeschichte des Ulmer Raums, u.a. den 32.000 Jahre alten Löwenmenschen, Kunst und Kunsthandwerk aus Ulm und Oberschwaben seit dem Mittelalter, Material zu Stadtgeschichte, Handwerk und **Zünften,** aber auch die Kunst- und Naturalkammer des *Christoph Weikmann,* die Wunderkammer eines wohlhabenden Ulmer Kaufmanns und Sammlers aus dem 17. Jahrhundert.

Die Welt des Schmieds

Hammerschmiede, Blautopfstraße 9, 89143 Blaubeuren. ✆ 07344/921027, Fax 921027. www.blaubeuren.de. tourismuszentrale-blaubeuren@arcor.de.
Bahn/Bus: ⬈ Blaubeuren, vom Bhf nach Norden bis ans Ende der Karlstraße. Am Marktplatz geradeaus in

 Mit dem **Museums-Pass** Ulm/Neu-Ulm könnt ihr für 12 € innerhalb von 12 Monaten folgende 7 Museen jeweils einmal besuchen: Naturkundliches Bildungszentrum, Kloster Wiblingen, Ulmer Museum, Deutsches Brotmuseum, Donauschwäbisches Zentralmuseum, Edwin-Scharff-Museum und Archäologisches Museum.

Zünfte entstanden im 12. Jahrhundert und waren Handwerker-Vereinigungen, die über Ausübung ihres Berufes, die Anzahl der Meister und die Lehrlingsausbildung bestimmten.

ALB-DONAU-KREIS

die Kloster- und über die Blautopfstraße zur Hammer- schmiede. **Auto:** Am nördlichen Ende der Stadt. Am Do- delweg gibt es mehrere Parkplätze, Anfahrt ausgeschil- dert. **Zeiten:** März – Okt täglich 9 – 18 Uhr, Nov – März Sa, So, Fei 11 – 16 Uhr. **Preise:** 1,50 €; Kinder 7 – 16 Jahre 1 €; Familienkarte 4 €.

▶ Die historische Hammerschmiede, in der früher vor allem Werkzeuge des täglichen Bedarfs geschmiedet wurden, ist seit 1966 als Museum der Öffentlichkeit zugänglich. Ein Schmied gibt den Besuchern Einblick in eine Arbeitswelt, die mit Hitze, Schweiß und oh- renbetäubendem Lärm verbunden war. In den Som- mermonaten gibt es an jedem 1. Sonntag im Monat Schauschmieden.

Im Klosterhof startet das **Blau- topfbähnle** zu einer Pa- noramafahrt durch das Ried zu einem Aus- sichtspunkt über der Alt- stadt und durch das Gerberviertel zum Blau- topf. Erw 5,80 €, Kinder 3 – 12 Jahre 3,70 €, Familie 3 – 5 Kinder 21 €. Fr 14.30 und 16, Sa, So 11, 14, 15.30 und 17 Uhr.

Ein umfangrei- ches pädagogi- sches Programm im Urgeschichtlichen Mu- seum zeigt, wie die Menschen damals Feuer machten, Nah- rung und Werkzeuge herstellten. Ihr könnt selbst einen Lederbeu- tel oder Schmuckketten aus Muscheln und Fe- dern herstellen.

Das Badhaus der Mönche

Heimatmuseum, Klosterhof 11, 89143 Blaubeuren. ✆ 07344/921026, Fax 952434. www.blaubeuren.de. touriszmuszentrale-blaubeuren@arcor.de. **Bahn/Bus:** ↗ Blaubeuren, vom Bhf nach Norden bis ans Ende der Karlstraße, am Marktplatz geradeaus in die Klosterstra- ße und von dort durch das Klostergängle. **Auto:** Am nördlichen Ende der Stadt ausgeschildert, mehrere Parkplätze am Dodelweg. **Zeiten:** Ostern – Ende Okt, Di – Fr 10 – 16 Uhr, Sa, So und Fei 10 – 17 Uhr. **Preise:** 1,50 €; Kinder 7 – 16 Jahre 1 €; Familienkarte 4 €.

▶ Das Museum ist im alten Badhaus der Mönche im äußeren Klosterbereich untergebracht. Es ist das einzige erhaltene Mönchsbad Deutschlands und da- mit eine Seltenheit. Im Museum seht ihr schöne Wandmalereien.

Kontakt mit der Steinzeit

Urgeschichtliches Museum, Karlstraße 21, 89143 Blaubeuren. ✆ 07344/9286-0, Fax -15. www.urmu.de. info@urmu.de. **Bahn/Bus:** ↗ Blaubeuren. **Zeiten:** Nov – Mitte März Di und Sa 14 – 17, So 11 – 17 Uhr, an- sonsten Di – So 11 – 17 Uhr. **Preise:** 3,20 €; Kinder 7 – 18 Jahre 2 €; Familienkarte 8 €.

▶ Am Anfang des Rundgangs steht die Entstehung der Schwäbischen Alb. Dann werdet ihr über archäologische Methoden und die verschiedenen Epochen der Steinzeit informiert. Die Altsteinzeit zum Beispiel war die Zeit der Sammler und Jäger. Durch das Ende der Eiszeit änderten sich in der Mittelsteinzeit die Lebensbedingungen. Das Ende der Steinzeit brachte den Beginn von Ackerbau und Viehzucht.

 Am Bahnhof geht der Urmeerpfad (14 km) los. Hier bekommt ihr Informationen zur Geologie der Schwäbischen Alb. www.kulturelle-alb-partie.de.

Das Meer von Gerstetten

Riff-Museum, Bahnhof Gerstetten, 89547 Gerstetten. ✆ 07323/8445, 840, Fax 8482. www.gerstetten.de. riffmuseum@gerstetten.de. **Bahn/Bus:** ↗ Heidenheim an der Brenz Bus 75 Richtung Gerstetten. **Auto:** A7 Würzburg – Ulm, Ausfahrt 117 Herbrechtingen 10 km Landstraße. **Zeiten:** März – Okt So und Fei 10 – 17 Uhr. **Preise:** 2,50 €; Schüler 1,50 €, Gebühr für Führungen 25 €. **Infos:** Gruppen ganzjährig nach Anmeldung unter 07323/84-0.

Hunger & Durst

Restaurant Dionysos, Böhmenstraße 22, 89547 Gerstetten. ✆ 07323/5778, Di – So 11.30 – 14.30 und 17.30 – 24 Uhr. Griechische Spezialitäten.

▶ Vor 155 Mio Jahren war an der Stelle, an der sich Gerstetten heute befindet, ein großes tropisches Meer, in dem Korallen wuchsen und sich Meerestiere tummelten. Versteinerungen dieser Muscheln, Seeschnecken, Fische, Seeigel, Seesterne und verschiedener, heute ausgestorbener Tiere sind im Riff-Museum ausgestellt. In einem Film bekommt ihr erklärt, wo das Meer geblieben ist und wie die Versteinerungen entstanden sind.

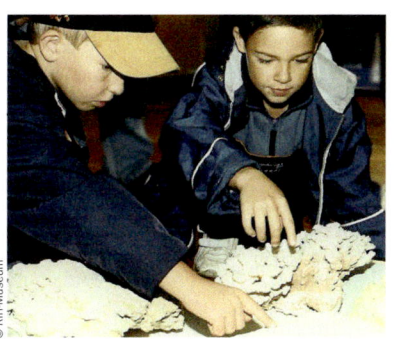

© Riff-Museum

Im Riff-Museum gibts Erstaunliches zu entdecken

Turm mit Spielplatz: Wolfertturm

Ehingen (Donau). ✆ 07391/53825, 51912, Fax 71071. www.schwaebischer-albverein.de/ehingen. albverein-ehingen@gmx.de. **Bahn/Bus:** ↗ Ehingen (Donau). **Zeiten:** Ostermontag – Okt am 1. So im Monat 10 – 12 und 14 – 16 Uhr. **Preise:** Eintritt frei.

ALB-DONAU-KREIS

▶ Der Turm wurde 1891 als »Kaiser Wilhelm Thurm und Aussichtsthurm« vom Verschönerungsverein Ehingen errichtet. Er ist eines der frühesten Betonbauwerke Süddeutschlands. Hundert Jahre später musste es saniert werden. Der Wolfertturm steht am Stadtrand in einer kleinen Parkanlage mit Spielplatz und bietet einen guten Blick auf die Stadt. Bei gutem Wetter kann man sogar bis zu den Alpen sehen. Eine Panorama-Tafel hilft, die Gipfel zu identifizieren.

Kalkofenmuseum

Bannbühl 1, 89617 Untermarchtal. ✆ 07393/917383, Fax 917384. www.schwaebischealb.de. **Bahn/Bus:** ↗ Ehingen (Donau) Bus 320 Richtung Obermarchtal. **Auto:** Nördlich von Untermarchtal an der B311 auf halber Strecke zwischen Ehingen und Riedlingen. **Zeiten:** April – Okt So und Fei 11 – 17 Uhr und nach Vereinbarung. **Preise:** 2 €, Gruppe ab 15 Pers 1,50 €; Kinder frei, Jugendliche 13 – 18 Jahre 1 €. **Infos:** Info-Zentrum Untermarchtal.

▶ Das Kalkofenmuseum steht mitten in freier Landschaft. Schon von weitem sieht man den dicken, roten Schornstein. Der Kalkofen mit Werkhalle wurde 1922 unterhalb eines Kalksteinbruches errichtet. Er war nur von März bis Oktober in Betrieb, da Landwirtschaft und Bauhandwerk im Winter keinen Brandkalk brauchten. Nach 1939 diente das Gebäude als Remise, da sich die kleine Kalkbrennerei nicht mehr rentierte.

Die Ausstellung informiert über das Jahrtausende alte Handwerk der Kalkbrennerei im Alb-Donau-Raum. In der gut erhaltenen und seit 1990 als Museum dienenden Anlage bekommt ihr auf Hinweistafeln den Betriebsablauf im Kalkofen erläutert. Zuerst wurde der Kalk aus dem Steinbruch gebrochen und zerkleinert. Dann wurde damit der Ofen beschickt, der Kalk gebrannt, anschließend trocken gelöscht, gesiebt und abgefüllt.

🦉 *Kalk* wird im Bauhandwerk schon seit Jahrtausenden zur Herstellung von Mörtel und zum Tünchen verwendet. Aber auch in der Landwirtschaft hat er noch heute eine wichtige Funktion: als Dünger! Kalk bewirkt nämlich, dass der Boden aufgelockert wird, fruchtbarer Humus entsteht und schädliche Säuren gebunden werden.

Theater und Feste

Geschichten rund um den Kasperl

Erstes Ulmer Kasperle Theater, Büchsengasse 3, 89073 Ulm. ✆ 0731/6022264, www.kasperletheater-ulm.de. info@kasperletheaterulm.de. **Bahn/Bus:** ➚ Ulm. **Zeiten:** Mi – So 15 Uhr, Karten unbedingt vorbestellen. **Preise:** Kinder ab 2 Jahre 5 €.

▶ Viele spannende, abenteuerliche und lustige Geschichten mit Kasperle, seinem Freund Seppl und dem Hund Schnuffi.

Poetisch-fantastisches Theater

Ulmer Spielschachtel, Fort Unterer Kuhberg 10, 89077 Ulm. ✆ 0731/31506, Fax 3600555. www.ulmerspielschachtel.de. ulmerspielschachtel@t-online.de. **Bahn/Bus:** ➚ Ulm. **Zeiten:** Okt – März So 15 Uhr. **Preise:** 5,50 €; Kinder ab 2 Jahre 4,50 €. **Infos:** Sommerprogramm unter: www.luftikuss-ulm.de.

▶ Auf dem Programm stehen Personen- und Figurentheaterstücke sowie das poetische und fantastische Theater für alle Altersgruppen. Die Ulmer Spielschachtel veranstaltet zudem unter dem Namen »Luftikuss« jedes Jahr im Mai und Juni unweit des Donaustadions in der Friedrichsau einen kostenlosen Kinder-Vergnügungspark mit Theaterzelt und Spielegarten.

Topolino Figurentheater

Musikschule Neu-Ulm, Gartenstraße 13, 89231 Neu-Ulm. ✆ 0731/713800, Fax 7170858. www.topolino-figurentheater.de. topolino-theater@gmx.de. **Bahn/Bus:** ➚ Ulm, nach Neu-Ulm. **Zeiten:** So 15 Uhr, über weitere Termine informiert der aktuelle Spielplan im Internet. **Preise:** Kinder ab 4 Jahre 5 €.

▶ Brigitte und Andreas Blersch zeigen mit ihren 300 Figuren verschiedene Puppenspiel-Stücke. Die Schauspieler sind lustige Marionetten, bunte Masken sowie Klappmaul- und Tischfiguren.

BÜHNE, LEINWAND UND AKTIONEN

Happy Birthday!

Geburtstagskinder haben beim Ersten Ulmer Kasperle Theater freien Eintritt.

© Ulmer Spielschachtel

So ein Räuber: Hotzenplotz will Omas Kaffeemühle stehlen

ALB-DONAU-KREIS

FESTKALENDER ALB-DONAU

Februar: Fasnetsdienstag, Masken- und Kinderumzug am Glombigen Donnerstag in Ehingen. Info: www.narren-zunft-spritzenmuck.de.

Mai: 1. Mai, Blaubeuren: **Blaubeurer Erlebniswandertag.**

Mai/Juni: Vorabend zu Fronleichnam, Ehingen (Donau): **Großer Zapfenstreich,** ausgeführt von der historischen Bürgerwache Ehingen.

Pfingstmontag: **Höhlenfest** in der Sontheimer Höhle

Juni/Juli: In ungeraden Jahren am letzten Mo vor den Schulferien, Blaubeuren: **Traditionelles Kinderfest.**

Juli: 2. und 3. So, alle 4 Jahre, nächster Termin 2013, Ulm: **Bindertanz** der Ulmer Küferinnung.

2. und 3. So, alle 4 Jahre, nächster Termin 2013, Ulm: **Fischerstechen,** Traditionsfest der Ulmer Fischer seit 1662.

Mitte Juli, Ulm: **Lichterserenade,** romantisches Lichterfest mit Feuerwerk und auf der Donau schwimmenden Windlichtern im Rahmen der Schwörwoche.

3. Mo, Ulm: **Schwörmontag,** traditioneller Bürgermeisterschwur auf die Stadtverfassung seit 1397.

3. Mo, Ulm: **Nabada,** bunter Wasserfestzug auf der Donau im Rahmen der Schwörwoche.

1. Wochenende der Sommerferien, Ehingen (Donau): **Sommer- und Kinderfest.** Theater, Clowneskes, Musikalisches.

August: Jährlich in Blaustein: **Poetenwallfahrt,** Treffen im Innenhof von Schloss Klingenstein zur Erhaltung von Brauchtum und Mundart.

September: 2. Wochenende, Ehingen (Donau): **Ehinger Kirbe,** geschäftiges Treiben auf dem Marktplatz und in der Innenstadt mit verschiedenen Ständen und kulinarischen Köstlichkeiten.

Dezember: Vier Wochen bis zum 22. Dez, Ulm: **Weihnachtsmarkt.**

2. Woche, Ehingen (Donau): **Weihnachtsmarkt** auf dem Marktplatz und in der Innenstadt.

TECK & NEUFFEN

Die Ränder der Schwäbischen Alb wurden im Laufe der Jahrhunderte durch Witterung und Erosion abgetragen. Zurückgeblieben sind so genannte Zeugen- oder Tafelberge, die einzeln im Vorland stehen. Die Landschaft ist zudem geprägt von mehreren hundert erkalteten Vulkanschloten, die zuletzt vor 18 Mio Jahren aktiv waren. Bei der damaligen vulkanischen Tätigkeit entstanden im Erdinneren heiße Quellen, aus denen heute noch angenehm warmes, kohlensäurehaltiges Mineralwasser in die Thermalbäder sprudelt.

KALTE VULKANE UND HEISSE QUELLEN

Frei- und Hallenbäder

Höhenfreibad Bad Urach

Am Tiergartenberg, 72574 Bad Urach. ☎ 07125/ 8184, Fax 156133. www.bad-urach.de. hoehenfreibad@bad-urach.de. **Bahn/Bus:** ↗ Bad Urach 10 Min auf dem Naturlehrpfad in Richtung Tiergartenberg. **Auto:** Von der Stadtmitte über Ulmer Straße rechts in die Burgstraße, nach 200 m links die Bahnlinie unterqueren und dann 600 m Anstieg. **Zeiten:** Mai – Mitte Sep täglich 6 – 20 Uhr. **Preise:** 3 €, 10er-Karte 24 €; Kinder bis 17 Jahre 1,70 €, 10er-Karte 14 €; Familiensaisonkarte 100 €, VVK 90 €.

▶ Das Höhenfreibad ist eines der schönsten Freibäder auf der Schwäbischen Alb. Es liegt auf halber Höhe des Albtraufs am Tiergartenberg, ganz in der Nähe der mächtigen Burgruine Hohenurach. Von hier könnt ihr direkt aufs Städtle blicken. Großzügige Grünanlagen umgeben drei beheizte Wasserbecken. Die jüngeren unter euch können auf der orangefarbenen Breitrutsche ins Nichtschwimmerbecken sausen. Im Schwimmerbecken endet die leuchtend blaue, 66 m lange Riesenrutsche. Hier könnt ihr zu wahren Wasserratten werden, wenn ihr es nicht schon seid.

TIPPS FÜR WASSER-RATTEN

Hunger & Durst

Kiosk des Höhenfreibades, Am Tiergartenberg. Getränke, Eis, Pommes und andere Kleinigkeiten.

Unter jedem Steinchen ein Fossilchen: Spannende Entdeckungsreise in die geologische Vergangenheit der Alb

TECK & NEUFFEN

Baden in einer frischen Quelle

AlbThermen Bad Urach, Immanuel-Kant-Straße 29, 72574 Bad Urach. ✆ 07125/94360, Fax 943630. www.albthermen.de. info@albthermen.de. **Bahn/Bus:** Mit RB aus Metzingen bis Kurzentrum, mit dem Stadtbus bis Thermen. **Auto:** B28 aus Richtung Metzingen am Ortseingang links ins Kurgebiet. Aus Richtung Ulm oder Münsingen Bad Urach auf der B28 Richtung Reutlingen umfahren, am Ortsende rechts ins Kurgebiet. **Zeiten:** Täglich 9 – 22 Uhr. **Preise:** Ab 25 Jahre 9,80 €; Schüler, Studenten, Erwachsene bis 25 Jahre täglich ab 15 Uhr 7,90 €; Familientarif pro Pers 6 €, Eintritt 15 – 18 Uhr, am Wochenende 1 € Aufschlag. **Infos:** Kein Eintritt für Kinder unter 6 Jahren.

▶ Die Bad Uracher Thermen liegen im Kurgebiet. Zwei Heilquellen liefern Wasser aus 770 m tiefen Schichten des Muschelkalkes. Stellt euch vor, das Wasser direkt aus der Quelle ist 61 Grad heiß. In die Bewegungsbecken kommt es mit 32 bis 38 Grad. Die Thermen haben 1 Innen- und 2 Außenbecken (Einstieg in der Schwimmhalle), Inhalationskabinen, Gesundheitsanlage nach Kneipp, Ruhebereich, Liege- und Sonnenwiese, Trinkpavillon und Saunabereich mit Steinbad.

Freibad Neuffen

Breitensteinstraße 1, 72639 Neuffen. ✆ 07025/ 842811, Fax 106-293. www.neuffen.de. stadt@neuffen.de. **Bahn/Bus:** ↗ Neuffen Bus 199 Richtung Beuren bis Oberer Graben, von dort 600 m Fußweg. **Auto:** Von Südosten über Albstraße, Schlossgasse und Ulrichstraße. **Zeiten:** Mai – Sep Mo – Fr 12 – 19.30 Uhr, Sa, So und Fei 10 – 19.30 Uhr, ab Juli täglich 10 – 19.30 Uhr. **Preise:** 2 €; Kinder 4 – 16 Jahre 1 €.

▶ Neben dem unbeheizten Schwimmerbecken von 42 x 16 m steht für die Kleinen ein beheiztes Kinderbecken zur Verfügung.

Bade-Luxus in Beuren

Panorama Therme, Am Thermalbad 5, 72660 Beuren.
℡ 07025/910-500, Fax 910-3010. www.beuren.de.
beuren@beuren.de. **Bahn/Bus:** ↗ Neuffen Bus 172
Richtung Erkenbrechtsweiler oder 199 Richtung Beuren. **Auto:** Von Owen über die Balzholzer Straße, nach
einer Rechtskurve an der Ampel links. **Zeiten:** So – Do
8 – 22 Uhr, Fr, Sa 8 – 23 Uhr. **Preise:** 2,5 Std 9 €, 4
Std 10,50 €, Tageskarte 12,50 €, Kurzbadezeit 1,5
Std 6,50 €. Kinder ab 6 Jahre wie Erwachsene. Einzel-
tarife an Wochenenden und Fei ab 10 Uhr 1 € mehr;
2,5 Std-10er-Karte 70 €, 4 Std-10er-Karte 85 €, Tages-
10er-Karte 105 €. **Infos:** Kinder unter 6 Jahre dürfen
nicht rein, bis 16 Jahre nur in Begleitung Erwachsener.
▶ Die Panorama Therme hat ihren Namen aus der
Römerzeit. Eine Therme war damals eine Badean-
stalt mit warmem Wasser, die alle Bürger nutzen
durften. Die Römer ließen es sich dort gut gehen und
wickelten nebenher ihre Geschäfte ab. In Beuren gibt
es drei Innen- und vier Außenbecken mit Wasser-
temperaturen von 24 bis 40 Grad. Draußen könnt ihr
euch im Strömungsbecken, Strömungskanal, Spru-
deltopf und Quelltopf, einem Sitzbecken mit fast 40
Grad, entspannen. Die Thermengrotte ist natürlich
besonders spannend: Eine Nebelhöhle ist einer
Tropfsteinhöhle nachempfunden. Für Saunafans sind
Finnische Sauna und Mineralwasser-Sauna eine will-
kommene Abwechslung. Draußen gibt es eine große
Gartenfläche.

**Kleinschwimm-
halle.** Di und Fr
15 – 21, Mi 14 – 21, Do
16 – 19, Sa, So und Fei
8 – 18 Uhr. Direkt
neben der Panorama
Therme. Schwimmbe-
cken mit Hubboden, der
die Wassertiefe verän-
dert. Es gibt einen extra
Saunabereich. Draußen
gibt es einen kleinen
See. Badezeit 2 Std
3 €, Kinder 1,50 €.

Freibad Oberlenningen

Heerweg 18, 73250 Lenningen-Oberlenningen.
℡ 07026/609-0, 2136 (Freibad), Fax -44. www.lennin-
gen.de. gemeinde@lenningen.de. **Bahn/Bus:** ↗ Kirchheim Bus 156 Richtung Oberer Sand oder 177 Richtung Schopfloch bis Bhf, von dort Fußweg nach Süden.
Auto: ↗ Lenningen, von Nordwesten über Adolf-Scheufelen-Straße. **Zeiten:** Täglich 10 – 19.30 Uhr, Mi 7 –
19.30 Uhr. **Preise:** 3 €; Kinder 6 – 18 Jahre 1,40 €.

TECK & NEUFFEN

Blauer Tropfen in grüner Umgebung: Wiesensteig-Bad

Hunger & Durst

Gasthaus Zum See, Kirchheimer Straße 1, Wiesensteig. ✆ 07335/6187. www.gasthof-see-wiesensteig.de. Mo – Fr 16 – 24 Uhr, Sa 16 – 19 Uhr, So 10.30 – 14 und 16.30 – 23 Uhr. Schwäbische Küche, Biergarten.

▶ Euch erwarten eine Breitrutsche sowie ein 1-m-Sprungbrett, zwei Wasserspeier und ein Wasserfall. Der Eltern-Kind-Bereich hat ein großes Kinderplantschbecken, einen Sandspielbereich mit Wasserpumpe und ein Sonnensegel.

Freibad im Wald: Tälesbad Wiesensteig

Seestraße 100, 73349 Wiesensteig. ✆ 07335/7802, Fax 962024. www.wiesensteig.de. info@wiesensteig.de. **Bahn/Bus:** ↗ Göppingen Bus 32 Richtung Gruibingen. **Auto:** Hauptstraße aus Richtung Mühlhausen geradeaus zum Gasthaus Zum See, dann links in die Seestraße. **Zeiten:** Mai – Sep täglich 9 – 20 Uhr. **Preise:** 3,60 €, 10er-Karte 31 €; Kinder und Jugendliche 2,10 €, 10er-Karte 16 €.

▶ Neben einem 2,30 – 3,50 m tiefen Sportbecken sowie einem Nichtschwimmerbecken (0,80 m – 1,35 m) gibt es ein separates Babybecken. Für sportliche Betätigung sind Tischtennisplatte und Beachvolleyballfeld vorhanden, auch Kleinkinder finden Spielgeräte vor.

NATUR SPORTLICH

Radeln und Skaten

Sehenswürdigkeiten der Römerzeit – Radtour vom Albvorland ins Neckartal

Länge: 33 km, reine Fahrzeit gut 3 Std. **Bahn/Bus:** Stündlich RE Stuttgart – Ulm mit Umsteigen in Wendlingen, von dort RB nach Kirchheim. Vom Bhf über die Kolb- und Jahnstraße. **Auto:** A8 Stuttgart – Ulm, Ausfahrt 57 Kirchheim (Teck) Ost oder 56 West. In der Innenstadt an der Alleenstraße Parkplätze.

▶ Ausgangs- und Endpunkt dieser Radtour ist der am südlichen Rand der historischen Altstadt gelegene **Rossmarkt** in **Kirchheim.** Nachdem ihr die Alleenstraße an der Ampel überquert habt, kommt ihr durch die Dettinger und die Ziegelstraße in die Hahnweidstraße. Dort könnt ihr dem Grünen R Richtung

Hahnweide/Bürgerseen/Nürtingen folgen. Nach der Autobahnunterquerung nehmt ihr den mittleren Weg, der zuerst leicht ansteigt und später bis zum Segelfluggelände **Hahnweide** leicht abfällt. Dort biegt ihr rechts ab und folgt dem R in Richtung Lindorf/Oberboihingen/Hahnweide, wobei ihr das Flugplatzgebäude an der Ost- und Nordseite umfahrt.

Der asphaltierte Feldweg verläuft bis zur Bundesstraße 297, die ihr vorsichtig überquert. Nun radelt ihr dem R in Richtung Oberboihingen/Sportanlage Rübholz folgend am Verkehrsübungsplatz Birkhau vorbei zum **Hofgut Tachenhausen,** wo ihr den Staudengarten besichtigen könnt.

Von dort führt die Straße nach einer S-Kurve nach **Oberboihingen.** Nach Überquerung des Bahnüberganges folgt ihr zunächst dem R in Richtung Ortsmitte/Neckartal und dann auf der Straße links der Bahnlinie in Richtung Wendlingen. Gleich nach der Turnhalle in **Unterboihingen** biegt ihr links ab und radelt weiter auf dem rechten Flussdamm (R Richtung »Naherholung Neckartal/Köngen«) bis zum Wegende bei der Lauter-Einmündung. Hier und auf der gegenüberliegenden Neckarseite sind die Naherholungsgebiete **Schäferhauser See** und **Hüttensee-Neckarwasen** mit Minigolf, Grillplatz und Kinderspielplatz, wo ihr eine Pause einlegen könnt.

Die Tour führt vom R geleitet weiter durch Wendlingen. Ihr überquert die Lauter, biegt nach der Brücke sofort rechts ab und fahrt unter der Bahnlinie hindurch geradeaus durch die Vorstadtstraße bis zur Pfauhauser Straße, in die ihr links einbiegt. Nach einem kurzen Anstieg erreicht ihr entlang dem Friedhof den Ortsrand von **Wendlingen.** Auf dem Betonweg geht es jetzt geradeaus weiter, bis der Weg kurz vor Wernau endet und ihr dem R in Richtung Kirchheim/Bodelshofen nach rechts folgt.

Am Ortsbeginn von **Bodelshofen** nehmt ihr die Abzweigung nach links Richtung Notzingen. Der Radweg führt leicht bergan durch das Golfplatzgelände. Nach

© Annette Sievers

Gartenzierde: Der Sommerflieder lockt Schmetterlinge wie den Admiral an

TECK & NEUFFEN

der Linde auf der Anhöhe wählt ihr den rechten Weg und danach, vor dem Clubhaus, den linken. Am Golfplatzende nehmt ihr den Scholerweg (R Richtung Kirchheim/Notzingen), bis ihr nach 500 m schräg nach links die Straße überqueren müsst. Kurz darauf bietet sich euch ein herrlicher Panoramablick, der nach Westen bis zum Stuttgarter Fernsehturm und im Osten bis zu den drei Kaiserbergen reicht.

Nach Überqueren der Landstraße Wernau – Kirchheim folgt ihr dem R in Richtung Notzingen/Wellingen. Entlang dem Waldrand kommt ihr am **Waldheim** vorbei (Minigolf- und Kinderspielplatz) und überquert dann eine weitere Straße (R Richtung Wellingen am Waldfriedhof und am Waldeingang). Beim nächsten Grünen R in Richtung Wellingen, das nach 800 m im Wald kommt, folgt ihr nicht diesem Weg, sondern fahrt weitere 300 m geradeaus bis zur Wegkreuzung an der **Forsthütte.** Hier biegt ihr rechts ab und radelt hinunter bis zur Straße, die ihr schräg nach rechts überquert. Dieser Feldweg, ein ehemaliger Postweg, führt euch kurz darauf an einem kleinen See zurück nach **Kirchheim** (Alte Schlierbacher Straße, Schlierbacher Straße, Alleenstraße, Roßmarkt). Wenn ihr dann noch nicht müde seid, könnt ihr noch einen Rundgang durch die historische Innenstadt machen. Dabei kommt ihr mit Sicherheit auch an einer Eisdiele vorbei.

Hunger & Durst

Waldheim, Burgtobelweg 51, 73230 Kirchheim unter Teck. ✆ 07021/6261. Warme Küche März – Sep täglich 11.30 – 14.30, 17 – 22 Uhr, Mo Ruhetag. An Fei Mo geöffnet, Di geschlossen.

Radtour zu den Urwelttieren im Neidlinger Tal

Länge: 35 km, reine Fahrzeit etwa 3,5 Stunden. **Bahn/Bus:** Stündlich RE Stuttgart – Ulm mit Umsteigen in Wendlingen, weiter mit RB nach Kirchheim. **Auto:** A8 Stuttgart – Ulm, Ausfahrt 57 Kirchheim (Teck) Ost. Dort der Umgehungsstraße folgen und nach 1 km auf die Jesinger Straße. **Rad:** Vom Bhf nach Osten über die Schöllkopfstraße, dann auf Tannenbergstraße die Umgehungsstraße unterqueren, vor der Bahnlinie links über den Hermann-Löns-Weg zur Jesinger Straße.

▶ Beim Parkplatz des **Schlossgymnasiums** in der Jesinger Halde am Ortsrand von **Kirchheim** überquert ihr die Jesinger Straße an der Ampelanlage, durchfahrt den Oschweg und biegt im rechten Winkel nach links auf den **Radweg** (Grünes R Richtung Weilheim-Jesingen) ab, der zunächst links neben den stillgelegten Bahngleisen verläuft, ab der Einsteinstraße aber rechts davon. Dann radelt ihr weiter bis zur Mörikestraße in **Jesingen.** Dort müsst ihr zunächst rechts und dann sofort wieder links in die Brunnenstraße abbiegen; auf dieser fahrt ihr weiter bis zur Naberner Straße. Dort müsst ihr links abbiegen und die Hauptstraße queren. Bei der Radweggabelung außerhalb Jesingens nehmt ihr den nach rechts abzweigenden Weg und folgt dem Grünen R Richtung Holzmaden.

Ihr radelt abseits der Hauptverkehrsstraße auf der Kirchheimer Straße durch **Holzmaden,** danach folgt ihr der stetig leicht ansteigenden Blumenstraße, bis ihr auf die Ohmdener Straße stoßt. Auf dieser erreicht ihr nach 200 m das ↗ *Urweltmuseum Hauff,* das ihr unbedingt besuchen solltet.

Danach radelt ihr circa 50 m die Ohmdener Straße hinauf und biegt dann rechts ab in die Boller Straße, die euch auf den Radweg rechts neben der Landstraße bringt. Bald darauf passiert ihr den über der Straße liegenden **Urweltsteinbruch Holzmaden e.V.** Dort könnt ihr Fossilien sammeln (Di – Sa 9 – 17 Uhr). Kurz danach biegt euer Weg nach rechts ab (Grünes R Richtung Weilheim/Teck). Ihr unterquert die Autobahn, radelt dann scharf links und überquert die Landstraße. Bis Weilheim könnt ihr jetzt den Wegweisern Grünes R in Richtung Weilheim an der Teck folgen.

Am Ende des Radwegs in **Weilheim** fahrt ihr auf der Hauptstraße über die Brunnenstraße in Richtung Stadtmitte und über

Urzeitliche Schnecken-gehäuse und Tausendfüß-lergerippe finden sich in Stein gedrückt

Foto: Wolfgang Taschner

Gasthof Zur Post,
Marktplatz 12, 73235
Weilheim. ✆ 07023/
2816. www.zurpost-weil-
heim.de. Mo – Fr 6.30 –
14 Uhr, 16.30 – 23 Uhr,
Sa und So 8 – 14 Uhr.
Gutbürgerliche Küche.

Marktplatz und Marktstraße zur Neidlinger Straße. Am Ortsende folgt ihr dem Radweg links auf der Landstraße nach Neidlingen. Im Hintergrund seht ihr die *Ruine Reußenstein.*

Jetzt könnt ihr durch **Neidlingen** und über die Kirchstraße bis zum *Neidlinger Wasserfall* bzw. bis zum Grillplatz am Talende weiterradeln. Der Abstecher verlängert die Tour um 6 km.

Ihr könnt aber auch in Neidlingen die Landstraße am Sportgelände überqueren und auf der Rückseite des Geländes sofort nach rechts abbiegen, wo es auf den Radweg in Richtung Nabern/Kirchheim geht. Danach überquert ihr die Landstraße Weilheim/Hepsisau und folgt dem Grünen R in Richtung Kirchheim/Weilheim/Bissingen vorbei an der Südseite der *Limburg,* dem Stammsitz der Herzöge von Zähringen.

An der fünffachen Feldwegkreuzung hinter einem kleinen Laubwäldchen nehmt ihr den landwirtschaftlichen Weg halbrechts in nordwestlicher Richtung und biegt nach etwa 1 km an einer Holzbank (100 m vor der Landstraße) nach rechts ab. Links im Hintergrund begleitet euch der Albtrauf mit den Aussichtsfelsen des Breitenstein.

Radelspaß: Am bequemsten ist es natürlich hintendrauf

Nach Überqueren der Landstraße (Grünes R Richtung Nabern) fahrt ihr links am *Sportplatz* (Minigolf, Grill- und Kinderspielplatz) vorbei bis zur Ortsmitte von **Nabern** und radelt nach Überqueren der Kirchhofstraße die Alte Kirchheimer Straße entlang, die euch über die Autobahn hinweg bis zur Pfaffenhalde

Foto: Michael Reimer

am Ortsbeginn von **Kirchheim** bringt (Grünes R Richtung Stadtmitte/Freibad). Kurz darauf überquert ihr die Gleise der stillgelegten Bahnlinie, biegt dann nach rechts ab und fahrt links der Bahngleise bis zum Öschweg, auf dem ihr nach Überqueren der Hauptstraße euren Ausgangspunkt erreicht.

Durch die Streuobstwiesen zu den Bürgerseen im Neuffener Tal

Dettingen u.T. **Länge:** 38 km, reine Fahrzeit etwa 4 Std.
Bahn/Bus: ↗ Dettingen.

▶ Vom **Bahnhof** in **Dettingen** fahrt ihr über Bahnhof- und Schulstraße rechts in die Hintere Straße, dann nach links in die Mühlstraße. Vor der Lauter-Steinbrücke biegt ihr links ab und radelt auf dem mit Grünem R ausgeschilderten Radweg die Lauter entlang bis **Owen.** Hinter dem Bahnhofsgelände von Owen folgt ihr dem Grünen R in Richtung Beuren/Nürtingen. Dazu biegt ihr nach Überqueren der Landstraße rechts ab und fahrt auf dem Rad-/Gehweg parallel zur Straße. Nach 200 m zweigt der Radweg links ab und führt leicht bergan. Auf der Höhe kreuzt ihr den Wanderweg. Nach weiteren 250 m beschreibt der Radweg einen Bogen bis zur Landstraße. Diese überquert ihr und folgt dem R in Richtung Beuren. Etwa 1 km vor dem Ortseingang kommt ihr am ↗ **Freilichtmuseum Beuren** vorbei, dessen Besuch sich in jedem Fall lohnt.

In Beuren radelt ihr an der etwas außerhalb gelegenen *Panorama Therme* vorbei nach **Balzholz.** In der Ortsmitte biegt ihr rechts ab in den Seeweg, der nun, leicht abfallend, an einem kleinen See vorbeiführt. Links davon seht ihr die *Burg Hohenneuffen,* die größte Burgruine der Schwäbischen Alb. Nach Überqueren der Bahngleise und der Landstraße habt ihr die Stadt **Neuffen** erreicht. Ein Rundgang durch die historische Innenstadt empfiehlt sich.

Die Tour führt nun vom R begleitet in Richtung Nürtingen, zunächst zwischen der Landstraße und dem

© Annette Sievers

Wachsen wie ihnen der Schnabel gewachsen ist: Streuobstwiesenäpfel

Hunger & Durst

Gasthof Zur Traube,
Steinachstraße 12,
Frickenhausen.
☎ 07025/3813.
www.traube-linsenho-
fen.de. Täglich warme
Küche 11.30 – 14 und
17.30 – 22 Uhr, Do
Ruhetag.

 Jedes Kind
sollte …
… einige Tage seines
Lebens im Wald ver-
bracht,
… Beeren vom Busch
gepflückt,
… Jahresringe am
Baum gezählt haben,
… einmal in einen Bach
gefallen sein.
Aus: *Weltwissen der Sie-
benjährigen* von Donata
Elschenbroich, Verlag
Antje Kunstmann,
München, 260 Seiten,
16,90 €.

Flüsschen Steinach nach *Linsenhofen* und auf dem
Linsenhofer Weg weiter nach **Frickenhausen.** Dort
fahrt ihr nach rechts in die Obere Straße, dann nach
links Im Dorf und wieder links in die Tischarter Stra-
ße und gleich darauf rechts in die Wielandstraße.
Entlang der Steinach geht's jetzt bis **Nürtingen.**
Dort biegt ihr in die Schulze-Delitzsch-Straße ein (R
Richtung Tiefenbachtal), haltet euch dann rechts,
fahrt über die Ampelkreuzungen an der Carl-Benz-
Straße und Neuffener Straße und folgt nun dem R in
Richtung Reudern/Tiefenbachtal. Der Radweg unterquert im *Tiefenbachtal* nach 2 km die Kreisstraße.
Ihr biegt zunächst links und nach 200 m rechts ab (R
Richtung Reudern/Bürgersee). Der Weg steigt bis
zu den Sportplätzen ganz leicht an. Nach dem Park-
platz biegt ihr am Waldanfang in den linken Weg ein
(Grünes R Richtung Bürgersee), haltet euch nach
400 m wieder links und folgt auf den Waldwegen den
Holzschildern Bürgersee. Das letzte abfallende Wegstück endet direkt vor dem **Bürgersee-Kiosk** (Schutzhütte), wo ihr euch eine Stärkung kaufen könnt.
Nach dieser Rast haltet ihr euch rechts, fahrt an den
Bürgerseen (Grillplatz) und dem Segelfluggelände
Hahnweide vorbei und folgt dem R in Richtung **Deftin-
gen.** Am Ortsanfang geht es durch den Burghof und
die Mühlstraße, dann nach rechts in die Hintere Straße und gleich wieder links über Schul- und Bahnhofstraße zum Ausgangspunkt zurück.

Wandern und Spazieren

Der Archäologische Weg am Runden Berg zum Uracher Wasserfall

Bad Urach. **Länge:** 8 km, reine Gehzeit etwa 2,5 Std.
Bahn/Bus: ↗ Bad Urach, Wasserfall ist ausgeschildert.

▶ Ab den **Wanderparkplätzen** »**Wasserfall**« führt der
Weg am Fuß des Runden Bergs ins *Gütersteiner Tal*

hinein. Knapp 250 m nach dem Vereinsheim des Historischen Fanfarenzugs zweigt nach links die Fohlensteige ab, die im ersten Teil als Rundwanderweg »24-Güterstein« bezeichnet ist. Dieser Weg zweigt zwar in der ersten scharfen Linkskurve nach rechts ab, ihr haltet euch jedoch links. Etwa 600 m weiter, in einer scharfen Rechtskurve, kurz bevor ihr die Hochfläche erreicht, verlasst ihr die Steige nach links. Auf einem felsigen Grat zwischen GüWstersteiner Tal und Schließtal wandert ihr bergab zum »Sattel« und von dort leicht bergauf zum Plateau des **Runden Bergs.**

Das fast baumlose Plateau ist ungefähr 120 m lang und 50 m breit. Die in den Boden gerammten Rundhölzer markieren den Verlauf einer rund 220 m langen, aus Holzpfosten, Steinen und Erde im 4. Jahrhundert n.Chr. gebauten **Befestigungsanlage.**

Ungefähr in der Plateaumitte könnt ihr vier Reihen Rundhölzer sehen. Sie deuten den Grundriss einer dreischiffigen Halle an, die 20 m lang und 7 m breit war. Dieser repräsentative Bau aus dem 7. – 8. Jahrhundert bildete das Zentrum der Residenz einer alemannischen Adelsfamilie. Zu jener Siedlung gehörten weitere kleine und große Holzgebäude.

Vom Bergplateau wandert ihr wieder zurück zur **Fohlensteige** und folgt dieser bergauf bis zur Hochfläche. Dort trefft ihr auf einen Weg zum **Rutschenhof-Feld.** Das ist eine alte Rodungsinsel, die seit dem Mittelalter besiedelt und bewirtschaftet war. Hier stand von 1681 bis 1827 der *Rutschenhof,* ein Gehöft, in dem die Zugochsen untergebracht waren, die für den Transport der Feuerholz-Scheite zur Holzrutsche am Uracher Tiergartenberg benötigt wurden. Eine steinerne Schutzhütte mit Grillplatz sowie Tischen und Bänken inmitten des Feldes erinnert an den Hof. Das Wasser für euer Picknick könnt ihr gleich hier zapfen:

Kurz vor der Schutzhütte kommt ihr zu einer Baumgruppe, die einen *Erdfall* (eine trichterförmige Vertiefung) umsäumt. Auf dem Grund dieses Erdfalls spru-

Beim Stockbrotbacken: Puh, da braucht man doch etwas Geduld …

Foto: Kirsten Wagner

117

© Annette Sievers

Wimmelbild: Ameisenhaufen

🦉 *Waldameisen* verbreiten die Samen von mehr als 100 einheimischen Waldpflanzen, dienen vielen Tieren als Nahrungsquelle, fressen ganz viele verschiedene Insekten, die auch Forstschädlingen sind, und verbessern den Boden um ihr Nest.

delt der *Rutschenbrunnen.* Ein schmaler Weg mit Stufen führt zur Quelle hinab. Das Wasser könnt ihr trinken.

Vor der Schutzhütte biegt der Weg nach Nordosten ab. Entlang der Felskante geht es auf den Waldrand zu. Ihr müsst hier unbedingt auf dem Weg bleiben und solltet euch von der Felskante fernhalten! Ab dem Waldrand führt der nun mit einem Roten Dreieck gekennzeichnete Weg durch den Wald in Richtung **Ameisenbühlgrat,** wo der Abstieg in das *Brühltal* beginnt.

Spätestens ab dem *Känzele,* einem vorspringenden Felseck, könnt ihr das Rauschen des **Uracher Wasserfalls** hören, den ihr bald darauf erreicht. Unmittelbar nach der Quelle stürzt das Wasser über einen 37 m hohen Kalkfelsen herunter und plätschert anschließend 50 m über bemooste Kalktuffpolster ins Tal. Ihr folgt jetzt der Wandermarkierung »23« zu den Wasserfall-Wanderparkplätzen zurück.

Der Dolinenweg bei Bad Urach

Bad Urach-Hengen. **Länge:** 8 km, reine Gehzeit gut 2 Std. **Bahn/Bus:** Vom Bhf Metzingen Bus 7640 bis Bad Urach, dann mit Bus 30 Richtung Laichingen bis Hengen-Rathaus. Von da 600 m bis zum Wanderparkplatz P35 – Auf Buch. **Auto:** ↗ Bad Urach B28 Richtung Ulm, am Ende der Böhringer Steige rechts nach Bad Urach-Hengen. Dort nach dem Rathaus links über die Böhringer Straße bis zur Landstraße, diese queren und der Beschilderung Sportplatz folgen.

▶ Ausgangspunkt ist der Wanderparkplatz beim Hengener Sportplatz. Der Wanderparkplatz heißt **Auf**

Buch, weil hier früher besonders mächtige und schöne Buchen standen. Auf einer großen Tafel ist der Verlauf des Weges dargestellt, und ein Text erläutert das Naturphänomen **Doline.** Der **Dolinenweg** führt zunächst am Sportplatz entlang zum Waldrand. Dort wendet ihr euch nach links und kommt bald darauf zur *Hengener Goslach* (Gos = Gans, Lach = Pfütze). Diese Wasserstelle diente früher als Gänsetränke. Heute ist die »Goslach« ein Biotop für Erdkröten und Grasfrösche, Berg- und Teichmolche sowie für viele Wasserkäfer und Libellen.

Vorbei an einer großen Erddeponie kommt ihr dann zum Wanderparkplatz **P33-Zimmerbuch.** Über eine geteerte Straße mit prächtigen Linden geht ihr auf die Landstraße zu, biegt aber kurz davor auf einen Grasweg nach rechts ab. Parallel zur Straße kommt ihr zum *Wechselfeuchten Biotop,* in dem sich Frösche, Kröten und Molche tummeln. Auch Zugvögel rasten hier.

Ihr geht auf einem Grasweg 80 m in Richtung Hengen zurück, überquert jetzt die Landstraße und biegt dann nach rechts in einen Feldweg ein, der euch zur *Heidekrautdoline* bringt. In dieser Doppel-Doline wächst, wie schon der Name sagt, Heidekraut, das den kalkhaltigen Boden hier liebt.

Hinter der Doline macht der Weg eine weite Rechtskurve in Richtung Bundesstraße. Vor der Straße trefft ihr auf einen parallel verlaufenden, geteerten Weg. Ihm folgt ihr zunächst nach links und später nach rechts über einen Grasweg zu den **Au-Löchern.** Hier trefft ihr auf ein anderes Landschaftsphänomen, den *Schwäbischen Vulkan.* Vor 16 Mio Jahren kam es zu folgenden Ereignissen: In tief unter der Erde liegenden Hohlräumen kam Wasser mit heißem, glutflüßigen Gestein (Magma) in Kontakt. Ein Dampf-Magma-Gemisch entstand, das mit großer Gewalt die darüber liegenden Gesteinsschichten in so genannten Schusskanälen durchschlug und dabei Gesteinstrümmer aus tieferen Lagen mit sich nach oben riss.

Dolinen sind typische geologische Erscheinungen eines Karstgebirges wie der Schwäbischen Alb. Neben den großen Höhlen gibt es viele kleinere Hohlräume unter der Erde. Manchmal kommt es vor, dass ein solcher Hohlraum einbricht und die darüber liegende Erde nachrutscht. Dadurch entsteht an der Erdoberfläche eine Vertiefung, in der sich wie in einem Teich Regenwasser sammelt. Darin halten sich gern Frösche und Molche auf. Rund um eine Doline wachsen Pflanzen, die es feucht lieben.

TECK & NEUFFEN

Fachleute haben inzwischen über 350 solcher Durchschüsse auf der Alb gezählt. Die Au-Löcher liegen am Rande eines solchen Vulkanschlots.

Das von zwei Entwässerungsgräben hineinfließende Wasser läuft schnell über den Vulkanschlot in die Tiefe. Es wird gewissermaßen im Untergrund verschluckt. Deshalb nennt man diese Art von Dolinen *Schlucklöcher.*

Besorgte Eltern haben früher ihre Kinder vor diesen Schlucklöchern gewarnt, in dem sie behaupteten, da stecke der Teufel drin. So kam es auch zu den Bezeichnungen Teufels- oder Höllenlöcher.

Von den Au-Löchern geht ihr zurück zur Straße und folgt ihr nach links. Knapp 200 m nach der Unterführung geht ihr rechts auf dem geteerten Weiler Weg in den nahe gelegenen Wald. Dort findet ihr die **Heidelbeerhau-Doline,** in deren Umgebung Heidelbeeren zu finden sind.

Etwa 200 m hinter dem Waldrand biegt ihr rechts in einen Feldweg ein, der euch leicht bergauf nach einer Linksbiegung wieder an den Waldrand zurückbringt. Hier setzt ihr euren Weg nach rechts auf dem vom Schwäbischen Albverein mit einem gelben Dreieck bezeichneten Wanderweg zum Wanderparkplatz **P33-Zimmerbuch** fort. Ab hier kennt ihr den restlichen Weg bereits vom Hinweg.

Die Vier-Felsen-Wanderung um die Burg Hohenneuffen

Länge: Rundwanderung 13 km, reine Gehzeit rund 4 Std. **Auto:** ↗ Beuren auf Balzholzer Straße zum Postamt und geradeaus weiter über die Goethestraße zur Panorama Therme. **Info:** www.hohenneuffen.de.

▶ Vom Parkplatz der **Panorama Therme** geht es an der Kirche vorbei in Richtung Owen. Am Ortsausgang biegt ihr nach rechts auf ein steiles Sträßchen ab. Dieser Weg führt zum **Beurener Fels** und ist mit einem blauen Dreieck markiert. Ein prächtiger Ausblick nach Westen belohnt die Mühen des Aufstiegs: Tief unten liegt Beuren, links erhebt sich der Hohenneuffen, rechts sieht man das *Dettinger Hörnle,* den *Jusi* und *Florian.* Auch die *Achalm* ist im Hintergrund zu erkennen.

© Burg Hohenneuffen

Am Waldsaum folgt ihr dem Roten Dreieck der Bassgeige entlang bis zum **Brucker Fels.** Von dort bieten sich wiederum eindrucksvolle Ausblicke, diesmal ins Lenninger Tal und zur Burg Teck. Nun geht ihr, immer der Markierung Rotes Dreieck folgend, vorbei am *Heidengraben,* einer keltischen Befestigungsanlage, nach **Erkenbrechtsweiler.**
Nachdem ihr den Ort durchquert habt, wandert ihr weiter zum *Klingenteich-* und *Wilhelmsfels.* Von hier hat man den schönsten Blick zum Hohenneuffen, an dessen Fuß fast 300 m tiefer Beuren liegt.
Auf ebenem Waldpfad, später auf dem Fahrweg geht ihr hinauf zur **Burgruine Hohenneuffen,** der größten der Schwäbischen Alb. Erbaut wurde die Anlage um 1100 als Hochadelssitz. Er wurde 1198 erstmals urkundlich erwähnt. Als damalige Besitzer werden die Edelfreien von Neuffen genannt. 1301 ging die Burg in württembergischen Besitz über. Während des Dreißigjährigen Kriegs wurde sie 15 Monate lang belagert und stark beschädigt. Ende des 17. Jahrhunderts begannen Ausbesserungs- und Ausbauarbeiten. Aus dieser Zeit stammt die noch gut erhaltene Friedrichs-Bastion. 1801 ließ Napoleon die Burg abbrechen. Die Bewohner der umliegenden Ortschaften holten sich Bausteine und Ziegel für den Bau ihrer Häuser.
Vom Hohenneuffen habt ihr einen umfassenden Blick: Direkt unten im Tal liegt die Stadt Neuffen, deren Altstadt sich deutlich abhebt. Dahinter erkennt

Auch im Winter reizvoll: Burgruine Hohenneuffen

Hunger & Durst
Burgrestaurant auf dem Hohenneuffen, 72637 Neuffen. ✆ 07025/2206. www.hohenneuffen.de. Nov – März Mi – So warme Küche von 10 – 18 Uhr. April – Okt Mi – Sa 9 – 22 Uhr, So 9 – 19 Uhr, Kiosk Mo und Di geöffnet. Mit Sonnenterrasse.

TECK & NEUFFEN

ihr den Floriansberg, weiter links Achalm, Schönberg und Hohe Warte. In nordöstlicher Richtung reicht der Blick über Erkenbrechtsweiler und die Burg Teck bis zum Hohenstaufen.

Der **Abstieg** vom Hohenneuffen erfolgt zunächst einige hundert Meter auf dem Fahrweg bis hinunter zum Sattel. Dort zweigt ihr links ab und kommt auf einem schmalem Waldweg, der mit einem **Blauen Dreieck** markiert ist, vorbei an der Skihütte zurück zum Ausgangspunkt.

Das Tal der Kirschblüten: Wandern, radeln und Inline skaten bei Weilheim

Weilheim a.d.T. **Bahn/Bus:** Stündlich RE ab Stuttgart oder Ulm bis Göppingen, weiter mit Bus 20 nach Weilheim. **Auto:** A8 Stuttgart – Ulm, ab Ausfahrt 58 Aichelberg/Weilheim 2 km Landstraße.

 Wenn im Frühling die Kirschen blühen, verwandelt sich die Gegend um Weilheim in ein weißes Blütenmeer. Die Pracht lässt sich zu Fuß, mit dem Fahrrad oder auf Inlineskates bewundern. Die markierten Rundtouren sind in beschaulich und sportlich unterteilt, jeder kann sich das Passende auswählen. Für Inlineskater und Genussradler gibt es Asphaltstrecken, Wanderer und Mountainbiker gehen stellenweise ins Gelände. Ausgangspunkt und Ziel aller Touren ist der Parkplatz Alte Bissinger Straße am südlichen Stadtrand. Den Tourenflyer erhaltet ihr bei der Stadtverwaltung Weilheim.

Zum Picknick auf die Ritterburg

Lenningen. **Länge:** 6 km, reine Gehzeit knapp 2 Std. **Bahn/Bus:** RB von Wendlingen nach Unterlenningen. **Auto:** A8 Stuttgart – Ulm, ab Ausfahrt 57 Kirchheim Ost 10 km auf der B465 bis Unterlenningen.

 Vom **Bahnhof** in **Unterlenningen** geht ihr über die Engelhofstraße in östlicher Richtung aus dem Ort. Bei den letzten Häusern geht die Straße in einen kleinen Weg über, dem ihr etwa 2 km folgt bis ihr am

Zarte Blüten, leckere Früchte: Kirschblütenzweig

Waldrand den Sattelbogen erreicht. Hier haltet ihr euch rechts. Nach etwa 10 Minuten entdeckt ihr auf einem großen Felsbrocken die **Burgruine Rauber.** Sie war früher Teil der Burganlage *Diepoldsburg,* zu der noch eine weitere Burg gehörte.

Die Herren von Diepoldsburg wurden Anfang des 13. Jahrhunderts erstmals urkundlich als Besitzer der gesamten Diepoldsburg erwähnt. Anfang des 16. Jahrhunderts gehörte die Burg den Speth von Sulzburg und wurde kurz darauf verlassen und zerfiel. Zurück nach Unterlenningen kommt ihr auf dem gleichen Weg.

 Heute könnt ihr mit der ganzen Familie rund um die Ruine herrlich Ritter oder Räuber spielen und anschließend gemeinsam an der Grillstelle zum Mahle schreiten.

Spiel- und Erlebnisparks

Der verflixte weiße Ball
Minigolf, Kleingolfclub Bad Urach e.V., An der Elsach-straße, 72574 Bad Urach. ✆ 07125/8339, Fax 943222. www.mythos-schwaebische-alb.de. **Bahn/Bus:** ↗ Bad Urach. **Auto:** Vom Marktplatz über die Neue Straße links in die Ulmer Straße. **Zeiten:** April – Okt, Mo – Fr 16 – 22 Uhr, Sa, So und Fei 14 – 22 Uhr. **Preise:** 2 €, jede weitere Runde 1,50 €, 10er-Karte 15,50 €; Kinder bis 14 Jahre 1,50 €, jede weitere Runde 1 €, 10er-Karte 10,50 €; Jugendliche 15 – 21 Jahre 1,50 €, jede weitere Runde 1 €, 10er-Karte 10,50 €.

▶ Verflixt! Es ist gar nicht so einfach, den kleinen weißen Ball gezielt über Brücken und durch Tunnel und Tore ins Loch zu bugsieren. Zur Minigolfanlage gegenüber der Festhalle in der Innenstadt gehört ein Biergarten. Dort könnt ihr Eis und Getränke kaufen.

Im Sommer Bob fahren
Sommerbobbahn, Donnstetter Straße, 72589 Wester-heim. ✆ 07333/4990, Fax 966620. www.familienpark-westerheim.de. info@familienpark-westerheim.de. **Bahn/Bus:** ↗ Westerheim. **Auto:** Donnstetter Straße Richtung Donstetten, hinter den letzten Häusern auf

der linken Seite großer Parkplatz. **Zeiten:** Mo – So 10 – 20 Uhr. **Preise:** Tierpark 1 €, Fahrgeschäfte extra 2 € pro Fahrt; Kinder 8 – 14 Jahre 1,50 € pro Fahrt, 6 Fahrten 7 €, 10 Fahrten 11 €.

▶ Auf der Sommerbobbahn aus Edelstahl könnt ihr über eine Länge von 500 m in Einer- und Zweierbobs abwärts sausen. Die Geschwindigkeit bestimmt der Fahrer. Auf dem Gelände der Bobbahn gibt es einen Tierpark mit Streichelzoo. Ihr könnt Ponys reiten, Karussell fahren und im Biergarten essen und trinken.

Rodeln und Ski fahren

Skilift Donnstetten

Angela Gödrich, 72587 Römerstein-Donnstetten. ℡ 07382/609, Fax 936676. www.skilift-donnstetten.de. info@skilift-donnstetten.de. **Bahn/Bus:** Westlich von ↗ Westerheim. **Zeiten:** In den Schulferien und an Fei täglich 9 – 22 Uhr, sonst Mo – Fr 13 – 22, Sa, So, 9 – 22 Uhr. **Preise:** Tageskarte 18 €, 3 Stunden 10 €; Kinder bis 14 Jahre Tageskarte 14,50 €, 3 Stunden 8,50 €. **Infos:** Schneetelefon ℡ 07382/609.

▶ 4 Skilifte, 400 m lange Piste, Flutlicht und Skikurse.

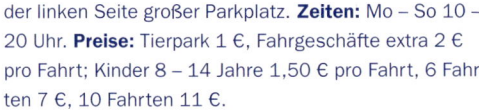 Es gibt auch noch den Skilift Salzwinkel in Römerstein-Zainingen. Info unter ℡ 07304/3432, www.salzwinkel.de.

Skilift und Rodelbahn Heuberg

Peter Knupfer, Hof Heuberg 2, 72589 Westerheim. ℡ 07333/6844, Fax 966620. www.knupferheuberg.de. info@knupfer-heuberg.de. **Bahn/Bus:** ↗ Westerheim. **Zeiten:** Bei Schnee Sa, So 10 – 17 Uhr. **Preise:** 12er-Karte 3,50, 30er-Karte 7 €, Halbtageskarte 7, Tageskarte 10 €; Kinder 12er-Karte 2,50, 30er-Karte 6 €, Halbtageskarte 6, Tageskarte 8 €. **Infos:** Schneetelefon ℡ 07333/6844.

▶ 200 m lange Abfahrt, Snowboard fahren erlaubt. Ebenso lange Rodelbahn neben der Skipiste. Kiosk vorhanden.

Skilift und Rodelbahn Halde

Westerheim. ℰ 07333/6345, Fax 966620. www.skilift-halde.de. **Bahn/Bus:** ↗ Westerheim. **Zeiten:** Mo – Fr 10 – 17.30 Uhr, Sa, So 09 – 17.30 Uhr. **Preise:** 10er-Karte 4, 30er-Karte 11, 50er-Karte 16 €, Halbtageskarte 10, Tageskarte 12 €; Kinder 10er-Karte 3,50 €, 30er-Karte 9, 50er-Karte 12 €, Halbtageskarte 8, Tageskarte 10 €. **Infos:** Schneetelefon 07333/6039.

▶ 300 m lange Abfahrt, Flutlicht, Snowboard fahren erlaubt. Ebenso lange Rodelbahn neben der Skipiste. Gaststätte vorhanden.

Skilift Bleiche

Beuren. ℰ 07025/910-400, 2807, Fax 910-3010. www.tsv-beuren.de/ski/ski_start.htm. info@tsv-beuren.de. **Bahn/Bus:** ↗ Beuren. **Zeiten:** Mo – Fr 18 – 20 Uhr, nach Möglichkeit schon ab 15 Uhr, Sa 14 – 20, So 13 – 18 Uhr. **Preise:** 10er-Karte 4 €, Halbtageskarte 6,50 €; Kinder bis 16 Jahre 10er-Karte 3,50 €, Halbtageskarte 5,50 €. **Infos:** Schneetelefon ℰ 07025/2807, Herr Streicher, TSV Beuren.

▶ 300 m lange Abfahrt, Flutlicht und Skikurse.

Skilift Pfulb

Lenningen-Schopfloch. ℰ 07026/7533, Fax 2782. www.skizentrum-pfulb.de. info@skizentrum-pfulb.de. **Bahn/Bus:** ↗ Lenningen. **Zeiten:** Mo – Fr 13 – 22 Uhr, Sa und So 10 – 22 Uhr. **Preise:** 10er-Karte 3,50 €, 30er-Karte 9,50 €; Kinder bis 14 Jahre 10er-Karte 2,50 €, 30er-Karte 7 €.

▶ 3 Lifte mit 300 m langen Abfahrten, Flutlicht. Separate Schlittenbahn.

Skilift Mönchberg

Bissingen a.d.T.-Ochsenwang. ℰ 07023/72034, www.skilift-ochsenwang.de. rathaus@bissingen-teck.de. **Auto:** A8 Ausfahrt 57 Kirchheim Ost 2 km auf der B465, dann abbiegen. **Zeiten:** Mo – Fr ab 13, Sa, So und Fei ab 9 Uhr. **Preise:** Tageskarte 14 €, Halbtages-

Foto: Kirsten Wagner

Erste Schritte: Wenn die Dinger nur nicht so rutschig wären …

Hunger & Durst

Skihütte, 72660 Beuren. Täglich ab 18 Uhr. bewirtet.

TECK & NEUFFEN

karte 10 €, 10er-Karte 4, 30er-Karte 10, 50er-Karte 15 €; Kinder Tageskarte 11 €, Halbtageskarte 9 €, 10er-Karte 3,50 €, 30er-Karte 9, 50er-Karte 12 €. **Infos:** Schneetelefon ✆ 07023/72034.

▶ 300 m lange Abfahrt, kinderfreundlicher Lift. Im Kiosk bei der Liftstation könnt ihr euch zwischendurch stärken.

Skilifte Bläsiberg

Wiesensteig-Schöntal. ✆ 07335/6310, Fax 9620-24. www.skilifte-wiesensteig.de. info@sc-wiesensteig.de. **Bahn/Bus:** ↗ Wiesensteig. **Auto:** A8 Ausfahrt Mühlhausen, Ortseingang Wiesensteig beschildert. **Zeiten:** In den Ferien täglich 9 – 16.30 Uhr, sonst Mo – Fr 13 – 16.30 Uhr, Sa, So 9 – 16.30 Uhr. **Preise:** Tageskarte 15 €, Halbtageskarte 11 €, 10-Fahrten-Karte 12 €; Kinder Tageskarte 12 €, Halbtageskarte 9 €, 10-Fahrten-Karte 10 €; Familienkarte 2 Erw und 1 Kind 36 €, 2 Erw und 2 Kinder 45 €, jedes weitere Kind 5 €. **Infos:** Schneetelefon ✆ 07335/6310.

▶ 3 Schlepplifte bieten ein Skigebiet für jeden Schwierigkeitsgrad.

Hunger & Durst

Skiclubhütte, 73349 Wiesensteig-Schöntal. ✆ 07335/6312, 1. So im Monat geöffnet.

UMWELT ERFOR-SCHEN

Natur erleben

Naturlehrpfad rund um Bad Urach

Bad Urach. **Länge:** 5 km Rundweg, Gehzeit 1,5 Std ab Endhaltestelle der Ermstalbahn auf der Strecke Metzingen – Bad Urach. **Bahn/Bus:** ↗ Bad Urach.

▶ Der Naturlehrpfad beginnt bei den Schranken am Bahnhof Bad Urach an der Burgstraße. Er ist im ersten Wegstück identisch mit dem Fußweg zum ↗ Höhenfreibad am Tiergartenberg. Unterwegs findet ihr immer wieder bunte Tafeln, auf denen ihr Interessantes über den Wald, seine Pflanzen und Tiere erfahrt. Am Rande des Bergplateaus **Gaißenweide,** auf dem das Höhenfreibad liegt, kommt ihr an einen breiten Forstweg, in den ihr links einbiegt. Es ist dann nicht mehr weit zum **Waldpark Tiergartenberg** (Bänke, großer Grillplatz). Am Rande des Waldparks erkennt ihr noch beachtliche Reste der steinernen Umfassungsmauer des einstigen herzoglichen Tiergartens. Ihr verlasst den Waldpark über einen hinter dem Grillplatz beginnenden kurzen Zufahrtsweg hinauf zur Parkstraße beim Höhenfreibad, in die ihr dort nach links einbiegt und bergauf geht. In einer scharfen Rechtskurve weist eine Tafel auf die Holzrutsche hin, über die man von 1680 bis 1797 Holzstämme in einer künstlichen Rinne zu Tale beförderte.

Ihr setzt euren Weg auf der Straße fort. In einer Haarnadelkurve verlasst ihr sie nach links. Hier beginnt der rund 1500 m lange **Waldsportpfad Seltbach.** Auf ihm kommt ihr, immer leicht bergab, zum Waldrand über dem Seltbachtal und im weiteren Verlauf zum Bergsattel Kreuz (Schutzhütte, Feuerstelle).

Die Markierung RW21 führt euch über die »Untere Schloßsteige« wieder talwärts zum Wanderparkplatz »P19 – Schulmeistersbuche«. Hier quert ihr das Seltbachtal und nehmt die Zufahrtsstraße zur **Jugendherberge.** Vor der Herberge haltet ihr euch zuerst rechts, geht etwa 50 m bergauf und biegt dann in einen schmalen, weiter bergwärts führenden Wiesenweg ein. Er mündet in einen breiteren Fußweg am Waldrand. Hier wandert ihr nach links und erreicht wieder die Zufahrtsstraße zum ↗ **Höhenfreibad,** über die ihr zum Ausgangspunkt zurückkommt.

Bodenlehrpfad Beuren

Länge: 4 km, knapp 1 Std. **Auto:** ↗ Beuren, zum Parkplatz des Freilichtmuseums. **Zeiten:** Ganzjährig geöffnet, die Profilgruben sind nur April – Okt zugänglich.

▶ Bodo, der Regenwurm, ist ein wahrer Bodenexperte und zeigt euch auf eurer Tour an 10 Informationstafeln, alles was ihr über trockene, sandige und tonige Böden wissen müsst. Die sieben offenen Profilgruben geben euch dann einen Einblick in die unbekannte Unterwelt der Böden.

Kletterkünstler: Der bunte Kleiber kann kopfüber am Baum entlangspazieren

Schwimmsachen mitnehmen und am Ende ins Höhenfreibad springen!

Das sprechende Schaf

Naturschutzzentrum Schopflocher Alb, Vogelloch 1, 73252 Lenningen-Schopfloch. ✆ 07026/95012-0, Fax 95012-10. www.naturschutzzentren-bw.de. info@naturschutzzentrum-schopfloch.de. Südöstlich von ↗ Kirch-heim im Betriebsgebäude des ehemaligen Steinbruchs Lauster. **Bahn/Bus:** Oberlenningen Bus 177 über Schopfloch, 20 min Fußweg zum Naturschutzzentrum. **Auto:** Von ↗ Lenningen auf der Landstraße nach Schopfloch, dort in Richtung Bissingen. Wenn die Parkplätze vor dem Zentrum besetzt sind, auf umliegende Wanderparkplätze ausweichen. **Zeiten:** Mitte April – Mitte Okt Di – Fr 14 – 17, So 11 – 17 Uhr, Mitte Okt – Mitte April Di – Fr 14 – 17 Uhr, 1. So im Monat 11 – 17 Uhr. **Preise:** Eintritt frei.

© Naturschutzzentrum Lenningen

Ausgesiebt: Erstaunlich, was im Tümpel so kreucht und fleucht

▶ Im Naturschutzzentrum könnt ihr euch über die Entstehung der Schwäbischen Alb und ihre heutigen Landschaftsformen informieren. Habt ihr zum Beispiel gewusst, dass gleich in der Umgebung das einzige größere Hochmoor der Schwäbischen Alb liegt? Es ist in vielen Millionen Jahren im Schlot eines ehemaligen Vulkans entstanden, in dem sich eine wasserundurchlässige Schicht gebildet hat. Die verhindert, dass das Regenwasser ablaufen kann. Und da es auf der Hochalb viel regnet, ist es an dieser Stelle auch immer feucht.

Für Kinder gibt es im Naturschutzzentrum einen eigenen Raum, wo ihr auch bei schlechtem Wetter mit der Natur, beispielsweise das Wildbienenspiel mit dem sprechenden Schaf, spielen könnt.

Auf einer beschilderten Rundwanderung könnt ihr in 3 Std Randecker Maar und Schopflocher Moor erkunden. Sie beginnt am Parkplatz Ochsenwang, der etwa 1,5 km nördlich des Naturschutzzentrums liegt.

Höhlen und Versteinerungen

Die kalte Schertelshöhle

Westerheim. ✆ 07333/6406, 7842, Fax 9228090.
www.schertelshoehle.de. info@schertelshoehle.de.
Bahn/Bus: ↗ Westerheim. **Auto:** Nach Norden der Wiesensteiger Straße folgen und beim Friedhof links in die Lindenstraße, 3 km der Beschilderung folgen. Vom Parkplatz sind es 200 m zu Fuß. **Zeiten:** So und Fei Palmsonntag – 15. Nov, Mo – Sa 15. Mai – 1. Okt 10 – 17 Uhr. **Preise:** 2,50 €; Kinder 6 – 14 Jahre 1,80 €; Gruppen ab 20 Pers 2,20 €, Gruppen Kinder 1,50 €.

▶ Nordwestlich von Westerheim liegt in einem Waldgebiet eine der formenreichsten Tropfsteinhöhlen der Schwäbischen Alb. Die **Schertelshöhle** hat einen L-förmigen Gang, ist 212 m lang, 19 m hoch und liegt circa 24 m unter der Erdoberfläche. Forscher schätzen das Alter der Höhle auf 3 bis 4 Mio Jahre. Zum ersten Mal wurde sie im Jahre 1470 erwähnt, doch erst seit 1821 wird sie erforscht. Die Höhle mit ihren vielen verschiedenen Tropfsteingebilden ist ausgeleuchtet.

Am gegenüberliegenden Talhang, 300 m entfernt, liegt etwas niedriger eine zweite Höhle, genannt **Steinernes Haus.** Diese Höhle ist eine so genannte Käl-

Hunger & Durst

Rasthaus bei der Schertelshöhle, 72589 Westerheim. So, Fei ganzjährig von 10 – 17 Uhr, werktags 15. Mai – 1. Okt., 25. und 26.12. und 1.1. geschlossen. Das Rasthaus bei der Schertelshöhle bietet kleine Vesper, Getränke und Süßigkeiten. Ganz in der Nähe sind ein kleiner Spielplatz und ein Grillplatz.

Lebendige Führung: Viel zu staunen gibt es in der Schertelshöhle

beide Fotos: © Schertelshöhle

TECK & NEUFFEN

tefalle. Durch einen hoch gewölbten Eingang gelangt man in die 8 m hohe Halle. Hier hängen im Winter lauter Eiszapfen von der Decke und Fledermäuse, die ihren Winterschlaf halten. Deshalb ist diese Höhle im Winter geschlossen.

Die Höhle der Tiere: Gutenberger Höhle

Lenningen-Gutenberg. **Bahn/Bus:** Bhf Oberlenningen Bus nach Gutenberg, dann 30 Min auf dem Höhlenweg über die Schillerstraße oberhalb Mehrzweckhalle und Sportplatz durch den Wald. **Auto:** Von ↗ Lenningen über Gutenberg nach Schopfloch, dort in der Ortsmitte links und 1,5 km zum Höhlenparkplatz fahren. Auf der gegenüberliegenden Seite führt ein Pfad in 10 Min talwärts zu den Höhlen. **Zeiten:** Mai – Okt Sa 13 – 17 Uhr, So und Fei 10 – 17 Uhr, Mo – Fr nach Voranmeldung bei der Ortsverwaltung ✆ 07026/7822. **Preise:** 2,50 € für beide Höhlen; Kinder bis 16 Jahre 1,50 €.

▶ Der 17 m lange Vorplatz der **Gutenberger Höhle** war als *Heppenloch* schon lange bekannt. Erst sehr viel später begann man die Höhle systematisch zu erforschen und an manchen Stellen nachzugraben. Dabei stieß man auf Knochen von Tieren, die früher in der Höhle Zuflucht gesucht haben, darunter Biber, Dachs, Fuchs, Wolf, Brauner Bär, Höhlenbär und Höhlenlöwe. Einmalig für die Schwäbische Alb ist der Fund von Affenknochen sowie eines 1 m langen Stoßzahns, von dem keiner weiß, wie er dahin gekommen sein mag. Bei den Ausgrabungen hat man viele neue Gänge entdeckt, die ihr jetzt alle begehen könnt. Dort werdet ihr zwar keine Höhlentiere, doch viele schöne Tropfsteine sehen.

Gleich um die Ecke gibt es eine weitere Höhle, die **Gußmannshöhle.** Sie hat ihren Namen von dem Lenninger Pfarrer *Karl Gußmann,* der sie 1890 entdeckt hat. Sie ist 55 m lang und besteht aus 4 Hallen. Diese Höhle kann man wegen Steinschlags leider nicht immer besichtigen.

Versteinerungen im Schieferbruch suchen und finden

Ralf Kromer, 73275 Ohmden. ✆ und Fax 07023/4703, 4703. Handy 0173/9623907. www.schieferbruch-kromer.de. info@schieferbruch-kromer.de. **Bahn/Bus:** Ohmden liegt östlich von ↗ Kirchheim. **Auto:** Vom Urwelt-Museum Holzmaden in nördlicher Richtung nach Ohmden, rechts ab nach Zell, gegenüber dem Recyclinghof liegt links der Schieferbruch, circa 2,5 km vom Museum entfernt. **Zeiten:** Mo – Fr 8 – 17, April – Okt auch Sa 10 – 17 Uhr, So auf Anfrage. **Preise:** 2,50 €; Kinder 4 – 18 Jahre 1,50 €.

▶ In den Schieferbrüchen des Grabungsgebietes Holzmaden ist es möglich, **Fossilien** zu sammeln. Die Brüche befinden sich an der Straße von Ohmden nach Zell. Einer davon ist der **Bruch Kromer.** In diesem Schieferbruch könnt ihr selbst nach Herzenslust auf Versteinerungssuche gehen. Ihr braucht dazu nur einen kleinen Hammer und einen Flachmeißel mitzubringen. Wenn ihr kein Werkzeug dabei habt, könnt ihr es für 1,50 € ausleihen.

Ihr geht zu der großen Schieferhalde, auf der tausende kleiner Schieferplatten übereinander liegen. Oft findet ihr auf Anhieb eine Versteinerung, allerdings müsst ihr euch die Platten auf beiden Seiten genau anschauen. Ansonsten könnt ihr die Platte vorsichtig spalten, indem ihr an der Schmalseite den Meißel ansetzt und mit dem Hammer vorsichtig draufschlagt. Dann müsst ihr wieder die auseinander gebrochenen Hälften genau anschauen. Das macht ihr so lange, bis ihr eine Versteinerung gefunden habt, die euch gefällt. Das kann ein Fisch sein, ein Krebs, eine Seelilie oder mit sehr viel Glück ein Saurierknochen. Lasst euch nicht entmutigen, oft dauert es eine Stunde oder länger, bis ihr etwas Schönes findet.

Im Steinbruch: Ein alter Steinbrecher erzählt von früher

Die schönsten Fossilien der Jurazeit sind die Seelilien. Sie werden nicht zu den Pflanzen sondern zu den Tieren gezählt und sind mit Seesternen und Seeigeln verwandt. Die weltweit größte Kolonie ist im ↗ Urweltmuseum Holzmaden zu sehen.

HANDWERK UND GESCHICHTE

Historische Eisenbahn

Das Sofazügle: Mit Volldampf durchs Neuffener Tal

GES Stuttgart e.V., Bahnhof Nürtingen, 72622 Nürtingen. ☎ 07025/2300 (abends), Fax 7873. www.ges-ev.de. info@ges-ev.de. **Bahn/Bus:** Stündlich RE von Stuttgart. **Auto:** A8 Stuttgart – Ulm, Ausfahrt 55 Wend-

☀ Fahrräder und Kinderwagen werden kostenlos im Packwagen befördert. Im Buffetwagen bekommt ihr Getränke und Vesper.

lingen, 5 km über die Schnellstraße. **Zeiten:** An ausgewählten Sonntagen im Sommer jeweils fünf Fahrten. **Preise:** Einfache Fahrt 5 €, Rückfahrkarte 8 €; Kinder 4 – 15 Jahre 2,50 €, hin und zurück 4 €; Familienkarte für Eltern mit ihren Kindern bis 15 Jahre 20 € für Hin- und Rückfahrt.

▶ 1911 trat die **Dampflokomotive** 11 ihre erste Fahrt zwischen Nürtingen und Neuffen an. Gemütlich keuchte sie unter Volldampf die 9 km lange Strecke durch das *Neuffener Tal.* Und das macht sie auch heute noch. Weil sie jedoch schon etwas alt ist, geht das nur noch an einigen Sommer-Sonntagen.

Zunächst wird der Kessel ordentlich angeheizt, und wenn das Wasser richtig dampft, pfeift die Lok zur Abfahrt. Dann zieht sie die grünen Personenwagen, den roten Buffetwagen sowie den braunen Packwagen durch die Wiesen und überall unterwegs winken die Menschen den Reisenden zu.

Burgen und Schlösser

Zu Gast beim Graf: Residenzschloss Urach

Bismarckstraße 18, 72574 Bad Urach. ✆ 07125/158-490, Fax 158-499. www.schloesser-und-gaerten.de. info@schloss-urach.de. **Bahn/Bus:** ↗ Bad Urach, das Schloss ist zentral gelegen neben der Amanduskirche. **Zeiten:** Nov – März Sa, So, Fei 11 – 16, April – Okt Di – So 10 – 17 Uhr, kostenlose Führungen täglich 14.30 Uhr, Themenführungen auf Anfrage. **Preise:** 4 €; Kinder 6 – 14 Jahre 2 €; Familie 10 €.

▶ Schloss Urach war Residenzschloss und Jagdsitz des Grafen *Ludwig von Württemberg-Urach.* Ab 1443 ließ der Graf nordwestlich einer kleinen Wasserburg am Ufer der Erms sein Schloss erbauen. Es entstanden Repräsentations- und Wohnräume. Nach dem Tod des Vaters trat sein 14-jähriger Sohn *Eberhard im Bart* die Regierung an. Für seine Hochzeit 1474 mit der Herzogstochter *Barbara Gonzaga von Mantua* ließ er das Schloss prachtvoll ausstatten. Seine Nachfolger nutzten es für Jagdaufenthalte und fügten einen Rundturm und den Fachwerkanbau hinzu.

Als erstes kommt ihr in die vierschiffige gotische Halle, dem Aufenthalts- und Speiseraum des Hofes. Der Festsaal im 1. Stock wurde mit wandhohen Palmen und den Wappen der Urgroßeltern Eberhards ausgemalt. Daneben seht ihr den Weißen Saal, der früher Speisezimmer war, sowie die Rondellzimmer mit prächtigen Stuckaturen. Im 2. Stock des Prachtbaus kommt ihr in einen der schönsten erhaltenen Renaissance-Säle im deutschen Südwesten, den verschwenderisch geschmückten Goldenen Saal.

Außerdem wird im Schloss die **Schlittensammlung** des Württembergischen Landesmuseums Stuttgart gezeigt. Sie ist mit 22 Prunkschlitten aus drei Jahrhunderten die größte Sammlung ihrer Art weltweit.

Fachwerk: Das Uracher Schloss steht auf einem Steinsockel und besteht wie ein Bauernhaus aus Holz, Lehm und Stroh

Rittersleut auf Hohenneuffen

Burgruine Hohenneuffen, Postfach 80, 72639 Neuffen. ✆ 07025/2206, Fax 908007. www.hohenneuffen.de. kontakt@hohenneuffen.de. **Bahn/Bus:** ↗ Neuffen, durch die Altstadt der Beschilderung folgen, Anstieg durch den Wald dauert 1 Std. **Rad:** Von Neuffen auf der Kirchheimer Straße nach Beuren fahren, dort rechts halten und der Beschilderung folgen. **Zeiten:** Ganzjährig frei zugänglich, Führungen am 3. So um 11.45 Uhr. **Preise:** Eintritt frei.

▶ Schon von Weitem ist die Burgruine Hohenneuffen auf dem bewaldeten Berg nahe der Stadt Neuffen zu sehen. Entsprechend großartig ist die Rundumsicht, die sich euch bietet, wenn ihr schwitzend und außer Atem oben angekommen seid. Warum der Hohenneuffen als mächtigste Burganlage von Baden-Württemberg gilt, könnt ihr euch leicht vorstellen, wenn ihr die dicken Mauern und riesigen Burggräben betrachtet. Schon im Jahr 1140 haben hier oben adlige Familien gelebt. Die Herren von Neuffen spielten da-

 Welche Frage kann man nie mit »Ja« beantworten?

Schläfst Du schon?

TECK & NEUFFEN

Hunger & Durst

**Burggaststätte auf
dem Hohen Neuffen,**
℡ 07025/2206, Mi –
Sa 9 – 22 Uhr, So 9 –
19 Uhr. Kiosk täglich ge-
öffnet.

mals eine bedeutende Rolle in der Region. Um ihre Stellung zu behaupten, ließen sie die breiten Verteidigungsgräben errichten. Es gab aber auch ein gemütliches und geselliges Leben auf der Burg. Wie die Spielleute und **Minnesänger** die Menschen damals unterhalten haben, könnt ihr bei einer mittelalterlichen Tafeley erleben, die im Rahmen des Kultursommers regelmäßig auf der Burg stattfindet. Darüber hinaus findet im August ein mittelalterlicher Markt statt, wo euch Ritter, Mägde, Knappen, Hexen und Gaukler in bunten Kostümen allerlei Künste zeigen. Dort könnt ihr anhand von spektakulären Vorführungen sehen und miterleben, wie früher geschmiedet, Papier geschöpft oder Seife gesiedet wurde. April – Okt führt Falkner *Wolfgang Weller* mit seinen Falken Flugshows vor.

So lebten die herzoglichen Damen: Schloss Kirchheim

Schlossplatz, 73230 Kirchheim u.T. ℡ 07141/182004, Eingang Alleenstraße 22. **Bahn/Bus:** Ab Bhf ↗ Kirchheim Bus 163, 165, 168 bis Martinskirche, dort zu Fuß bis Eingang Alleenstraße. **Zeiten:** Mai – Okt Mi, Sa 13 – 16 Uhr, So und Fei 13.30 – 17 Uhr. **Preise:** 2,70 €; Kinder 1,40 €; Familien 6,80 €.

▶ Das Renaissance-Schloss liegt in der Altstadt, direkt an die Stadtmauer geschmiegt. Erbaut wurde es 1538 von *Herzog Ulrich von Württemberg.* Er machte Kirchheim zu einer von sieben Landesfestungen. Herzog Friedrich I. verlegte Ende des 16. Jahrhunderts den Hof in das Städtchen, weil in Stuttgart die Pest wütete. Im 17. Jahrhundert war das Schloss Witwensitz des württembergischen Herrscherhauses. Herzogin *Henriette von Württemberg* (1817 – 1857), deren soziales und kulturelles Wirken bis heute in Kirchheim unvergessen ist, und *Franziska von Hohenheim* (1795 – 1811) lebten hier. Danach diente das Schloss als Lazarett und Schule, Heimatmuseum und Lehrerseminar.

In Teilen des gut ausgestatteten Schlossmuseums könnt ihr sehen, wie die Schlossdamen einst wohnten. Gesellschaftszimmer, Speise- und Wohnzimmer wurden wieder fast originalgetreu eingerichtet.

Fliegende Bären und trällernde Berglaubsänger auf der Burgruine Teck

Owen. ☎ 07021/55208, Fax 862012. www.burg-teck-alb.de. **Bahn/Bus:** Stündlich mit der Teckbahn auf der Strecke Kirchheim (Teck) – Oberlenningen bis Owen. Die Wanderung zur Burgruine dauert circa 1 Std. **Auto:** A8 Stuttgart – Ulm, Ausfahrt 57 Kirchheim/Ost auf B465 nach Süden. In Owen ein Stück den Teckberg hinauf zum Parkplatz und 15 Min zu Fuß. Anfahrt und Aufstieg sind gut beschildert. **Zeiten:** Aussichtsturm ganzjährig zugänglich, Wanderheim Mo-Nachmittag und Di geschlossen. **Preise:** Übernachtung im Gruppenzimmer des Wanderheims ab 18 € pro Nacht; Jugendliche bis 21 Jahre ab 15.50 €.

▶ Die **Burg Teck,** die der ganzen Region ihren Namen gab, wurde 1135 – 1150 von den Zähringern auf dem *Teckberg* erbaut. Sie wurde bereits 1525 im Bauernkrieg niedergebrannt. Teile der mittelalterlichen Umfassungsmauer sind heute noch vorhanden. Der weithin sichtbare Turm gehört allerdings nicht zur mittelalterlichen Burg, sondern ist ein Aussichtsturm, der erst 1889 erbaut wurde. Von dort oben könnt ihr an klaren Tagen bis zu den Schweizer Alpen sehen.

Am schönsten ist jedoch die **Wanderung** durch den dichten Wald am Teckberg. Im Frühjahr könnt ihr hier den inzwischen selten gewordenen *Berglaubsänger* hören. Der graue Vogel mit den gelben Schwanzfedern ist an seinem trillernden Gesang zu erkennen. Auf den sonnigen Waldlichtungen findet ihr im Sommer sogar fliegende Bären! Genauer gesagt, handelt es sich um fliegende *Bärenspinner,* eine schöne Schmetterlingsart, deren Flügel in der Mitte orangerot sind.

Hunger & Durst

Wanderheim des Schwäbischen Albvereins, Familie Seehofer, Auf dem Teckberg, 73277 Owen/Teck. www.schwaebischer-albverein.de/wanderheime/burg_teck/burg_teck.html. Mi – So und Mo-Vormittag geöffnet. Vesper und warme Gerichte, Übernachtungsmöglichkeit.

Museen und Stadtführungen

Vom Leben auf dem Dorf: Freilicht-museum Beuren

In den Herbstwiesen, 72660 Beuren. ✆ 07025/
911900, 9204-0 (Kasse), Fax 9119010. www.frei-
lichtmuseum-beuren.de. info@freilichtmuseum-be-
uren.de. **Bahn/Bus:** Bis Bhf Neuffen, dann Bus 172
oder von Metzingen Bus 199 bis Freilichtmuseum; So
und Fei bis Bhf Nürtingen, dann Bus 180 bis Freilichtmuseum. **Auto:** Von ↗ Beuren auf der Owener Straße
1 km Richtung Owen. **Rad:** Liegt am Radweg Württem-
berger Weinstraße. **Zeiten:** Ende März – Anfang Nov,
täglich außer Mo 9 – 18 Uhr (Einlass bis 17.30 Uhr).
Öffentliche Führung für Familien während der Saison jeden Sa 15 Uhr, Themenführungen nach Voranmeldung.
Preise: 4,50 €; Kinder ab 6 Jahre und Jugendliche
2,50 €; Familienkarte 10 €.

▶ Am Ortsrand von Beuren liegt das Freilichtmuseum. Hier seht ihr circa 20 schöne, alte Fachwerkbauten und andere Gebäude, die anderswo abgebaut und hierher versetzt worden sind. So konnten
sie vor dem Abriss gerettet werden. Die Bauten sind
typisch für die Regionen Mittlerer Neckarraum und
Schwäbische Alb. Das Weberhaus stand vorher in
Laichingen, das Back- und Waschhaus in Sielingen,
die Scheune in Gärtringen und der Hühnerstall in
Birkach. Alte Berufe
wie Weber, Schreiner
und Korbmacher wer-
den euch in den Häu-
sern gezeigt und er-
klärt. Ihr erfahrt, wie
früher mit Flachs und
Leinen gearbeitet wur-
de. Wie in einem ech-
ten Dorf können euch
im Freilichtmuseum
auch Schafe, Hasen

Happy Birthday!

Kindergeburtstag, 2 – 3
Std 60 €, Eintritt und
Materialkosten extra.
Das Museum bietet au-
ßerdem Mitmachaktio-
nen wie Backen, Filzen
und Spinnen. Infos im
Internet und unter
✆ 07025/9119033.

Bilderbuchdorf: Das Frei-
lichtmuseum Beuren

© Freilichtmuseum Beuren

und Hühner begegnen. Im Museums-Dorf ist auch der kleine »Tante-Helene-Laden«, ein original Kolonialwarenladen, zu finden. Dort gab es früher Waren, die von weit her, nämlich aus den Kolonien in Afrika oder Indien stammten, wie beispielsweise exotische Gewürze, Kaffee und

© Freilichtmuseum Beuren

Tee. Heute könnt ihr Spezialitäten aus der Region und nützlichen Hausrat aus Holz, Keramik und Email, wie sie früher in Gebrauch waren, kaufen. Das Museumslädle ist an Sonn- und Feiertagen während der Museumssaison 11 – 17 Uhr für den Verkauf geöffnet. Es gibt einen Spielbereich mit Wiese, Baumhaus, Teich und Fachwerkhäuschen für Kinder.

»Was darf es heute sein?« Lebensmittelläden sahen früher ganz anders aus

Was man aus Papier alles machen kann

Museum für Papier- und Buchkunst, Schlossrain 15, 73252 Lenningen-Oberlenningen. ✆ 07026/609-14, Fax -44. www.lenningen.de. b.dieterich@lenningen.de. **Bahn/Bus:** ↗ Lenningen, Bhf Oberlenningen Adolf-Scheufelen-Straße nach Süden, dann rechts in die Amtgasse, am Marktplatz links in die Backhausstraße und am Schillerplatz rechts hinaufgehen. **Zeiten:** Sa 10 – 12 und So 14 – 17 Uhr. **Preise:** 2 €; Kinder 0,50 €.

▶ Der Papierfabrikant *Adolf Scheufelen* aus Oberlenningen hat im Jahre 1892 ein Herstellungsverfahren für hochwertiges Kunstdruckpapier erfunden. Damit war es erstmals möglich, detaillierte Abbildungen in guter Qualität zu drucken. Aus Anlass des 100-jährigen Jubiläums dieser Erfindung hat man 1992 am Wohnort des Unternehmers das Museum für Papier- und Buchkunst eingerichtet. Es zeigt, was man aus **Papier** alles machen kann, vom kleinsten

Hunger & Durst

Museumsgaststätte Steinbüble, im Freilichtmuseum, 72660 Beuren. ✆ 07025/89950. Mitte März – Nov Di – So 10 – 18 Uhr. Das Lokal mit Gartenwirtschaft in einem stattlichen Wohn- und Wirtschaftsgebäude aus dem 18. Jahrhundert hat eine Kinderkarte.

*Nach einem Besuch des Museums wisst ihr bestimmt, aus welchen Materialien **Papier** hergestellt werden kann, oder? Der Peter Meyer Verlag benutzt übrigens nur Papier aus kontrolliertem Anbau und umweltgerechter Produktion.*

Buch der Welt über Papierkunst bis hin zum historischen Papiertheater. In einer Spielecke stehen Papier, Schere, Farbstifte und Kleber bereit. Damit könnt ihr selbst basteln und gestalten. Anregung dazu liefert das Museum genug.

Leben und Sterben im Jurameer

Urwelt-Museum Hauff, Aichelberger Straße 90, 73271 Holzmaden. ℃ 07023/2873, 8066, Fax 4618. www.urweltmuseum.de. hauff@urweltmuseum.de. **Bahn/Bus:** ↗ Kirchheim unter Teck Bus 174 Richtung Neidlingen. **Auto:** A8 Stuttgart – Ulm, ab Ausfahrt 58 Aichelberg Beschilderung. **Zeiten:** Ganzjährig Di – So 9 – 17 Uhr. **Preise:** 5 €; Kinder 3 – 6 Jahre 1,50 €, Schüler 2,50 €.

▶ Im Urwelt-Museum könnt ihr euch mehr als 400 Präparate anschauen, die man in der Umgebung des Ortes in den vor 180 Mio Jahren entstandenen Ablagerungen am Grund des Jurameeres fand. In der Sammlung könnt ihr Versteinerungen von Ichthyo-, Plesio- und Flugsauriern, von Krokodilen, Fischen und vielen wirbellosen Tieren sehen. Das fast 4 m lange Ichthyosaurier-Muttertier mit einem Jungen ist eines der bekanntesten Ausstellungsstücke. Ihr werdet eine 100 qm große Kolonie von Seelilien entdecken – das weltweit größte Exemplar, das bisher gefunden und präpariert wurde.

Naturgetreue Modelle informieren über die Entstehung der einzelnen Schichten im Schiefer und die jeweils typischen Fossilien. Schaubilder von Sauriern verdeutlichen, wie das Leben im Jurameer wohl einmal war. In der Außenanlage des Museums könnt ihr an einem See lebensgroße, täuschend echt wirkende Dinosaurier unter Mammutbäumen bestaunen. Außerdem erfahrt ihr etwas über die spätere Präparation der Fundstücke in der Werkstatt, und im Museum könnt ihr Versteinerungen kaufen.

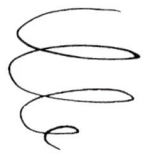

Schmökern, Spielen, Lernen

Stadtbücherei Schlossmühle

Graf-Eberhard-Platz 10, 72574 Bad Urach. ✆ 07125/9463-0, Fax -17. www.badurach.de. **Bahn/Bus:** ↗ Bad Urach. **Zeiten:** Di 15 – 19 Uhr, Mi 10 – 14, Do und Fr 14 – 18 Uhr.

▶ Die Bücherei hat einen Kinderbereich mit Kinder- und Bilderbüchern, Jugendliteratur, Sachbücher, Zeitschriften, Cassetten und CDs.

© Stadtbücherei Bad Urach

Stadtbücherei Neuffen

Schillingstraße 14, 72639 Neuffen. ✆ 07025/ 842601, Fax -292. www.neuffen.de. **Bahn/Bus:** ↗ Neuffen. **Zeiten:** Di und Mi 10 – 12 und 15 – 18 Uhr, Do 15 – 20 Uhr.

▶ In der Stadtbücherei stehen nahezu 11.000 Medien zur Ausleihe bereit. Außer Büchern für jede Altersgruppe sind auch CDs, Tonkassetten, Zeitschriften und Spiele im Angebot. In unregelmäßigen Abständen finden in der Stadtbücherei Vorlese- und Bastelnachmittage für Kinder statt.

So spannend können Bücher sein: Aufmerksame Zuhörer beim Vorlesenachmittag

Stadtbücherei Kirchheim

Max-Eyth-Straße 16, 73230 Kirchheim u.T. ✆ 07021/502-400, Fax -285. www.stadtbuecherei.kirchheim-teck.de. Zentral in der Altstadt am Krautmarkt. **Bahn/Bus:** ↗ Kirchheim unter Teck. **Zeiten:** Di und Mi 10 – 18, Do 10 – 19, Fr 14 – 18, Sa 10 – 13 Uhr. **Preise:** ab 16 Jahre 13 €.

▶ Die Stadtbücherei hat ein Angebot von 70.000 Büchern, Zeitschriften, Spielen, Tonkassetten, CDs, CD-ROMs, DVDs, Sprachkursen zum Ausleihen und zum Benutzen in der Bücherei. Es gibt Internetzugang für alle Besucher oder ihr könnt im Lesehof in der gemütlichen Sitzecke schmökern. Für die Kleinen gibt es eine Kinderspielecke.

TECK & NEUFFEN

Kinospaß und Feste

**forum 22 Café, Stadtju-
gendring Urach e.V.,**
Ulmer Straße 22,
✆ 07125/7707. So –
Do 18 – 24, Fr und Sa
18 – 1 Uhr. 75 Plätze.

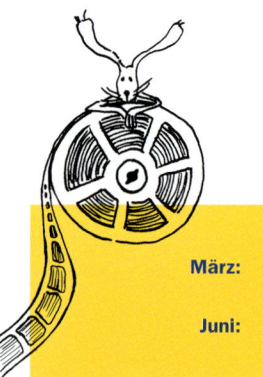

Kino forum 22

Stadtjugendring Urach e.V., Ulmer Straße 24, 72574
Bad Urach. ✆ 07125/7707, 407686 (Programmansa-
ge), Fax 70251. www.forum22.de. **Bahn/Bus:** ↗ Bad
Urach. Vom Marktplatz über die Neue Straße in die Ul-
mer Straße. **Zeiten:** Die Reihe Kinderkino läuft Okt –
März. **Preise:** 5 €, Überlänge 6 €; Kinderkino 2 €,
Nachmittagsvorstellung 3,50 €.

▶ Das Programmkino gegenüber der Festhalle ist seit
dem Frühjahr 2007 umgebaut und bietet in 2 Kino-
sälen täglich mindestens vier Vorstellungen. Zusammen mit der VHS bietet das Forum auch Kinderkino.
Dort werden Kinderfilme gezeigt, die eine Alternative
zum Mainstream-Programm darstellen.

FESTKALENDER TECK & NEUFFEN

März: 1. Mo, Kirchheim unter Teck: **Märzenmarkt,** traditioneller Jahrmarkt mit Vergnügungspark.

Juni: In ungeraden Jahren am 3. Wochenende, Neuffen:
Stadtfest.

Letztes Wochenende, Kirchheim u.T.: **Haft- und Hoka-
Fescht,** Stadtfest in der historischen Innenstadt.

Juli: 1. So, Weilheim (Teck): **Städtlesfest.**

Wiesensteig: **Wiesensteiger Schluck,** Straßenfest.

September: 2. Wochenende, Beuren: **Kelterfest,** Traditionsfest
rund um die historische Kelter.

In geraden Jahren am 3. Wochenende, Neuffen: **Win-
zerfest.**

Ende Sepoder Anfang Okt, Kirchheim unter Teck: **Gol-
dene Oktobertage,** Straßenfeste und buntes Programm.

Oktober: 2. Wochenende, Beuren: **Moschtfescht,** Traditionsfest im Freilichtmuseum.

November: 1. Wochenende, Kirchheim unter Teck: **Gallusmarkt,**
traditioneller Jahrmarkt mit Vergnügungspark.

MITTLERE ALB

DIE OSTALB

STAUFERLAND

ALB-DONAU-KREIS

TECK & NEUFFEN

MITTLERE ALB

ZOLLERN-ALB

DONAU & HEUBERG

SERVICE ZU DEN ORTEN

FERIENADRESSEN

KARTEN & REGISTER

Regenwasser löst den Kalk aus dem Boden der Schwäbischen Alb und fließt unterirdisch ab. Es entstehen zunächst Risse, dann Spalten und schließlich ganze Höhlensysteme. Viele der bekanntesten Höhlen liegen in der Mittleren Alb und sind zu besichtigen. Eine davon ist in Deutschland einzigartig: die Wimsener Höhle. Sie ist mit Wasser gefüllt und kann nur vom Boot aus besichtigt werden.

Frei- und Hallenbäder

Terrassenfreibad Münsingen

Alter Seeburger Weg, 72525 Münsingen. ✆ 07381/69303, Fax 182101. www.muensingen.de. tourist-info@muensingen.de. **Bahn/Bus:** ↗ Münsingen 15 Gehminuten über die Uracher Straße. **Auto:** Nördlich des Zentrums, über Lichtensteinstraße und Uracher Straße. **Zeiten:** Mo 10 – 20, Di – So 8 – 20 Uhr, Mai und ab 16. Aug 8 – 19 Uhr. **Preise:** 3 €, 10-er-Karte 22 €; Kinder 4 – 18 Jahre 1,50 €, 10-er-Karte 11 €.
▶ Am nördlichen Stadtrand liegt das Münsinger Terrassenfreibad. Eine Solaranlage heizt das reine Quellwasser auf 25 Grad. Im Kiosk auf dem Gelände könnt ihr Snacks, Eis, Schleckereien und Getränke kaufen.

Sternberghallenbad Gomadingen

Ödenwaldstetter Straße 40, 72532 Gomadingen. ✆ 07385/526, Fax 526. www.gomadingen.de. **Bahn/Bus:** ↗ Gomadingen über Hülbenstraße nach Süden der Brunnenstraße folgen. **Auto:** Vom Marktplatz in die Hauptstraße, dann Richtung Südosten in die Brunnenstraße und weiter durch Ödenwaldstettener Straße zum Ortsende. **Zeiten:** Di – Fr 7 – 8 und 15 – 21 Uhr, Sa, So und Fei 7 – 8.30 und 14 – 19 Uhr, Mi Spielenachmittag 15 – 17.30 Uhr. **Preise:** 3,70 €, Frühtarif Mo – Fr 7 – 8 und Sa, So, Fei bis 8.30 Uhr 1,90 €, Spättarif Mo – Fr ab 19.30 Uhr; Kinder 6 – 18 Jahre 1,60 €.

TIPPS FÜR WASSER-RATTEN

MITTLERE ALB

Ganz ihr Element: Kleine Wasserratten können es stundenlang im Kinderbecken aushalten

▶ Das Bad in Gomadingen ist das ideale Bad für die ganze Familie. Es hat ein 25-m-Becken mit Rutsche und Massagedüsen und ein Plantschbecken mit Wasserfall, ein Kneippbecken, Sauna, Sonnenterrasse, Kiosk und Massageabteilung. Und das Beste: Unbegrenzte Badezeit.

Freibad Dettingen

Freizeitgelände Neuwiesen, 72581 Dettingen a.d.E. ✆ 07123/7207-143, -600 (Freibad), Fax -111. www.dettingen-erms.de. **Bahn/Bus:** ↗ Reutlingen Bus 100 Richtung Hülben oder RB Bad Urach. **Auto:** ↗ Dettingen, Uracher Straße nach Süden. **Zeiten:** Mai – Sep, Mo – Fr 7 – 20, Sa, So 8 – 20 Uhr. **Preise:** 2,80 €, 10er Karte 25 €; Kinder bis 6 Jahre frei, Jugendliche 6 – 16 Jahre 1,70 €, 10er Karte 14 €; Familienkarte 90 €.

Südöstlich der Freibadanlage findet ihr eine **BMX-Anlage** und eine **Skateboard-** und **Inlinebahn.** Hier könnt ihr zeigen, was ihr drauf habt. Die Anlage ist immer frei zugänglich.

▶ Im Freibad erwarten euch ein Schwimmbecken mit Sprunganlage sowie ein Nichtschwimmerbereich mit Wasserfontänen, Pilzwasserfällen, Luftsprudel und Breitrutsche. Es gibt ein Beachvolleyballfeld mit echtem Nordseesand und eine große Liegewiese. Der Kiosk bietet kühle Getränke, warme Speisen und kleine Naschereien an. Außerdem gibt es für Kinder immer wieder extra Veranstaltungen und Überraschungen, über die das Schwimmbadteam in einem Schaukasten informiert.

Das größte Freizeitbad der Region: Wellenfreibad Markwasen

Hermann-Hesse-Straße 40, 72762 Reutlingen. ✆ 07121/582-3792, Fax -3895. www.tourist-reutlingen.de. **Bahn/Bus:** ↗ Reutlingen, RSV-Bus 4 oder 5 bis Kreuzeiche/Stadion/Freibad, Linie 8 bis Markwasen, günstiger mit Bus-Bade-Karte. **Auto:** Alteburgstraße stadtauswärts, bei Fachhochschule für Sozialpädagogik links in die Hermann-Hesse-Straße abbiegen. **Zeiten:** Anfang Mai – Ende Aug täglich 6 – 21 Uhr, bis Mitte Sep 7 – 20 Uhr. **Preise:** 3,50 €; Kinder 6 – 15 Jahre 1,90 €; Feierabendtarif ab 17 Uhr 3 €, Familienkarte

Hunger & Durst

In der Nähe des Erholungsparks Markwasen gibt es Essen von klein bis fein, auch im Garten.

für 2 Erwachsene mit bis zu vier eigenen Kindern 8,20 €.

▶ Auf dem großzügigen Gelände findet ihr jede Menge Möglichkeiten für Spiel und Spaß. Hier ist echt für jeden etwas dabei. Die Kleinsten haben einen Schiffchen-Kanal mit einem Wasserquellstein und sogar einem wasserspeienden Seehund. Die Größeren vergnügen sich im Sport-, im Schwimm-, im Sprung oder im Wellenbecken. Eine 65 m lange Großwasserrutsche führt ins kühle Nass des Nichtschwimmerbeckens. Und wenn ihr vom Wasser genug habt, kann's auf den großen Kinderspielplatz gehen, auf die Rollenrutsche, das Kletternetz oder in die Matschstelle des Sandplatzes. Außerdem findet ihr im Wellenfreibad Kegelspielanlage, Trimm-Trab-Strecke, Tischtennisplatten und eine Spielwiese mit Fußball-, Federball- und Volleyball-Feldern.

Kneippen und Baden: Achalmbad

Albstraße 17 – 19, 72764 Reutlingen. ✆ 07121/582-3392, Fax -3895. www.tourist-reutlingen.de. **Bahn/Bus:** ↗ Reutlingen Bus 1 Richtung Eningen und 2 Richtung Pfullingen bis Burgplatz/Hallenbad. **Auto:** Von der Konrad-Adenauer-Straße über die Lederstraße links in die Seestraße, dann die erste links. **Zeiten:** Mo 6.30 – 7.30, 18 – 22 Uhr, Di – Fr 6.30 – 7.30, 10 – 22 Uhr, Sa 10 – 22, So, Fei 8 – 20 Uhr. **Preise:** 3,50 €; Kinder 6 – 15 Jahre 1,90 €.

▶ Das Achalmbad liegt in der Stadtmitte und hat eine Schwimmhalle, ein 36 Grad warmes Kinderbecken, Eltern-Kind-Bereich, Kneippstrecke, Liegeterrasse und Bistro. An Warmbadetagen ist das Wasser 29 Grad warm. Im Saunabereich gibt es ein Römisch-Osmanisches Dampfbad und eine Finnische Sauna.

Baden am Waldrand

Waldfreibad, Im Obtal, 72800 Eningen u.A. ✆ 07121/880431, Fax 880211. www.eningen.de. **Bahn/Bus:** ↗ Reutlingen Bus 7644. **Auto:** Auf der Albstraße 2 km

 Nur im RSV-Bus gibt's die Bus-Bade-Karte für 5,80 €, Kinder 3 €.

Hunger & Durst
Freibadgaststätte, 72762 Reutlingen. Mit Milchbar und Imbissstand.

in Richtung St. Johann und Freizeitanlagen. **Zeiten:** Mai – Aug Mo – Fr 7 – 20, Sa, So 9 – 22 Uhr Uhr. **Preise:** 3 €; Kinder 6 – 18 Jahre 1,80 €.

▶ Östlich von Eningen findet ihr mitten im Wald an einem Hang ein schönes Freibad mit großem Schwimmbecken, Kinderbecken, Spielplatz, Eltern-Kind-Bereich, Kiosk und Volleyballplatz.

Baden im Freibad Lichtenstein

Echazstraße 2, 72805 Lichtenstein-Honau. ✆ 07129/5982, Fax 6389. www.gemeinde-lichtenstein.de. **Bahn/Bus:** ↗ Reutlingen Bus 400 Richtung Gammertingen oder 7606 Richtung Münsingen. **Auto:** ↗ Lichtenstein B312 nach Süden. **Zeiten:** Mai – Sep täglich 10 – 20 Uhr. **Preise:** 2,50 €, 10er-Karte 20 €; Jugendliche bis 18 Jahre 1,50 €, 10er-Karte 11 €.

▶ Kombiniertes Sprung- und Schwimmerbecken, Kinderplantschbecken, Sonnenterrasse und Kiosk.

 Ein **Hallenbad** gibt es in Lichtenstein-Unterhausen, ✆ 07129/69675, www.gemeinde-lichtenstein.de. Mo 18 – 20.30, Di 14 – 20, Mi 14.30 – 20, Do 6 – 9 Uhr, Fr 14.30 – 20, So 8 – 11 Uhr, 3, 10er-Karte 25 €, Kinder bis 6 Jahre Eintritt frei, Jugendliche bis 18 Jahre 1,50, 10er-Karte 11 €.

Kanutouren auf Lauter und Donau

Paddeln auf der Lauter

Kanutouren im Wilden Süden e.K., Volker Schmack, Fürstenbergstraße 2, 72525 Münsingen -Bichishausen. ✆ 07383/408, Fax 430. www.kanutouren.com. info@kanutouren.com. **Auto:** ↗ Münsingen. **Zeiten:** Kanutouren auf der Lauter Mo – Fr 9 – 18 Uhr ohne Anmeldung, auf der Donau nur mit Anmeldung. **Preise:** Je nach Strecke 15 – 32 €; Kinder bis 12 Jahre in Begleitung Erwachsener 8 – 18 €, Jugendliche 12 – 25 Jahre in Begleitung Erwachsener.

Kurztour Buttenhausen – Bichishausen: Von Buttenhausen 5 km die Lauter hinab bis zur Kanustation. Die technischen Anforderungen sind gering, diese Strecke ist ideal für Familien mit kleineren Kindern. Dauer circa 1,5 Std.

Miditour Buttenhausen – Gundelfingen: Von Buttenhausen 5 km die Lauter hinab bis zur Kanustation und weiter bis Gundelfingen. Über zahlreiche kleinere Stromschnellen und um enge Kurven paddelt ihr durch eine wunderschöne Landschaft. In Gundelfingen Rücktransport nach Bichishausen mit Bussen. Dauer etwa 2 Std.

Tagestour Buttenhausen – Indelhausen: Für Familien mit älteren Kindern oder kräftige Leute, die das Kanufahren beherrschen. Zweimal muss das Boot um Wehre herum getragen werden (Bootswagen steht zur Verfügung). Unterwegs habt ihr die Möglichkeit, an einer Feuerstelle zu rasten oder in einer am Ufer gelegenen Gaststätte einzukehren. Rücktransport mit Bussen.

© pmv

Zweites Zuhause: Ach, wenn der Sommer nur ewig dauern würde …

Paddeln auf der Donau

Von April bis Okt gibt es nach Anmeldung täglich Touren unterschiedlicher Streckenlänge auf der Donau. Die Mindestteilnehmerzahl beträgt 8 Personen. Am Besten ist es, wenn sich die Anzahl der Leute durch 2 teilen lässt, da die Boote für 2 Personen ausgelegt sind. Ihr werdet in Gruppen zu den Ausgangspunkten der Kanustrecken gefahren. Bei der Tour seid ihr dann aber auf euch gestellt.

*Ein **Regenbogen** ist der sichtbare Teil eines Kreises in den Spektralfarben, die durch Brechung und Spiegelung der Sonnenstrahlen an den Regentropfen erscheinen. Ihr könnt ihn sehen, wenn es gleichzeitig regnet und die Sonne scheint. Er steht immer gegenüber der Sonne.*

Radeln und Skaten

Rund um Pfullingen und auf den Übersberg

Länge: Rundtour 20 km, reine Fahrzeit circa 2 Std.
Bahn/Bus: ↗ Pfullingen.
▶ Ausgangspunkt dieser landschaftlich schönen Rundtour ist der ehemalige **Bahnhof** von Pfullingen. Vorbei am Spielplatz in der Bohlstraße geht es in Richtung Reutlingen. Bei der Bank, etwa 50 m vor dem Arbach, geht es entlang der Kleingartenanlage

NATUR SPORTLICH

Einmal im Monat wird in Reutlingen eine **Inline-Night** veranstaltet. Die anschließende Party steigt in der Eishalle.

Hunger & Durst

Landgasthaus Stahlecker Hof, Willy Schönweiler, Stahleck 2, 72805 Lichtenstein.
☎ 07122/9427.
www.stahlecker-hof.eu.
Warme Küche täglich 11.30 – 20.30 Uhr.

rechts ab Richtung Arbachtal. Am Ende des Wegs überquert ihr auf einer kleinen Brücke den *Arbach* und biegt gleich danach rechts nach Eningen ab. Nun geht es entlang der wenig befahrenen Arbachtalstraße an einigen Industriebetrieben vorbei. Eine Durststrecke. Aber bald radelt ihr durch schöne landwirtschaftliche Flächen; links seht ihr den Schäferhof.

Etwa 300 m weiter überquert ihr wieder den Arbach und trefft auf den **Unteren Lindenhof.** Er ist eine Versuchsstation für Tierhaltung, Tierzucht und Kleintierzucht der Uni Hohenheim und hat seinen Namen von den vielen schönen Linden auf dem Hofgelände.

Ihr radelt langsam durch das Hofgelände, was erlaubt ist, und trefft geradeaus am Ende des Hofs wieder auf den Arbach. Bis zur nächsten Brücke geht es jetzt rechts den Arbach entlang. Dann wechselt ihr wieder ans linke Ufer und fahrt auf der Teerstraße weiter in Richtung Wald. Im Wald fahrt ihr zunächst am *Judenbrunnen,* einer Karstquelle, und nach etwa 2 km an der *Arbachquelle* vorbei.

Nun geht es die **Albsteige** hinauf. Wenn es euch zu steil wird, steigt einfach ab und schiebt das Rad ein kurzes Stück. Fast oben findet ihr eine Bank zum Ausruhen, von hier habt ihr einen herrlichen Blick nach Reutlingen und Tübingen. Ihr fahrt auf der Lindenstraße weiter zu einem *Hof* und nehmt dort den rechten Weg, der durch Wiesen und Äcker führt. Nach etwa 2 km kommt ein Wegkreuz mit Bank. Der rechte Weg, den ihr dort nehmt, führt Richtung Stahleck. Hinter einem Wäldchen lädt das beliebte **Landgasthaus Stahlecker Hof** zur wohlverdienten Rast ein.

Wenn ihr eure Kräfte wieder gesammelt habt, fahrt ihr nach rechts zur Siedlung **Göllesberg,** einer Teilgemeinde von Lichtenstein. Ihr radelt rechts am Ort vorbei zum *Spielplatz Übersberg.* Hier gibt es auch eine Schutzhütte und Feuerstellen. Außerdem könnt ihr den Segelflugverkehr vom nahe gelegenen Fluggelände beobachten.

Vor dem Spielplatz geht es links ab durch den Wald zum Übersberg. Bei Flugbetrieb muss das Gelände umfahren werden. Ihr kommt aber in jedem Fall zum **Gasthaus Übersberger Hof,** wo ihr nochmals eine Verschnaufpause einlegen könnt.

Nun geht es den Elisenweg bergab. Wenn ihr den Wald verlasst, kommt links der Spielplatz. Ihr fahrt weiter Richtung Pfullingen die Straße bergab und kommt schließlich hinter dem Friedhof wieder an eurem Ausgangspunkt an.

Die Fünf-Täler-Tour rund um Sonnenbühl

Länge: 30 km Rundtour, reine Fahrzeit 3 Std. **Bahn/ Bus:** ↗ Sonnenbühl.

▶ Die Gemeinde Sonnenbühl besteht aus den Ortsteilen Erpfingen, Genkingen, Undingen und Willmandingen. Vom Parkplatz bei der ↗ **Bären- und Karlshöhle** zwischen Undingen und Erpfingen geht es zunächst auf flacher Strecke entlang einem Ausläufer des *Höllentals* nach **Erpfingen.** Von der Grabenstraße biegt ihr links in die Marktstraße ein, überquert den Marktplatz und zweigt dann links in die Trochtelfinger Straße ab. An der nächsten Gabelung haltet ihr euch erneut links und radelt den Zwingweg entlang. Nach Überqueren der Landstraße kommt ihr am Naturdenkmal **Sieben Buchen** vorbei.

Von dort geht es weiter in Richtung Süden. Doch bei der ersten Gelegenheit biegt ihr zunächst links und dann gleich wieder rechts ab. Ihr seid jetzt am Beginn des *Grafentals* angekommen. An einem markanten Feldkreuz haltet ihr euch rechts und gelangt auf abschüssiger Strecke nach **Mägerkingen.** Im Ort fahrt ihr nach rechts, vorbei an der Kirche, und nehmt an der nächsten Weggabelung die nach links führende Straße, die euch durch eine Unterführung zum **Mägerkinger See** bringt, wo ihr das ganze Jahr über am Spielplatz eine Pause einlegen könnt.

Ihr radelt jetzt rechts um den See herum. Durch schattige Fluren geht es weiter bis zur Kreuzung Burladingen-Hörschwag-Mägerkingen. Hier müsst ihr rechts über die Brücke und radelt dahinter gleich wieder links. Entlang der *Lauchert* geht's nach **Hausen**. Dort überquert ihr die Landstraße und fahrt nach **Hörschwag,** wo es am Sportplatz vorbei weiter nach **Stetten** geht. Im Ort haltet ihr euch zuerst links, dann rechts und kommt schließlich an der ehemaligen *Melchinger Mühle* vorbei. Dort geht es nach rechts. Dann müsst ihr wieder die Landstraße überqueren und kommt durch das *Hirschental* und zu einem schönen **Waldspielplatz.**

Auf der asphaltierten Straße geht es jetzt bis zu einer Kreuzung, wo ihr rechts abbiegt. Hinter einem Aussiedlerhof gelangt ihr auf die Gemeindeverbindungsstraße Willmandingen – Erpfingen, lasst den Campingplatz links liegen und fahrt ins **Melchinger Tal** hinunter.

In **Erpfingen** fahrt ihr rechts die Straße Im Dorf entlang, überquert den Marktplatz und biegt in die Steigstraße ein. Am *Osterei-Museum* vorbei geht es über den Höhenzug wieder zur Bärenhöhle.

Hunger & Durst

Gasthof Löwen, Trochtelfinger Straße 2, 72820 Sonnenbühl-Erpfingen. ✆ 07128/ 2222. www.loewen-sonnenbuehl.de. Di – Sa 11.30 – 14 und 17.30 – 21 Uhr, So durchgehend bis 19.30 Uhr. Schwäbische Spezialitäten, Gartenterrasse.

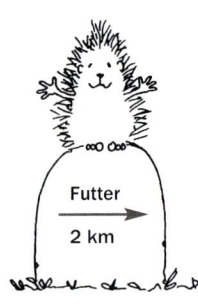

Futter

2 km

Wandern und Spazieren

Wanderung von Pfullingen zur Nebelhöhle

Länge: 10 km, reine Gehzeit knapp 3 Std. **Bahn/Bus:** ↗ Pfullingen. **Auto:** Über Klosterstraße bis zum städtischen Freibad, dann vor der Eisenbahnbrücke rechts zum Wanderparkplatz Roßwag. Die Wanderzeit verkürzt sich von hier um etwa 20 Min.

▶ Von der **Stadtmitte** in Pfullingen geht ihr durch die Kirchstraße und dann über den Laiblinsplatz zur Klosterstraße. Bei der *Villa Laiblin,* dem Haus der ehemaligen Papierfabrikanten Laiblin, biegt ihr zunächst in die Sandstraße, wenige Schritte später in die Hohmorgenstraße ab und schließlich in den Ahlbolweg ab, der steil aufwärts zur **Höhengaststätte Jahnhaus** führt. Von dort wandert ihr durch das Sport- und Freizeitgelände zum *Jakob-Albrecht-Haus* und weiter bergan bis zur Waldgrenze, wo ihr dem Weg folgt, der die kleine Wanne berührt und in Serpentinen am Nordhang der Wanne zur Hochfläche führt. Ihr braucht nur dem Blauen Pfeil zu folgen.

Unweit des **Wanderparkplatzes** beginnt an der Waldgrenze der Wanderweg hinauf zur Hochfläche des **Schönbergs.** Der *Schönbergturm* ist tagsüber geöffnet. Ihr könnt jetzt links am Turm bei der Schutzhütte euren Weg fortsetzen oder die Hochfläche in westlicher Richtung überqueren und nach links einbiegen; beide Wege treffen später wieder zusammen und führen weiter bis zum hinteren Sättele. Hier beginnt der Aufstieg zum **Wackerstein.** Zunächst geht es in Serpentinen bergauf und nach der Überquerung eines Waldweges weiter geradeaus bis zu der Felsgruppe des Wackersteins, der hoch über dem Wasserteich aufragt.

Danach führt euch der Weg bergab zu einem Felsgrat und weiter zur **Hochfläche.** Nach Überqueren der Hochwiese wandert ihr weiter bis zur Waldgrenze und kommt dann entweder links – am Steilabhang entlang über einen Felsen – zum Festplatz bei der ↗ Nebelhöhle, oder unmittelbar durch den Wald bis zum Eingang der Nebelhöhle. Auf dem Rückweg wandert ihr durch das *Reißenbachtal* nach **Unterhausen** (circa 3 km) und nehmt dort den Bus nach Pfullingen.

Wer noch fit ist, kann noch zum **Schloss Lichtenstein** weiter wandern. Dazu folgt einfach der Roten Pfeilgabel und geht von der Festwiese aus in südöstlicher Richtung bis zur Waldgrenze und am Skilift Kalkofen und am Aufberg vorbei. Danach tretet ihr in den Wald ein und erreicht nach etwa 500 m zunächst das *Forsthaus* (Gaststätte) und wenig später das Schloss Lichtenstein. Es wurde unter Graf Wilhelm von Württemberg auf den bis zum 1. Stock erhaltenen Grundmauern der alten Burg 1840/41 erbaut. Zurück geht ihr vom Schloss Lichtenstein über den Tobelkopf zum

Hunger & Durst

Höhengaststätte Jahnhaus, Horst Speidel, Ahlbolweg 32, 72793 Pfullingen, ✆ 07121/71791. www.jahnhaus-pfullingen.de.

© Annette Sievers

Liebesdiener: Auf den Blüten der Wiesen-Knautie hat sich schon manch flatterhafte Beziehung angebahnt

Hunger & Durst

Altes Forsthaus beim Schloss Lichtenstein. ✆ 07129/2440. www.altesforsthauslichtenstein.de. April – Okt durchgehend 11.30 – 18 Uhr, im Winter nur So und Fei.

MITTLERE ALB

Bahnhof Lichtenstein. Der Bus bringt euch nach Pfullingen zurück.

Rund um Eningen auf dem Panoramaweg

Länge: 16 km, reine Gehzeit 4 – 5 Stunden, die Strecke kann jederzeit abgekürzt werden, da der Ort immer im Zentrum der Wanderung liegt. **Bahn/Bus:** ↗ Eningen über das Rennengässle und Obtal bei den Tennisplätzen. **Auto:** Zufahrt über die Straße nach St. Johann und die »Zweite alte Steige« zum Parkplatz beim Schützenhaus.

▶ Der Panoramaweg führt vom **Schützenhaus** in südwestlicher Richtung zunächst am Waldrand des *Renkenberg*s entlang zur Umzäunung des Freibads und folgt dieser, bis er auf den breiten Wanderweg von Eningen nach St. Johann, der durch die **Teufelsschlucht** führt, trifft. Ihr steigt nun entlang dem Zaun in Richtung Eningen ab (Hinweistafel Rennenbachquelle). Am Ende der Freibadumzäunung folgt ihr einem kleinen Waldpfad, der am Waldsaum von *Ohmishaldenberg*s und Geißbergs zum Vulkanschlot **Bürzlen** (auch *Katzenbuckel* genannt) führt. Oben werdet ihr durch eine schöne Aussicht bis zum Schwarzwald belohnt. Hier könnt ihr auch auf den Ruhebänken eine erste Rast einlegen.

Beim Abstieg vom Katzenbuckel überquert ihr den Lindenplatz (früher auch Bürzlenwasen genannt) und geht zum **Naturfreundehaus,** das am Wochenende eine Einkehrmöglichkeiten bietet. Von hier wandert ihr dann auf dem breiten Waldweg am Fuße des Drackenbergs durch die Waldabteilungen *Schneiderhöhle* und *Reimlesberg* bis zur Stelle, an der von rechts unten ein breiter Waldweg vom Oberen Markweg zum Peterstreich kreuzt. Wenn ihr diesen direkt an der Wegegabel überquert, findet ihr einen schmalen Pfad, der über Stufen auf kürzestem Weg hinab zum geteerten **Oberen Markweg** führt. Dort haltet ihr euch links, aber schon nach etwa 150 m führt scharf rechts ein Grasweg durch Schwarzdorngebüsch und dann durch Wiesen und Äcker hinab zum **Mittleren Markweg** (Hinweis »Maur«). Ihr schlagt an der schrägen Auffahrt einen kleinen Haken und folgt dann weiter dem geteerten Weg direkt bergab zum **Unteren Markweg** und zur Arbachtalstraße (Hinweis »Fischwasser im Ried«) direkt an der Arbachbrücke.

Foto: Michael Reimer

Ihr geht über die **Brücke** in Richtung »Versuchsgut Unterer Lindenhof«, biegt jedoch schon nach etwa 80 m rechts ab ins *Lange Gewand,* wo ihr nach weiteren 200 m auf das Fällenbächle trefft. Ihr folgt rechts dem Fällenbächle etwa 200 m und seht dann schon halblinks in einiger Entfernung des *Vereinsheim der Hundefreunde Eningen* liegen, das an den Wochenenden für Wanderer geöffnet hat.

Die Belohnung: Ein fettes Eis versöhnt mit der Wanderlust der Großen

Von hier geht es zunächst auf der Harretstraße in Richtung *Gaststätte Arbachtal.* Vor der Harretbrücke geht es dann ein kleines Stück bergauf zum Hakenbühl, ihr verlasst aber bei der ersten Gelegenheit den geteerten Weg und nehmt einen Grasweg, der rechts in Richtung Grafental und Arbachmühle führt. Er verliert sich aber sehr bald im Grünen und der Panorama-Wegweiser zeigt bergauf, einem Drahtzaun folgend, in Richtung Ursulaberg. Ohne erkennbaren Feldweg müsst ihr nun ein großes Grundstück umwandern.

Die nahen Büsche und Weidenzäune lenken euren Weg auf der Höhe zunächst nach Westen, später dann wieder bergab in die **Mühlacker.** Orientierungspunkt für den Weiterweg ist das unter euch liegende weitläufige Werksgelände der Firma *Wandel & Goltermann.* Dort geht ihr an den überdachten Fahrradständern vorbei auf eine kleine Brücke zu. Dahinter beginnt ein kleiner Fußweg, der an der Spitzwiese beim Sägewerk auf die stark befahrene Reutlinger Straße trifft, die ihr bei der Fußgängerampel überqueren könnt.

Danach müsst ihr über den steilen Spitzwiesenweg zum Eninger **Schönen Weg** hinaufgehen. Dort geht es links ziemlich lang eben und geradeaus in Richtung Reutlingen. An einer auffälligen S-Kurve nehmt ihr den schmalen, mit Hecken gesäumten Weg hinauf zu den Häusern »Im Blankensteiner«, wo ihr links auf den Alfred-Schradin-Weg trefft, dem ihr etwa 100 m bergauf folgt, bis auf der anderen Straßenseite ein Weg beginnt, der hinter den Häusern der Konradin-Kreutzer-Straße entlang führt und nach einigen kleinen Rechts- und Linkswendungen schließlich am **Betzenried** herauskommt.

Der Betzenriedweg wird überquert und bald darauf steht ihr vor der Spiegelwiese, einer kleinen Freizeitanlage des **CVJM Reutlingen.** Hier geht ihr rechts bergauf, bis ihr nach etwa 200 m an eine Wegkreuzung kommt. Unmittelbar links führt ein schmaler Weg zwischen zwei Zäunen aufwärts. Ihr folgt den Panoramawegschildern bis zum Wasserhochbehälter Weistenberg.

Ein kleines Stück weiter bergauf führt rechts ein Trampelpfad entlang der **Achalmer Grube,** auch »Goldloch« genannt. Ihr quert den Hang unterhalb des Goldlochs und kommt zum Hauptwanderweg von Eningen auf die Achalm. Ihr folgt dem Zick-Zack-Weg zur Achalm, bis ihr bei den Hecken am Hang das Panoramaschild seht. Diesem folgt ihr in nördlicher Richtung bis zu einen auffälligen Gemarkungs-Grenzstein. Hier habt ihr den höchsten Punkt der Wanderung erreicht. Der Blick ins Erms- und Neckartal ist

Zwei Zwillingsbrüder wohnen gar nicht weit von einander entfernt und werden sich doch nie sehen. Wer sind sie?

Die Ohren

Grenzstein

frei. Am Albtrauf erkennt ihr die Burgruine Hohen-neuffen.

Ihr wendet euch bergab der Ebene zu und findet im **Achalmer Hag** eine Lücke und bald darauf einen Grasweg, der durch die Gewanne »Rennwiese« und »Burgscheuerle« auf die Ebene hinausführt und in den geteerten Ebeneweg mündet. Ihm folgt ihr, bis ihr wieder in die Nähe des Orts kommt und von der Charlieuer Straße her ein Trampelpfad in einer Mulde am Talackerbächle hinaufführt. Ihr biegt an der Hinweistafel »Steinröhren/Franzosenplätze« scharf links ab. Ein Grasweg führt aufwärts dem **Rangenberghof** zu. Die Zufahrtsstraße zur Erddeponie wird überquert und ihr geht durch das erste Türchen, das in die Schafweide des Rangenberghofs führt, und verlasst sie auf der anderen Seite wieder.

Ihr wendet euch nun dem **Albtrauf** zu und kommt bald zum Wanderparkplatz *Rangenberg*. Ihr nehmt den geteerten Fußweg, der parallel zur Landstraße nach Metzingen führt (Hinweistafel Feuersee/Staudenbrunnen) und nutzt die Unterführung zum Aussiedlerhof Rall, um auf die andere Straßenseite zu kommen. Ein geteerter Weg führt in Windungen aufwärts durch das *Linsenholz*. Ihr bleibt stets am Waldrand, auch wenn ihr plötzlich im rechten Winkel nach links abbiegen müsst, um weiter am Gutenberg aufzusteigen. Bald führt der Weg rechts hinaus in die Obstanlagen und mündet weiter vorne in die »Erste Alte Steige«, auf der ihr den Schildern zurück zum **Schützenhaus** folgt.

 Wer kann alle Sprachen sprechen?

Das Echo

Pferdestärken

Wanderreiten auf der Mittleren Alb

Mittlere Alb zu Pferde e.V., Hundersinger Straße 13, 72525 Münsingen-Hundersingen. ☎ 07383/1569, Fax 9425231. www.wanderreiten-alb.de. info@wanderreiten-alb.de.

© Annette Sievers

Nur mal anfassen: Die Nüstern der Pferde sind besonders weich

Ein Höhepunkt sind die **Hengstparaden** im Herbst: Rosse und Reiter zeigen meisterliches Können. Ihr könnt die Fahrkünste der Gespannfahrer bewundern. Ein schöner Anblick sind die frei laufenden Vollblut-Araberstuten und die Nachwuchshengste.

▶ Um das Wanderreiten auf der Schwäbischen Alb zu organisieren, gibt des den Mittlere Alb zu Pferde-Verein. Hier bekommt ihr ein Verzeichnis aller Wanderreitbetriebe, eine passende Karte und alle Infos.

Edle Pferde: Haupt- und Landgestüt Marbach

Gomadingen-Marbach. ✆ 07385/9695-0, Fax -10. www.gestuet-marbach.de. poststelle@hul.bwl.de. **Bahn/Bus:** ↗ Reutlingen Bus 7606 Richtung Münsingen bis Marbach. **Rad:** 2 km auf dem Radweg ↗ Gomadingen zum Ortsteil Marbach. **Zeiten:** Ganzjährig 8 – 17 Uhr. **Preise:** ohne Führung Eintritt frei. **Infos:** Führungen an Sonn- und Feiertagen und in den Ferien 13 und 14.30 Uhr Erw 4 €, Kinder 2,50 € und Gruppen ab 60 € ✆ 07385/969537.

▶ Auf der Hochfläche der Schwäbischen Alb liegen die historischen Gebäude des ältesten staatlichen Gestüts Deutschlands. 400 Jahre hat es schon auf dem Buckel! Es ist das berühmte Haupt- und Landgestüt Marbach. Die Stutenherde wird mit Fohlen unterschiedlichen Alters artgerecht in Herden auf weitläufigen Koppeln gehalten. Besonders schön sind die Vollblut-Araberpferde. Menschen aus aller Welt kommen hierher, um diese edlen Tiere zu sehen. Rund 600 Reit- und Fahrschüler werden jährlich ausgebildet. Das ganze Jahr über werden Kurse für Anfänger und Fortgeschrittene, für Reit- und Fahrwarte, für Fahr- und Amateurreitlehrer angeboten. Darüber hi-

naus gibt es regelmäßige Kutsch- und Planwagenfahrten.

Mit dem Planwagen unterwegs

Planwagenfahrten Friedrich Krehl, Bergstraße 20,
72532 Gomadingen-Steingebronn. ✆ 07385/1098,
Fax 9696-22. Handy 0172/7627483. www.gomading-
en.de. info@gomadingen.de. **Auto:** Steingebronn liegt
3 km nördlich der Landstraße ↗ Gomadingen – Münsingen. **Zeiten:** Fahrten je nach Witterung etwa Feb – Nov
nach telefonischer Vereinbarung. **Preise:** 1 Std 60 € für
eine Gruppe bis 10 Pers.
▶ Der nette Kutscher fährt euch mit seinem Planwagen zu den schönsten Stellen in der Umgebung.

@ Wenn ihr auf der Homepage des Gestüts das Kapitel »Er-nährung« anklickt, kommt ihr zu BeKi, der euch über bewusste Er-nährung für Kinder bis 12 Jahre aufklärt.

Tier- und Erlebnisparks

Die Ziegen vom Lorettohof

Loretto 6, 88529 Zwiefalten. ✆ 07373/2362, Fax
2363. www.lorettozwiefalten.de. info@lorettozwiefalt-
en.de. **Auto:** Bundesstraße Ehingen – Zwiefalten, dort
Richtung ↗ Hayingen (Beschilderung Loretto am Ortsausgang), etwa 2 km bis zum Hof. **Zeiten:** Ende März –
Weihnachten Fr, Sa, So und Fei 14 – 18 Uhr.
▶ Am südlichen Albrand bei Zwiefalten liegt abseits
der Hauptstraße der 300 Jahre alte Lorettohof. Auf
dem Gelände steht eine ehemalige Kapelle. Sie wurde 1671 nach dem Vorbild der Wallfahrtskapelle im
mittelitalienischen Loreto gebaut. Heute wohnt eine
Familiengemeinschaft in Loretto und wirtschaftet
nach ökologischen Gesichtspunkten. An Wochenenden herrscht auf dem Ziegenhof mit Holzofenbäcke-
rei reger Betrieb. In der kleinen **Gartenwirtschaft**
(Selbstbedienung) gibt es unter einer großen, alten
Linde zwar nur kalte, aber köstliche Speisen. Ihr
könnt salzige und süße Kuchen oder ein frisches
Holzofenbrot und Ziegenkäse kaufen. Dazu gibt es leckeren Saft. Habt ihr schon mal Ziegenmilch pro-

Hunger & Durst

Ringelbach, Dorothea Vogel, Ringelbachstraße 89, 72762 Reutlingen. ☎ 07121/25886, www.ringelbach-reutlingen.de. Täglich ab 18 Uhr, Mi Ruhetag. Regional-rustikale Gaststätte.

Nach einem Besuch von ↗ Schloss Lichtenstein könnt ihr euch im Abenteuerpark austoben.

biert? Ein Streuselküchle kostet 0,90 € und ein Stück Rahmkuchen 1,40 €. Beim Haus ist auch ein Kinderspielplatz.

Natur und Sport am Stadtrand

Erholungspark Markwasen, 72762 Reutlingen. ☎ 07121/3032622, Fax 339590. www.mythosschwaebischealb.de. info@tourismus-reutlingen.de. **Bahn/Bus:** ↗ Reutlingen, RSV-Bus 4, 5 bis Kreuzeiche/Stadion/Freibad, Linie 8 bis Markwasen. **Auto:** Über die Alteburgstraße stadtauswärts, bei Fachhochschule für Sozialpädagogik links in der Hermann-Hesse-Straße parken. **Zeiten:** Immer frei zugänglich. **Preise:** Eintritt frei. **Infos:** ☎ 07121/337600.

▶ Am südwestlichen Stadtrand findet ihr den großen Erholungspark Markwasen. Hier könnt ihr Damwild in einem großen Gehege beobachten. Auf dem Waldsportpfad und auf Rundwanderwegen könnt ihr eurer Lust an Bewegung freien Lauf lassen. Im Juni und August werden im Naturtheater auf dem Gelände auch Theaterstücke für Kinder aufgeführt. Außerdem gibt es hier kleine Seen und Feuerstellen. Ein Teil der Grillplätze und Rundwanderwege ist auch für Rollstuhlfahrer gut erreichbar.

Klettern vor historischen Gemäuern: Abenteuerpark Schloss Lichtenstein

Lichtenstein. ☎ 07129/694395, Fax 07524/404939. www.abenteuerpark-schlosslichtenstein.de. info@abenteuerpark-schlosslichtenstein.de. **Bahn/Bus:** ↗ Lichtenstein. **Auto:** Von der B312 Reutlingen – Zwiefalten zwischen Honau und Engstingen in westlicher Richtung abbiegen. **Zeiten:** Mitte – Ende März 9 – 18 Uhr, April – 9. Mai Mo – Fr 12.20 – 19, Sa, So, Fei 9 – 19, 10. Mai – Ende Juli 9 – 19, August – 7. Sep 9 – 20 Uhr, Sep, Okt Mo – Fr 12.30 – 18.30, Sa, So, Fei 9 – 18.30, 25. Okt – 2. Nov 9 – 17.30 Uhr. **Preise:** 19 €; Kinder bis 15 Jahre 14 €, 15 – 18 Jahre 17 €; Familien (1 Erw, 2 Kinder) 38 €, (2 Erw, 2 Kinder) 54 €. **Infos:** Auf

Anfrage ist ein Teamtraining möglich; Gruppen ab 15 Personen mit Voranmeldung.

▶ Der Abenteuerpark liegt direkt beim ↗ Schloss Lichtenstein. Es gibt mehrere Parcours mit unterschiedlichen Schwierigkeitsgraden für alle Altersstufen: Schloss-Schenke für Anfänger und Kinder ab 8 Jahre, Pagenweg ab 8 Jahre, Zum Forsthaus ab 8 Jahre, Turmzimmer ab 8 Jahre, Ritterschlag ab 12 Jahre, Münchhausens Flug ab 14 Jahre, Das Labyrinth ab 16 Jahre und die Folterkammer ab 18 Jahre.

Durch Steilkurven talwärts: Sommer-Bobbahn

Hedwig Möck, Stettener Straße 44, 72820 Sonnenbühl-Erpfingen. ✆ 07128/2056, 2393, Fax 927616. www.sommerbob.de. info@sommerbob.de. ↗ Sonnenbühl, 4 km von der Bärenhöhle. **Bahn/Bus:** ↗ Reutlingen Bus 7031 alle 2 Std bis Erpfingen und 15 Min auf dem Wanderweg 9. **Rad:** Von Erpfingen nach Stetten, dort am Ortsende rechts abbiegen zum Wanderparkplatz Melchinger Tal. **Zeiten:** März – Nov täglich 10 – 18 Uhr, So 10.30 – 19 Uhr. **Preise:** 3 €, 4 Fahrten 11 €; Kinder 2 – 7 Jahre 1,80 €, 4 Fahrten 5,50 €, bis 15 Jahre 2,50 €, 4 Fahrten 9 €; in Gruppen Erw ab 20 Pers 2,60 € pro Fahrt, Jugendliche 2 €.

▶ Juchhu, das ist ein Spaß! Auf der 900 m langen Bobstrecke sind 13 Steilkurven eingebaut. Keine Angst, Jung und Alt schaffen das locker.

© Hedwig Möck

Heißes Gefährt: Auf dem Gummireifen hangabwärts rutschen

Hunger & Durst

Rasthaus Möck, 72820 Sonnenbühl-Erpfingen. Gehört zur Bobbahn. Man bekommt Würstle, Suppe, Braten, Nudeln und hausgemachten Kuchen. Ihr dürft euer Essen auch mitbringen und auf der großen Sonnenterrasse vespern.

Auf Brettern und Kufen

Einziges zusammenhängendes Skigebiet der Alb

Skilift Böhm, Münsingen. ✆ 07381/8668, 500678, Fax 1641. www.muensingen.de. touristinfo@muensingen.de. **Bahn/Bus:** ↗ Münsingen. **Zeiten:** Mo – Fr 13.30 – 17 Uhr, Sa, So 10 – 17 Uhr. **Preise:** 10er-Karte 3,50 €, Halbtageskarte 8,50 €; Kinder 10er-Karte

3 €, Halbtageskarte 6,50 €; Vereine nach Vereinbarung. ▶ 350 m lange Abfahrt, bewirtschaftete Skihütte.

Skilift Ziegelhäuser, Münsingen. ✆ 07381/931763, 2900, Fax 182-101. www.muensingen.de. touristinfo@muensingen.de. **Auto:** ↗ Münsingen. **Zeiten:** Mo – Do 14 – 20, Fr, Sa 14 – 21.30, So 10.30 – 19 Uhr. **Preise:** 10er-Karte 4 €, Halbtageskarte 14 – 17.45 8 €, Tageskarte 10.30 – 17 Uhr 11 €; Kinder 5 – 16 Jahre 10er-Karte 3 €, Halbtageskarte 14 – 17.45 Uhr 5 €, Tageskarte 10.30 – 17 Uhr 8 €. **Infos:** Schneetelefon ✆ 07381/931763. ▶ 350 m lange Abfahrt, Flutlicht.

Skilift Dottingen GbR, Roland Ostertag, Buchenweg 4, 72525 Münsingen-Dottingen. ✆ 07381/4694, Fax 183726. www.skilifte-dottingen.de. info@skilifte-dottingen.de. **Auto:** Nördlich von ↗ Münsingen über die B465. **Zeiten:** Mo – Fr 14 – 22 Uhr, Sa, So und Fei 10 – 22 Uhr. **Preise:** 2-Std-Karte 6,50 €, 4-Std-Karte 8,50 €, 8-Std-Karte 12 €; Kinder bis 5 Jahre 2-Std-Karte 5 €, 4-Std-Karte 6,50 €, Kinder bis 15 Jahre 2-Std-Karte 5 €, 4-Std-Karte 6,50 €, 8-Std-Karte 8,50 €. **Infos:** Schneetelefon ✆ 07381/5017001. ▶ 2 Schlepplifte mit 4 verschiedenen Pisten, Snowboard Funpark, Flutlicht und Skikurse.

Skilift Böttental, Mehrstetten. ✆ 07381/934264, Fax 9383-33. www.mehrstetten.de. info@mehrstetten.de. **Auto:** Östlich der B465 zwischen ↗ Münsingen und ↗ Ehingen. ▶ 250 m lange Abfahrt, Flutlicht.

Skilift Traifelberg, Lichtenstein. Jürgen Reiff, ✆ 07392/6600, Fax 968690. www.skilift-traifelberg.de. **Bahn/Bus:** ↗ Lichtenstein. **Zeiten:** Mo – Fr 14 – 21.30, So 10 – 20 Uhr, Sa und Ferien täglich 10 – 21.30 Uhr. **Preise:** Tageskarte 10 – 18 Uhr 12 €, Flutlichtkarte 9 €; Kinder bis 14 Jahre Tageskarte 10 – 18 Uhr 10 €, Flutlichtkarte 6,50 €; diverse Zeit- und Punktekarten erhältlich. ▶ 350 m lange Abfahrt, Flutlicht und Skikurse.

Wintersport-Arena Holzelfingen, Lichtenstein-Holzelfingen. ✆ 07129/4323, 2384, Fax 2374.

Egal, wo ihr mit Skiern, Snowboard oder Schlitten unterwegs seid, von den angegebenen und markierten Pisten abzuweichen, kann lebensgefährlich sein und schadet der Natur. Ski fahren in der Dunkelheit raubt den Tieren die nötige Ruhe, deshalb solltet ihr Pisten mit Flutlichtanlagen meiden.

Gut gepolstert kann beim Hinfallen kaum was passieren …

© HVV

www.wintersport-arena.com. info@gemeinde-lichten-
stein.de. **Bahn/Bus:** ↗ Lichtenstein. **Zeiten:** Mo – Fr
13.30 – 21.30, Sa und So 9.30 – 21.30 Uhr, Ferien
9.30 – 21.30 Uhr. **Preise:** 10er-Karte 6 €, 20er-Karte
9,50 €, Halbtageskarte 9,50 €, Tageskarte 14,50 €,
Flutlicht 10,50 €; Kinder 10er-Karte 5 €, 20er-Karte
8 €, Halbtageskarte 8 €, Tageskarte 11,50 €, Flutlicht
8,50 €. ▶ 450 – 750 m lange Abfahrten, Flutlicht und
Skikurse, 4 Schlepplifte, 6 Abfahrten, 2 Skihütten, Ro-
delpiste.

Skilift Beiwald, St. Johann-Upfingen. ✆ 07122/3566,
Fax 3679. www.skilift-beiwald.de. info@skilift-bei-
wald.de. **Auto:** Westlich der B465 zwischen ↗ Bad
Urach und ↗ Münsingen. **Zeiten:** Mo – Fr ab 14 Uhr,
Sa, So, Fei und Ferien ab 10 Uhr. ▶ 450 m lange Abfahrt, Flutlicht, Skikurse, Snowboard-Piste und separater 40 m langer Rodelhang.

Hunger & Durst

Gaststätte, 72813 St.
Johann-Upfingen. Bei
der Talstation der Piste
und Rodelbahn gelegen.

Alpinlift, Trochtelfingen-Hausen. ✆ 07124/2640, Fax
4848. www.trochtelfingen.de. info@trochtelfingen.de.
Bahn/Bus: ↗ Trochtelfingen. **Zeiten:** Mo – Fr 13.30 –
21 Uhr, Sa und So 10 – 21 Uhr. **Preise:** Auf Anfrage.
Infos: Schneetelefon ✆ 07124/4821. ▶ 500 – 1500 m
lange Pisten, Flutlicht und Kiosk am Lift.

Skilift Erpfingen, Sonnenbühl-Erpfingen. ✆ 07128/
2056, Fax 92550. www.sonnenbuehl.de. info@son-
nenbuehl.de. **Bahn/Bus:** ↗ Sonnenbühl. **Zeiten:** Mo –
Fr 13.30 – 21.30 Uhr, Sa, So, Ferien 10 – 21.30 Uhr.
▶ 400 m lange Abfahrt, 2 Skilifte, Kinderlift, Flutlicht
und Skikurse. Für Kinder unter 14 Jahre ist das Tragen
eines Helms Pflicht.

Skilift Undingen, Sonnenbühl-Undingen. ✆ 07128/
304694, Fax 92550. www.sonnenbuehl.de. info@son-
nenbuehl.de. **Auto:** ↗ Sonnenbühl. **Zeiten:** Mo – Fr
13.30 – 17 Uhr, Sa, So und in den Ferien 10 – 17.30
Uhr. ▶ 300 m lange Abfahrt, Skikurse. Einkehrmöglich-
keit direkt beim Skilift.

Skilift Kohltal, Engstingen-Kleinengstingen. ✆ 07129/
3910, 3595. www.skilift-engstingen.de. **Auto:** ↗ Engstingen. **Preise:** Tages- 12 €, Halbtageskarte 7,50 €;

Hunger & Durst

**Liftgaststätte an der
Talstation,** 72829
Engstingen-Kleinengs-
tingen. Sonnenterrasse.

Schüler Tages- 11 €, Halbtageskarte 6,50 €, Kinderlift Tages- 7 €, Halbtageskarte 4 €. ▶ 150 – 600 m lange Abfahrten, Skikurse, 2 Kinderlifte und Skilerngarten. Skihütte mit 50 Sitzplätzen und Sonnenterrasse.

Spaß in der Eishalle

Eislauf- und Freizeit-Center, Rommelsbacher Straße 55, 72760 Reutlingen. ✆ 07121/370580, Fax 321016. www.eishalle-reutlingen.de. tilofritz@gmx.de. **Bahn/Bus:** ⬈ Reutlingen. Bus 3 und 4 bis Schieferstraße. **Auto:** Auf der Straße Unter den Linden nach Norden und nach der Schieferstraße links auf den Parkplatz. **Zeiten:** Okt – März Mo 13 – 17 Uhr, Di 13 – 21, Mi 10 – 21, Do 10 – 16.30, Fr 10 – 21.30, Sa 10 – 22, So 10 – 20 Uhr, Fr und Sa ab 18.30 Uhr Eisdisco. **Preise:** 5 €; Kinder 6 – 11 Jahre 3,50 €, Jugendliche 12 – 16 Jahre 4,50 €; Schlittschuhverleih pro Paar 3,60 € gegen Hinterlegen des Personalausweises.

▶ Zum Angebot der Eishalle gehören Schlittschuhlauf, Eislaufunterricht und Eisstockschießen. Habt ihr keine Schlittschuhe dabei, könnt ihr welche ausleihen und für einen Tag zeitlich unbegrenzt fahren. In der Cafeteria gibt es Bananenmilch, Eistee und Gulaschsuppe, Leberkäswecken oder Schnitzelbrötchen.

Happy Birthhday

Kindergeburtstage ab 6 Pers 3 € pro Person, Schlittschuhe 3 € pro Person, das Geburtstagskind hat freien Eintritt und darf sich ein Lied wünschen. Dass es viel Spaß bringt, seht ihr auf der Internetseite.

UMWELT ERFOR-SCHEN

Natur erleben

Alte Kulturlandschaft: Der Lehrpfad im Naturreservat Beutenlay

Münsingen. **Länge:** 5 km, reine Gehzeit 1,5 Std. **Bahn/Bus:** ⬈ Münsingen. **Auto:** Ausgangspunkt ist der Parkplatz bei der Beutenlay-Halle am südlichen Stadtrand.

▶ Der **Beutenlay** ist eine der vielen Weidekuppen der 700 bis 800 m hoch gelegenen Münsinger Alb. Er umfasst etwa 100 **ha.** Ursprünglich war hier einmal Laubwald; er wurde allmählich ausgedünnt und schließlich ganz gerodet, um die Fläche beackern und beweiden zu können. Der Wechsel von Laub- und Nadelwäldern, Wacholderheiden, Baumheiden, Wiesen, Feldgehölzen, Feldhecken und Äckern bietet vielen Pflanzen und Tieren Lebensraum. Die Umwandlung zur maschinengerechten Kulturlandschaft bringt hingegen unzählige Biotopverluste mit sich.

Auf dem Beutenlay wurde vom Staatlichen Forstamt und der Stadt Münsingen ein Netz von Reservaten geschaffen. Im *Straucharten-Prüffeld* am Ostrand wurden etwa 50 Straucharten gepflanzt, im *Baumgarten* etwa 30 Arten, das *Feldflora-Reservat* enthält über 70 Ackerkräuter und in den verschiedenen *Wäldchen* stehen einheimische Bäume, aber auch Fichten, Lärchen, Douglasien, Kiefern und Pappeln.

Auf einem gekennzeichneten Rundweg kommt ihr an allen interessanten Stationen vorbei. Unterwegs findet ihr Tafeln, auf denen alles erklärt wird.

Mit Lichtgeschwindigkeit durchs Sonnensystem: Planetenweg Gomadingen

Gomadingen. **Länge:** 9,5 km, Gehzeit etwa 2,5 Std.
Auto: ↗ Gomadingen, über Brunnenstraße und Ödenwaldstetter Straße, P beim Sportplatz, ausgeschildert.

▶ Die Menschheit war schon immer vom Sternenhimmel fasziniert. Aufgrund seiner Pracht und unendlichen Weite übt das All eine große Anziehungskraft auf uns Menschen aus und hat zu vielen Spekulationen und abenteuerlichen Geschichten über seine Entstehung und Beschaffenheit geführt. Selbst mit modernsten Weltraumteleskopen ist es nur ansatzweise möglich, den Kosmos zu erforschen.

Relativ gute Kenntnisse gibt es dagegen von unserem Sonnensystem, das jedoch nur einen winzigen Teil des Alls ausmacht. Auf dem Gomadinger Planetenweg wird das Sonnensystem mit seinen neun Planeten im Maßstab 1:1 Milliarde dargestellt. Dieser Maßstab soll einen realistischen Vergleich der Größe der Sonne und der Planeten mit den im gleichen Verhältnis dargestellten Abständen aufzeigen. Konkret

Das Kuratorium zum Schutze gefährdeter Pflanzen des Deutschen Naturschutzrings zeichnete 1977 den Beutenlay mit der Silberpflanze aus. Sie wurde durch Loki Schmidt, Ehefrau des damaligen Bundeskanzlers, überreicht.

Ein Hektar ist eine Maßeinheit für eine Fläche. 1 ha = 100 x 100 m = 10.000 qm oder so lang wie eine 100-m-Bahn. 100 ha sind also wie viel Quadratmeter?

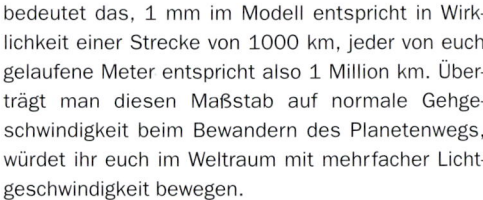

*Ein **Planet** ist ein Himmelskörper, der nicht selbst leuchtet und sich um einen Stern bewegt. Die meisten Planeten des Sonnensystems werden von Monden umkreist. Die 9 Planeten heißen Merkur, Venus, Erde, Mars, Jupiter, Saturn, Uranus, Neptun und Pluto. 2004 entdeckten NASA-Wissenschaftler ein rot leuchtendes Objekt, das sie Sedna nannten und das eventuell ein 10. Planet ist. Denn auch Sedna wird von einem Mond umkreist – und das 130 Milliarden km von der Erde entfernt.*

bedeutet das, 1 mm im Modell entspricht in Wirklichkeit einer Strecke von 1000 km, jeder von euch gelaufene Meter entspricht also 1 Million km. Überträgt man diesen Maßstab auf normale Gehgeschwindigkeit beim Bewandern des Planetenwegs, würdet ihr euch im Weltraum mit mehrfacher Lichtgeschwindigkeit bewegen.

In Verbindung mit einer herrlichen Wanderung vom *Gomadinger Sternberg* durch das Lautertal nach **Marbach,** vorbei an den Weiden und Ställen des Haupt- und Landgestüts bis hin zum Ortsteil **Wasserstetten** erfahrt ihr auf speziell angefertigten Tafeln Wissenswertes über das Sonnensystem und den jeweiligen Planeten. Die Standorte der einzelnen **Planeten** wurden so ausgewählt, dass ihr fast immer auf den Sternberg mit dem Standort der Sonne zurückblicken könnt. In Wirklichkeit befinden sich die Planeten natürlich kaum jemals so schön wie auf dem Planetenweg aufgereiht in einer Linie, da sie mit verschiedenen Geschwindigkeiten um die Sonne kreisen.

Von Höhlen und Höhlenbären

Mit dem Kahn in die Wimsener Höhle

Friedrichshöhle, Wimsen 1, 72534 Hayingen. ✆ 07373/915260, Fax 915378. www.wimsen.de. info@wimsen.de. **Bahn/Bus:** Von Zwiefalten oder ✈ Hayingen auf dem beschilderten Wanderweg jeweils knapp 1 Std. **Auto:** Die Höhle liegt auf halber Strecke an der Landstraße Zwiefalten – Hayingen. **Zeiten:** Mitte März – Okt täglich 10 – 18 Uhr. **Preise:** 3 €; Kinder 4 – 11 Jahre 2,50 €.

▶ Zwischen Hayingen und Zwiefalten, eingebettet in das Werfental, liegt der Weiler **Wimsen.** Zu ihm gehören eine ehemalige Mühle, eine Scheune und ein Gasthaus. Vor dem Gasthaus fließen die Bäche Zwiefalter Ach und Glas zusammen. Folgt ihr der Ach einige Meter bachaufwärts, kommt ihr an einen Felsen.

Foto: Wolfgang Taschner

Hier strömt der Bach aus einem 3 x 3 m großen Fels-
portal nach außen. Wenn man davor steht, kann man
kaum glauben, dass da ein Kahn mit Menschen drin
hindurch passt. Ihr steht vor dem Eingang zur Wimsener Höhle, die auf dem Anwesen **Schloss Ehren-
fels** liegt. Sie ist die einzige Wasserhöhle Deutschlands, die mit dem Kahn befahren werden kann.

Die Höhle ist eine der frühesten urkundlich erwähnten Höhlen der Schwäbischen Alb. Im Jahre 1447
wurde von einem Grenzstreit zwischen dem Ehrenfelser Burgherren und dem Kloster Zwiefalten berichtet.
Es ging um den Fluss, »der us dem Höhlenstain gat«.
1953 suchten Forscher eine Fortsetzung der Höhle.
1961 entdeckten Höhlentaucher einen Tropfstein-
eingang und den etwa 40 m langen *Ehrenfelser See.*
Die Friedrichshöhle wurde nach König Friedrich I.
(1806 – 16) benannt. Allerdings konnte sich dieser
Name nicht durchsetzten und so nennt man sie heute die Wimsener Höhle. Die Grotte ist eine aktive
Wasserhöhle, d.h. sie ist immer noch in der Entste-
hungsphase. Mit dem Boot werdet ihr 70 m weit in
die Höhle hinein gefahren. Gleich hinter dem Eingang
weitet sich der Raum zu einer Halle. Das Wasser ist
hier 4 m tief und ganz klar, so dass ihr gut auf den
Grund sehen könnt. Mitten in der Halle steht ein Fels-

**Kaum zu glauben: Die ver-
steinerten Ammoniten
sind mit den heutigen Tin-
tenfischen verwandt**

block, der 2,5 m aus dem Wasser ragt. Weiter hinten wird der Gang so schmal, dass er gerade noch mit dem Kahn befahrbar ist.

Im Reich des Höhlenbären: Bärenhöhle

Sonnenbühl-Erpfingen. **Bahn/Bus:** ↗ Reutlingen Bus 7635 bis Erpfingen. Von dort 30 Min auf Wanderweg. **Auto:** Auf der Landstraße vom Ortsteil Sonnenbühl-Erpfingen nach Haid nach 1,5 km links. **Zeiten:** April – Okt täglich 9 – 17.30 Uhr, März und Nov Sa, So und Fei 9 – 17 Uhr, Führungen im Preis enthalten. **Preise:** 3 €, Gruppen 2,50 €; Kinder unter 6 Jahre frei, Kinder 6 – 14 Jahre 2 €, Gruppen 1,50 €.

Wenn man ihn nur lange genug leise ruft, kommt er raus, der Höhlenbär …

© beide Fotos: Bärenhöhle

🦉 *Die vordere Höhle heißt* **Karlshöhle.** *In ihr wurden auch Knochen von Pestopfern gefunden, die man im Mittelalter dort entsorgt hatte. 1949 wurde der hintere Teil der Höhle, die Bärenhöhle, entdeckt und dort richtig viele Bärenknochen. Seit 1950 ist die gesamte Höhle zu besichtigen.*

▶ Südöstlich des Sonnenbühler Ortsteils Erpfingen findet ihr die **Bärenhöhle.** Sie liegt 20 m unter der Erdoberfläche. Ein Gang durch die 292 m lange Höhle ist besonders abwechslungsreich, denn sie hat 7 Hallen nebeneinander und jede hat eine andere Deckenform. Hier unten haben Forscher Säugetierreste gefunden, die 2 Mio Jahre alt sein sollen. Das Skelett des Höhlenbären, nach dem die Höhle benannt ist, stammt aus der Eiszeit vor 20.000 bis 50.000 Jahren. Vor 8000 Jahren haben noch Höhlenmenschen in ihr gehaust.

Wer sich nach der kühlen Höhle warm toben will, kann das auf den Hüpfburgen und Karussells im **Traumland** oberhalb der Bärenhöhle tun, Eintritt Erw 9 €, Kinder 8 €, www.freizeitpark-traumland.de.

In den Tropfsteinhallen der Nebelhöhle

Sonnenbühl-Genkingen. **Bahn/Bus:** ↗ Reutlingen Bus 7635 bis Genkingen. Von dort 30 Min auf dem Wanderweg HW1. **Auto:** Von Reutlingen über Pfullingen Richtung Sonnenbühl/Genkingen. Vor dem Ortseingang links. **Rad:** 2 km von der Zufahrtsstraße Lichtenstein – Genkingen. **Zeiten:** April – Okt täglich 9 – 17.30 Uhr, März und Nov Sa, So und Fei 9 – 17 Uhr. **Preise:** 3 €, Gruppen 2,50 €; Kinder unter 6 Jahre frei, Kinder 6 – 14 Jahre 2 €, Gruppen 1,50 €. Führungen sind im Preis enthalten und finden nach Bedarf statt.

▶ Die prachtvolle, sehr große Nebelhöhle liegt am östlichen Rand des Sonnenbühler Ortsteils Genkingen. 1517 wurde der erste Teil der Nebelhöhle entdeckt, doch erst 1920 fand man den zweiten, größeren Teil. Von den insgesamt 830 m sind 480 m für Besucher erschlossen und beleuchtet. 141 Treppenstufen führen euch in das Reich der Nebelhöhle hinunter, mit 450 m Länge eine der wichtigsten Schauhöhlen der Schwäbischen Alb. Hier könnt ihr in 40 m Tiefe die atemberaubenden Formen der Stalagtiten und Stalagmiten bewundern. Letztere, die Bodentropfsteine, sind hier besonders zahlreich. Mächtige Säulen sind in 150 Mio Jahren entstanden! Ihr könnt eurer Fantasie freien Lauf lassen und in den Kalksäulen alle möglichen fantastischen Figuren entdecken. Seit 1804 steigt an Pfingsten **Nebelhöhlenfest.** Dann werden Vergnügungspark und Bierzelt aufgebaut.

Betriebsbesichtigung

Gläserne Nudelproduktion

Alb-Gold Teigwaren GmbH, Im Grindel 1, 72818 Trochtelfingen. ℃ 07124/9291-155, Fax -959. www.alb-gold.de. kundenzentrum@alb-gold.de. **Bahn/Bus:** Von Reutlingen und ↗ Gammertingen Bus 400 bis zur Haltestelle Haid/Heuweg, dann 1 km Fußweg. **Auto:** An der B313 zwischen ↗ Trochtelfingen und dem Ortsteil Haid, die Einfahrt ist beschildert. **Zeiten:** Führungen Mo – Fr 11.30 Uhr oder auf Anfrage, Anmeldung besonders in den Ferien empfohlen, Weihnachten, Fasching und Brückentage Produktionsferien, geführte Spaziergänge durch Kräuter- und Erlebnisgarten Mitte April – Mitte Sep tägl 10.30 Uhr. **Preise:** 2,50 €, Eintritt Kräutergarten frei; Kinder bis 5 Jahre frei, Schüler mit Ausweis 2 €, inklusive Überraschung; Führungen für Kindergartengruppen 1 € pro Kind.

▶ In der Heimat des Nudel- und Spätzlehandwerks darf der Besuch in einer Nudelproduktion natürlich nicht fehlen. In der Gläsernen Produktion der Firma Alb-Gold könnt ihr die laufenden Maschinen bestaunen, die die leckeren Spezialitäten in riesigen Mengen herstellen. Während der Führung bekommt ihr alles erklärt, was ihr über Nudeln wissen wollt. Zu manchen Bereichen der Produktion werden euch kurze Filme gezeigt.

Auf dem Firmengelände gibt es allerdings nicht nur Nudeln, sondern auch duftende Kräuter. Die könnt ihr von Frühling bis Herbst im Kräutergarten am Kundenzentrum erkunden und auf dem angelegten **Barfußpfad** über verschiedene Gesteine und Granulate laufen. **Kräutergarten,** April – Okt täglich von Sonnenaufgang bis Sonnenuntergang. Kräuter und Gewürze nicht nur für die Nudelproduktion.

Wenn ihr danach hungrig seid, warten im **Firmen-Restaurant Sonne** Dino-Nudeln mit Tomatensoße auf euch.

☀ Wenn ihr lernen möchtet, eure Lieblingsspeise zu kochen, könnt ihr euch für einen der Kinderkochkurse des Alb-Gold-Kundenzentrums anmelden. Termine erfahrt ihr auf der Internetseite oder unter ℃ 07124/9291155. 9 € pro Kind zzgl. Lebensmittelkosten. Eigene Schürze mitbringen!

Hunger & Durst

Restaurant Sonne, Auf dem Firmengelände Alb-Gold, 72818 Trochtelfingen. Täglich 10 – 23 Uhr. Pasta und Spätzle aus der offenen Küche.

Burgen und Museen

Märchenhafte Ritterburg: Schloss Lichtenstein

Lichtenstein. ℅ 07129/4102, Fax 5259. www.schloss-lichtenstein.de. verwaltung@schloss-lichtenstein.de. **Bahn/Bus:** ↗ Lichtenstein. **Auto:** Von der B312 Reutlingen – Zwiefalten zwischen Honau und Engstingen in westlicher Richtung abbiegen. **Zeiten:** April – Okt Mo – So, Fei 9 – 17.30 Uhr, Nov, Feb, März nur Sa, So und Fei 10 – 16 Uhr. **Preise:** 5 €; Kinder 6 – 15 Jahre 2,50 €; Gruppen 4 € pro Person ab 20 Personen.

▶ Das Schloss Lichtenstein steht auf einem Felsen in etwa 800 m Höhe oben auf der Reutlinger Alb. Es entstand erst in der ersten Hälfte des 19. Jahrhunderts und ist noch im Besitz der herzoglichen Familie von Urach. Bei einem Schlossrundgang seht ihr die Waffenhalle mit mittelalterlichen Rüstungen und Wappen, das reich bemalte Königszimmer und das Erkerzimmer mit mittelalterlichen Möbeln. Von hier aus betretet ihr den größten und schönsten Raum, den Rittersaal. An den Wänden entdeckt ihr in der Holztäfelung Medaillons mit Bildern berühmter Schwäbischer Ritter. Wenn ihr einen Blick in die Schlosskapelle werft, seht ihr wertvolle Glasmalereien aus dem 14. und 15. Jahrhundert sowie alte Holzskulpturen.

Alles wie damals

Bauernhausmuseum Hohenstein-Ödenwaldstetten,

Jahnweg 1, 72531 Hohenstein-Ödenwaldstetten. ℅ 07387/9870-0, Fax 9870-29. www.gemeinde-hohenstein.de. rathaus@gemeinde-hohenstein.de. **Bahn/Bus:** ↗ Hohenstein. **Auto:** Von der B312 Reutlingen – Zwiefalten auf halber Strecke bei Bernloch 3 km der Landstraße folgen. **Zeiten:** Mai – Okt Mi, Sa, So, Fei 14 – 17 Uhr. **Preise:** 3,50 €; Kinder 6 – 18 Jahre 2 €; Familienkarte (Eltern mit Kindern unter 18 Jahre) 8 €,

© Schloss Lichtenstein

Das Neuschwanstein der Schwäbischen Alb: Schloss Lichtenstein

Wilhelm I., Herzog von Urach und Graf von Württemberg, war ganz verliebt in alles Ritterhafte. Deswegen wollte er auch unbedingt eine echte Ritterburg, obwohl es 1840 solche Ritter, von denen er träumte, gar nicht mehr gab. Inspiriert hatte ihn der Märchenerzähler Wilhelm Hauff mit seinem Roman »Lichtenstein«.

Wenn ihr im Schloss genug gesehen habt, könnt ihr im ↗ Abenteuerpark klettern.

MITTLERE ALB

Führungen bis 25 Pers 45 €, Kinder 30 €. **Infos:** Führungen für Gruppen auch außerhalb der Öffnungszeiten ✆ 07387/98700.

▶ Auf dem Museumsgelände stehen zwei Häuser. Dasjenige von 1600 ist vom Keller bis zum obersten Dachboden vollständig eingerichtet. Nichts ist verstaubt, sofort könnte eine Bauernfamilie hier einziehen und wie damals leben und arbeiten. Es ist alles da, vom Zwiebelring in der Speisekammer bis zum »Brunzkächele« (Nachttopf) unterm Kinderbett. Die beiden Küchenherde funktionieren auch noch. Immer wieder werden Ausstellungstücke ausgetauscht und ergänzt – wie im richtigen Leben. Es gibt kleine Sonderausstellungen zu bestimmten Jahreszeiten und Themen oder Anlässen. Im Nachbargebäude aus dem Jahre 1830 seht ihr in Stall und Scheune eine große Sammlung von Arbeitsgeräten aus der Landwirtschaft. Auch Beispiele bäuerlicher Handwerkskunst wie Besen-, Fass- oder Korbherstellung findet ihr. Dazu kommen Trachten, altes Kinderspielzeug und eine Sammlung von zweihundert Teddybären!

☀ In geraden Jahren findet am zweitletzten Sommerferien-Wochenende die traditionelle **Backhaushockete** statt. In allen drei Dettinger Backhäusern, die noch in Betrieb sind, werden frisches Hausbrot, Zwiebel- und der beliebte Rahmkuchen gebacken. In den Straßen entlang der Erms werden von den Vereinen zusätzliche Gaumenfreuden und Unterhaltung geboten.

Dörfliches Handwerk

Heimatmuseum, Metzinger Straße 27, 72581 Dettingen a.d.E. ✆ 07123/7207-0, Fax 7207-111. www.dettingen-erms.de. info@dettingen-erms.de. **Bahn/Bus:** ↗ Dettingen. **Zeiten:** Palmsonntag 14 – 17 Uhr, 2. So im Juni und 2. So im Okt 11 – 17 Uhr, 27. Dez 14 – 17 Uhr, sonst nach Vereinbarung, Führungen für Gruppen ab 10 Pers. **Preise:** Eintritt frei, Gruppenführungen pro Erw 2 €. **Infos:** Ursula Stanger, Metzinger Straße 10, Dettingen, ✆ 07123/7063.

▶ Das Heimatmuseum findet ihr mitten im Ort auf dem Anwesen Hengel. Es stammt aus dem späten Mittelalter und ist ein richtig großes Fachwerkhaus. Spenden und Leihgaben der Bürger Dettingens und der Umgebung haben die Ausstellung möglich gemacht. Hier seht ihr vieles aus früheren Zeiten. In der Schmiede kommt es einem geradezu so vor, als wä-

© Heimatmuseum Dettingen

re der Schmied nur mal eben zum Essen weggegangen. Dass früher keineswegs nur die »Gute alte Zeit« war, seht ihr am mühsamen Broterwerb der Weber, Schuster, Wagner und Sattler. Ein altes Klassenzimmer zeigt außerdem, wie es früher in der Schule aussah. Auch Spielzeug, Puppen und Puppenstuben könnt ihr bestaunen. Neben der alten Drechslerwerkstatt steht der Bienenstand und im Garten das Holzbackhaus. Zum Schluss dürft ihr im Stall Kuh, Kalb, Schweine, Schafe und Hühner besuchen.

Besuch beim versteinerten Meereskrokodil

Naturkundemuseum, Weibermarkt 4, 72764 Reutlingen. ✆ 07121/303-2022, Fax 303-2016. www.reutlingen.de/naturkundemuseum. naturkundemuseum@reutlingen.de. **Bahn/Bus:** ↗ Reutlingen, zu Fuß über die Wilhelmstraße. **Auto:** Vom Parkhaus Lederstraße über Oberamtsstraße 5 Min. **Zeiten:** Di, Mi 11 – 17 Uhr, Do 11 – 19 Uhr, Fr, Sa 11 – 17, So und Fei 11 – 18 Uhr, Führungen Do 17 Uhr und nach Vereinbarung. **Preise:** Eintritt frei.
▶ Der stattliche Fachwerkbau wurde 1727 nach dem verheerenden Stadtbrand erbaut und beherbergte die Reutlinger Schulen. Jetzt erfahrt ihr im Naturkundemuseum der Stadt Wissenswertes über die Geschichte der Erde und darüber, wie die Schwäbische

Hunger & Durst
Ristorante Pizzeria Calabria, Oskar-Kalbfell-Platz 17, 72764 Reutlingen. ✆ 07121/321630. Täglich 11 – 14.30 und 17 – 23.30 Uhr. In der Nähe des Heimatmuseums am Tübinger Tor mit traditionellen, italienischen Vorspeisen und Fisch-, Fleisch- und Nudelgerichten.

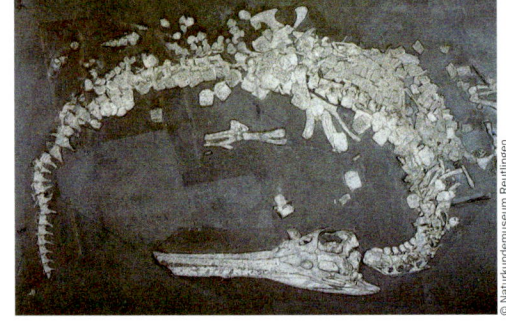

*Einst gab es auf der Schwäbischen Alb riesige **Flugsaurier** mit bis zu 15 m Spannweite! Paläontologen wissen mehr darüber, denn sie forschen über die Lebewesen vergangener Erdzeitalter.*

Alb entstanden ist. Zu den Kostbarkeiten der paläontologischen Sammlung gehört ein 5 m langes, 190 Mio Jahre altes Meereskrokodil. Es wurde in Reutlingen-Ohmenhausen gefunden.

Stadtgeschichte Pfullingen

Museum für Stadtgeschichte, Griesstraße 24/1, 72793 Pfullingen. ✆ 07121/703-208, Fax -213. www.pfullingen.de. info@pfullingen.de. **Bahn/Bus:** ↗ Pfullingen, vom Marktplatz 5 Min zu Fuß. **Zeiten:** Mai – Okt, So und Fei 14 – 17 Uhr, Führungen außerhalb dieser Zeit nach Vereinbarung. **Preise:** 1,50 €; Kinder 6 – 18 Jahre 1 €. **Infos:** Der Eintritt gilt für Mühlen-, Trachten- und Museum für Stadtgeschichte.

▶ In einem herrschaftlichen Haus von 1480 und der dazugehörigen Scheuer unweit des **Remp'schen Schlosses** – im Volksmund liebevoll *Schlössle* genannt – ist die Geschichte der Stadt und ihrer Bewohner dargestellt: Schon vor 5000 Jahren, in der Jungsteinzeit, hatten sich Menschen an dem geschützten Platz am Fuße der Alb niedergelassen, was vier Steinbeile aus dieser Zeit bezeugen. Aus dem 5. Jahrhundert gibt es Spuren großer alemannischer Gräberfelder.

In der Abteilung Handwerk und Industrialisierung könnt ihr Geräte der Stoffhersteller sehen. Neben Tuch- und Baumwollwebereien gab es auch kleine

Eine Stunde dauert ein Stadtrundgang durch das historische Pfullingen, der auf einem Plan eingezeichnet ist. Ihr bekommt ihn kostenlos bei der Tourist-Information am Marktplatz.

Strickereien, die vor allem Baby- und Kinderkleidung fertigten.

Alles übers G'wand

Trachten- und Mühlenmuseum, Baumannsche Mühle, Josefstraße 5/2, 72793 Pfullingen. ℂ 07121/703-208, Fax 703-213. www.pfullingen.de. info@pfullingen.de. **Bahn/Bus:** ↗ Pfullingen, vom Marktplatz 5 Min zu Fuß. **Zeiten:** Mai – Okt, So und Fei 14 – 17 Uhr, Führungen außerhalb dieser Zeit nach Vereinbarung. **Preise:** 1,50 €; Kinder 6 – 18 Jahre 1 €. **Infos:** Eintritt gilt für Mühlen-, Trachten- und Stadtgeschichts-Museum.

▶ Die Trachtensammlung ist im Wohntrakt der Baumannschen Getreidemühle untergebracht. Hier könnt ihr sehen, wie die Menschen im Herzogtum bzw. Königreich Württemberg und in angrenzenden Gebieten wie Schwarzwald und Franken an Festtagen und im Alltag gekleidet waren. Bänder, Tücher, Körbe und anderes Zubehör werden ausgestellt. In einem umgeschnallten Geldbeutel, der *Geldkatze,* trugen Bauern und Händler ihre Münzen mit sich.

In Pfullingen wurde, wie in fast allen protestantischen Gemeinden des Landes, bis zum Anfang des 20. Jahrhunderts schlichte, dunkelfarbige Kleidung getragen. In der Spinnstube seht ihr Bilder und Geräte, die euch zeigen, wie Fäden gesponnen, Kleider genäht und Bänder gewoben wurden. In Küche und Kammer findet ihr heraus, wie Seiden- und Wollstücke damals behandelt werden mussten. Außerdem erfahrt ihr, was alles zu einer Hochzeitsaussteuer gehörte.

Seit dem Mittelalter hießen Kaufleute, die Tuche und andere Kleiderstoffe für »gewant« zuschnitten und verkauften, Schröder. Sie arbeiteten in eigenen Gebäuden wie z.B. dem Gewandhaus, und bildeten eine angesehene, reiche Zunft.

Willkommen: Das Trachten- und Mühlenmuseum führt euch in die Vergangenheit

© Trachten- und Mühlenmuseum

Der Märchen-schriftsteller Wilhelm Hauff (1802 – 1827) brachte 1826 mit seinem Werk »Lichtenstein« die Nebelhöhle in die Literaturgeschichte ein. In dem romantischen Roman lässt er Herzog Wilhelm von Urach in der Höhle Zuflucht finden. ↗ Schloss Lichtenstein.

Wilhelm Hauff: *Sämtliche Märchen mit den Illustrationen der Erstdrucke.* Reclam-Verlag, 464 Seiten, 10,10 €.

Wilhelm Hauff: Ein schwäbischer Dichter

Wilhelm-Hauff-Museum, Echazstraße 5, 72805 Lichtenstein-Honau. ℡ 07129/2356, 5753, Fax 6389. www.gemeinde-lichtenstein.de. info@gemeinde-lichtenstein.de. **Bahn/Bus:** ↗ Lichtenstein, zentral gelegen.
Zeiten: April – 15. Nov Sa, So und Fei 14 – 17 Uhr, Führung 30 Min, für Gruppen täglich nach Vereinbarung.
Preise: 2 €; Schüler mit Ausweis 1 €.
▶ Die Honauer Stiftung erinnert an **Wilhelm Hauff.** Der Dichter war erst 24 Jahre alt, als er 1827 an Nervenfieber starb. Er schrieb außer dem Roman *Der Lichtenstein* (1826 in 3 Bänden) u.a. auch die Märchen *Zwerg Nase, Der kleine Muck* und *Kalif Storch.* Das kleine Museum bietet Familien- und Seniorenprogramme und in den Sommerferien speziell für Kinder Schattenspiele, Stegreifspiele, Gespensterschiff, Märchenlesungen und Marionettentheater an. Im Kinderbereich können die Kleinen malen, Puzzle legen und Hauffs Märchenbilderbücher anschauen.

Viele bunte Ostereier

Ostereimuseum, Anna Barkefeld, Steigstraße 8, 72820 Sonnenbühl-Erpfingen. ℡ 07128/774, Fax 92550. www.sonnenbuehl.de. info@sonnenbuehl.de. ↗ Sonnenbühl. Im Ortsteil Erpfingen gegenüber dem Rathaus.
Bahn/Bus: ↗ Reutlingen Bus 7031 circa alle 2 Std.
Zeiten: 4 – 5 Wochen vor Ostern – Pfingstmontag Di – Sa 10 – 17, So und Fei 11 – 17 Uhr, Pfingstdienstag – Ende der Herbstferien So 13 – 17 Uhr, Mo außer an Fei Ruhetag.
Preise: 3 €, Familienkarte 8 €; Kinder 6 – 14 Jahre 2 €, Ermäßigungsberechtigte 2,50 €.
▶ Kinder, hier seid ihr im ersten deutschen Ostereimuseum. Die Sammlung zeigt Eier aus Europa, Amerika, Afrika und China. Sie sind bemalt, beklebt, geätzt, gebatikt, gefärbt oder bedruckt.

Platz ist in der kleinsten Hütte: Mäusefamilie in einem Osterei

© Ostereiermuseum

> ▶ Wisst ihr wie ihr mit Naturmitteln Ostereier färben könnt? Mit Zwiebelschalen oder Kaffeesatz gekocht werden die Eier braun, mit Labkrautwurzel rötlich, junge Getreidepflänzchen geben ein blasses Gelb. Wenn ihr Kerzenwachs auf die Schalen tropft oder mit einem Stäbchen aufträgt, nehmen diese Stellen keine Farbe an und ihr könnt tolle Muster entstehen lassen. Auf der Schwäbischen Alb werden zu Ostern ausgeblasene, bunte Eier aufgehängt. Wenn ihr eure bemalten Eier mit einer Speckschwarte abreibt, kriegen sie einen schönen Glanz. ◀

OSTEREIER FÄRBEN

Trachten und österlicher Schmuck ergänzen die Ausstellung. Jedes Jahr gibt es zusätzlich eine Sonderausstellung zu verschiedenen Themen. Und an Ostern 4 Wochen lang einen **Ostereiermarkt.**

Theater auf Naturbühnen

Naturtheater Hayingen

Kirchstraße 8, 72534 Hayingen. ✆ 07386/286, Fax 1048. www.naturtheater-hayingen.de. info@naturtheater-hayingen.de. **Bahn/Bus:** ↗ Bad Urach Bus 7645 über Münsingen. **Auto:** In ↗ Hayingen am Ortsausgang Richtung Münsingen rechts bzw. am Ortseingang Richtung Lautertal links. **Zeiten:** Bei jeder Witterung Juli – Anfang Sep Sa 20 Uhr, So 14.30 Uhr. **Preise:** je nach Sitzplatz 11 oder 12 €; Kinder bis 14 Jahre 6 €, Schüler 8 €. **Infos:** Karten ✆ 01805/5050286.

▶ Was machen Scheiche und ein Dromedar im Tiefental? Na klar, sie spielen Theater. Seit 50 Jahren werden in Hayingen selbst verfasste heiter-besinnliche Mundartstücke unter freiem Himmel gespielt. Die Kulisse ist einzigartig: Sie wird von der Umgebung der Hayinger Talschlucht gebildet. Es gibt überdachte Zuschauerränge, sodass bei jedem Wetter gespielt werden kann.

BÜHNE, LEINWAND & AKTIONEN

MITTLERE ALB

Wer einmal einen Blick hinter die Kulissen werfen möchte, ist beim Naturtheater Reutlingen genau richtig. Wenn ihr rechtzeitig anfragt, wird euch kostenlos gezeigt, wie es hinter der Bühne des Theater zugeht.

Naturtheater Reutlingen e.V.

Mark Gewand 3, 72762 Reutingen. ✆ 07121/270766, Fax 25384. www.naturtheater-reutlingen.de. info@naturtheater-reutlingen.de. **Bahn/Bus:** ↗ Reutlingen, Bus 8 Richtung Stadion Kreuzeiche und Naherholungsgebiet Markwasen. **Zeiten:** Mitte Juni – Ende Aug. **Preise:** Kinderstück 7 – 11 €; 2 € Ermäßigung für Kinder bis 14 Jahre, 1 € Ermäßigung für Schüler. **Infos:** Kartenbestellung und zusätzliche Informationen unter ✆ 07121/3032622.

▶ Das Naturtheater liegt mitten im Naherholungsgebiet Markwasen. Neben einigen Gastauftritten werden pro Saison ein Kinderstück und ein Stück für Erwachsene inszeniert. Das 1200 Zuschauer fassende Theater ist überdacht.

FESTKALENDER MITTLERE ALB

Januar:	1. Do nach Dreikönig, Reutlingen: **Mutscheltag,** Spiele um ein *Mutscheln* genanntes, besonderes Gebäck.
Mai:	Christi Himmelfahrt, Sonnenbühl-Erpfingen: **Bärenhöhlenfest.**
	Pfingsten, Sonnenbühl-Genkingen: **Nebelhöhlenfest,** Vergnügungspark vor der Tropfsteinhöhle.
Juni/Juli:	In geraden Jahren, Reutlingen: **Stadtfest.**
Juli:	In geraden Jahren, Eningen u.A.: **Dorffest.**
	In ungeraden Jahren, Bad Urach: **Schäferlauf,** bereits seit dem Mittelalter gefeiertes Traditionsfest der Schäfer.
August:	2. Wochenende, Mehrstetten: **Hockete.**
	Letzter So in den Sommerferien, Sonnenbühl-Erpfingen: **Sonnenbühler Radl-Tag.**
September/Oktober:	Jährlich in Gomadingen: **Marbacher Hengstparade,** Pferdeschau im Württembergischen Haupt- und Landgestüt Marbach.

ZOLLERN-ALB

Die Burg Hohenzollern gilt als Wahrzeichen der Zollern-Alb. Hoch über dem Land thront sie weithin sichtbar auf einem einzeln stehenden erloschenen Vulkan. Hohe Berge, tief eingeschnittene Täler, rauschende Bäche, einsame Wälder und bunt blühende Wiesen laden zu Wanderungen und Radtouren ein. Unterwegs gibt es in gemütlichen Wirtschaften zur Stärkung ein schwäbisches Vesper.

Frei- und Hallenbäder

Erlebnisfreibad in Mössingen

Freibadstraße 1, 72116 Mössingen. ✆ 07473/21530, Fax 370-163. www.moessingen.de. **Bahn/Bus:** ↗ Mössingen Bus 7616 Richtung Talheim. **Auto:** Über Bahnhof-, Jaggystraße, Edelmannsweg. **Zeiten:** Mai und Aug 7.30 – 20 Uhr, Juni und Juli 7.30 – 21 Uhr, Sep 7.30 – 19 Uhr. **Preise:** 3 €, 10er-Karte 24 €; Kinder 4 – 18 Jahre 1,50 €, 10er-Karte 12 €.
▶ 50-m-Becken für Schwimmer und Nichtschwimmer, Sprunganlage mit 1- und 3-m-Brett, 93 m lange Großrutsche, Kinderplantschbereich, Spielplätze, Eltern-Kind-Bereich, Wärmehalle, Cafeteria, Grillhütte, Minigolf.

Hallenbad Mössingen

Goethestraße 35, 72116 Mössingen. ✆ 07473/271884, Fax 370-163. www.moessingen.de. info@hallenbad-moessingen.de. **Bahn/Bus:** ↗ Mössingen, Fußweg über Breite Straße und Hölderlinstraße. **Auto:** Von der Freiherr-von-Stein-Straße über Breite Straße und Hölderlinstraße. **Zeiten:** Di, Do 6.30 – 21 Uhr, Mi, Fr 7.30 – 21 Uhr, Sa, So und Fei 7.30 – 19 Uhr, Mi 14 – 18 Uhr Spielenachmittag. **Preise:** 3 €, 10er-Karte 24 €; Kinder 4 – 18 Jahre 1,50 €, 10er-Karte 12 €.
▶ 25-m-Becken, Lehrschwimmbecken, Sprunganlage mit 1- und 3-m-Brett, Solarium.

TIPPS FÜR WASSER-RATTEN

Happy Birthday!
Geburtstagskinder haben freien Eintritt.

ZOLLERN-ALB

Wasserspaß mitten in Balingen

Eyachbad Balingen

Charlottenstraße 25, 72336 Balingen. ✆ 07433/170-504, Fax 170-459. www.balingen.de. touristinfo@balingen.de. Bei der Stadthalle. **Bahn/Bus:** ↗ Balingen dem Bus 24c zur Stadthalle. **Auto:** Vom Marktplatz über die Färber- und Stingstraße links in die Charlottenstraße. **Zeiten:** Mo 14 – 21.30, Di 6 – 18, Mi 7.30 – 21.30, Do 6 – 21.30, Fr 7.30 – 20.15 Uhr, Sa (Warmbadetag) und So 8 – 18 Uhr, So 8 – 18 Uhr. **Preise:** 2,80 €, 10er-Karte 23 €; Kinder 6 – 16 Jahre 1,40 €, 10er-Karte 11,50 €. **Info:** Hier gibt es regelmäßig kostenlos Wassergymnastik.

▶ Ganz sicher gefällt es euch im Außenbecken. Es hat eine Wassertemperatur von 30 Grad. Sieben Wandmassagedüsen, Wasserspeier und ein großer Wasserpilz massieren müde Rücken munter. Für die Kleinen ist der Kinderplantschbereich Klasse. Das Wasser ist warm und man kann richtig toben. Im größeren Lehrschwimmbecken mit Elefantenrutsche könnt ihr Schwimmen üben. Dann ist da noch das große Sportbecken mit Sprungbeckenbereich und 3-m-Sprungturm. Es gibt einen Saunabereich mit Finnischer Sauna, Heißluftraum, Tauchbecken und großer Freilufterrasse.

Hallen-Freibad Hechingen

Freizeitzentrum, Badstraße, 72379 Hechingen. ✆ 07471/93610, Fax 940108. www.hechingen.de. info@hechingen.de. **Bahn/Bus:** ↗ Hechingen Bus 10 Richtung Horb bis Stadion. **Auto:** Marktplatz Richtung Norden über die Neustraße und Haigerlocher Straße, nach etwa 400 m links. **Zeiten:** Mitte Mai – Mitte Sep Mo – Fr 7 – 20 Uhr, Sa, So und Fei 9 – 19 Uhr (Freibad). **Preise:** 3 €, 10er-Karte 24 €; Kinder 4 – 16 Jahre 1,50 €, 10er-Karte 11,50 €.

▶ Im Freibad können die Kleinsten nach Herzenslust plantschen. Es gibt vier unterschiedlich tiefe Kinderbecken mit Wasserfällen und Fontänen. Auf dem Spielplatz findet ihr Klettergeräte und Schaukeln.

Happy Birthday!

Geburtstagskinder haben freien Eintritt. Für 6 € pro Kind erhalten Geburtstagsgäste Eintritt ins Eyachbad und Essen und Trinken soviel sie wollen. Im Preis inbegriffen sind auch 1 – 2 Begleitpersonen, je nach Anzahl der Geburtstagsgäste. Infos bei Frau Birau ✆ 07433/ 278534 oder am Kiosk.

Hunger & Durst

Hallenbad-Kiosk, 72336 Balingen. Der Kiosk im Eingangsbereich verkauft Getränke, Eis und Snacks.

Nichtschwimmer- und Schwimmerbecken sind auf 22 Grad beheizt. Zum Aufwärmen könnt ihr in das Warmwasser-Außenbecken mit 30 Grad wechseln. Dort gibt es 5 Massagedüsen und eine 1 m hohe Schwalldusche. Auf der riesigen Grünfläche findet jeder ein Plätzchen zum Sonnenbaden. Liegestühle können kostenlos benutzt werden. Wer sich sportlich betätigen will, findet auf dem Bolzplatz mit 2 Toren, beim Volleyball oder Tischtennis seinen Spaß. Auf dem Schachplatz könnt ihr auch im Sommer eure Köpfe rauchen lassen, ohne euch einen Sonnenbrand zu holen; der Platz ist durch ein Sonnensegel geschützt. Mit Essen, Getränken, Snacks und Süßigkeiten werdet ihr in der Cafeteria bestens versorgt.

Warum summt die Biene?

Weil sie den Text vergessen hat.

Ozon-Freibad Haigerloch Oberstadt

Sport- und Freizeitanlage Witthau, Oberstadtstraße, 72401 Haigerloch. ✆ 07474/2211, Fax 6068. www.haigerloch.de. info@haigerloch.de. **Bahn/Bus:** Kurzer Fußmarsch vom Bhf ↗ Haigerloch oder Bus 10 Richtung Hechingen. **Auto:** Am nördlichen Rand der Oberstadt westlich des Bhfs gelegen. **Zeiten:** Mitte Mai – Anfang Sep Mo – Fr 8 – 20 Uhr, Sa, So und Fei 9 – 19 Uhr. **Preise:** 2,50 €, 10er-Karte 20 €; Kinder 4 – 16 Jahre 1,25 €, 10er-Karte 10 €, Familienkarte 80 €.

▶ Das Ozon-Freibad ist umgeben von viel Grün. Hier findet ihr zwei auf 24 Grad erwärmte, große Becken für Schwimmer und Nichtschwimmer, einen Sprungturm, einen Kinderbereich und eine große Liegewiese. Der Schwimmbadkiosk versorgt die Badegäste mit Imbissen und Getränken.

badkap-Freizeitzentrum Albstadt

Beibruck 1, 72458 Albstadt-Ebingen. ✆ 07431/160-1930, Fax 160-1942. www.badkap.de. info@badkap.de. **Bahn/Bus:** Bhf ↗ Albstadt-Ebingen kurzer Fußmarsch nach Norden zur Haltestelle Bürgerturm, dann mit Bus 56 Richtung Burgfelden. **Auto:** Vom Zentrum Ebingens auf der Lautlinger Straße nach Westen. Nach

Dort, wo sich viele Menschen aufhalten, fällt auch immer Schmutz an. So auch im Wasser des Schwimmbads. Grober Dreck und Haare können ausgefiltert oder abgesaugt werden. Bakterien aber sind unsichtbar und müssen anders bekämpft werden. Das geschieht mit Chlor – das ist das, was so stinkt und in den Augen brennt – oder in umweltfreundlichen Bädern mit Ozon. Ozon ist ein aus Sauerstoff bestehendes Oxidationsmittel.

ZOLLERN-ALB

dem Ortsende rechts zum Badezentrum, ungefähr
2 km. **Zeiten:** Mo, Mi, Fr – So, Fei 9 – 21 Uhr, Di, Do
9 – 22 Uhr. **Preise:** Mo – Sa 8,50 €, So und Fei 9,50 €;
Kinder bis 6 Jahre 1 €, Schulpflichtige bis 18 Jahre wochentags 5,50 €, So und Fei 6 €.

▶ Im Freizeitzentrum habt ihr im Freien eine große
Seenlandschaft, die umgeben ist vom Grün der großen Liegeflächen. Eurem Bewegungsdrang sind keine Grenzen gesetzt. In der 87 m langen Black-Hole-
Röhrenrutsche könnt ihr richtig schnell ins Becken
rutschen. Aber es kommt noch toller. Es gibt eine Attraktion, die bisher selten ist: Im Wildwasserfluss
kann man wie in einem reißenden Gebirgsbach in die
Tiefe sausen. Achtung: Black Hole und Wildwasserfluss dürfen erst ab 8 bzw. 12 Jahren und nur von
Schwimmern benutzt werden. Für alle Fälle gibt es
außerdem eine Doppelrutsche, einen Wasserpilz, ein
Dampfbad, Solarien, eine große Saunalandschaft, einen Kinderspielplatz, einen Matschplatz und eine
Sprunganlage. Das Sommerferienprogramm für Kinder hat täglich wechselnde Attraktionen. In einem eigenen Haus ist das Wellenbrandungsbad untergebracht. Gleich daneben steht das Hallenbad. Der
Strömungskanal bringt euch von dort wieder ins
Freie.

Naturbad Albstadt

Freibadstraße, 72461 Albstadt-Tailfingen. ✆ 07431/
160-3924, 160-1930 (Badkap, im Winter), Fax 160-
1942. www.albstadtwerke.de. **Bahn/Bus:** ↗ Albstadt
dem Bus 44 Richtung Onstmettingen. **Auto:** Von der
Ortsmitte über die Hechinger Straße 1 km nach Norden, am Ortsende in die Freibadstraße. **Zeiten:** Mitte
Mai – Mitte Sep täglich 7 – 20 Uhr. **Preise:** 2,80 €;
schulpflichtige Kinder bis 18 Jahre 1,80 €.

▶ Statt eines üblichen Freibadgeländes findet ihr einen schönen See mit viel Grün und einem kleinen
Bachlauf vor. Am Sprungfelsen ist der See mit 4,10
m am tiefsten. Das Wasser ist klar und sauber. Spe-

Das Naturbad Alb-
stadt wird nach
den neuesten ökologi-
schen Erkenntnissen be-
trieben.

ziell für Kleinkinder und alte Menschen ist es gut verträglich, denn hier wird ganz auf Chemie zur Reinigung des Wassers verzichtet. Ständig fließt das Badewasser durch einen eigenen Regenerationsteich. Dort wird es biologisch gereinigt, Mikroorganismen wandeln Schmutz- und Schwebeteilchen in mineralische Salze um und das weiche Wasser wird wieder zurück in den See geleitet. Sportler haben die Möglichkeit, Beachvolleyball, Fußball, Badminton und Tischtennis zu spielen. Es gibt einen Kiosk mit Sonnenterrasse und moderne Umkleidekabinen. Alle Anlagen sind behindertengerecht gestaltet.

Wenn ihr schwindelfrei seid und die Schwäbische Alb einmal aus der Luft erleben wollt, könnt ihr unter www.hz-ballonfahrer.de eine Ballonfahrt buchen.

Skaten, Wandern und Spazieren

Skatertreff Albstadt
Festplatz Mazmann, 72458 Albstadt-Ebingen.
℡ 07431/160-1204, Fax -1227. www.albstadt.de. touristinformation@albstadt.de. Am nördlichen Stadtrand.
Bahn/Bus: ↗ Albstadt.
▶ Auf dem 700 qm großen Gelände gibt es Halfpipe, Funramp und Bank und eine Minipipe.

Rund um den Römerturm von Haigerloch
Haigerloch. **Länge:** 10 km, reine Gehzeit circa 3 Std.
Bahn/Bus: ↗ Haigerloch. **Auto:** Parkplätze in der Nähe der Annakirche und beim Schloss von Haigerloch.
▶ Nach einem fünfminütigen Spaziergang habt ihr bereits das erste Ziel erreicht. Der **Kapffelsen,** ist ein Aussichtspunkt mit schönem Panoramablick auf die Stadt. Von hier schlängelt sich der Weg ohne großes Auf und Ab den Hang entlang. Er trifft auf die Hauptstraße, die von Hechingen kommend ins Eyachtal nach Haigerloch hinunterführt. Beim Überqueren der stark befahrenen Straße müsst ihr vorsichtig sein. Nach fünf Minuten kommt ihr zu einem zweiten Aussichtspunkt, der den Blick nach Westen auf Haigerloch freigibt. Vor allem das ehemalige jüdische **Haag-**

Mit **Haag** *bezeichnete man im Mittelalter ein Dornengesträuch oder umfriedeten Wald. Die Worte Hecke und Hagebutte sind mit Haag verwandt.*

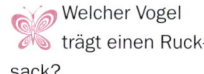
Welcher Vogel trägt einen Rucksack?

Der Wandervogel.

© Stadt Haigerloch

viertel und der jüdische Friedhof können von hier oben betrachtet werden.

Weiter führt der Weg an der steilen südlichen Talseite der Eyach entlang. Vom Fluss bemerkt ihr allerdings hier oben wenig, da das **Haagwäldchen** lediglich ab und zu einen Blick auf das tief eingeschnittene Tal zulässt. Zwischen den dicht stehenden Bäumen taucht aber immer wieder der Römerturm auf und an manchen Stellen ist der Blick bis zum Schloss hinüber frei.

Mitten im Haagwäldchen biegt der Wanderweg steil ins **Eyachtal.** Dort kommt ihr bei einer schmalen Brücke heraus, aus der aus der Römerturm und das Eyachtal in einer neuen Perspektive erscheinen. Nachdem ihr die Hauptstraße überquert habt, liegt auf der linken Seite der **jüdische Friedhof,** an dessen Eingang eine Gedenktafel für die ehemaligen jüdischen Mitbürger von Haigerloch angebracht ist. Vor der früheren Synagoge ist ein Gedenkstein errichtet worden, der an die Opfer des Holocaust erinnert. Durch das Haagviertel führt der Weg weiter in Richtung **Oberstadt.** Vorbei an der evangelischen Kirche geht es zum **Römerturm.** Er ist nur am Wochenende zu besteigen, um von dort den schönen Ausblick auf Haigerloch zu genießen.

Am Ende des verkehrsberuhigten Bereichs nehmt ihr zunächst links die Hauptstraße, bis nach etwa 50 m – schräg gegenüber vom Ortsschild – der Treppenaufgang zum **Zollernblickwegle** kommt. Ein Schotterweg führt an der oberen Kante des Eyachtals entlang. An großen Fliederbüschen vorbei erreicht ihr den **Zollernblick.** Hier könnt ihr euch auf der Sitzbank ausruhen und den Blick ins Eyachtal und zur Schwäbischen Alb schweifen lassen.

Nach dem Aussichtspunkt biegt der Weg nach rechts ab und endet nach weiteren 5 Minuten an einem Treppenaufgang zur Hauptstraße nach Gruol. Auf dem Gehweg erreicht ihr den Friedhof, überquert die Straße und geht in Richtung Haigerlocher Neubauge-

© Stadt. Haigerloch

biet. Über die Hohen-
zollern- und Hohen-
berger Straße kommt
ihr zurück zur **Anna-
kirche.**

Um das Schloss auf
der anderen Talseite
wieder zu erreichen,
ist nochmals ein Ab-
und Aufstieg notwen-
dig: Über den St.-An-
na-Weg   gegenüber
der Kirche gelangt ihr
ins Eyachtal, über-
quert den Fluss, geht ein kleines Stück auf der Un-
terstadtstraße stadteinwärts, bevor der Treppenaufgang zum **Schloss** beginnt. Die Rundwanderung endet mit einem kleinen Abstecher zur Schlosskirche.
↗ Historischer Stadtrundgang

Rundwanderung zur Schalksburg

Albstadt-Laufen. **Länge:** 8 km, Gehzeit circa 2,5 Std.
Bahn/Bus: ↗ Albstadt. **Auto:** Ausgangspunkt ist der
Wanderparkplatz Steinberg oberhalb von Laufen, von
der Kirche über die Eyach und die Steinbergstraße zu
erreichen.

▶ Steil führt der Weg in nördlicher Richtung hinauf
zum Heersberg, der 210 m höher liegt als der Ausgangspunkt. Nach Verlassen des Waldes geht ihr von
dort in westlicher Richtung auf ebenem Weg am Albtrauf entlang über den Sattel der Schalksburg. Ein
Pfad, mit Roter Raute gekennzeichnet, führt zur **Ruine Schalksburg,** deren Bergfried 1957 – 1960 als
Aussichtsturm wiedererrichtet wurde.
Nach der schönen Aussicht auf Laufen und die Umgebung geht es zurück bis zur Wegkreuzung und dem
Pfad mit rotem Dreieck folgend, abwärts über Serpentinen bis zu einem Waldweg, der wieder zum Wanderparkplatz am Steinberg führt.

Zollernblick: Das natur-
nahe Eyachtal und die
weite Alb habt ihr von hier
oben im Blick

Hunger & Durst
Restaurant Brunnental,
Raiten 1, ✆ 07435/
1500. Di – So 11.30 –
24 Uhr. Kinderfreund-
liches, ruhig gelegenes
Lokal mit Gartenterras-
se und Kinderspielplatz.
Kindermenüs, italieni-
sche und saisonabhän-
gige Spezialitäten.

Hunger & Durst
**Restaurant Schalks-
burg,** Balinger Straße
96, 72459 Albstadt-
Laufen. ✆ 07435/
89189. Warme Küche
täglich 15 – 22 Uhr.

Von Pferden und Fischen

Im Planwagen über die Alb

Kutsch- und Planwagenfahrten Uwe Link, Ebinger Straße 20, 72419 Neufra-Freudenweiler. ℰ 07574/2500, Fax 2500. www.pferdefuhrbetrieb-link.de. info@pferdefuhrbetrieb-link.de. **Bahn/Bus:** ↗ Gammertingen, Bus 6 Richtung Ebingen. **Auto:** In Neufra, an der B32 3 km westlich von Gammertingen, links. **Zeiten:** telefonisch vereinbaren. **Preise:** 12er-Planwagen 70 € pro Std, Schlittenfahrt bis 10 Pers 70 € pro Std.

PS-getrieben und doch abgasfrei: Tour im Planwagen

▶ Ein Planwagen für 12 Personen wird komplett gemietet und nach Stunden bezahlt. Im Winter gibt es einen Schlitten für 10 Leute. Hinterlasst eure Telefonnummer, innerhalb von 1 bis 2 Tagen wird dann bei Schnee entschieden, wann es losgehen kann. Ebenso könnt ihr auf Shetlandponys reiten. Die Tiere sind gesattelt und werden geführt, 1 Stunde kostet 11 €.

Bei Fischen, Schlangen und Pflanzen

Albaquarium, Grüngrabenstraße 20, 72458 Albstadt-Ebingen. ℰ 07431/4930, www.albaquarium.de. info@albaquarium.de. Zentral im Hallenbad. **Auto:** ↗ Albstadt. **Zeiten:** Mo – Sa 14 – 17 Uhr, So und Fei 10 – 12 und 13 – 17 Uhr. **Preise:** 2 €; Kinder 3 – 16 Jahre 1 €.

▶ Das Albaquarium ist eine große Aquarien- und Terrarienschau. Ihr könnt Fische und viele andere Lebewesen, auch Pflanzen aus Flüssen, Seen und Meeren bewundern. Hier leben Tiere von allen Kontinenten der Erde. Eine Schlange leuchtet grell gelb-orange, der Zitteraal sieht direkt grimmig aus,

Hunger & Durst

Gasthaus Krone, Ebinger Straße 29, 72419 Neufra-Freudenweiler. ℰ 07574/ 1381, Mo – Fr ab 16.30, Sa 12 – 14 und ab 16.30 Uhr, So ab 10 Uhr, Mi Ruhetag. Die Portionen sind ordentlich und die Preise angenehm.

und der Mandarinfisch ist so prächtig wie ein chinesischer Würdenträger, von dem er seinen Namen hat.

Gärten, Tier- und Erlebnisparks

Alpen- und Seerosengarten

Oliver Mitsch, Koeren 1, 72336 Balingen-Engstlatt. ✆ 07433/21673, www.alpen-seerosengarten.de. touristinfo@balingen.de. **Auto:** B27 von ↗ Balingen nach Norden. **Zeiten:** Ostersonntag – 1. Nov, Mo – Fr 13.30 – 19 Uhr und Sa, So, Fei 10 – 19 Uhr, in den Sommerferien Mo – Fr 13.30 – 19, Sa, So 10 – 19 Uhr. **Preise:** 2,70 €; Kinder 3 – 14 Jahre 2,20 €; Rentner 2,20 €.

▶ Das 2 Hektar große Gelände bietet für Kleinkinder verschiedene Aktivitäten. Zwischen Gebirge und Bauwerken in Miniaturausgabe schlängelt sich eine Modelleisenbahn und ein Stück weiter kann man mit der Seilbahn vom Watzmann zum Matterhorn schweben. Für die Kleinsten stehen Aquabullys bereit, damit können sie in der himmelblauen, ovalen Ringrinne über das Wasser gleiten. Auf der Autorennbahn könnt ihr mal richtig Gas geben. Wer lieber gemütlich auf dem Wasser treiben will, kann zum Seerosenteich gehen und eines der bunten Tretboote entern. Oder ihr besucht die Ziegen und anderen Tiere, die es auf dem Gelände gibt.

Abenteuerspielplätze in Albstadt

Albstadt. ✆ 07431/160-1204, Fax -1227. www.albstadt.de. touristinformation@albstadt.de. **Bahn/Bus:** ↗ Albstadt.

▶ In Albstadt gibt es einige Abenteuerspielplätze. Hier könnt ihr euch mal so richtig g'scheit austoben. Ihr findet die Spielplätze in **Ebingen** beim Rossberg und am nordwestlichen Stadtrand beim Waldheim, in **Laufen** beim Rübhäu, in **Onstmettingen** in der Lembergstraße und beim Schneckenbuckel, in **Tailfingen**

Hunger & Durst

Gaststätte im Alpen- und Seerosengarten, Koeren 1, 72336 Balingen. ✆ 07433/21673, Oster-So – Okt. Freizeitlokal mit Gartenterrasse.

am Unteren Berg und in **Burgfelden** am Heersberg. Auch auf der **Schönen Egert** und am **Unteren Berg** sowie in Truchtelfingen beim Schützenhaus gibt es tolle Abenteuerspielplätze.

Tiere streicheln auf dem Rossberg

Freizeitgelände beim Haus auf dem Rossberg, 72458 Albstadt-Ebingen. ✆ 07431/160-1204, Fax -1227. www.albstadt.de. **Bahn/Bus:** ↗ Albstadt. **Auto:** Von Ebingen auf der Bitzer Steige Richtung Gammertingen nach 5 km rechts ab. **Zeiten:** Haus auf dem Rossberg: Sa 14 – 18, So 11 – 18 Uhr, Mai – Okt Mi 14 – 18 Uhr. **Preise:** Eintritt kostenlos. **Infos:** Rossberg Freizeitverein e.V., ✆ 07431/51110 oder 72544.

▶ Großer Abenteuerspielplatz, Grillgelegenheiten, kleiner Streichelzoo mit Pferden, Ziegen, Minischweinen, Hasen und Meerschweinchen. Am Wochenende ist das Haus auf dem Rossberg bewirtet. Es gibt Getränke, Mittagessen, Kaffee und Kuchen. Am Wochenende können Kinder gegen eine geringe Gebühr reiten. Der Erlös wird für den Hafervorrat der Tiere verwendet.

Freizeitgelände mit Ausblick

Freizeitgelände Waldheim, Familie Werner, Vordere Auchten 1, 72458 Albstadt-Ebingen. ✆ 07431/3373, Fax 3314. www.waldheim-ebingen.de. waldheim-ebingen@web.de. **Bahn/Bus:** ↗ Albstadt. **Auto:** Von Ebingen nach Nordosten über die Bitzer Steige, vor dem Ortsende links ab zum Schlossfels. **Zeiten:** Ganzjährig frei zugänglich.

▶ Das Freizeitgelände Waldheim liegt am nordöstlichen Stadtrand im Grünen. Hier findet ihr einen großen Spielplatz und eine Minigolfanlage. Ein Aussichtsturm darf nicht fehlen, hier ist es der Schlossfelsen, der zugleich eine Höhengaststätte mit großem Gartenlokal ist. Vom Haus startet viele Wander- und Spazierwege sowie ein Waldlehrpfad.

Hunger & Durst

Höhengaststätte Waldheim, Familie Werner, Vordere Auchten 1, 72458 Albstadt-Ebingen. ✆ 07431/3373. www.waldheim-ebingen.de. Mi – Fr ab 17 Uhr, Sa, So ab 11.30 Uhr, Gartenlokal bei guter Witterung ab 14 Uhr geöffnet.

Ski fahren – gewusst wie & wo

Skilift Ebingen, Albstadt-Ebingen. ✆ 07431/72564, 934000, Fax 4391. www.wintersportvereinebingen.de. **Auto:** ↗ Albstadt. **Zeiten:** Mo und Fr 14 – 17.30 Uhr, Di – Do 14 – 21, Sa 13 – 17.30, So 10 – 17.30 Uhr. **Preise:** Halbtageskarte 7 €, Tageskarte 11 €, Flutlichtkarte 7 €; Kinder-/Übungslift Halbtageskarte 3 €, Tageskarte So 5 €, Schüler Halbtageskarte 5 €, Tageskarte 7 €, Flutlichtkarte 5 €. **Infos:** Schneetelefon ✆ 07431/72564. ▶ 630 m lange Abfahrt, Skikurse.

Skilift Onstmettingen, Albstadt-Onstmettingen. ✆ 07432/22335, Fax 200354. www.sc-onstmettingen.de. info@sc-onstmettingen.de. **Auto:** ↗ Albstadt. **Zeiten:** Mo – Fr 13.30 – 21.30 Uhr, Sa 9 – 21.30, So 9 – 17 Uhr. **Preise:** Tageskarte 10,50 €, Halbtageskarte 6 €; Kinder Tageskarte 7,50 €, Halbtageskarte 4,50 €. ▶ 200 m lange Abfahrt, Flutlicht und Skikurse.

Skilift Pfeffingen, Albstadt-Pfeffingen. ✆ 07432/12363, Fax 12363. www.sv-pfeffingen.de. kontakt@wsv-pfeffingen.de. **Auto:** ↗ Albstadt. **Zeiten:** Sa 13 – 16.45, So, Fei 9 – 11.45 und 13 – 16.45 Uhr. ▶ 250 m lange Abfahrt und Skikurse bei der Vereinsskischule. Talstation in der Ortsmitte von Albstadt-Pfeffingen.

Skilift am Schlossberg, Albstadt-Tailfingen. ✆ 07432/3322, Fax 5444. www.wsv-tailfingen.de. **Auto:** ↗ Albstadt. **Zeiten:** Mo – Fr 14 – 21 Uhr, Sa und So 10 – 17 Uhr. **Preise:** Tageskarte Mo – Sa 10 €, So und Fei 12 €; Kinder 6 – 15 Jahre Mo – Sa 8 €, So und Fei 10 €. **Infos:** Schneetelefon ✆ 07432/ 3322. ▶ 500 m lange Abfahrt, Skikurse.

Skilift im Rossental, Ski-Club Truchtelfingen e.V., Rossentalstraße 87, 72461 Albstadt-Truchtelfingen. ✆ 07432/994133, www.sc-truchtelfingen.de. **Auto:** ↗ Albstadt. **Zeiten:** Mo, Mi – So 13.30 – 17 Uhr, täglich 19 – 22 Uhr Flutlicht, So 9 – 12, 13.30 – 17, 19 – 22 Uhr. **Preise:** Halbtageskarte 5 €, Flutlichtbetrieb 4 € (Erw und Kinder); Halbtageskarte Kinder bis 16 Jahre 4 €. **Infos:** Schneetelefon ✆ 07432/4882. ▶ 250 m lange Abfahrt, Flutlicht und Skikurse.

UMWELT ERFOR- SCHEN

Albtrauf wird der Rand der Schwäbischen Alb genannt.

 **Alb-Lauchert Schwimmhalle,** Gammertingen, Josef-Wiest-Straße 3, ✆ 07574/406-300. Di – Fr 15.30 – 20.45 Uhr, Sa, So und Fei 8 – 18 Uhr, in den Schulferien bereits ab 14 Uhr geöffnet. Badevergnügen für Jung und Alt mit Liegewiese und Beachvolleyballanlage.

Natur erleben

Führungen im Mössinger Bergrutsch

Armin Dieter, Bästenhardtstraße 24, 72116 Mössingen-Bästenhardt. ✆ 07473/6830, www.alberlebnis.de. alberlebnis@t-online.de. **Länge:** große Route 2,5 Std, kleine Route 1,5 Std, es gibt auch spezielle Kindertouren. **Bahn/Bus:** ↗ Mössingen. **Auto:** Vom Bhf in Bästenhardt über die Sebastiansweiler Straße rechts in die Bästenhardtstraße. **Zeiten:** Mai – Okt täglich bei jeder Witterung. **Preise:** Gruppenpreise: 2,5 Std 116 €, 1,5 Std 92,80 €. **Infos:** Treffpunkt telefonisch erfragen.

▶ Der **Albtrauf** ist ein unmittelbarer Abfall der Schwäbischen Alb. Dieser Rand des Mittelgebirges verläuft heute bei Mössingen, aber reichte früher bis in die Stuttgarter Gegend. Durch Wind und andere Witterungseinflüsse brach der Rand der Alb im Lauf der Jahrtausende ab und verlagerte sich zurück. Im April 1983 kam ein Teil des Albtraufs bei Mössingen ins Rutschen. Innerhalb weniger Stunden gerieten vier Mio Kubikmeter Erde und Geröll in Bewegung und hinterließen eine Urlandschaft. Es war der größte Erdrutsch in Baden-Württemberg seit über hundert Jahren. Das Bergrutschgelände darf nur auf einem kleinen Wegabschnitt betreten werden. Bei einer Führung werdet ihr in dieses einmalige Gelände gebracht. Ihr erfahrt Einzelheiten über das Ereignis und wie sich die Natur bis zum heutigen Tag weiter entwickelt hat. Tiere und Pflanzen haben die total zerstörte Landschaft inzwischen neu besiedelt.

Freizeitanlage an der Lauchert

72501 Gammertingen. ✆ 07574/406-100, Fax -199. www.laucherttal.de. info@gammertingen.de. **Anfahrt:** ↗ Gammertingen. **Info:** Führungen durch die Freizeitanlage und den Erlebnispfad »Natur auf der Spur« sind über die Touristinfo ✆ 07574/ 406-100 buchbar.

▶ Ein Altarm der Lauchert wurde renaturiert und als Erholungspark und Abenteuerspielplatz wieder zugänglich gemacht. Jetzt kann in der Lauchert gebadet und geplantscht werden. Am östlichen Ufer gibt es eine Kneippanlage sowie eine Picknick- und Spielwiese. Grillen könnt ihr hier auch. Das besondere an der Freizeitanlage ist aber ihr

© Stadt Gammertingen

Barfußpfad und der **Duftgarten,** wo ihr – am besten mit geschlossenen Augen – herausfinden könnt, wie sich Flusskiesel unter den nackten Füßen anfühlen oder wie Gras riecht. Das westliche Ufer bleibt der Natur vorbehalten.

Natürlich schön: Freizeitanlage Lauchertal

Die Burg der Burgen

Die Stammburg deutscher Kaiser: Burg Hohenzollern

✆ 07471/2428, Fax 6812. www.burg-hohenzollern.com. verwaltung@burg-hohenzollern.com. **Bahn/Bus:** ↗ Hechingen Bus um 11.23 Uhr zur Burg, um 16.10 Uhr zurück. **Auto:** B27 beim Brielhof abfahren. Vom Parkplatz unterhalb der weithin sichtbaren Burg 20 Min Fußweg, während der Sommermonate auch gebührenpflichtige Pendelbusse, ✆ 07471/9350-0, Fax 9350-93. **Zeiten:** Mitte März – Mitte Okt täglich 9 – 17.30 Uhr, im Winter täglich 10 – 16.30 Uhr, Führungen je nach Saison alle 15 – 30 Min, sie dauern etwa 30 Min. **Preise:** 4 € Burganlage ohne Innenräume, 8 € mit Führung; Kinder 6 – 14 Jahre 4 €, ab 14 Jahre 6 €, Führung im Preis enthalten, Sommerferienprogramm für Kinder.

▶ Schon von weitem sichtbar, hoch auf einem einzeln aus der Alblandschaft aufragenden **Bergkegel,** steht

HANDWERK UND GESCHICHTE

Hunger & Durst
Restaurant Burgschenke, 72379 Hechingen. ✆ 07471/2345. April – Okt 10 – 18, Nov – März 11 – 17 Uhr.

© Burg Hohenzollern

Märchenhaft: Weithin sichtbar thront das Schloss der Hohenzollern über der Alb

die Stammburg der Hohenzollern, die »Wiege Preußens«. Die heutige Burg Hohenzollern ist die dritte an dieser Stelle und wurde nach den romantischen, neugotischen Vorstellungen der Zeit um 1850 erbaut. Wenn ihr das Schloss besucht und durch die eindrucksvollen Wehranlagen hinauf gestiegen seid, werdet ihr auf Höhe der Basteien den viel gerühmten »schönsten Rundblick von einer deutschen Höhenburg« haben. *Kaiser Wilhelm II.* schwärmte bei seinem Besuch 1886: »Die Aussicht von der Burg Hohenzollern ist wahrlich eine weite Reise wert.«

Habt ihr in dem vieltürmigen Hochschloss erst einmal die Filzpantoffeln übergestreift, kommt ihr beispielsweise in das Markgrafenzimmer, den Grafensaal, die Stammbaumhalle und das Königinzimmer – prächtig ausgestattet mit Gemälden, Gold- und Silberschmiedearbeiten des 16. und 17. Jahrhunderts. Ihr könnt Gewandstücke sehen wie den Waffenrock König Friedrichs des Großen und eine Schleppe der Königin Luise, die sie bei einer Begegnung mit Kaiser Napoleon getragen hat. Ihr dürft einen Geheimgang besichtigen und in der Schatzkammer Kostbarkeiten wie die preußische Königskrone bewundern. Von 1952 bis 1991 befand sich in der **Christus-Kapelle** die Ruhestätte der Königssärge von *Friedrich dem Großen* (1712 – 1786) und seinem Vater *Friedrich Wilhelm I.* Seid der Wiedervereinigung stehen die Königssärge wieder an ihrem alten Platz im Schloss Sanssouci in Potsdam bei Berlin.

Der 855 m hohe Bergkegel heißt Zoller. Der Name leitet sich eventuell von »Söller« und dieser vom römischen »mons solarius« ab. Wie im Mittelalter üblich, nannte sich die Familie nach dem Ort ihrer Herkunft und später wohlklingend »Hohenzollern«.

Museen und Stadtführungen

Historischer Stadtrundgang durch Balingen

Tourist-Information, Färberstraße 2, 72336 Balingen. ✆ 07433/170-199, Fax 170-222. www.balingen.de. touristinfo@balingen.de. **Länge:** 2 Std. **Bahn/Bus:** ↗ Balingen. **Zeiten:** Stadtführungen auf Anfrage bei der Tourist-Information unter ✆ 07433/170-00. **Infos:** Faltblatt »Historischer Stadtrundgang Balingen« bei der Tourist-Information.

▶ Auf geht es zu 23 historischen Gebäuden und verträumten Winkeln. Ihr bewegt euch auf dem nach dem Stadtbrand von 1809 neu angelegten, gitterartigen Grundriss der Innenstadt. Der Rundgang beginnt an der evangelischen **Stadtkirche** beim Marktplatz. Die gotische Hallenkirche hat einen 61 m hohen Turm. Die große Sonnenuhr am 2. Geschoss des Kirchturms stammt von dem Pfarrer *Phillip Matthäus Hahn* (1739 – 1790). Den Marktbrunnen schmückt eine Ritterfigur. Gegenüber seht ihr das klassizistische **Rathaus.** Das Dach ziert ein Glockenspiel, das dem der Westminster Abbey in London nachempfunden wurde. Nun geht es weiter in südlicher Richtung, entlang der Friedrichstraße, dann rechts in die Schwanenstraße. Hier seht ihr den **Farrenstall,** ein schönes Wohn- und Geschäftshaus. Dahinter könnt ihr noch Reste der Stadtmauer entdecken. Über die Ebertstraße kommt ihr zum **Viehmarktplatz** und zur **Sonne.** Das mächtige, 1792 erbaute Fachwerkhaus war einst Absteigequartier der Fuhrleute, heute ist es ein Restaurant und Kaffeehaus. Nun geht es in einer Kurve wieder zurück Richtung Neue Straße. Auf Höhe der Schlossstraße seht ihr das imposante **Zollernschloss** mit Turm und Reiterhaus. Hier lebte seit 1403 der jeweilige Obervogt mit Gesinde. Nachdem es mehr und mehr zerfiel, wurde das heutige Schloss 1935 nach alten Plänen mit dem alten Baumaterial neu erbaut. Heute fin-

Der Erfinder-Pfarrer Phillip M. Hahn (1739 – 1790) hat eine Zylinderuhr, eine Rechenmaschine, astronomische Maschinen und eine Weltuhr erfunden. Seine Lieblingsidee war eine »Maschine, die einen Wagen allein durch Wasser und Feuer ohne weitere Hilfe über Berge und Täler in beliebiger Geschwindigkeit bewegen könnte«. Für dieses erste Auto fehlte ihm aber das Geld.

ZOLLERN-ALB

Unterhalb der Zehntscheuer war früher das Gerberviertel. Hier arbeiteten und lebten viele Gerber, die zum Bearbeiten ihrer Felle reichlich Wasser benötigten. Wegen der Kanäle nennt man das Viertel heute deshalb liebevoll »Klein Venedig«.

Kann man mit schwarzer Tinte rot schreiben?

Ja, man kann »rot« schreiben.

Hunger & Durst

Ristorante La Pergola, Santo Di Prima, Friedrichstraße 74, 72336 Balingen. ✆ 07433/ 23696, www.lapergola-balingen.de. Di – So 11.30 – 14 und 17.30 – 23 Uhr. Pizza, italienische und speziell sizilianische Gerichte, unweit vom Marktplatz.

det ihr hier das einzigartige ↗ *Museum für Waagen und Gewichte.* Unweit vom Schloss steht die mächtige **Zehntscheuer,** ↗ *Heimatmuseum Balingen.*

Weiter geht es zum **Eyachwehr.** Das frühere Holzwehr wurde 1895 nach einem Hochwasser durch ein steinernes Rundwehr ersetzt. Die Hochwassermarken flussabwärts Vor dem Gerbertor 28 zeigen euch, wie stark ein sonst harmloser Fluss anschwellen kann. Es geht nun weiter bis zur **Friedhofskirche.** Sie stammt aus dem 11. Jahrhundert und ist damit zwar das älteste Baudenkmal der Stadt, jedoch ist nur der unterste Teil des Turmes erhalten. Chor und Schiff mit schönen gotischen Fenstern wurden erst im 14. Jahrhundert erbaut. Rechts an der Eyach entlang erreicht ihr nach etwa 15 Minuten die vermutlich älteste der ehemals sechs Balinger **Mühlen.** In Richtung Innenstadt kommt ihr noch einmal an einer schönen Kirche, der katholischen **Stadtpfarrkirche** von 1898 vorbei. Wenn ihr bis hier durchgehalten habt, könnt ihr später eine Menge von Balingen erzählen.

Heimatmuseum Balingen

Heimatmuseum Zehntscheuer, Neue Straße 59, 72336 Balingen. ✆ 07433/170-261 (Info Stadtverwaltung), 16810 (Museum), Fax -222. www.stadthalle.balingen.de/zehntscheuer/zehntscheuer.php. Zentral gelegen. **Bahn/Bus:** ↗ Balingen. **Zeiten:** Di – So und Fei 14 – 17 Uhr. **Preise:** nur bei Sonderausstellungen Eintritt. **Infos:** Führungen nach Vereinbarung.
▶ In nächster Nähe zum Balinger Schloss findet ihr die historische **Zehntscheuer** aus dem 15. Jahrhundert. Dreimal brannte das Gebäude bei Stadtbränden nieder. Mitte des vorigen Jahrhunderts kaufte die Stadt das Haus. Bis etwa 1985 wurde es als Lager genutzt, dann hat man es restauriert und heute ist das Heimatmuseum der Stadt Balingen hier untergebracht. Die Abteilung Geologie/Paläontologie zeigt euch die interessantesten geologischen Formen und Spuren frühen Lebens der hiesigen Ge-

gend. Schwerpunkt der vor- und frühgeschichtlichen Sammlung bilden Funde aus der Zeit der Alemannen und Römer. Schließlich geht es im Museum auch um Stadtgeschichte. Ihr bekommt Einblick in Balingens bewegte Vergangenheit, in die Entwicklung der Landwirtschaft und der Industrie. Euch werden alte Berufe wie Färber, Gerber und Schuster erklärt, aber auch Hauswirtschaft, Wohnen und Wäschepflege. Damals war das alles viel komplizierter und aufwändiger als heute.

Die Farbe Purpur liebten die Römer besonders. Der Farbstoff war kostbar, man stellte ihn aus der seltenen Purpurschnecke, die im Mittelmeer lebte, her.

Museum Deutsche Eisenbahn

Hannes Schneider, Auf Schmiden 52/1, 72336 Balingen. ✆ 07433/10191, www.deutscheeisenbahn.de. museum@deutscheeisenbahn.de. **Bahn/Bus:** ↗ Balingen Bus 24A bis Schmiden Hochhaus oder Fußweg ca. 1,5 km nördlich. **Auto:** B27 aus Richtung Tübingen am Ortseingang von ↗ Balingen links. **Zeiten:** Nach Vereinbarung. **Preise:** Eintritt frei. **Infos:** Termin mit Hannes Schneider vereinbaren.

▶ Modellbauraum, Videoraum und Bibliothek gehören zu der Wohnung, in der das Museum Deutsche Eisenbahn untergebracht ist. Die Entwicklung der Deutschen Eisenbahn wird an Modellen im Maßstab Spur N aufgezeigt. Zur Modelleisenbahnausstellung gibt es eine Vorführung, bei der ihr den betriebstechnischen Ablauf in einem Kopfbahnhof seht. Wie ihr vielleicht schon wisst, fährt der Zug in den Kopfbahnhof ein, hält an und braucht jetzt am anderen Ende eine Lok, weil er den Bahnhof auf dem gleichen Weg wieder verlassen muss.

Große und kleine Waagen

Museum für Waage und Gewicht, Schlossstraße 5, 72336 Balingen. ✆ 07433/170-261, 997890, Fax -222. www.balingen.de. In der Nähe des Marktplatzes. **Bahn/Bus:** ↗ Balingen. **Zeiten:** Mi, Fr, So und 1. Sa im Monat 14 – 17 Uhr. **Preise:** Eintritt frei. **Infos:** Führungen nach Vereinbarung.

Hunger & Durst

Café am Markt, Färberstraße 1, 72336 Balingen. ✆ 07433/10009. Mo – Sa 8 – 19, So 10 – 19 Uhr, im Sommer Straßencafé mit längeren Öffnungszeiten. Unweit der Bahnhofstraße beim Marktplatz. Diätkost (Eis und Kuchen), Pralinen und Eis aus eigener Herstellung, kleine Gerichte, Mittagstisch.

»Leg doch nicht jedes Wort auf die Goldwaage!« Diese Redensart habt ihr bestimmt schon einmal gehört. Damit wollte euch derjenige sagen, dass ihr eine Aussage nicht überbewerten sollt.

ZOLLERN-ALB

© Stadt Balingen

Im ehemaligen Zollern-
schloss ist heute das
Museum für Waagen und
Gewichte untergebracht

▶ Könnt ihr euch vorstellen, wie eine Heuwaage aussieht und wie groß sie ist? Gigantisch ist die Heuwaage aus dem 18.
Jahrhundert, die im Zollernschloss im
Museum für Waagen ausgestellt ist. Die
Sammlung dieses Museums ist mit etwa
400 Ausstellungsstücken europaweit,
wenn nicht sogar weltweit einmalig. Sie
ist eine Dauerleihgabe der Balinger Waa-
genproduzenten *Bizerba und Kern &
Sohn.* Hier könnt ihr eine Waage aus der
Römerzeit und fein gebaute Münzwaagen
anschauen. Die Entwicklung von der Bal-
kenwaage über die Federwaage, die De-
zimalwaage und die ganz genaue Analyse-
waage bis zur modernen Ladenwaage
des 21. Jahrhunderts wird dargestellt.
Die Waage zählt zu den ältesten Ge-
brauchsinstrumenten der menschlichen
Kultur.

Geräte der Bauern von früher

Bauernmuseum Ostdorf, Rathaus, Rathausstraße 3,
72336 Balingen-Ostdorf. ℰ 07433/21273, Fax 170-
222. www.balingen.de. ov-ostdorf@t-online.de.
Bahn/Bus: Bus 7433 nach Ostdorf Rathaus. **Auto:**
↗ Balingen, etwa 3 km nördlich der Kernstadt. **Zeiten:**
Öffnungszeiten werden in der lokalen Presse bekannt
gegeben. Weitere Besichtigungstermine können bei der
Ortschaftsverwaltung vereinbart werden. **Preise:**
Eintritt frei.

▶ Wenn ihr das Bauernmuseum besuchen möchtet,
wird das ein Abstecher aufs Land. Es ist in den unteren Räumen des Rathauses von Ostdorf untergebracht. Ihr seht eine umfangreiche Sammlung bäuerlicher Geräte. Hier stehen unter anderem Holzfässer,
die vom Küfer in Handarbeit hergestellt wurden und
ganz große Leiterwagen. Früher haben die Bauern
Heu damit transportiert.

Hunger & Durst

Gasthaus Lamm, Dorf-
straße 52, 72336 Balin-
gen. ℰ 07433/20263,
Mi – Fr ab 14 Uhr, Sa,
So und Fei ab 11 Uhr.
Café und Gartenwirt-
schaft, nur zwei Straßen
weiter mit Spielplatz
und Kinderkarte.

Auf dem Gutshof der Römer

Römisches Freilichtmuseum, An der Landstraße 410, 72379 Hechingen-Stein. ℡ 07471/6400, 3614 (im Winter), Fax 14805. www.villa-rustica.de. info@villa-rustica.de. **Bahn/Bus:** ↗ Hechingen, Bus 10 Richtung Stein oder 2 km Fußweg entlang der Hauptstraße Hechingen-Stein. **Auto:** Vom Marktplatz in ↗ Hechingen nach Norden auf der Neustraße, die zur Haigerlocher Straße wird, Land- und Römerstraße nach Stein. Am westlichen Ortsrand die Bundesstraße kreuzen, wenige Meter bis zum Museum. **Zeiten:** Karfreitag – Mai, Okt, Nov Di – So 10 – 17 Uhr, Juni – Sep täglich 10 – 17 Uhr, Führungen So und Fei stündlich, Mo – Sa nach Voranmeldung. **Preise:** 4 € inklusive Führung; Schüler 3 €; Familienkarte 10 €.

▶ Ungefähr 3 km nordwestlich der Stadt liegt im Ortsteil Stein die **Villa Rustica,** eine römische Gutsanlage mit mehreren Nebengebäuden und einem Tempelbezirk. Sie wurde 1973 entdeckt und zählt zu den größten und bedeutendsten Anlagen dieser Art in Süddeutschland. Das Hauptgebäude ist etwa 47 x 41 m groß. Es wurde vor 2000 Jahren im Stil einer Portikusvilla erbaut. Dies ist eine nach einer Seite offene ein- oder mehrschiffige Säulenhalle. Fußbodenheizung war schon damals ein bekanntes Prinzip. Getreidemühle und Backhaus hat man so wieder aufgebaut, dass heute wieder echt römisches Brot gebacken weden kann. In unmittelbarer Nähe findet ihr weitere acht Gebäude, darunter ein schön wiederhergestelltes Badehaus. Die Ausgrabungsareale sind als Freilichtmuseum zugänglich. Die **Portikusvilla,** in der ihr das Museum findet, ist ebenfalls rekonstruiert und wie früher eingerichtet. Hier sind Originalfunde ausgestellt. Ihr bekommt einen einzigartigen Einblick in Kultur und Geschichte der Römer in Süddeutschland. Von der Freiterasse beim Kiosk habt ihr eine gute Aussicht auf die Anlage und auch auf die Schwäbische Alb.

Hunger & Durst

Gasthof Lamm, Familie Albus, Römerstraße 29, 72379 Hechingen-Stein. ℡ 07471/9250. www.momente-geniessen.de. Täglich 11.30 – 14 und ab 16.30, Sa durchgehend geöffnet. Regionale Küche mit Salatbuffet und Vesperkarte. Beim Haus in ruhiger Lage gibt es Terrasse und Kinderspielplatz.

Die Fußböden in römischen Häusern waren verziert mit Mosaiken. Das sind Bilder aus vielen kleinen, farbigen Fliesen und Glasteilchen. Sie zeigten Szenen aus dem Alltag, verschiedene Tiere, Blumen oder Götter.

ZOLLERN-ALB

Hunger & Durst

Hotel Lamm, Albert Fischer, Bundesstraße 1, 72393 Burladingen-Killer. ✆ 07477/1088. www.hotel-lamm-killer.de. Mo – So 11 – 14 Uhr und 17 – 21 Uhr. Fr Ruhetag. Schwäbische und vegetarische Küche.

Gesinde waren fremde Personen, die im Haushalt oder in der Landwirtschaft arbeiteten. Sie bekamen dafür kargen Lohn, Essen und Unterkunft.

100 Jahre altes Schulzimmer

Heimatmuseum, Herr Bieger, Schlichtestraße 9, 72393 Burladingen-Hausen. ✆ 07475/7110, 451136, Fax 892175. www.burladingen.de. s.kranz@burladingen.de. **Bahn/Bus:** Hohenzollerische Landesbahn stündlich auf der Strecke Hechingen – Burladingen. **Auto:** Vom Bhf ↗ Burladingen über die Josef-Mayer-Straße Richtung Westen nach Hausen. **Zeiten:** nach Vereinbarung. **Preise:** 1 €; Kinder 0,50 €.

▶ Früher gingen Schüler im ehemaligen alten Schulhaus ein und aus, heute sind es die Besucher des Heimatmuseums, das hier eingerichtet ist. Drinnen erfahrt ihr, wie die Menschen im Killertal auf der Alb gelebt und gearbeitet haben. Handwerkszeug aus verschiedenen Berufen wie Schuhmacher, Küfer, Wagner, Imker und Bäcker ist zusammengetragen worden und hier ausgestellt. Es gibt Schleifsteine, Sensen und Eggen und einen kompletten Leiterwagen mit Kuh- und Pferdegeschirr. Im **Gesinde**zimmer finden sich zahlreiche Einrichtungsgegenstände, die weit über hundert Jahre alt sind, ebenso wie die Schulstube.

Erstes deutsches Peitschenmuseum

Am Peitschenmuseum 1, 72393 Burladingen-Killer. ✆ 0700/1993 1993, Fax 1993 1993. www.peitschenmuseum.de. info@peitschenmuseum.de. **Bahn/Bus:** Hohenzollerische Landesbahn stündlich auf der Strecke Hechingen – Burladingen. **Auto:** Vom Bhf ↗ Burladingen 5 km nach Westen über die B32 durch Hausen und Starzel. **Zeiten:** Mai – Okt am 1. So im Monat 10 – 17 Uhr und nach telefonischer Vereinbarung. **Preise:** 1,50 €; Kinder frei.

▶ Das Museum befindet sich im ehemaligen Bahnhof der Hohenzollerischen Landesbahn. Ihr seht verschiedenste Peitschen. In der großen Werkstatt sind alle Maschinen und Geräte funktionstüchtig. Bei Führungen könnt ihr dann sehen, wie Peitschen hergestellt werden.

Bei den Bauern auf der Alb

Dorfmuseum Melchingen, Museumsgasse 1, 72393 Burladingen-Melchingen. ✆ 07126/92230, Fax 92231. www.burladingen.de. info@burladingen.de. **Bahn/Bus:** ↗ Burladingen Bus 5 Richtung Gammertingen. **Auto:** Vom Bhf über Haupt- und Stettener Straße nach Norden in den Stadtteil Stetten, weiter auf der Melchinger Straße, 10 – 13 km. **Zeiten:** nach Vereinbarung. **Preise:** 1 €; Kinder 0,50 €.

▶ Das Dorfmuseum befindet sich in einem 200 Jahre alten Fachwerkhaus schräg gegenüber dem Rathaus. Es zeigt, wie bescheiden ein bäuerliches Anwesen vor ungefähr einem Jahrhundert funktioniert hat. Ihr seht Wohn- und Schlafzimmer, Küche, **Tenne,** Stall, Speicher, Heuboden und sogar eine Webstube. Alles ist originalgetreu eingerichtet.

 *Die Tenne ist der Teil der Scheune, in den der Erntewagen einfahren konnte und wo das Getreide gedroschen wurde. Manchmal fanden auch Tanzvergnügen auf dem großen Boden statt.*

Geschichte der Atomforschung

Atomkeller-Museum, Pfluggasse, 72401 Haigerloch. ✆ 07474/69726, 697627, Fax 6068. www.haigerloch.de. tourist-info@haigerloch.de. Zentral beim Marktplatz. **Bahn/Bus:** ↗ Haigerloch. **Zeiten:** Mai – Sep und Oster- und Herbstferien Mo – Sa 10 – 12 und 14 – 17 Uhr, So und Fei 10 – 17 Uhr, März, April, Okt und Nov Sa 10 – 12 und 14 – 17 Uhr, So und Fei 10 – 17 Uhr. **Preise:** 1,50 €; Schüler 1 €.

▶ Wichtig für den Besuch dieses Museums sind Grundkenntnisse in Physik. Es ist also eher für ältere Kinder geeignet. Anfang des 19. Jahrhunderts wurde für die Hohenzollerische Eisenbahn ein Tunnel gebaut. Dabei entstand der Felsenkeller unter der Schlosskirche, zuerst Bierkeller des Schwanenwirts. 1944 wurde der Raum vom Berliner Kaiser-Wilhelm-Institut für Physik angemietet, weil die Forscher wegen des Kriegs Berlin verlassen mussten. Im Atomkeller in Haigerloch führten die Physiker kernphysikalische Versuche am hier versteckten Versuchsreaktor durch. Sie sollten den Nachweis erbringen, dass eine Kettenreaktion mit Uran und Neutronen möglich ist.

Was ist bei einer Maus groß und bei einem Kamel klein?

Das M.

ZOLLERN-ALB

Hunger & Durst

Hotel-Restaurant Krone, Familie Erat, Oberstadtstraße 47, 72401 Haigerloch. ✆ 07474/9544-0. www.krone-haiger-loch.de. Täglich 11.30 – 14 und 17 – 22 Uhr. Schwäbische Spezialitäten, Kinderportionen. Beim Essen hat man einen schönen Blick auf das Schloss.

Die Juden bilden eine sozial-religiöse Einheit und keine »biologische Rasse«, wie die Nazis glauben machen wollten.

Letztlich war der Haigerlocher Reaktor aber nicht funktionsfähig. Bei Kriegsende 1945 besetzten amerikanische Truppen den Keller und bauten die ganze Anlage ab. Heute geben euch Nachbildungen, Modelle und Schautafeln einen Überblick über die damaligen Forschungen.

Geschichtsspuren in Haigerloch

Historischer Stadtrundgang, Amt für Kultur und Tourismus, Oberstadtstraße 11, 72401 Haigerloch. ✆ 07474/69727, 697627, Fax 6068. www.haiger-loch.de. tourist-info@haigerloch.de. **Bahn/Bus:** ↗ Haigerloch.

▶ Bei der Wallfahrtskirche **St. Anna** in der Oberstadtstraße beginnt euer historischer Stadtrundgang. Die Kirche ist im Stil des Barock und Rokoko errichtet. Weiter geht es Richtung Osten an der Eyach entlang zum **Römerturm.** Er stammt nicht aus der Römerzeit, sondern wurde als Bergfried für die Burg Haigerloch um 1150 im romanischen Stil erbaut. 1744 wurde er dann zum Glockenturm für die Oberstadtkirche St. Ulrich umgebaut, die heute nicht mehr existiert. In der nahen *evangelischen Kirche* seht ihr eine Nachbildung des Gemäldes *Das heilige Abendmahl* von Leonardo da Vinci. Nahe der Kirche steht die ehemalige **Synagoge.** Früher beherbergte sie die Räume für den Gottesdienst der jüdischen Gemeinde, die Schule, die Wohnung des Synagogendieners und ein Ritualbad. 1938 wurde die Inneneinrichtung von den Nationalsozialisten zerstört. Neben der Synagoge steht das *Haag-Schlössle* und dahinter liegt der **Jüdische Friedhof.**

An der Oberstadtstraße in Richtung Norden steht das *Rathaus.* Von hier geht es auf der Hechinger Straße (Abkürzung Steigle) über die Noyaler Brücke zum **Marktplatz** und zum ↗ *Atomkeller-Museum.* Hinter der schönen *Schlosskirche* folgt schließlich das **Renaissance-Schloss.**

KZ-Gedenkstätte und Museum

Heimatmuseum, Kirchgasse 15, 72406 Bisingen.
✆ 07476/896131, Fax 896149. www.gemeinde-bisin-
gen.de. info@Bisingen.de. **Bahn/Bus:** ↗ Hechingen
Bus 2. **Auto:** B27 Abfahrt Bisingen. **Zeiten:** So 14 – 17
Uhr, Führungen für Gruppen auf Anfrage. **Preise:** Eintritt
frei, Gruppenführung 20 €.

▶ Das Heimatmuseum bei der katholischen Kirche
dokumentiert unter dem Titel »Schwierigkeiten des
Erinnerns« das **Konzentrationslager** in Bisingen und
den Ölschieferabbau während des Zweiten Weltkrie-
ges. Die Ausstellung wurde erst 1996, im Beisein
von Überlebenden, eröffnet. In Bisingen gab es von
August 1944 bis April 1945 ein KZ-Außenlager. Es
war eines der größten in der Region. Hier lebten
4163 Häftlinge. Sie mussten Ölschiefer abbauen,
aus dem Treibstoff gewonnen werden sollte. 1187
Männer aus fast allen europäischen Ländern, darunter viele Juden, starben hier an Entkräftung durch
Hunger, den Folgen der Zwangsarbeit und Misshand-
lungen.

1998 entstand im Rahmen eines internationalen
Workshops ein **Geschichtslehrpfad,** der euch in ei-

 www.konzentra-
tionslager.de,
www.shoa.de.

▶ In so genannten Konzentrationslagern wurden Personen einge-
sperrt, die der Regierung unbequem oder nur suspekt waren. Die ersten Lager dieser Art gab es in
KONZENTRATIONSLAGER den Kolonialkriegen: 1838
wurden Cherokee Indianer
zwangsinterniert, 1895 wurden von den Spaniern Lager auf Kuba und
1901 von den Engländern während des Burenkrieges in Südafrika errichtet. Unter der Nazi-Herrschaft wurden 1933 die ersten »KZ« eröffnet, bis 1944 gab es Tausende von Vernichtungs-, Konzentrations- und
Außenlagern. In diesen KZ wurden die Menschen nicht nur systematisch erniedrigt und durch unmenschliche Behandlung und harte Arbeit gequält, wie hier in Bisingen, sondern auch millionenfach plan-
mäßig ermordet. ◀

ZOLLERN-ALB

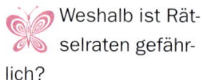 Weshalb ist Rät-
selraten gefähr-
lich?

Weil man sich den Kopf
zerbricht.

nem Rundgang zu den historischen Orten mit Informationstafeln bringt: Vom Bahnhof, wo die Häftlinge
ankamen, führt der Weg zum ehemaligen Lagerge-
lände in der Schelmengasse. Über einen Holzsteg,
der von den jungen Menschen aus aller Welt gebaut
wurde, betritt man den früheren Apellplatz. In der Nähe befinden sich das Ölschieferabbaugebiet und die
Fabrikanlagen. Weitere Stationen sind der KZ-Fried-
hof und das ehemalige Massengrab. Ihr könnt den
Lehrpfad von jedem Ort aus beginnen, eine bestimm-
te Reihenfolge muss nicht eingehalten werden.

Fossilien und Lebensraum heimischer Tiere: Museum im Kräuterkasten

Im Hof 19, 72458 Albstadt-Ebingen. ✆ 07431/16014-
91, 4434, Fax 16014-97. www.museum-albstadt.de.
museen@albstadt.de. **Bahn/Bus:** ↗ Albstadt. **Auto:**
Zentral gelegen. **Zeiten:** Mi, Sa, So, Fei 14 – 17 Uhr.
Preise: 1 €; Kinder bis 14 Jahre freier Eintritt.

▶ Das Museum zeigt die Vor- und Frühgeschichte der
Ebinger Alb von der Altsteinzeit bis zum frühen Mittelalter. Zu den Ausstellungsstücken gehören Funde
aus bronze- und eisenzeitlichen Grabhügeln und
wertvolle Grabbeigaben aus der Alemannenzeit.
In der naturkundlichen Sammlung könnt ihr eindrucksvolle Fossilien aus der Jurazeit bewundern.
Aber auch die wichtigsten Lebensräume der heutigen
einheimischen Tiere werden im Museum gezeigt.

Eins links, eins rechts, eins fallen lassen

Maschenmuseum Albstadt, Wasenstraße 10, 72461
Albstadt-Tailfingen. ✆ 07431/160-1491, 160-1485,
Fax 160-1497. www.museen-albstadt.de. museen@alb-
stadt.de. **Bahn/Bus:** ↗ Albstadt. **Zeiten:** Mi, Sa, So
und Fei 14 – 17 Uhr. **Preise:** 2 €; Kinder bis 14 Jahre
frei.

▶ Wisst ihr, wie sich Unterwäsche aus Wolle anfühlt?
Oder könnt ihr schon selbst stricken? Dann findet ihr
vielleicht das Maschenmuseum interessant, das

vom industriell Gestrickten von 1750 bis heute erzählt. Untergebracht in einem ehemaligen Gebäude der Textilmaschinenfabrik Mayer & Cie, vermitteln die Räume ein wenig die Atmosphäre früherer Arbeitsbedingungen. Hier könnt ihr Maschinen sehen, die alle etwas mit Kleidung zu tun haben, z.B. das Arbeitsgerät der Strumpfweber, Spulmaschinen, Rundwirkstühle und Strickmaschinen. Die meisten Maschinen wurden Mitgliedern des Arbeitskreises Maschenmuseum restauriert, funktionieren noch und werden bei Führungen ins Laufen gebracht. Videovorführungen lassen die Industrieproduktion vergangener Zeiten wieder lebendig werden. Ratespiele und andere Aktionen erleichtern Kindern und Jugendlichen den Zugang zu diesem Thema.

Theater auf der Alb

Theater Lindenhof

Unter den Linden 18, 72393 Burladingen-Melchingen. ✆ 07126/929394, Fax 929395. www.theater-lindenhof.de. info@theater-lindenhof.de. **Auto:** Von ↗ Sonnenbühl-Erpfingen auf der Landstraße nach Süden Richtung Stetten und nach 1,5 km rechts nach Melchingen abbiegen, circa 3 km. **Rad:** Mit dem Rad oder zu Fuß von der Ferienanlage Sonnenmatte in Sonnenbühl – Erpfingen über den Wanderweg 11 etwa 2 – 3 km durch den Wald. **Zeiten:** Herbst – Frühling an 2 – 4 So pro Monat Kindervorstellung. **Preise:**; Kindertheater 4 € (Vorverkauf), 5 € (Abendkasse). **Infos:** Vorbestellung Mo – Fr 10 – 13 Uhr.

▶ Das Theater Lindenhof liegt mitten im kleinen Ort Melchingen, zwischen Kornbühl und Sonnenbühl. Hier befindet sich Schwabens höchste Bühne. Sie liegt 734 m hoch. Das Theater verspricht poetisches Volkstheater, Varieté, Schwäbisch-Literarisches, Ernstes und Vergnügliches und Theaterstücke für Kinder von 3 bis 9 Jahre.

Als Konfektionsware bezeichnet man nach Durchschnittsmaßen seriell gefertigte Kleidung »von der Stange«.

BÜHNE, LEINWAND UND AKTIONEN

Hunger & Durst

Trattoria Theater Lindenhof, Giuseppe Conti. ✆ 07126/ 1033, Di – Fr 17 – 24, Sa 17 – 1, So 11.30 – 24 Uhr. »Kommet vorbei, no sieht mr weiter.«

 **Bali-Kino-Palast,** Bahnhofstraße, 72336 Balingen. ✆ 07433/6333, www.bali-kino.de. Programmansage ✆ 07433/7236, Eintritt 5 €.

ZOLLERN-ALB

Viel Spaß beim Kinderfest

Irma-West-Kinder- und Heimatfest, 72379 Hechingen.
✆ 07471/940-211, 940-214, Fax 940-108. www.irma-west-kinderfest.de. thomas.jauch@hechingen.de.
Bahn/Bus: ↗ Hechingen. **Termin:** 2. Wochenende vor den Sommerferien.

▶ Alt und Jung ist auf den Beinen, wenn Hechingen das Kinderfest feiert. Stadt, Vereine, Schulen und Kindergärten organisieren ein abwechslungsreiches Programm für dieses Wochenende. Viele auswärts lebende Hechinger kommen extra zum Kinderfest in ihre Heimatstadt. Zum Auftakt begibt man sich am Freitagabend zum Festgelände im *Weiher,* am nördlichen Stadtrand. Gutes Essen gibt es heute Abend an den verschiedenen Ständen. Auch ein Vergnügungspark ist aufgebaut. Von Samstag bis Montag wird noch einiges mehr geboten. Für Kinder sind die Spielstraße oder eine Karussellfahrt interessant. Am Samstag findet ein Lampionumzug statt und der Marktplatz ist effektvoll beleuchtet. Den krönenden Abschluss bildet am Montagabend ein großes Feuerwerk.

FESTKALENDER ZOLLERN-ALB

Februar:	Fasnacht, Hechingen, **Faschingsdienstag mit Umzug.**
Mai/Juni:	Albstadt: In den Pfingstferien **Kinderferienprogramm** im badkap.
Juni:	Anfang des Monats, **Künstler- und Kreativmarkt** hinter dem Marktplatz in Balingen.
Juni/Juli:	2. Wochenende vor den Sommerferien, Hechingen, **Irma-West-Kinder- und Heimatfest.**
Juli:	3. Wochenende, Balingen, **Uria-Hoffest.** Info unter www.uria.de.
September:	2. Wochenende, **Töpfermarkt** in Burladingen.
	Ende des Monats, **Herbstfest mit Obstausstellung,** Turn- und Festhalle Weilstetten.

DONAU & HEUBERG

Kurz vor ihrer Grenze im Südwesten legt sich die Schwäbische Alb nochmal mächtig ins Zeug. Dort hat sie die höchsten Gipfel. Gleich zehn Tausender stehen auf engstem Raum beieinander, darunter der Lemberg, mit 1015 m die höchste Erhebung der Alb. In den hohen Lagen gilt das Klima als rau, hier werden im Winter die tiefsten Temperaturen in Süddeutschland gemessen. Und gerade dort ist die Landschaft am beeindruckendsten: Seltene Pflanzen und Tiere können auf einsamen Wanderungen entdeckt werden.

HIER GEHT'S HOCH HINAUS

Frei- und Hallenbäder

TIPPS FÜR WASSER-RATTEN

Freibad Sigmaringen

Roystraße 50, 72488 Sigmaringen. ☏ 07571/106-333, Fax 106-337. www.stadtwerke-sigmaringen.de. service-center@sigmaringen.de. **Bahn/Bus:** Vom Leopoldsplatz beim Bhf ↗ Sigmaringen Bus 4 bis Bilharzschule. **Auto:** Östlich der B313, direkt an der Donau. **Rad:** Vom Bhf über Leopoldsplatz, Josefinenstraße und Feldstraße der Beschilderung folgen. **Zeiten:** Mai – Sep täglich 9 – 20 Uhr, bei schlechtem Wetter schließt das Freibad Mo – Fr um 18 Uhr, Sa, So und Fei um 13 Uhr. **Preise:** 2,50 €, 10er-Karte 22 €; Kinder, Schüler 6 – 17 Jahre 1,50 €, 10er-Karte 12 €.

▶ Aktiv fit halten ist hier der Wahlspruch. Das könnt ihr gut im auf etwa 25 Grad geheizten Wasser des Schwimmerbeckens. Ein Bodenluftsprudler und die Tri-Strahlanlage lassen beim Schwimmen ein schönes Kribbelgefühl entstehen. Im Kinderplantschbecken sorgen Wasserpilz und rosarote Elefantenrutsche für Gaudi. Auf dem Spielplatz gibt es einen Spielturm mitten im Sand. Eine 80 m lange Riesenrutsche verspricht Spaß. Kleiner Tipp: hier können Schwimmabzeichen wie Seepferdchen, Jugendschwimmabzeichen und Schwimmabzeichen in Bronze gemacht werden.

Hunger & Durst
Kiosk auf dem Gelände. Getränke, Eis, Kuchen, Pommes und Anderes für den großen und kleinen Hunger.

DONAU & HEUBERG

Das einfache Leben und Handwerken der Kelten erfahrt ihr hautnah im Freilicht- und Keltenmuseum Heuneburg

Hallenbad Stetten

Hardtstraße 50, 72510 Stetten a.k.M. ℰ 07573/504-2568, Fax -55. www.stetten-akm.de. **Bahn/Bus:** 500 m vom Rathaus in ↗ Stetten entfernt. **Auto:** Im Zentrum von der Albstraße in die Hardtstraße. **Zeiten:** Do und Fr 18 – 20 Uhr, Sa 14 – 17 Uhr, So 9 – 11 Uhr. **Preise:** 1,20 €; Kinder und Jugendliche 0,60 €; Kinder 3 – 6 Jahre nur in Begleitung Erwachsener.

▶ Wenn ihr hier am westlichen Stadtrand zum Schwimmen geht, seid ihr in einem Schwimmbad der Bundeswehr. Das Hallenbad wurde renoviert, sodass ihr in heller, freundlicher Atmosphäre eure Bahnen ziehen, Sprünge üben und nach Herzenslust im Wasser plantschen könnt. Das DLRG-Team veranstaltet Schwimmkurse und ab und zu Spielnachmittage für Kinder.

Badeseen

Baden im Stausee Schömberg

www.oberes-schlichemtal.de. **Auto:** Östlich von ↗ Schömberg über die B27 zu den Parkplätzen. **Rad:** Mai – Okt So und Fei einmal täglich Radwander-Shuttle-Zug von Tübingen und mehrmals von Balingen. **Zeiten:** frei zugänglich, Bootsverleih April – Okt 13 – 19 Uhr (bei schönem Wetter).

▶ Ein Stausee ist auf der wasserarmen Schwäbischen Alb eine Seltenheit. Der lang gestreckte See liegt umsäumt von Wiesen und Wäldern unweit des östlichen Stadtrandes von Schömberg. Vor Urzeiten gab es hier schon einmal Wasser. Viel Wasser, mit Tieren drin. 1975 stieß man beim heutigen See auf drei Riesen-Ammoniten. Das sind Versteinerungen von 200 Mio Jahre alten Kopffüßlern, aus jenem anderen Wasser.

Am Ufer könnt ihr herrlich spielen oder in dem klaren, sauberen Wasser schwimmen und leicht einen ganzen Tag ohne Langeweile verbringen. Radfahrer

Bootsverleih unterhalb des Campingplatzes direkt am See bei Familie Bross, Am Stausee, 72355 Schömberg. ℰ 07427/2120. Hier stehen 25 Ruder-, Tret- und Elektroboote. 1/2 Stunde 5 €, 1 Stunde 8 € für 2 Personen. Geöffnet von Ostern – Okt bei schönem Wetter.

finden spannende Touren durch Wacholderheiden, Wälder und entlang dem Flüsschen Schlichem. Wenn ihr eine Wanderung plant, nehmt doch einen von den »sagenhaften Wegen« rund um den Stausee und ihr werdet allerlei Geschichten erfahren. Über Drachen und abscheuliches Gewürm, verzauberte Jungfrauen und andere sagenhafte Gestalten erzählen Bildtafeln. Ganz in der Nähe liegen das ↗ *Miniaturdorf* und der *Campingplatz.*

Stausee bei Meßstetten

Meßstetten-Oberdigisheim. ☎ 07431/6349-0, Fax -994. www.messstetten.de. stadt@messstetten.de.
Auto: Von ↗ Meßstetten über die L440 nach Oberdigisheim, weiter Richtung Obernheim bis zum oberen Stausee-Parkplatz kurz nach der Abzweigung zum Weiler Geyerbad.
▶ Der Stausee beim Ortsteil Oberdigisheim ist ein beliebtes Ausflugsziel. Im Sommer wird hier gebadet, geplantscht und gespritzt, fremde Luftmatratzen werden geentert und Schlauchboote zum Kentern gebracht. Auch Angler kommen hier auf ihre Kosten. Das Fischen am Stausee ist durch den Erwerb einer Fischereierlaubnis möglich. Parkplätze sowie sanitäre Anlagen sind vorhanden. Eine **Kneippanlage** mit Wassertretbecken und ein 75 m langer **Barfußpfad** sowie ein **Kinderspielplatz** mit Grillstelle runden das Angebot ab.

Ihr könnt den Stausee in 2 Stunden zu Fuß umrunden, ↗ Wanderungen.

Radeln und Skaten

Umrundung des Oberen Schlichemtals mit dem Rad

Touristikgemeinschaft Oberes Schlichemtal, 72355 Schömberg. ☎ 07427/9498-0, Fax -30. www.oberes-schlichemtal.de. sekretariat@gvv-os.de. **Länge:** 37 km, reine Fahrzeit knapp 4 Std. **Bahn/Bus:** ↗ Schömberg. **Auto:** Start und Ziel ist das Schulzentrum.

NATUR SPORT-LICH

DONAU & HEUBERG

▶ Ihr fahrt von der **Haupt- und Realschule** hinunter zum Stausee; dort links oder rechts vorbei zur *Ölmühle.* Von dort aus radelt ihr am Vorsee entlang zur *Oberen Säge.* Direkt dahinter biegt ihr in den Witthau ein und kommt durch einen Wald zur Grillstelle *Honau.* Von dort ist es nicht mehr weit zur **Ottilienkapelle** an der Straße zwischen Weilen und Ratshausen. Hier biegt ihr in den Weg unmittelbar oberhalb der Kapelle links Richtung Ortenberg ein. Ein Teerweg führt aufwärts in den Wald hinein, nach 200 m geht es rechts steil den Hang hinauf. Oben führt der Weg links zunächst eben weiter.

Auf einem schottrigen Weg, dessen Steigung stetig zunimmt, kommt ihr nach knapp 1 km auf Dreiviertel Höhe des *Ortenbergs.* Dort führt der Weg auf ebener Fahrbahn weiter nach Osten. Nach einer abschüssigen Fahrt geht es im spitzen Winkel rechts den Berg hinauf, bis ihr nach längerer Fahrt an einem Waldkreuz vorbei auf die geschotterte Straße von Hausen nach **Obernheim** kommt.

Auf der Hochfläche folgt ihr dem Wegweiser Richtung Tieringen. Etwa 300 m nach der Gabelung müsst ihr euch links halten, bis die Teerstraße auf eine Kuppe ansteigt. Zu Beginn des Anstiegs geht es rechts Richtung *Geyerbad.* Kurz vor dem Weiler ist auf der linken Seite ein schöner **Grillplatz,** wo ihr eine Pause einlegen könnt.

Anschließend fahrt ihr den Weg, den ihr gekommen seid, wieder 2 km bis zur Abzweigung zurück und radelt dann Richtung Tieringen.

In **Tieringen** nehmt ihr zunächst die Lochenpassstraße. Nach 400 m fahrt ihr jedoch rechts in das Feriendorf *Bittenhalde* und dort auf den Matthäus-Koch-Wanderweg. Er führt euch parallel zur Lochenstraße auf den Lochenpass und ins **Lochengründle.**

Beim Grillplatz geht es rechts in den Wald hinein und auf ebener Trasse zum Sattel zwischen *Plettenberg* und *Schafberg* (Spitzkehre nach 3,5 km beachten!). Vor dem letzten Anstieg zum Plettenberg biegt ihr

Der **Grillplatz Lochengründle** ist so schön, dass man hier länger verweilen kann und Konditionsstarke zusätzlich Expeditionen zu Fuß machen können, beispielsweise eine Wanderung zum *Gespaltenen Felsen* und zum *Wenzelstein* (1 knappe Stunde) oder zum *Lochenstein* (1/2 Stunde).

rechts ab, um den Berg nördlich zu umfahren. Auf ebener Strecke erreicht ihr das Zementsträßle unter der Seilbahn. Von dort fahrt ihr Richtung Dotternhausen abwärts und biegt vor dem Bauernhof links entlang der Hochspannungsmasten ein. Nach einem Anstieg geht es im Wald in einer Spitzkehre rechts hinunter zum **Stausee** und zur Schule zurück.

Radtour um Laiz: Der Donau-Achter

Sigmaringen. **Länge:** 15 km, reine Fahrzeit 1,5 Std. **Auto:** ↗ Sigmaringen.

▶ Vom **Bahnhof** in Sigmaringen radelt ihr parallel zur Bahnlinie in Richtung Donau und auf dem befestigten Weg über die *Donaubrücke.* Dann fahrt ihr links leicht bergab auf den **Donau-Radweg** flussaufwärts etwa 3 km bis **Laiz.** An der Hauptstraße biegt ihr rechts ab und radelt dann gleich links auf der Donautalstraße bis zu dem alten Donauarm, dem ihr rechts auf dem befestigten Weg folgt. Nach etwa 1 km müsst ihr am Ende dieses Weges absteigen und das Rad steil hinauf zur Straße ins Donautal schieben. Dann geht es rechts etwa 500 m an der Straße entlang bis der zweite Feldweg nach rechts in den Wald abzweigt. Dieser bringt euch hauptsächlich bergan zu einer Wegkreuzung. Auf einer befestigten Straße fahrt ihr links bis zur Weggabelung und dort rechts bergab zurück in die Ortsmitte von **Laiz.**
Hier überquert ihr auf der Hauptstraße die Donau und biegt an der Ampel hinter der Brücke zuerst links und dann gleich wieder rechts auf eine befestigte Straße ein. Auf dieser kommt ihr über eine weitere

Weithin sichtbar: Das Residenzschloss der Hohenzollern in Sigmaringen

Fahrradhändler und -reparatur in **Sigmaringen:**
Radladen Sattelfest, Burgstraße 10, ✆ 07571/682255.

DONAU & HEUBERG

Fahrradhändler und -reparatur in **Sigmaringen-Laiz:**
Firma Pfaff, Unterdorfstraße 16, ✆ 07571/51946.
Fahrradhandel Kirchner, Römerstraße 9, ✆ 07571/51582.

Bis zu seinem Tod 1998 lebte der 1895 in Heidelberg geborene Ernst Jünger *in diesem Barockhaus aus dem Jahr 1728. Ihr könnt hier die Wohn- und Arbeitsräume des Schriftstellers samt Bibliothek und Käfersammlung besichtigen.*

Jünger-Haus, Stauffenbergstraße 11, 88515 Wilflingen. ✆ 07376/1333. www.juenger-haus.de. Di – Fr 9 – 11 und Fr 14 – 16 Uhr. 1 – 2 Pers 10 €, ab 3 Pers 4 €, Schüler 2 €.

Brücke, folgt dann 1,5 km dem Straßenverlauf an Friedhof und Gehöften vorbei leicht bergauf bis zu einem Feldkreuz. Bei diesem müsst ihr links abzweigen und auf einem unbefestigten Weg ungefähr 1 km geradeaus fahren. Dann geht es links weiter über eine Brücke bis zur Einmündung in eine **Baumallee.** Dort biegt ihr links auf eine Straße ab und radelt erst kurz bergan, dann bergab zurück in die Stadtmitte von **Sigmaringen.**

Radtour Scheer – Blochingen – Wilflingen – Bingen – Ruine Hornstein

Scheer. **Länge:** 38 km, reine Fahrzeit 4 Std. **Bahn/Bus:** ↗ Scheer.

▶ Von der Ortsmitte in **Scheer** müsst ihr gleich hinter der Donaubrücke rechts in Richtung Blochingen abbiegen. Am Ortseingang von **Blochingen** fahrt ihr links nach **Heudorf** und von dort weiter bis Wilfingen. In der Ortsmitte von **Wilflingen** besteht die Möglichkeit zu einem Besuch des **Ernst-Jünger**-Hauses.

Vor dem *Gasthaus Löwen* in Wilfingen fahrt ihr links den Anstieg hinauf und immer geradeaus weiter bis Egelfingen. Am Ortseingang von **Egelfingen** fahrt ihr links bergab und kommt durch den Wald bis Bingen, wo es rechts etwa 2 km auf einem ausgeschilderten Weg zur **Ruine Hornstein** geht. Die Ruine ist frei zugänglich und ihr könnt hier oben prima picknicken. Ihr fahrt zurück nach Bingen und dort rechts weiter nach **Hitzkofen.** In der Ortsmitte biegt ihr zunächst links Richtung Riedlingen, aber nach etwa 300 m rechts in Richtung Heudorf ab. Nach weiteren 1,4 km biegt ihr rechts in eine Teerstraße ein und fahrt auf dieser immer geradeaus. Nach der ersten Linkskurve seht ihr auf der rechten Seite ein Feldkreuz, an dem ihr geradeaus vorbeifahrt. Etwa 2 km geradeaus weiter kommt eine Querstraße. Auf der gegenüberliegenden Seite steht ein großer einzelner Baum; hier biegt ihr links ab. Ihr befindet euch nun schon auf der Straße zurück nach **Scheer.**

Keltentour Mengen Heuneburg — Kloster Heiligkreuztal — Mengen

Mengen. **Länge:** 36 km, gut 3 Std. **Bahn/Bus:** Vom Bhf ↗ Sigmaringen mit der RB Richtung Ulm Hbf. **Auto:** Von Sigmaringen nach Südosten über B32 Richtung Scheer.

▶ Von **Mengen** geht es nordwärts in Richtung Blochingen, bis rechter Hand der Donau-Radwanderweg abgeht (gelbes Schild mit grüner Schrift). Nach der Beurener Brücke müsst ihr etwa 800 m bis zur Straße Beuren-Hundersingen schieben. Dort könnt ihr euch wieder in den Sattel schwingen und bis **Hundersingen** durchradeln.

Ihr fahrt dann weiter in Richtung Binzwangen und kommt nach etwa 3 km an der Grabungsstätte der frühkeltischen ↗ Heuneburg vorbei, wo ihr das *Freilichtmuseum* besichtigen könnt. In **Binzwangen** haltet ihr euch an der Hauptstraße links und fahrt weiter in Richtung Langenenslingen. Nach etwa 1 km geht links ein Radweg in Richtung **Heiligkreuztal** ab. Ihr könnt dort die berühmte *Klosteranlage* mit ihrem Kreuzgang sowie die alte Klosterkirche mit ihren Schnitzereien und Fresken bewundern.

Vom Kloster fahrt ihr zurück an den Ortsanfang von Heiligkreuztal und biegt dort rechts ab. Nach etwa 100 m – hinter einem Brunnen – fahrt ihr links (Südwesten) in den **Wald.** Nun geht es immer geradeaus. Kurz vor dem Waldende geht links ein Weg zum *Hohmichele* ab, dem höchsten Grabhügel Mitteleuropas, der wie die Heuneburg in der Hallstattzeit entstanden ist. Unsere Route führt aber geradeaus weiter.

Am Waldrand radelt ihr auf dem geteerten Weg nach rechts. Ihr lasst den *Dollhof* rechts liegen und fahrt weiter bis **Heudorf.** Hier haltet ihr euch an den Wegweiser nach Scheer. Am Ortsende von Heudorf geht es rechts durch den Wald. In Scheer folgt ihr der B32 in Richtung Mengen. Der Radweg beginnt am Ortsende rechts der Bahnline. Im Mengener Ortsteil **Ennetach,** der als erstes erreicht wird, lohnt sich ein Besuch im ↗ *Römermuseum.*

© Freilichtmuseum und Keltenmuseum Heuneburg

Schmierestehen auf Keltisch: Die Kerle könnten euch auf der Keltentour entgegentreten – wenn das Freilichtmuseum Heuneburg sie gerade im Programm hat

Auf dem Donau-Radweg von Beuron bis Sigmaringen

Beuron. **Länge:** 29 km. **Bahn/Bus:** ↗ Beuron. **Auto:** Startpunkt ist die Buchheimer Straße bzw. Abteistraße in Beuron, Rückfahrt per Zug.

▶ Eine der reizvollsten Teilstrecken des Donau-Radwegs von Donaueschingen nach Passau führt durch das Gemeindegebiet Beurons. Die Streckenführung folgt dem Talverlauf und ist ausgeschildert. Es gibt nur wenige nennenswerte Steigungen, noch nicht so trainierte Radler müssen da wohl auch mal schieben. Alle Orte des Erholungsgebiets sind durch markierte Radwege miteinander verbunden und bieten genügend Einkehrmöglichkeiten. Das sind ideale Voraussetzungen für eine Radtour mit der ganzen Familie.

Die Tour beginnt in **Beuron.** Wer hier zuerst das große ↗ *Benediktinerkloster* mit seiner schön ausgemalten Kirche besichtigen will, muss sich anschließend den Berg hinauf quälen, denn der Radweg verläuft bei Beuron nicht direkt an der Donau, sondern etwas weiter oben entlang den Bahngleisen. Ab der Kreuzung auf der Höhe geht es dafür schön lange immer bergab und ihr habt einen wunderbaren Blick auf das ursprünglich wirkende Tal. Über eine hölzerne Hängebrücke wechselt ihr auf die nördliche Donauseite. Statt die Donauschleife auszufahren, radelt ihr jetzt eine Abkürzung, um bei der nächsten Holzbrücke oberhalb der Eisenbahnbrücke wieder am südlichen Ufer weiterzuradeln. Danach geht es ein kurzer Stück bergauf und vorbei an der Kapelle St. Maurus, die ein bisschen ägyptisch aussieht. Sie wurde hier 1886 zu Ehren des Benediktinermönchs gebaut, der das ↗ *Kloster Beuron* und die *Beuroner Kunstschule* mitbegründet hat. Auf der rechten Seite thront über euch die *Burg Wildenstein* mit ihren gewaltigen Mauern. Geschützt durch die steilen Wände des Donautals, machte die Burg es in früheren Zeiten Angreifern sehr schwer, an sie heranzukommen. Ihr be-

@ Die ganze Donautour ist beschrieben unter www.Fahrrad-Tour.de.

Wenn euch die Strecke zu lang ist, könnt ihr die Tour auch in Inzigkofen beenden und mit dem Zug zurück nach Beuron fahren.

sucht sie besser zu Fuß. In der Wildenstein ist eine ↗ Jugendherberge mit fantastischer Aussicht untergebracht. Ihr radelt links ab und erreicht nach einer Fahrt vorbei an bizarren Felsen den Ort **Hausen im Tal.** Hinter dem **Tennisplatz** folgt ihr rechts einem schönen Waldweg, der mit leichtem Auf und Ab und mit Blick auf das gegenüberliegende Ufer an der Donau entlang führt. Ab der nächsten Donaukehre ist der so genannte *Schaufelsen* zu sehen. Er ist wirklich unübersehbar! Eine entspannende Talabfahrt bringt euch zurück zur Donau und zur *Neumühle,* deren Parkplatz ihr überquert. Nun sind es noch 2 km bis **Thiergarten.** Wenn ihr in dem Ort Rast machen wollt, müsst ihr die Brücke überqueren, ansonsten geht es rechts weiter.

Urlandschaft: Die Donau zwischen Beuron und Sigmaringen

Der Fluss muss sich nun durch enge Schluchten winden. Ihr folgt ihm, wechselt kurz vor einer Eisenbahnbrücke eine ehemalige Grenze und anschießend den Fluss: Auf der linken Seite des Radweges ist ein alter Grenzstein zu sehen mit KP (Königreich Preußen) und GB (Großherzogtum Baden). Schließlich landet ihr in **Gutenstein,** über dem das Schloss Gutenstein thront. Hier müsst ihr bis zur Kirche kräftig strampeln, dann geht's wieder bergab. Der Weg führt euch den Windungen der Donau folgend vorbei an der *Ruine Dietfurt* (in ihrer Mühle könnt ihr einkehren) 70 Höhenmeter hinauf nach **Inzigkofen.** Durch ein Steinportal erreicht ihr das ehemalige *Augustinerinnenkloster,* in dem heute ein Volkshochschulheim ist.

Hunger & Durst

Café-Restaurant Albatros, Buwiesen 10, 72514 Inzigkofen. ✆ 07571/682261. www.restaurant-albatros.info. Di – So 10 – 22 Uhr, Mo (Hauptsaison) 13 – 18 Uhr. Saisonale frische Küche, ausgefallene Salate, regionale Gerichte, Kinderkarte, große Sonnenterrasse.

Zum Verschnaufen eignet sich der Amalienfelsen im nahen *Fürstlichen Park;* der Weg ist mit »Teufelsbrücke« ausgeschildert, und es gibt auch noch Grotten und tolle Aussichtspunkte zu entdecken. Ab Inzigkofen-Kloster könnt ihr die Abfahrt nach **Laiz** genießen, wo ihr eine verkehrsreiche Straße überqueren müsst. Das Donautal weitet sich und weitgehend eben geht es auf das 3 km entfernte **Sigmaringen** zu. Schließlich seht ihr schon die Silhouette des märchenhaften *Hohenzollern-Schlosses,* das auf einem riesigen Felsblock steht. In Sigmaringen habt ihr euch eine Stärkung verdient! Rund um den Marktplatz in der Altstadt findet ihr alles, was euer Appetit begehrt.

Wandern und Spazieren

Die Schlichemquelle: Kleine Rundwanderung auf der Passhöhe

Schömberg. **Länge:** 9 km, reine Gehzeit 2,5 Std. **Auto:** Von ↗ Schömberg über Ratshausen und Hausen i.T. nach Tieringen, weiter auf der L440 Richtung Balingen bis Lochenparkplatz bei der Passhöhe.

▶ Ab dem **Lochenparkplatz** folgt ihr dem Wegzeichen Rotes Dreieck zur nahe gelegenen Passhöhe der L440. Ihr überquert die Straße und kommt gleich darauf zur **Jugendherberge Lochen.** Unmittelbar hinter dem Gebäude beginnt ein Fußweg in Richtung Hörnle. Ihr nehmt diesen Weg und folgt dabei dem Bergrand mit schönen Aussichtspunkten. Nach etwa 1,5 km könnt ihr rechts einen Feldweg erkennen, den ihr über eine Wiese bei einer großen Kiefer erreicht. Auf diesem Feldweg wandert ihr weiter bis ein Schotterbelag beginnt. Ihr folgt rechts dem unbefestigten Weg talwärts und trefft auf einen Schotterweg, der im Halbkreis um das Tal herumführt. Auf der anderen Seite dieses Wegs seht ihr einen Fußweg, der direkt zu der nur noch wenige Meter entfernten **Schlichemquelle** führt. Die Quelle ist gefasst, das heißt, das

Wasser fließt aus einem Rohr in einen Brunnentrog. Ab der Quelle wandert ihr nun auf dem Grasweg entlang der *Schlichem* hinab in die Ortschaft **Tieringen.** Der Rückweg ab Tieringen folgt der Balinger Straße, die unterhalb der **Kirche** beginnt. Dieser folgt ihr bis zur L440. Dort kommt ihr rechts über die Straßen Ross- und Kurzensteige zum Haus Bittenhalde und ins untere **Feriendorf.** Beim Haus *Silberdistel* habt ihr einen schönen Blick ins *Schlichemtal.* Kurz darauf eröffnet sich in die andere Richtung ein toller Ausblick ins *Bäratal.* Ihr könnt jetzt deutlich sehen, dass die zur Donau führenden Täler viel flacher sind als beispielsweise das zum Neckar führende Schlichemtal. Auf dem *Matthias-Koch-Weg* kommt ihr direkt zur **Jugendherberge** zurück. Jetzt müsst ihr nur noch die Lochenstraße überqueren und seid dann wieder beim Lochenparkplatz.

Wanderung rund um den Stausee Oberdigisheim

Meßstetten-Oberdigisheim. **Länge:** 7 km, Gehzeit 2 Std. **Auto:** Von ↗ Meßstetten über L440 nach Oberdigisheim, weiter Richtung Obernheim bis zum oberen Stausee-Parkplatz kurz nach der Abzweigung Weiler Geyerbad. **Infos:** Im Sommer Badesachen mitnehmen.

▶ Ihr verlasst den **Parkplatz** auf dem Fußweg parallel zur K7172, überquert bei der Bushaltestelle die Straße und steigt auf einem schmalen Pfad quer den gegenüberliegenden Hang hinauf. Der Pfad mündet später in einen breiteren Feldweg, dem ihr weiter bergauf folgt. Bei der nächsten Weggabelung nehmt ihr den unteren Grasweg und kurz darauf bei dem Bänkchen den oberen Weg, der am Waldrand entlang führt. Unterwegs könnt ihr den Stausee schön von oben sehen.

Kurz nach dem Eintritt in den **Wald** seht ihr rechts unten die Staubecken der *Oberen Mühle* und die Mühle selbst. Hinter dem Wald geht ihr 10 m rechts den Schotterweg hinab und biegt dann links ein. Auf die-

In der Nähe der Kirche von Tieringen ist eine Linie, die sich Wasserscheide nennt. Diese Wasserscheide zwischen Rhein und Donau verläuft zwar über die ganze Schwäbische Alb, aber hier steht tatsächlich ein Haus, dessen eine Dachhälfte zur Schlichem entwässert und damit zum Neckar und weiter zum Rhein. Das Wasser der anderen Dachhälfte fließt in die Bära, die dann bei Fridingen in die Donau mündet.

Eine Wanderkarte rund um Meßstetten ist bei der Stadtverwaltung für 4 € erhältlich. Kontakt: ✆ 07431/ 63490.

sem Weg, der die meiste Zeit durch den Wald am Hang entlang führt, gelangt ihr ins **Vohtal,** einem romantischen Seitental mit munter plätscherndem Bächlein.

Gleich zu Beginn des kleinen Tals geht ihr rechts über die Brücke und dann rechts vom Bach auf einem Schotterweg ins Tal der oberen *Bära.* An der Einmündung des Vohbachs in die Bära liegt ein interessantes Feuchtbiotop. Links erblickt ihr Tieringen in einem breiten Tal, das nicht von dem heute darin fließenden Bach Bära stammen kann. Die ebenfalls bei Tieringen entspringende Schlichem hat der Bära nicht nur das Wasser abgegraben, sondern auch deren Tal geschaffen.

Hunger & Durst

Gasthaus Grottental,
Familie Stingel, Widumstraße 14, 72469 Meßstetten-Oberdigisheim. ✆ 07436/371. www.grottental.de. Di, Mi, Fr ab 16 Uhr, Sa, So, Mo durchgehend, Do Ruhetag. Großer Biergarten, schwäbische Spezialitäten.

Bei der L440 wandert ihr auf dem Wirtschaftsweg nach rechts bis zum Ortsanfang von **Oberdigisheim.** Dann biegt ihr rechts in die Haselsteige ein und gleich wieder links in die Hindenburgstraße. An deren Ende geht ihr rechts in die Breitenstraße. Dem *Kohlstattbrunnenbach* entlang und auf dem Gehweg der K7172 kommt ihr auf einem Fußweg, der zum **Staudamm** bzw. zum unteren Stausee-Parkplatz führt; rechts kommt ihr zum Badeplatz. Der Weg oberhalb des Sees bringt euch zu einem Grillplatz mit Kinderspielplatz. Über den Weg oberhalb des Parkplatzes kommt ihr zum Ausgangspunkt am oberen **Stausee-Parkplatz** zurück.

Rundwanderung durch den Stadtwald von Sigmaringen zum Nägelesfelsen

Sigmaringen. **Länge:** 9 km, reine Gehzeit etwa 2,5 Std. **Bahn/Bus:** ↗ Sigmaringen. **Auto:** Von der Stadtmitte über Karls- und Antonstraße zur Donaubrücke an der Burgstraße. Auf beiden Flussseiten Parkplätze.

▸ Die Tour beginnt auf der linken Donauseite. Ihr geht bis zur Bahnlinie, unterquert diese, nehmt die Fußgängerbrücke über die B32 und folgt dem Serpentinenweg zum **Mühlberg** hinauf. Dort zweigt ihr bei den Sportplätzen links in die Hohenzollernstraße ein, der ihr bis zum Hohenzollern-Gymnasium folgt. Dort geht ihr durch die Unterführung auf die andere Straßenseite und dort geradeaus weiter bergan. Nach 200 m biegt ihr links zwischen den Stützmauern in einen Fußweg ein, der am Kinderheim Haus Nazareth vorbei bis zum Waldparkplatz führt. Dort haltet ihr euch rechts und bei der nächsten Gabelung wieder rechts bis zum **Nägelesfelsen,** wo es einen schönen Ausblick ins Laucherttal gibt.

Nun geht es links einen schmalen Pfad bergab auf einen befestigten Waldweg, dem ihr nach rechts am Pavillon vorbei folgt. Kurz vor der Asphaltstraße steht ein weißes Kreuz. Dort biegt ihr links in den Waldweg ein. Nach etwa 1 km verlasst ihr in der Talsenke rechter Hand den Wald und geht weiter auf der Asphaltstraße bis zum **Aussiedlerhof** auf der linken Seite. Dort geht es rechts auf einen befestigten Feldweg am Kriegerdenkmal vorbei fast bis zum *Kreuz des Ostens,* einem Vertriebenen-Denkmal. Etwa 100 m vorher beginnt links der Abstieg ins Tal. Über Serpentinen erreicht ihr den Fabrikhof der **Brauerei Zoller-Hof.** Links zwischen dem Verwaltungsgebäude und einer Hecke gelangt ihr auf die Straße und geht rechts bis zur Kreuzung. Dort biegt ihr links ab und nehmt den Fußgängertunnel. An einem Autohaus vorbei kommt ihr zu dem **Bootshaus** an der Donau. Von hier sind es donauabwärts nur noch 200 m bis zum Ausgangspunkt.

Über Wiesen und Felder zur Morgenweide

Sigmaringen. **Länge:** 8 km, Gehzeit gut 2 Std. **Bahn/ Bus:** ↗ Sigmaringen. **Auto:** Von der Stadtmitte auf der Georg-Zimmerer-Straße bis zu den Parkplätzen bei der Stadthalle.

▶ Ihr geht auf der Georg-Zimmerer-Straße bis zur Antonstraße stadteinwärts. Dort biegt ihr rechts ab und wandert nach etwa 200 m gegenüber dem **Runden Turm** die Josefstraße hinauf. Nach dem anstrengen-

© Annette Sievers

Interessante Blüten: Seid ihr viel in der Natur unterwegs und habt schon eine Kamera, könnt ihr euer eigenes Pflanzenbuch anlegen

Hunger & Durst

Brauereigasthof Zoller-Hof, Leopoldstraße 42, 72488 Sigmaringen. ✆ 07571/721-0. Mo – Fr 11.30 – 14 und 17.30 – 22 Uhr, Sa Ruhetag, So nur 11.30 – 14 Uhr. Schwäbische Küche. Die Brauerei produziert auch Limonade.

DONAU & HEUBERG

Hunger & Durst
Ristorante Leopold,
Fürst-Wilhelm-Straße 5,
72488 Sigmaringen.
☎ 07571/14440. Mo –
Sa 10 – 14.30 und
17.30 – 23 Uhr. Medi-
terrane Küche.

den Anstieg kreuzt ihr am **Jägerstüble** die Feldstraße und gelangt geradeaus in die Alte Krauchenwieser Straße. Am **Hohen Kreuz** könnt ihr eine Pause einlegen.

Nach dem Wasserhochbehälter geht es rechts bis zu einem schönen Aussichtspunkt. Danach überquert ihr die L456 und biegt am **Biotop** rechts ab. Am Waldrand entlang und später durch die Felder kommt ihr auf eine Betonstraße, der ihr rechts talabwärts folgt. Nach 300 m führt der Weg im spitzen Winkel nach rechts, vorbei am kleinen Haus der Bodenseewasserversorgung. Nach etwa 100 m biegt ihr links auf den befestigten Feldweg ein. Vor den Leitplanken der B313 geht ihr rechts und nach 400 m links durch einen Tunnel. Ihr steht

© Annette Sievers

Biotop-Freundin: Der Große Blaupfeil ist wie alle Libellen für Menschen vollkommen harmlos

nun direkt vor der Donau und geht rechts auf dem Uferweg am **Freibad** vorbei bis zum Campingplatz. Hier verlasst ihr die Donau nach rechts und erreicht nach 500 m den Ausgangspunkt.

Im Tal der Donau rund um Sigmaringen

Sigmaringen. **Länge:** 9 km, reine Gehzeit 2,5 Std. **Bahn/Bus:** ↗ Sigmaringen. **Auto:** Von der Stadtmitte über Karls- und Antonstraße zur Donaubrücke an der Burgstraße. Auf beiden Flussseiten Parkplätze.

▶ Ihr geht auf der **linken Donauseite** das kurze Stück bis zur Bahnlinie, unterquert diese, nehmt die Fußgängerbrücke über die B32 und folgt dem Serpentinenweg zum **Mühlberg** hinauf. Von dort oben habt ihr einen schönen Blick auf das Sigmaringer Schloss. Auf der Höhe haltet ihr euch immer parallel zur Donau und geht beim ersten Haus die Pfauenstraße hi-

Hunger & Durst
Pizzeria Cilentana,
Mühlbergstraße 8,
☎ 07571/12303. Täglich 11.30 – 14 und
17 – 23.30 Uhr.

nunter. Nach 100 m führt rechts ein Fußweg zur B32. Durch eine Unterführung kommt ihr auf die andere Straßenseite. Über die linke Treppe erreicht ihr die Konviktstraße, die an der Donau entlangführt.

Hinter den Tennisplätzen überquert ihr auf dem **Hedinger Steg** die Donau und biegt bei dem roten Fachwerkhaus (Malteser Stützpunkt) rechts ab und geht dann links durch den Prinzenpark bis zur Fürst-Wilhelm-Straße. Ihr überquert die Straße und geht rechts am **Schloss** vorbei bis zur Donau. Hier haltet ihr euch rechts und geht jetzt am Campingplatz und am **Freibad** vorbei ein gutes Stück donauaufwärts. Über die große Brücke an der L456 wechselt ihr dann auf die andere Donauseite und kommt flussabwärts am **Bootshaus** vorbei zurück zum Ausgangspunkt.

Wanderung rund um das höchste Albdorf durch Wald und Heide

Länge: 7 km, reine Gehzeit 2 Std. **Bahn/Bus:** Bubsheim liegt südöstlich von ↗ Wehingen. **Auto:** Wanderparkplatz am Kirchberg.

▶ **Bubsheim** ist das höchste Dorf auf der Alb. Es liegt 905 m über dem Meeresspiegel. Rundherum breitet sich eine weite Heidelandschaft mit seltenen Pflanzen, weiten Ausblicken, Ruhe und Einsamkeit aus. An der Zufahrt zum Parkplatz folgt ihr nach rechts

Hunger & Durst

Gasthof Traube, Fürst-Wilhelm-Straße 19, 72488 Sigmaringen. ✆ 07571/64510. www.hotel-traube-sigmaringen.de. Warme Küche 11 – 21.30 Uhr.

DONAU & HEUBERG

TAG- UND NACHTGLEICHE

▶ Am 21. März steht die Sonne senkrecht über dem Äquator. Für die Nordhalbkugel beginnt jetzt der Frühling, für die Südhalbkugel der Herbst. An diesem Tag dauern Tag und Nacht gleich lang – genau 12 Stunden. Am 23. September ist es genauso – nur umgekehrt. Nun beginnt für uns der Herbst, während sich die Menschen auf der Südhalbkugel auf den Sommer freuen. ◀

dem Weg, der durch die Wacholderheide am Hang des Kirchbergs führt. Ganz in der Nähe ist der *Fohlenstein.* Zusammen mit dem *Alten Berg* bei Böttingen und dem *Dreifaltigkeitsberg* bildet er ein »keltisches Dreieck«. Mit ihm maßen die Kelten einst die **Tag- und Nachtgleiche.**

Weiter geht es durch einen schönen Eschenhain, durch den ihr abwärts und auf einem Feldweg am Waldrand bis zur Landstraße wandert. Kurz vor dem Bubsheimer Ortseingang folgt ihr dann dem links abgehenden Weg (Grüne Raute). Auch die zweite Linksabbiegung müsst ihr nehmen. Dieser Weg ist ohne Markierung und führt euch zunächst durch freies Feld und durch den Wald zur **Skihütte Wehingen** in der Nähe des Hirschbühls. Ab der Skihütte nehmt ihr den markierten Wanderweg Richtung Bubsheim. Von dort findet ihr leicht zum Ausgangspunkt zurück.

Hunger & Durst

Gasthaus Sonne, Im Dörfle 14, 78586 Deilingen. ✆ 07426/1202. www.Brennerei-Schaetzle.de. Nur So und am 1. Di im Monat geöffnet. Schwäbische Küche.

Rundwanderung: Vier Tausender auf einen Streich

Deilingen. **Länge:** 11 km, Gehzeit rund 3 Std. **Bahn/ Bus:** Deilingen liegt nördlich von ↗ Wehingen. **Auto:** Wanderparkplatz oberhalb des Skilifts an der Straße Deilingen – Obernheim.

▶ Die Rundwanderung führt über mehrere Albgipfel durch ein landschaftlich reizvolles Gebiet mit vielen albtypischen Eigenheiten. Vom Wanderparkplatz folgt ihr zunächst ein kurzes Stück der Straße nach Obernheim. Der Aufstieg Richtung **Ortenberg** (995 m hoch) zweigt links ab. Ihr bleibt immer auf dem Höhenrandweg und gelangt oberhalb eines aufgelassenen Steinbruchs an einen schönen Aussichtspunkt. Der weitere Weg führt euch zur *Deilinger Bergkapelle.*

Der **Rainen** mit seinen 1009 m Höhe liegt linker Hand etwas verborgen im Wald. Die Tausender Rainen, Bol und Wandbühl tragen übrigens Kappen aus *Weißjura Gamma,* die anderen Höhen ringsum Decken aus *Weißjura Beta,* beides sind Arten von Muschelkalk.

Von der Kapelle geht es nach der Überquerung der Straße weiter Richtung Süden zum zweiten Tausender, dem **Bol** (1002 m), den ihr geradewegs überquert. Auf einem Grasweg gelangt ihr zu einem Asphaltweg, dem ihr ein kurzes Stück in Richtung Westen folgt, bevor ihr nach rechts auf den Weg zum **Wandbühl,** dem dritten Tausender (1007 m), einbiegt. Von dort bietet sich ein schöner Blick auf den Ort Tanneck und das Höllentäle.

ber Wiesen gelangt ihr am Waldrand entlang wieder auf den Asphaltweg, dem ihr in nordwestlicher Richtung zum vierten und letzten Tausender dieser Tour folgt, dem **Montschenloch** (1004 m). Dort wendet ihr euch nach Süden Richtung Fernsehturm und geht bis zur Schutzhütte, dann auf dem Fahrweg weiter talwärts bis zur Abzweigung des Hesselbohlwegs, der schließlich in die Gemeindeverbindungsstraße Deilingen – Obernheim mündet, wo der Ausgangspunkt liegt.

Der höchste Gipfel der Schwäbischen Alb: Wanderung zum Lemberggipfel

Gosheim. **Länge:** 5 km, reine Gehzeit 1,5 Std. **Auto:** Gosheim liegt westlich von ↗ Wehingen. Wanderparkplatz an der Straße Gosheim – Wilflingen. **Zeiten:** immer zugänglich.

▶ Die Tour führt von 850 m auf 1015 m Höhe. Dort habt ihr bei gutem Wetter einzigartige Ausblicke vom höchsten Punkt der Schwäbischen Alb. Vom Albvereinsturm könnt ihr bei guter Fernsicht sogar die Gipfel der Alpen erkennen.

Der Aufstieg zum Lemberg ist sehr einfach, ihr müsst nur der Beschilderung »Rundwanderweg 2« folgen. Auf dem Gipfel angekommen, solltet ihr unbedingt den 33 m hohen **Aussichtsturm** mit den Stahltreppen besteigen.

Beim Abstieg könnt ihr den gleichen Weg nehmen oder, wenn ihr noch mehr Lust auf Wandern habt, bei der Wegespinne die Varianten 3 und 4 nehmen, die

Hunger & Durst

Landgasthaus Krone, Hauptstr. 5, 78589 Gosheim. ✆ 07426/ 7917. www.krone-gosheim.de. Mo – So 11 – 14.30, Mo, Di, Do – So 17 – 24 Uhr. Kombination Metzgerei und Gastwirtschaft, schwäbische Küche.

Hunger & Durst

Die **Schutzhütte am Turm** ist So und Fei bewirtschaftet, was durch eine Fahne am Turm angezeigt wird. Info: Manfred Weber, Flackstraße 12/1, 78559 Gosheim, ✆ 07426/7357.

DONAU & HEUBERG

über den Hochberg zum Oberhohenberg mit der Burgruine führen.

Erlebnispark & Winterspaß

Mini, Chen, Lein, Winz & Co

Minidorf, Heinz Koch, Beim Stausee 4, 72355 Schöm-
berg. ℂ 07427/8188, Fax 8288. www.oberes-schli-
chemtal.de. **Bahn/Bus:** ↗ Schömberg. **Zeiten:** April –
Okt Di – So ab 10 – circa 20 Uhr, Nov – März Mi, Do, Fr,
Sa, So und Fei ab 10 Uhr – abends solange es hell ist.
Preise: Eintritt frei; Einzelaktionen wie Ponyreiten oder
Züglefahren usw. für Kinder pro Runde 0,50 €.

▶ Für Kinder ist auf dem Gelände so manches geboten. Da fährt ein kleiner Dampfzug auf Schienen und
ihr könnt ein **Miniaturdorf** mit originalgetreuen Fach-
werkhäusern anschauen. Hier gibt es eine Minigolfanlage, ein Karussell, eine Seilbahn, Miniatur-Fahr-
zeuge und eine Pit-Pat-Anlage. Natürlich fehlt auch
der Streichelzoo nicht. Die Ziegen warten schon am
Zaun und sind ganz wild darauf, von euch gefüttert zu
werden.

Welcher Mann hat
Angst vor der
Sonne?

Der Schneemann.

**Viel Aufwand bedarf es für
ein wenig Rodelspaß ei-
gentlich nicht ...**

© dzt

Skilifte beim »Antoni«

78567 Fridingen a.d.D.. ℂ 07463/1795,
837-22, www.sc-fridingen.de. info@sc-fri-
dingen.de. **Zeiten:** Kinderlift Di – Fr 15 –
17.30, Sa und So 14 – 16.30 Uhr,
Schlepplift Di und Mi 18 – 20.30, Fr 18 –
21, Sa und So auch 14 – 16.30 Uhr. **Preise:** Kombi-Karte Nachmittag und Abend
8,50 €, Nachmittags- oder Abendkarte 6 €,
10er-Karte 5 €; Kinderlift Kombi-Karte
Nachmittag und Abend 5,50 €, Nachmit-
tags- oder Abendkarte 3,50 €, 10er-Karte
3 €.

▶ Kinderlift und Schlepplift mit Flutlicht
und Skikursen.

Natur erleben

Treffpunkt Grün: Das Bootshaus

Stadtverwaltung, 72488 Sigmaringen. ✆ 07571/106-224, Fax 106-177. www.sigmaringen.de. tourismus@sigmaringen.de. **Bahn/Bus:** ↗ Sigmaringen. **Auto:** Vom Bhf über die Fürst-Wilhelm-Straße nach Westen, dann rechts abbiegen in die Burgstraße, über die Donau, gleich links zum Bootshaus.

▶ In Sigmaringen ist das Bootshaus Treffpunkt für Familien und Kinder. Die Grünanlagen mit Spielplätzen und Teich liegen direkt an der Donau. Das Bootshaus ist in den Sommermonaten bewirtschaftet.

Der Naturlehrpfad von Schömberg

Schömberg. ✆ 07427/9498-0, Fax 9498-30. www.oberes-schlichemtal.de. sekretariat@gvv-os.de. **Länge:** 2,5 km, reine Gehzeit 45 Min. **Bahn/Bus:** ↗ Schömberg. **Auto:** Stauseeparkplatz oberhalb der Palmbühlkirche.

▶ Die Themen des Naturlehrpfads sind Geologie, Insekten, Allgemeines über den Wald, einzelne Sträucher und Baumarten, Tiere und Pflanzen. Parallel zum Naturlehrpfad läuft ein **Kinderpfad** mit Tafeln auf Augenhöhe von Kindern. Die Themen auf den Tafeln sind den Gegebenheiten vor Ort angepasst.

Vom Parkplatz wandert ihr zunächst zum **Stausee** hinunter. Ihr geht aber nicht über den Damm, sondern geradeaus an der Bootsanlegestelle vorbei. Dort steht auch schon die erste Tafel, die sich mit Geologie befasst. Ihr erfahrt dort etwas über den Schiefer, der an dieser Stelle besonders gut sichtbar ist. Nach dem Viadukt seid ihr dann bei den **Bienen.** In einem **Wildbienenhaus** könnt ihr auch die Nistplätze ansehen. Gleich daneben ist etwas über die Honigbiene zu erfahren. Hier beginnt auch der Kinderpfad.

Ihr bleibt auf dem Uferweg bis zur Wegespinne. Dort wandert ihr dann links an dem einzel stehenden Wohnhaus vorbei in den Wald. Hier geht es zunächst

UMWELT ERFOR- SCHEN

Wildbienen *nisten lieber in Löchern, die in Hartholz gebohrt sind, als in Weichholz.*

Groß und gelb: Wilde Biene

© Annette Sievers

DONAU & HEUBERG

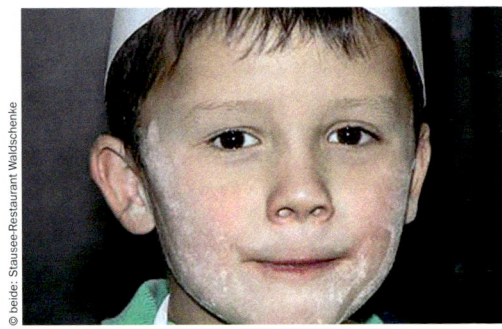

© beide: Stausee-Restaurant Waldschenke

Jaja, wer beim Weihnachtsplätzchenbacken in der Waldschenke zu viel nascht und sich durch einen Mehlbart verrät, wird an den Pranger gekettet!

Hunger & Durst

Stausee-Restaurant Waldschenke, Schömberg. ☎ 07427/8188. Warme Küche Di – So 11 – 22 Uhr. Nov – Feb auch Di Ruhetag. Mit Minidorf, einer Minigolfanlage und einem Streichelzoo mit Ziegen und Ponys, Kinderspeisekarten, Kinderbesteck, Kinderstühle und kinderfreundliche Portionen. Ihr findet Spielzeug und draußen bietet der Kinderspielplatz Bagger.

geradeaus, dann halblinks ansteigend auf die Hochspannungsleitung zu. Geradeaus auf dem Hauptweg kommt ihr nach einem Stück in schönem Hochwald zu einer Lichtung, die 1990 vom Sturm Wiebke geschlagen wurde.

An der nächsten Kreuzung geht ihr zunächst etwa 100 m nach links, dann wieder rechts und steigt in einer Linkskurve zum **Palmbühlkopf** hinauf. Ihr seid jetzt oberhalb von **Waldschenke** und Campingplatz und habt einen schönen Blick auf Schömberg und seine Umgebung. Wenn ihr dem Weg am Waldrand noch ein Stück weiter folgt, kommt ihr zu einem **Spielplatz** mit Feuerstelle. Dort könnt ihr endlich euer Picknick auspacken, grillen, rumtoben oder faulenzen. Anschließend sind es nur noch wenige Schritte zurück zum Stauseeparkplatz.

Erlebniswanderwege Bärenthal

Bärenthal. ☎ 07466/239, Fax 1617. www.baerenthal.de. info@baerenthal.de. **Auto:** Von Tuttlingen auf der Landstraße nach Fridingen, dort links 5 km nach Bärenthal. Parkplatz direkt gegenüber von Rathaus und Kirche, ein weiterer ist am nördlichen Ortsausgang bei der L440.

▶ Auf vier verschiedenen Rundwegen und dem neuen Familienwanderweg könnt ihr die Sehenswürdigkeiten der Gemeinde Bärenthal erleben. Start und Ziel sind immer das **Rathaus** in der Kirchstraße. Geleitet werdet ihr dabei von dem Wappentier der Gemeinde, dem Bären. Die vier Erlebniswanderungen, markiert durch die Farben Grün (7,9 km), Gelb (7,3 km), Rot (10,8 km) und Blau (5,6 km) führen durch schöne Fluren, Wälder, Täler, vorbei an Höhlen, Felsentoren und Schluchten. Unberührte Natur, frische Luft, vielfältige Flora und Fauna sowie Relikte aus vergangener Zeit begegnen euch auf Schritt und Tritt.

Dort, wo sich die **Bära** noch frei durchs Tal bewegt, steht die historische *Schlösslemühle* mit dem einstmals größten, oberschlägigen hölzernen Wasserrad in Europa (Rote Route).

Die traumhafte *Heckenlandschaft Vogelbühl* wird in einem separaten **Heckenlehrpfad** erläutert (Gelbe Route, tangiert auch von der Roten Route): Von der Entstehung der Steinriegelhecken bis zur Ernte von Heckenfrüchten und deren Heilwirkung.

Christliche Symbole wie Wegkreuze und ihre Geschichten werden auf der Gelben und Roten Route beschrieben. Wohl einmalig ist die gehäufte Anzahl christlicher Symbole »am Täle«.

Auf Gnadenweiler wurde zwischenzeitlich die *Kapelle Maria Mutter Europas* errichtet. Sie symbolisiert den Erhalt des Menschen und der Natur durch die Rettung Noahs. Im Bäratal bis zur neuen Kapelle auf Gnadenweiler verläuft ein vielbegangener **Jakobs-Pilgerweg** (Rote und Gelbe Route).

Der Grüne Rundweg führt an den Resten der ehemaligen **Burg Lengenfels** mit der *Lengenfelshöhle* und der *Lengenfelsdurchgangshöhle* vorbei. Funktion, Bauweise und die Rekonstruktion der Burganlage werden beschrieben.

Albärt, der gelbe Bärenkopf, begleitet euch auf dem neuen 3 km langen **Familienwanderweg,** auf dem ihr eine Menge aufregender Dinge entdecken könnt. Es gibt eine Höhle und einen Märchenpark zu erkunden, ihr kommt an einem Wasserfall vorbei und ihr könnt euch im Barfußpark unter den Füßen kitzeln lassen.

Auf Initiative des Bärenthaler Bürgermeisters schlossen sich die Orte Baerenthal in Frankreich, Bärental in Österreich, Bärental in der Schweiz, Bärental am Feldberg und Neubärenthal im Schwarzwald zu den Euro-Bärentalern zusammen. Alle drei Jahre treffen sich die Bären(h)aler abwechselnd in einem der Orte.

 Der **Naturpark-Express** fährt 1. Mai – Mitte Okt Sa, So und Fei 3 x täglich die Strecke Blumberg – Sigmaringen und zurück. Es gelten sämtliche Tickets der DB. Mit der Naturpark-Express-Tageskarte für 22 € könnt ihr einen ganzen Tag lang auf der Strecke fahren. Fahrradmitnahme 3 € pro Tag, im Bereich Sigmaringen – Beuron (Naldo) ist sie kostenlos.

HANDWERK UND GESCHICHTE

Happy Birthday!
Geburtstagskinder (mit Ausweis) haben freien Eintritt.

Informationen zum Naturschutz im Haus der Natur Obere Donau

Wolterstraße 16, 88631 Beuron. ✆ 07466/92800, Fax 928023. www.naturpark-obere-donau.de. naturparkoberedonau@t-online.de. **Bahn/Bus:** ↗ Beuron. **Zeiten:** April – Okt Mo – Fr 9 – 17, Sa und So 13 – 17 Uhr; Nov – März Mo – Fr 9 – 17 Uhr. **Preise:** Eintritt frei.
Infos: Veranstaltungen für Schülergruppen zu Gewässerökologie, Artenschutz, Wald im Naturpark nach Anmeldung.

▶ Im ehemaligen Bahnhofsgebäude von Beuron sind seit 1996 die Geschäftsstellen der Stiftung *Naturschutzzentrum Obere Donau* und des *Naturpark-Vereins Obere Donau* untergebracht. Beide Organisationen setzen sich dafür ein, dass die Schönheit und Einzigartigkeit des Naturparks auch für spätere Generationen erhalten bleibt. Im Haus der Natur kann während der Öffnungszeiten eine von beiden Organisationen gemeinsam konzipierte Dauerausstellung besichtigt werden. Da ihr vielleicht wenig Geduld und Lust habt, eine Ausstellung zu lesen, gibt es auch einiges zum Anfassen und Ausprobieren in der Ausstellung.

Burgen, Klöster und Schlösser

Schlossherrin und Schlossherr von Sigmaringen

Unternehmensgruppe Fürst von Hohenzollern, Karl-Anton-Platz 8, 72488 Sigmaringen. ✆ 07571/729230, Fax 729255. www.schloss-sigmaringen.de. schloss@hohenzollern.com. **Bahn/Bus:** ↗ Sigmaringen. **Zeiten:** Nov – Feb 10 – 15.30 Uhr, März – April 9.30 – 16.30 Uhr, Mai – Okt 9 – 17 Uhr, geschlossen am 24., 25. und 31.12., 1.1. und Faschingsdienstag. Laufend etwa einstündige Führungen, spezielle Themen- und Kinderschlossführungen auf Anfrage. **Preise:** 6 €; Kinder bis 5 Jahre frei, Kinder 6 – 17 Jahre

2,80 €; 2 Erw und 1 Kind 13 €, 2 Erw und maximal 4 Kinder 15 €.

▶ In der Ortsmitte findet ihr, idyllisch an der Donau gelegen, das **Schloss Sigmaringen.** Es ist das Wahrzeichen der Stadt. Aus der mittelalterlichen Ritterburg entstand ein fürstliches Residenzschloss. Wenn ihr vom Donauufer auf das Schloss schaut, könnt ihr euch leicht vorstellen, dass es einmal eine Burg war: Es wirkt wehrhaft und imposant. Im Jahre 1077 wurde die Burg das erste Mal erwähnt. Im 15. Jahrhundert wurde sie zum Schloss ausgebaut. Seit 1535 ist es Sitz der Grafen und späteren Fürsten von Hohenzollern, die zu den ältesten und bedeutendsten Adelsfamilien in Deutschland zählen.

Bei einem Besuch auf Schloss Sigmaringen erfahrt ihr mehr über seine fast tausendjährige Geschichte und das höfische Leben seiner Bewohner. In den vielen Gemächern finden sich Kunstschätze aus neun Jahrhunderten wie Möbel, wertvolle Wandteppiche und Gemälde, Uhren, Miniaturen und Porzellan. Im Marstallmuseum seht ihr Reise- und Jagdwagen, Schlitten und Sänften. Seid ihr im Schloss auf Ent-

Das ist ja allerhand: Da hat einer von der fürstlichen Waffel abgebissen! Bei der Schlossführung wird der Fall unter die Lupe genommen

Führungen speziell für Kinder, wie »Kleider machen Leute« oder die Märchennacht im Schloss. Augen, Nase, Ohren und Hände sind gefragt bei der Spurensuche durch Rittersaal, Schlossküche, Badegemächer und Prunkräume.

DONAU & HEUBERG

deckungstour, sucht mal den Neptunbrunnen. Er ist mit kostbaren Mosaik aus Blaukieseln, Muscheln und Quarzen geschmückt.

Leben wie zu Zeiten der Ritter: Ruine Hornstein

Förderverein Ruine Hornstein e.V., Ruine 1, 72511 Bingen-Hornstein. ✆ 07571/52050, Fax 686077. www.ruine-hornstein.de. info@ruine-hornstein.de. **Auto:** Von der Stadtmitte ↗ Sigmaringen auf der Bingener Straße nach Bingen, dort links ab nach Hornstein, circa 1 km. **Zeiten:** Infos zu Programm und Terminen beim Förderverein oder im Internet. **Preise:** einstündige Führung 2 €; Kinderaktionen pro Kind 1 Std ab 2 €, plus Materialkosten. **Infos:** Von der halbstündigen Führung bis zur Gestaltung eines ganzen Tages können Gruppen aus einem Programm auswählen.

▶ Im Naturpark Obere Donau, ganz in der Nähe Sigmaringens, im wildromantischen Tal der Lauchert, liegt im *Bittelschießer Täle* der kleine Ort **Hornstein.** Zu diesem Ort gehört die **Ruine Hornstein.** Für lange Zeit war sie in Vergessenheit geraten und dem Verfall preisgegeben. Erste Informationen über die Ruine gibt es aus dem Jahre 1247. Im 17. Jahrhundert wurde das Gemäuer umgebaut. Im 19. Jahrhundert war hier die hohenzollerische Irren- und Strafanstalt untergebracht. Seit 1988 kümmert sich der *Förderverein Ruine Hornstein* um die historische Anlage und baut sie teilweise um.

Das Hauptziel der Veranstalter ist es Aktionen für Jugendliche und Kinder anzubieten, die Tradition und Brauchtum vermitteln. Hier könnt ihr den Zauber vergangener Zeiten erleben. Auf dem Programm stehen Kinder- und Erwachsenenführungen durch das Gemäuer, Ritterausrüstung mit Helm und Schild basteln, handwerkliches Arbeiten in der alten Schmiede, Filzen, Lederarbeiten und Papierschöpfen, Bogenschießen, Stockbrot backen und vieles mehr.

Benediktiner-Mönche in Beuron

Klosteranlage, Abteistraße 2, 88631 Beuron.
✆ 07466/17-158, Fax -159. www.erzabtei-beuron.de.
gastpater@erzabtei-beuron.de. **Bahn/Bus:** ↗ Beuron.
Zeiten: 5 – 20 Uhr, Besichtigung außerhalb der Öffnungszeiten.

▶ Die **Erzabtei Beuron** liegt in einem von schroff aufragenden Kalkfelsen umrandeten Talkessel des Oberen Donautals. 1077 wurde es auf den Ruinen eines früheren Klosters als Chorherrenstift von Augustinermönchen gegründet. Nach den Wirren des Dreißigjährigen Krieges wieder aufgebaut, ist die große barocke Anlage mit der 1738 geweihten Kirche weitgehend erhalten geblieben. 1802 wurde das Kloster aufgelöst. Es ging mit allem Land in den Besitz der Hohenzollern über, die 60 Jahre später für eine Neubesiedlung sorgten. Nun zogen Benediktiner ein und brachten ihre eigenen Ideen zur Kirchenkunst mit. Die christliche Kunst sollte »aus dem Naturabklatsch und der Gefühlsgebundenheit« heraus- und hingeführt werden zu einer »der Liturgie würdigen Form«. Heraus kam ein sich stark an der ägyptischen, altchristlichen und byzantinischen Kunst orientierender

Habt ihr in Beuron schon die überdachte Holzbrücke entdeckt? Ein uraltes Schild an ihr gibt den Brückentarif an.

Eingerahmt von mächtigen Felswänden liegt es da: Kloster Beuron

© Benediktiner Abtei Beuron

DONAU & HEUBERG

Stil, der sich als »Beuroner Kunstschule« einen Namen gemacht hat. Die St.-Maurus-Kapelle von 1868 am Donau-Radweg ist ein schönes Beispiel dafür. In die Klosterkirche könnt ihr wundervolle Deckengemälde im Stil des Barock bewundern. In der großen Bibliothek werden altlateinische Bibeltexte erforscht. Zahlreiche Handwerksbetriebe sind wirtschaftliche Stützen des Klosters. Zur Zeit leben in der Gemeinschaft etwa 60 Mönche, von denen circa ein Drittel Priester sind. Wer will, kann sich ihnen für eine gewisse Zeit anschließen.

Museen und Stadtführungen

Heimatmuseum Runder Turm

Tourist Info, 72488 Sigmaringen. ✆ 07571/106-224, Fax -177. www.sigmaringen.de. tourismus@sigmaringen.de. **Bahn/Bus:** ↗ Sigmaringen, zentral gelegen. **Zeiten:** Sa, So und Fei 14 – 17 Uhr, Juli – Sep zusätzlich Mi 14 – 17 Uhr. **Preise:** Eintritt frei.

▶ Der Runde Turm entstand in der Nähe des Schlosses als Wehrturm der alten Stadtbefestigung. An seiner Außenwand könnt ihr die Wappen der Herrscherfamilien sehen. Im Dreißigjährigen Krieg (1618 – 1648) wurde er vermutlich zerstört und nach dem Wiederaufbau als Wohnturm genutzt. Seit 1970 zeigt das Heimatmuseum hier Informationen über die Geschichte der Stadt Sigmaringen.

Römermuseum Mengen-Enntach

Kastellstraße 52, 88512 Mengen-Ennetach. ✆ 07572/ 769504, Fax 769505. www.roemermuseum.mengen.de. roemermuseum@t-online.de. **Bahn/Bus:** Vom Bhf Mengen circa 15 Min zu Fuß. **Auto:** B32/311. **Rad:** Direkt am Donau-Radwanderweg. **Zeiten:** Ende März – Ende Nov Di – So 10 – 18 Uhr. **Preise:** 3 €; Kinder ab 6 Jahre, Schüler 2 €, Schulklassen 1 €/Person, Führungen zum Anfassen 1 Std 22 €, mit Suchaufgaben

Hunger & Durst

Café Schön, Antonstraße 34, 72488 Sigmaringen. ✆ 07571/ 12976, Mo – Sa 8 – 18 Uhr, So 13 – 18 Uhr. Für Kinder stehen kleine Gerichte wie Toast oder Spaghetti mit Soße auf der Speisekarte.

durchs Museum 22 €, Preise für Aktionen pro Person inkl. Material und Betreuung: Römischer Soldat 2,50 €, Freizeitvergnügen der Soldaten 4,50 €, Schreibwerkstatt 4,50 €, auf Schusters Rappen 5,50 €; Familienkarte 7,50 €, Führungen nach Voranmeldung 33 €, Gruppen ab 8 Pers 2 €.

@ Pixus, der kleine Römer-Soldat, erläutert euch auf der Museums-Homepage allerlei aus seinem Leben.

▶ Seit 2001 gibt es in **Mengen-Ennetach** ein **Römermuseum.** Der Grund für seinen Bau war die Ent-

---

▶ Seit dem 19. Jahrhundert wurde das Kastell des »Donaulimes« aus der 2. Hälfte des 1. Jahrhunderts auf dem »Ennetacher Berg« vermutet. Sowohl seine Existenz als auch seine genaue Lage wurden jedoch in der Forschung immer wieder kontrovers diskutiert. Dank der Begehung durch ehrenamtliche Mitarbeiter und die daraufhin folgende geophysikalische Untersuchung durch H. von der Osten (Landesdenkmalamt) konnte die Lage des rund 1,4 ha großen Holz-Erde-Lagers geklärt werden. Die Grabungen des Landesdenkmalamtes, Außenstelle Tübingen, bestätigten 1998 die Messungen: Das Lager besaß eine einfache Tordurchfahrt im Westen mit mindestens zwei vorgelagerten Kastellgräben, wobei zwei Bauphasen festzustellen waren. Um weitere Informationen über die mögliche Innenbebauung und vorgeschichtliche Besiedlung, die sich ebenfalls bereits bei der Prospektion und bei der ersten Grabung zeigten, zu erhalten, wurden 2001 und in diesem Jahr erneut Grabungen auf dem »Ennetacher Berg« durch das Landesdenkmalamt durchgeführt. Über die dazugehörige Kastell-Siedlung ist bislang noch wenig bekannt. Darüber hinaus existierte vom Ende des 1. bis um die Mitte des 3. Jahrhunderts am Fuße des »Ennetacher Berges« in Mengen-Ennetach eine römische Straßensiedlung, auf die man immer wieder bei Baumaßnahmen gestoßen war. Im Zuge des Museumbaus und in der Nachbarparzelle konnten im Jahr 2000 größere Flächen untersucht werden, deren Auswertung allerdings noch nicht abgeschlossen ist. Es gibt hier möglicherweise Hinweise auf eine Schusterwerkstatt, wie Funde von Schuhsohlen und Lederresten belegen. Allerdings besteht derzeit noch keine Erkenntnis über genaue Ausdehnung und Struktur dieser Siedlung. ◀

DAS RÖMISCHE KASTELL

DONAU & HEUBERG

Vorm Römermuseum geht ein **archäologischer Rundwanderweg** ab, auf dem euch 12 Tafeln an Originalschauplätzen Weiteres über das Leben im Altertum verraten. 5,2 km, reine Laufzeit 1,5 – 2 Std, inklusive Lesen der Tafeln circa 3 Std.

Hunger & Durst

Das Café Domus, Kastellstraße 52, 88512 Mengen-Ennetach. ✆ 07572/769506, www.roemermuseum. mengen.de. Während der Museumsöffnungszeiten gibt es hier römisches Essen nach originalen Rezepten aus einem Kochbuch aus dem 2. Jahrhundert. Probiert doch mal »Römerwurst«, »Moretum« (Käsepaste) oder »Fabaciae Virides« (Bohneneintopf).

deckung eines Kastells des Donaulimes aus der 2. Hälfte des 1. Jahrhunderts auf dem Ennetacher Berg. Zwar wusste man schon von der Existenz des Kastells, aber erst 1997 fand man durch Begehungen und Grabungen die genaue Lage heraus. Auch unter dem heutigen Ennetach fand man Spuren römischer Vergangenheit, dort gab es nämlich im 1. – 3. Jahrhundert einen vicus, eine Siedlung. Und schließlich sind im Museum Fundstücke aus der Bronzezeit (16. Jahrhundert v.Chr.) und der keltischen Viereckschanze (2. – 1. Jahrhundert v.Chr.) zusammengetragen. Das Römermuseum befindet sich in einer um 1900 erbauten Scheune, deren Westfront durch einen schicken Glasvorbau ersetzt wurde. Auch drinnen geht es sehr modern zu: 2000 Jahre alte und moderne Müllhaufen, Videos, Hörspiele sowie Schaukästen, bei denen auf Knopfdruck etwas passiert, machen die Geschichtsschau zu einer Attraktion. Fünf Themeninseln geben Einblick in verschiedene Bereiche des römischen Alltags: Handel, Kleidung, Bauwesen, Essen und Trinken sowie Glaube und Jenseits. Bei einer (angemeldeten) Führung dürft ihr vieles anfassen uns selbst ausprobieren. Beispielsweise dürft ihr selbst erspüren wie schwer ein römischer Soldat zu schleppen hatte und welche Kleider römische Kinder trugen. Am Ende eures Besuchs bietet ein verglaster Balkon einen Blick auf den Ennetacher Berg, auf dem sich die Soldaten einst abgerackert haben, und lädt zum *Archäologischen Rundwanderweg* ein.

Bei den Kelten der Heuneburg zu Besuch

Freilichtmuseum und Keltenmuseum Heuneburg, Ortsstraße 2, 88518 Herbertingen-Hundersingen. ✆ 07586/917303, 1679, Fax 917304. www.heuneburg.de. flm.heuneburg@t-online.de. **Bahn/Bus:** Bhf Herbertingen an den Strecken Ulm – Neustadt (Schwarzwald) und Aulendorf – Tübingen. Vom Bhf bis zur Heuneburg gut 1 Std Gehzeit. **Auto:** B311 Ulm – Donaueschingen oder B32 Ravensburg – Hechingen. Die ausgeschilderte Abfahrt liegt zwischen Herbertingen und Mengen. Durch den Ortskern von Hundersingen Richtung Binzwangen, am Heuneburgmuseum vorbei zum Parkplatz. **Zeiten:** April – Nov Di – So 10 – 16.30 Uhr, Juli, Aug 10 – 18 Uhr, Mo geschlossen. **Preise:** Heuneburg oder Freilichtmuseum 3 €, Gruppen 2 € pro Person, Familien 6,50 €, Schulklassen 1,30 €; Heuneburg und Freilichtmuseum 5 €, Gruppen 4 € pro Person, Familien 12 €, Schulklassen 2,50 €; Führungen für Gruppen 1 Std 30 €, 1,5 Std 40 €, Schulklassen 15 €. **Infos:** Handwerks- und Silberschmiedekurse, antike Glasperlenherstellung, Kinderbogenbaukurs, Essen durch die Zeit, Sonderausstellungen, Vorträge und Feste sowie tolle Workshops für Schulklassen.

▶ Die **Heuneburg** ist eine vor- und frühgeschichtliche Höhensiedlung am Oberlauf der Donau. Sie ist strategisch günstig auf einem Bergsporn gelegen, an einem steil abfallendem Ufer zur Donau. Darauf befindet sich ein noch gut erhaltener **Ringwall,** der 300 m lang und bis zu 150 m breit ist. Bei schönem Wetter bietet die Heuneburg einen herrlichen Ausblick auf die Alpen. Die älteste nachgewiesene Besiedlung des Bergsporns gehört in die ausgehende Jungsteinzeit (4./3. Jahrtausend v.Chr.), in der mittleren Bronzezeit (16. – 13. Jahrhundert v.Chr.) wurde die Burg erstmals mit einem Wall und einer Holz-Erde-Mauer befestigt. Aus der späten Bronze- oder Urnenfelderzeit sind die Spuren der Siedlung und Befestigungen nur teilweise erhalten. Eine Blütezeitzeit der Heuneburg war die frühkeltische Zeit, in der die Burg und die zugehörige Außensiedlung ein überregionales Machtzentrum darstellten. Der Fürstensitz Heuneburg war geprägt von einer stadtartig dichten Bebauung, einer Außensiedlung und Grabhügeln für die An-

Begegnung auf dem Wehrgang: Das Freilichtmuseum Heuneburg bringt Leben in die Geschichte

© Freilichtmuseum Heuneburg

DONAU & HEUBERG

Im Museumsshop findet ihr originalgetreue Repliken, antike Spiele, eine große Auswahl an Jugendbüchern und Literatur zum Thema Kelten und Handwerk.

gehörigen der Herrscher. Die Befestigung der Burg bestand aus einer besonderen Mauer: nach Vorbildern aus dem Mittelmeerraum war eine Mauer aus luftgetrockneten Lehmziegeln errichtet worden. Griechische Keramik oder etruskische Schmuckstücke aus Gold weisen darauf hin, dass auch griechische Sitten und Gewohnheiten eingeführt wurden. Ursache für die wirtschaftliche Blüte war vermutlich die Lage der Heuneburg am Fernhandelsweg entlang der Donau. Dieses Zentrum des Handels und Handwerks wurde um etwa 550 vor Christus durch ein Feuer vernichtet. Zwar wurde die keltische Burg wieder aufgebaut, der alte Glanz und Wohlstand kehrte jedoch nicht mehr zurück. Spätestens um 400 v.Chr. endete die keltische Besiedlung auf der Heuneburg.

In den letzten Jahren entstand auf der Heuneburg ein **Freilichtmuseum** mit eine Rekonstruktion eines keltischen Wohnhauses, eines Speichers und eines Werkstatthauses sowie der Lehmziegelmauer. Eine Cafeteria versorgt euch mit warmen und kalten Stoffen für Magen und Kehle.

Das **Heuneburgmuseum,** in der ehemalige Zehntscheuer des *Klosters Heiligkreuztal* in **Hundersingen,** informiert über dieses bedeutende Machtzentrum der Hallstattzeit. Für euch sind dort vor allem die eisenzeitlichen Keramiken und Gebrauchsgegenstände im Obergeschoss sehenswert.

BÜHNE, LEINWAND UND AKTIONEN

Theater und Feste

Naturbühne Steintäle

Naturbühne Steintäle e.V., Franz Baum, Hohenbergweg 9, 78567 Fridingen a. d. D. ✆ 07463/8857, 7814 (Karten), Fax 838852. www.steintaele.de. info@steintaele.de. **Auto:** A81 von Stuttgart, Ausfahrt Tuningen. Über Tuttlingen ist Fridingen zu erreichen. **Zeiten:** Aufführungen Ende Juni – Anfang Sep, nur bei trockener Witterung. **Preise:** Erwachsenenstück 1. Platz 7 €, 2.

Platz 6,50 €; Kinderstück 1. Platz 6 €, 2. Platz 5 €; Kinder Erwachsenenstück 1. Platz 5,50 €, 2. Platz 5 €; Kinderstück 1. Platz 4,50 €, 2. Platz 4 €.

▶ In einem Albtrockental des Donautals oberhalb von Fridingen liegt die Naturbühne Steintäle. Die Kulisse für die Naturbühne mit 400 unüberdachten Sitzplätzen wird von Wald und Felsen gebildet.

Jedes Jahr werden ein Kinderstück und ein Erwachsenenstück aufgeführt. Im Winter finden im Vereinshaus Theaterabende statt, zu denen auch ein Jugendtheaterabend gehört.

Schwäbisch-Alemannische Fasnet

Touristikgemeinschaft Oberes Schlichemtal e.V., 72355 Schömberg. ℰ 07427/9498-0, Fax -30. www.oberes-schlichemtal.de. sekretariat@gvv-os.de.
Auto: An der B27 etwa 10 km von Rottweil und Balingen.

▶ Zu den großen Feiertagen im Jahr zählt in Schömberg und Umgebung die Schwäbisch-Alemannische Fasnet. Sie hat mit ihrem bunten Treiben in der Stadt eine lange Tradition. Während der Fasnetszeit formieren sich über 500 Hästräger auf dem Schömberger Marktplatz zum eindrucks-

Schauerliche Figuren ziehen durch die Stadt und treiben den Winter aus: Die alemannische Fasnet kennt urige Verkleidungen

Foto: Wolfgang Taschner

vollen Narrenumzug mit Polonaise (Fasnetssonntag und -montag) sowie Umzug durch die ganze Stadt (Fasnetsdienstag). Der Kinderumzug ist schon am Schmotzige Donnerstag.

FESTKALENDER

Februar: Fasnetsmontag, Mühlheim: **Bachraiberfasnet**, Umzug der Narrenzunft.

Fasnetsdienstag: **Bräuteln** auf dem Rathausplatz in Sigmaringen.

Mai: Christi Himmelfahrt, Mühlheim: **Höhlenfest** des Schwäbischen Albvereins an der Felsenhöhle.

Ende Mai oder Anfang Juni, Irndorf: **Wettmähen** mit der Sense und Fest.

Juni: 2. So, Mühlheim: **Ulrichsmarkt,** buntes Markttreiben in der Oberstadt.

Juli: 2. Wochenende, Mühlheim-Stetten: **Kesselbachfest** im Dreschschuppen mit der Musikkapelle Mühlheim.

September: In ungeraden Jahren am 1. Wochenende, Mühlheim: **Stadtfest,** Veranstaltung der Mühlheimer Vereine in der Oberstadt.

3. So, Leibertingen: **Wildensteiner Jahrmarkt.**

Oktober: Schömberg: **Leonhardsritt** und Tiersegnung auf dem Palmbühl.

SERVICE ZU DEN ORTEN

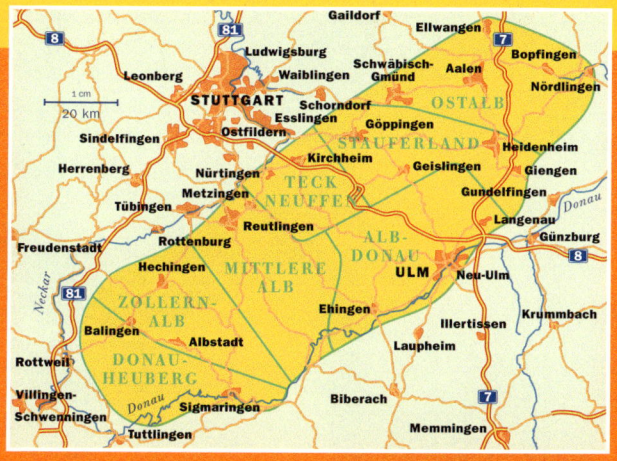

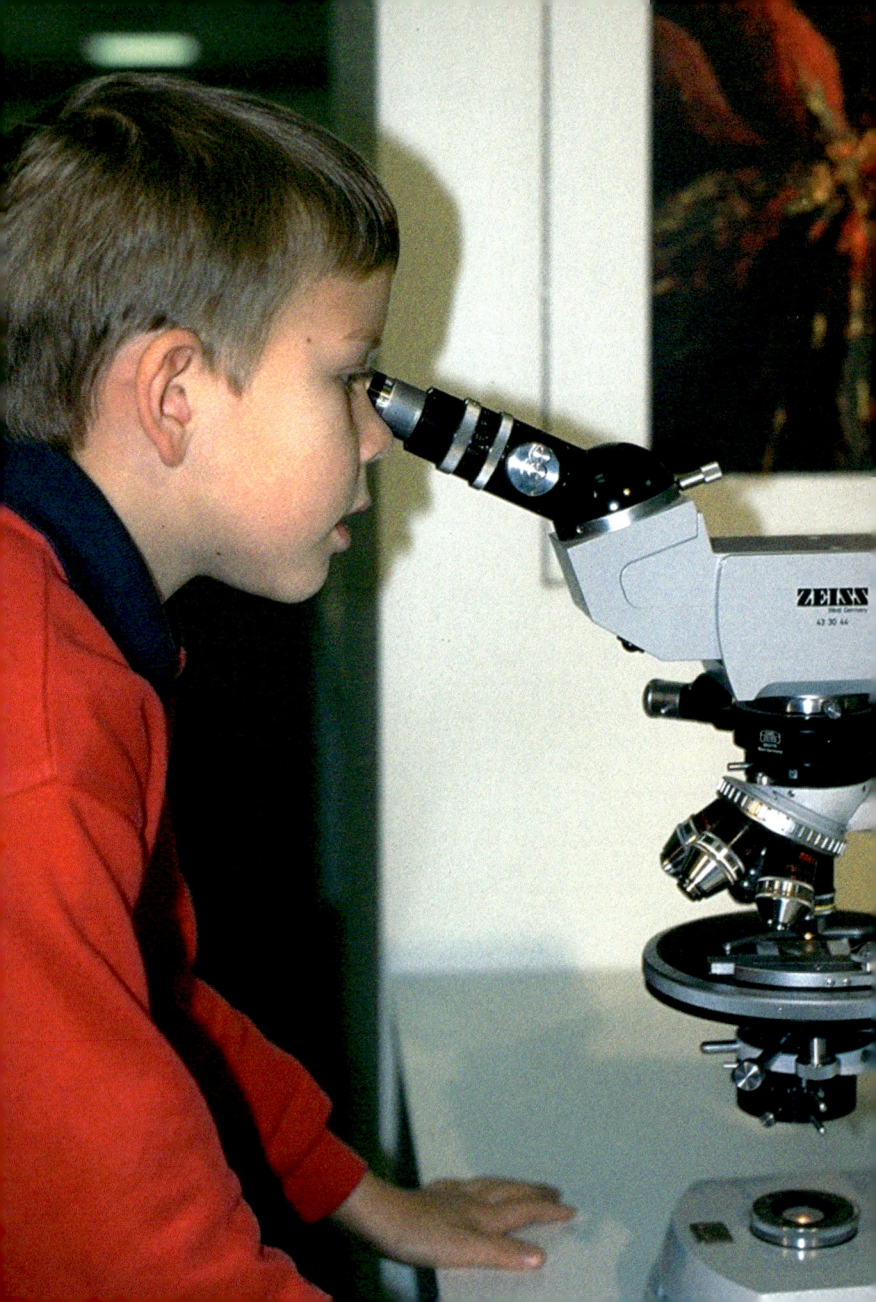

Wer sich aktuell über örtliche Veranstaltungen oder die Region informieren will oder eine Unterkunft sucht, schaut am besten beim Fremdenverkehrsamt oder Verkehrsbüro des betreffenden Ortes vorbei. Die nachfolgenden Ortsbeschreibungen enthalten die Adressen dieser Infostellen sowie Anfahrtsbeschreibungen. Sie sind in der Reihenfolge der geografischen Griffmarken sortiert.

... und Connexions sind alles!

Die folgenden übergeordneten Informationsstellen bieten euch Materialien und Programme für die gesamte Region. Eine tolle Seite mit Links zu allen Verkehrsbetrieben und -verbünden Deutschlands und vielen anderen Tipps zur Reiseplanung ist www.connexions.de.

NABU Landesverband Baden-Württemberg, Tübinger Straße 15, 70178 Stuttgart. ✆ 0711/96672-0, Fax 96672-33. www.nabu-bw.de. nabu@nabu-bw.de. **Preise:** Pro Tour 5 – 7 €; Kinder ab 6 Jahre 2,50 €; Gruppen ab 60 €. ▶ Der NABU bietet geführte Wanderungen und die Gestaltung von Kindergeburtstagen mit einem Alb-Führer an. Festpreis 92 € für 2,5 – 3 Stunden, für NABU-Mitglieder 75 €. Infos unter www.naturgeburtstag.de oder 0711/96672-24.

Mythos Schwäbische Alb, TouristInfo Bad Urach Postfach 1206, 72563 Bad Urach. ✆ 07125/9432-0, Fax 9432-22. www.mythos-schwaebische-alb.de. info@badurach.de.

Schwäbische Alb Tourismusverband, Marktplatz 1, 72574 Bad Urach. ✆ 07125/948106, Fax 948108. www.schwaebischealb.de. info@schwaebischealb.de.

Landratsamt Ostalbkreis, Stuttgarter Straße 41, 73430 Aalen. ✆ 07361/503-0, Fax 1477. www.ostalbkreis.de.

Touristik-Gemeinschaft Stauferland e.V., Marktplatz 37/1, 73525 Schwäbisch Gmünd. ✆ 07171/603-4250, Fax 603-4299. www.stauferland.de. info@stauferland.de. Mit Tourenplänen.

SERVICE ZU DEN ORTEN

Wer alles noch genauer unter die Lupe nehmen will, informiert sich bei den örtlichen Touristinformationen, die oft schöne Pauschalen anbieten

Touristikgemeinschaft Sagenhafter Albuch e.V., Rathaus Bartholomä, Beckengasse 14, 73566 Bartholomä. ✆ 07173/97820-0, Fax 97820-22. www.albuch.de. info@bartholomae.de.

Donaubergland Marketing und Tourismus GmbH Tuttlingen, Bahnhofstraße 123, 78532 Tuttlingen. ✆ 07461/780167-5, Fax 780167-6. www.donaubergland.de. info@donaubergland.de.

Die Ostalb

Aalen

Touristik-Service, Marktplatz 2, 73430 Aalen. ✆ 07361/52-2358, Fax 52-1907. www.aalen.de. touristik-service@aalen.de. **Bahn/Bus:** Sehr gute Bahnverbindung von Stuttgart, Ulm und Nürnberg. **Auto:** Von Westen auf der B29 von Stuttgart über Schwäbisch Gmünd nach Aalen, von der A7 Ulm – Würzburg Ausfahrt 114 Aalen/Westhausen. **Zeiten:** Mo – Fr 9 – 17.30 Uhr, Sa 9 – 12.30 Uhr.

18 qualifizierte Gästeführer zeigen auf individuellen Touren verwunschene Plätze, verborgene Schätze und landschaftliche Leckerbissen.

▶ Die Stadt mit zentraler Lage inmitten der Ostalb lässt in ihren Museen die Geschichte wieder aufleben. Das *Urweltmuseum* zeigt Fossilien aus der Urzeit, das *Limesmuseum* berichtet über die Zeit der Römer und das *Museum Wasseralfingen* über Bergbau und Hüttenbetrieb. Sehr beliebt ist auch der Ausflug ins Erdinnere im Besucherbergwerk *Tiefer Stollen.*

Bopfingen

Touristikverein, Marktplatz 1, 73441 Bopfingen. ✆ 07362/801-22, Fax 801-50. www.bopfingen.de. tourismus@bopfingen.de. **Bahn/Bus:** Stündlich RB Aalen – Nördlingen – Donauwörth. **Auto:** Auf halber Strecke auf der B29 zwischen Aalen und Nördlingen. **Zeiten:** Mo – Fr 8 – 12 Uhr, Di 16 – 17 Uhr, Do 16 – 18 Uhr.

▶ Die Kleinstadt liegt genau an der Stelle, an der die Schwäbische Alb steil zum Nördlinger Ries abfällt.

Nördlich von Bopfingen ragt der auffällige Berg *Ipf* über 200 m hoch auf. Ausgedehnte Wall- und Grabensysteme können dort als Zeugen einer frühen Besiedelung besichtigt werden.

Oberkochen

Tourist-Information, Eugen-Bolz-Platz 1, 73447 Oberkochen. ✆ 07364/27-0, Fax 27-27. www.oberkochen.de. info@oberkochen.de. **Bahn/Bus:** Stündlich RE auf der Strecke Ulm – Heidenheim. **Auto:** A7 Ulm – Würzburg, Ausfahrt 115 Oberkochen, 6 km über die Landstraße und dann 4 km auf der B19. **Rad:** Landesradweg, Kocher-Jagst-Radweg, Brenz-Donau-Radweg »Radorado«. **Zeiten:** Mo – Mi 9 – 11 und 14 – 16 Uhr, Do 9 – 11 und 14 – 18, Fr 9 – 12 Uhr.

▶ Die Kleinstadt ist durch die Optischen Werke von Carl Zeiss auf der ganzen Welt bekannt. Viele Produkte und ihre Anwendung sind im Optischen Museum anzuschauen. Als Ausgleich für die geistige Arbeit gibt es Badespaß im Erlebnisbad *Aquafit* oder eine Wanderung auf dem Karstquellenweg.

Neresheim

Tourist-Information, Hauptstraße 21, 73450 Neresheim. ✆ 07326/8149, Fax 8146. www.neresheim.de. tourist@neresheim.de. **Bahn/Bus:** Busse von Heidenheim/Brenz, Aalen und Dischingen. **Auto:** A7 Würzburg – Ulm, von Norden Ausfahrt 115 Oberkochen, von Süden Ausfahrt 116 Heidenheim. **Zeiten:** Mo – Do 8 – 12 Uhr, Fr 8 – 12.30, Do 14.30 – 17 Uhr.

▶ Der Ort ist umgeben von Trockentälern, Wäldern, Wacholderheiden und Schafsweiden. Die Geschichte von Neresheim begann mit der Alemannenbesiedelung. Fundstücke aus dieser Zeit sind im *Härtsfeldmuseum* ausgestellt. Heute ist das Erscheinungsbild des Orts geprägt durch die barocke Klosteranlage der Benediktinerabtei.

Abtsgmünd

Gemeinde, Rathausplatz 1, 73453 Abtsgmünd.
✆ 07366/820, Fax 8254. www.abtsgmuend.de. info@abtsgmuend.de. **Bahn/Bus:** Vom Bhf Aalen mit Bus 7698, mit guter Verbindung von Stuttgart, Ulm und Nürnberg. **Auto:** B29 von Stuttgart über Schwäbisch Gmünd in Richtung Aalen, in Mögglingen links. **Rad:** Kocher-Jagst und Bühlertal, Leintal. **Zeiten:** Mo – Fr 8 – 12 Uhr, Mo, Di und Do 14 – 16 Uhr, Mi 14 – 18 Uhr.

▶ Mitten in ursprünglicher Landschaft mit weiten Hochflächen, vielen kleinen Weilern und ausgedehnten Wäldern bietet Abtsgmünd Ruhe und Erholung in ländlicher Umgebung. Kinder interessieren sich mehr für die beiden Badeseen in unmittelbarer Nähe.

Hüttlingen

Fremdenverkehrsamt, Schulstraße 10, 73460 Hüttlingen. ✆ 07361/97780, Fax 71220. www.huettlingen.de. info@huettlingen.de. **Bahn/Bus:** Stündlich RE auf der Strecke Ulm – Crailsheim sowie RB auf der Strecke Aalen – Nördlingen. Die Bahnstation für Hüttlingen heißt Goldhöfe, von da sind es 20 Min. **Auto:** A7 Ulm – Würzburg, Ausfahrt 114 Aalen/Westhausen, 2 km weiter über die B19. **Rad:** Direkt am Kocher-Jagst-Radweg. **Zeiten:** Mo – Fr 8 – 12 Uhr, Di 14 – 18.30 Uhr, Do 14 – 16 Uhr.

▶ Die kleine Gemeinde ist Ausgangspunkt für Ausflüge in die nähere Umgebung wie zum Beispiel an den *Bucher Stausee* oder zum Heimatmuseum im Ortsteil Niederalfingen.

Westhausen

Bürgermeisteramt, Jahnstraße 2, 73463 Westhausen. ✆ 07363/84-0, Fax 84-50. www.westhausen.de. info@westhausen.de. **Bahn/Bus:** Stündlich RB auf der Strecke Aalen – Nördlingen – Donauwörth. **Auto:** A7 Ulm – Würzburg, ab Ausfahrt 114 Aalen/Westhausen 1 km über die B29. **Zeiten:** Mo 8 – 12 und 14 – 16, Di – Fr 8 – 12 Uhr, Do 13 – 18 Uhr.

▶ Westhausen liegt am Rande des Härtsfelds in einem Tal des Flüsschens Jagst. Früher führte eine der zahlreichen Römerstraßen am Ort vorbei. Heute noch gibt es in der Gegend Sehenswürdigkeiten von damals wie das angrenzende Erholungsgebiet *Rainau-Buch* mit Stausee und römischen Ausgrabungen.

Lauchheim

Stadtverwaltung, Hauptstraße 28, 73466 Lauchheim. ✆ 07363/850, Fax 8516. www.stadt-lauchheim.de. info@lauchheim.de. **Bahn/Bus:** Stündlich RB von Aalen und Donauwörth. **Auto:** A7 Würzburg – Ulm, Ausfahrt 114 Westhausen. **Zeiten:** Mo – Fr 9 – 12 Uhr, Mo und Mi 14 – 16 Uhr, Do 16 – 18 Uhr.
▶ Die romantische Kleinstadt am Rande des Riesbeckens hat viele historische Gebäude zum Anschauen: So etwa die auffällig große *Kapfenburg,* die das Bild der Landschaft prägt, oder das denkmalgeschützte *Obere Tor* mit dem Heimatmuseum.

Ellwangen

Tourist-Information, Spitalstraße 4, 73479 Ellwangen. ✆ 07961/84303, Fax 55267. www.ellwangen.de. tourist@ellwangen.de. **Bahn/Bus:** RE von Stuttgart, Ulm und Nürnberg mindestens stündlich. **Auto:** Direkt an der A7 Würzburg – Ulm, Ausfahrt 113 Ellwangen. **Rad:** Am Kocher-Jagst-Radweg, sowie Hohenlohe-Ostalb-Radweg. **Zeiten:** Mo – Mi 8 – 12 und 14 – 16.30 Uhr, Do 8 – 12 und 14 – 18 Uhr, Fr 8 – 12.30 Uhr, Mai – Sep auch Fr 14 – 17 und Sa 9 – 12 Uhr.
▶ Die nordöstlichste Stadt der Schwäbischen Alb ist schon von weitem an den hoch aufragenden

Schulbankdrücken in Miniatur: Im Schlossmuseum von Ellwangen sind viele hübsche Puppenstuben zu sehen, www.schlossmuseum-ellwangen.de

© Schlossmuseum Ellwangen

Schlosstürmen zu erkennen. Dieses Schloss ist aus einer mittelalterlichen Burg entstanden. Bei einer Stadtführung werdet ihr mehr darüber erfahren. Rund um Ellwangen laden Badeseen und Naturschutzgebiete zum Erkunden ein.

Schwäbisch Gmünd

iPunkt, Marktplatz 37/1, 73525 Schwäbisch Gmünd. ℡ 07171/603-4250, Fax 603-4299. www.schwaebisch-gmuend.de. tourist-info@schwaebisch-gmuend.de. **Bahn/Bus:** Stündliche Verbindung mit RE auf der Strecke Stuttgart – Aalen. **Auto:** B29 von Stuttgart nach Schwäbisch Gmünd. **Zeiten:** Mo – Fr 9 – 17.30, Sa 9 – 13 Uhr.

▶ An der weitesten Stelle des oberen Remstals liegt die alte Staufer- und freie Reichsstadt. Wenn ihr einen Spaziergang um den lang gestreckten Marktplatz unternehmt, seht ihr Fachwerkbauten aus dem Mittelalter genauso wie barocke Bürgerhäuser und das gotische Heilig-Kreuz-Münster. Am oberen Ende des Platzes steht eine Pfeilerbasilika aus staufischer Zeit. Neben vielen Museen gibt es genug Anreiz für sportliche Aktivitäten. Kindern bereitet der Erlebnisbrunnen auf dem Johannisplatz Vergnügen.

Heubach

Bürgermeisteramt, Hauptstraße 53, 73540 Heubach. ℡ 07173/1810, Fax 18149. www.heubach.de. info@heubach.de. **Bahn/Bus:** Vom Bhf Schwäbisch Gmünd mit Bus 267 Richtung Heubach Post. **Auto:** B29 Schwäbisch Gmünd – Aalen, in Böbingen rechts. **Zeiten:** Mo – Do 8.30 – 11.45 Uhr, Do 14 – 18 Uhr und Fr 8.30 – 12.30 Uhr.

▶ Heubach liegt direkt unterhalb des Steilhangs der Alb. Wahrzeichen ist der *Rosenstein* mit der weithin sichtbaren Burgruine. Bei einer Wanderung in die nähere Umgebung lassen sich zahlreiche Höhlen und Grotten erkunden. Die schönste davon ist die so genannte *Große Scheuer.*

Lorch

Stadtverwaltung, Hauptstraße 19, 73547 Lorch.
℡ 07172/180119, Fax 180159. www.stadt-lorch.de.
info@stadt-lorch.de. **Bahn/Bus:** Stündlich RE auf der
Strecke Stuttgart – Aalen. **Auto:** Direkt an der B28
Stuttgart – Aalen oder über die B297 von Göppingen.
Zeiten: Mo – Mi 8 – 12 Uhr, Fr 8 – 12.30, Mi 14 – 16,
Do 14 – 18 Uhr.
▶ Die Stadt liegt im mittleren Remstal am Fuße der
Schwäbischen Alb. Reizvoll ist die landschaftlich
schöne Umgebung, insbesondere im nördlich der
Stadt gelegenen *Welzheimer Wald.* Einst lebten hier
die Römer, später war es geistiges Zentrum der
Staufer.

Die Staufer waren ein schwäbisches Fürstengeschlecht. In der Zeit von 1138 bis 1254 kamen die deutschen Könige und Kaiser aus dieser Familie.

Nördlingen

Tourist-Information, Marktplatz 2, 86720 Nördlingen.
℡ 09081/84116, Fax 84113. www.noerdlingen.de.
tourist-information@noerdlingen.de. **Bahn/Bus:** ↗ Aalen mit der RB Richtung Donauwörth. **Auto:** Über B28,
von Norden über B466. **Zeiten:** Nov – Ostern Mo – Do
10 – 17, Fr 10 – 15.30 Uhr, Ostern – Nov Mo – Do 10 –
18, Fr 10 – 16.30, Sa und Fei 10 – 14 Uhr, Mai – Sep
15 Mio Jahren die Umgebung So 10 – 14 Uhr.
▶ Nördlingen ist ein alt ehrwürdiges Städtchen, das
sich bis heute sein mittelalterliches Aussehen be-
wahrt hat. Toll ist, dass die Stadtmauer noch vollständig erhalten und rundum begehbar ist. Für Kinder gibt es einen Kinderstadtplan von Nördlingen. Bekannt ist das Städtchen wegen des Meteoriten, der
vor 15 Mio die Umgebung geprägt hat, ↗ *Rieskratermuseum.*

Nördlingen hat ein tolles Touris-
muskonzept, ein Klick
auf die Internetseite
lohnt bestimmt!

Nattheim

Bürgermeisteramt, Fleinheimer Straße 2, 89564 Nattheim. ℡ 07321/97840, Fax 978432. www.natt-
heim.de. info@nattheim.de. **Bahn/Bus:** Vom ZOB Heidenheim, wo der nächste Bahnhof ist, Bus 7694 oder
50. **Auto:** A7 Würzburg – Ulm, Ausfahrt 116 Heiden-

heim. **Zeiten:** Mo, Di, Do und Fr 9 – 12 und 15 – 18 Uhr, Mi 15 – 18 Uhr.

▶ Der Ort liegt inmitten schöner Landschaft am Südwestrand des Härtfelds. Von dort aus kann man schöne Radtouren starten und sich hinterher im *Ramensteinbad* austoben.

Stauferland

Göppingen

i-Punkt im Rathaus, Hauptstraße 1, 73033 Göppingen. ✆ 07161/650-292, Fax 650-299. www.goeppingen.de. ipunkt@goeppingen.de. **Bahn/Bus:** Göppingen ist Haltepunkt für RE und RB auf der Strecke Stuttgart – Ulm. **Auto:** Auf halber Strecke an der B10 zwischen Stuttgart und Ulm oder A8 Stuttgart – Ulm, Ausfahrt 58 Aichelberg. **Zeiten:** Mo – Mi, Fr 9 – 17, Do 9 – 18, Sa 9 – 12 Uhr.

▶ Einst war die Stadt Stammsitz eines der bedeutendsten mittelalterlichen Geschlechter, der Staufer. In reizvoller Umgebung, in Sichtweite der drei Kaiserberge *Hohenstaufen, Rechberg* und *Stuifen* an der Fils gelegen, kann man von Göppingen aus gut zu Fuß oder mit dem Fahrrad in die Natur starten.

Eislingen/Fils

Stadtverwaltung, Hauptstraße 61, 73054 Eislingen. ✆ 07161/804266, Fax 804298. www.eislingen.de. stadtinfo@eislingen.de. **Bahn/Bus:** Von Göppingen Bhf Bahn R1 oder Bus 6. **Auto:** B10 Stuttgart – Ulm direkt bei Göppingen, oder A8 Stuttgart – Ulm, Ausfahrt 58 Aichelberg. **Zeiten:** Mo, Di und Do 8.30 – 11 Uhr, Di 14 – 16, Do 14 – 17.30, Fr 8.30 – 12 Uhr.

▶ Die schöne Lage macht die Stadt an der Fils für Wanderungen in der näheren Umgebung interessant. Eine Alternative bei schlechtem Wetter ist ein Besuch im Hallenbad.

Märklin Erlebniswelt, Reutlinger Straße 2, 73037 Göppingen. ✆ 07161/608289. www.maerklin.de. Mo – Sa 10 – 19 Uhr, So siehe Internet. Eintritt frei. Neben Zügen von Märklin und Trix sind 600 historische Modelle von 1891 bis heute zu sehen. Im Garten drehen Maxi-Züge ihre Runden. pmv wünscht der Märklin Erlebniswelt ein langes Leben!

Donzdorf

Tourist-Info, Schloss 1 – 4, 73072 Donzdorf.
✆ 07162/922-301, Fax 922-521. www.donzdorf.de.
stadt@donzdorf.de. **Bahn/Bus:** Stündlich RB und RE
auf der Strecke Göppingen – Ulm. **Auto:** Von der B10
Stuttgart – Ulm in Süßen abbiegen. **Zeiten:** Mo – Fr 8 –
12 Uhr, Mo, Di und Do 14 – 16.30, Mi 14 – 18 Uhr.
▶ Die Stadt am Fuße der Schwäbischen Alb im Lautertal verfügt über mehrere Freizeiteinrichtungen.
Derzeit wird in der Lokalen Agenda 21 ein Tourismus-
konzept entwickelt, in dessen Rahmen auch Angebote speziell für junge Familien geschaffen werden.

Bad Boll

Bad Boll Info, Hauptstraße 94, 73087 Bad Boll.
✆ 07164/147800, Fax 902309. www.bad-boll.de. in-
fo@bad-boll.info. **Bahn/Bus:** Ab Bhf Göppingen Bus 20
und 33. **Auto:** A8 Stuttgart – Ulm, ab Ausfahrt 58 Aichelberg 5 km Landstraße. **Zeiten:** Mo – Fr 9 – 12 Uhr.
▶ Der kleine Kurort mit seiner Jahrhunderte alten
Schwefelquelle im Thermal-Mineralbad liegt im Vorland der Filsalb. Die Umgebung ist ländlich geprägt
mit Streuobstwiesen, Buchenwäldern und dem *Naturschutzgebiet Teufelsloch.* Hier findet ihr entlang
dem Albtrauf ein abwechslungsreiches Wandergebiet
mit guten Aussichtpunkten. Mit etwas Glück entdeckt
ihr seltene Vögel wie Neuntöter, Habicht oder
Schwarzspecht.

April – Okt könnt
ihr im Jurafango-
werk Bad Boll an jedem
1. und 3. Fr 14 – 17 Uhr
nach Versteinerungen
suchen. Diese dürft ihr
mit nach Hause neh-
men. Kinder 2 €, Erw
3 €. Anmeldung und
Info bei ↗ Bad Boll Info.

Adelberg

Bürgermeisteramt, Vordere Hauptstraße 2, 73099
Adelberg. ✆ 07166/91011-0, Fax 91011-3. www.adel-
berg.de. gemeinde@adelberg.de. **Bahn/Bus:** S-Bahn
Stuttgart – Schorndorf und Bus nach Adelberg oder mit
RE von Stuttgart oder Ulm nach Göppingen und von
dort mit dem Bus. **Auto:** B10 Stuttgart – Ulm auf halber
Strecke in Göppingen auf die B297 und hinter Rech-
berghausen 3 km Landstraße nach Adelberg. Oder B14
bei Fellbach auf die B29 nach Schorndorf und 7 km

© Adys Spieleland

Vom Ballpool verschluckt: Adys Spieleland in Adelberg bietet auch bei schlechtem Wetter Abwechslung

Landstraße nach Adelberg. **Zeiten:** Mo – Fr 10 – 12 Uhr, Di 14 – 16, Do 16 – 18 Uhr.

▶ Die Gemeinde liegt im östlichen Schurwald, bei Hohenrechberg und Hohenstaufen. Das Kloster von Adelberg mit Ulrichskapelle und Klostervilla ist einen Besuch wert. Für Kinder gibt es im Klosterpark Adelberg die Möglichkeit zum Schwimmen, Eislaufen und Skaten.

Wäschenbeuren

Gemeindeverwaltung, Manfred-Wörner-Platz 1, 73116 Wäschenbeuren. ☎ 07172/92655-0, Fax -19. www.waeschenbeuren.de. info@waeschenbeuren.de. **Bahn/Bus:** Göppingen ZOB, Lorch und Schwäbisch Gmünd Bus 11 oder 12. **Auto:** Von der B29 Stuttgart – Aalen in Lorch ab oder über die B297 von Göppingen. **Zeiten:** Mo – Do 9 – 12, Fr 9 – 12.30, Mi 16 – 18 Uhr.

▶ Die eigentliche Attraktion des kleinen Ortes ist das nahe gelegene *Wäscherschloss.* Von dort hat man eine schöne Sicht auf die drei Kaiserberge Hohenstaufen, Rechberg und Stuifen.

Geislingen an der Steige

Bürgerservice/Stadtinformation im Schubarthaus, Schlossgasse 3, 73312 Geislingen an der Steige. ☎ 07331/24-279, Fax -284. www.geislingen.de. touristinfo@geislingen.de. **Bahn/Bus:** Stündlich RE auf der Strecke Stuttgart – Ulm. **Auto:** Nahe der B10 Stuttgart – Ulm. **Zeiten:** Mo – Fr 8 – 12, Mo 14 – 17, Do 14 – 18 Uhr.

▶ Die Stadt liegt in einem Talkessel, in dem fünf Albtäler zusammentreffen. Bekannt ist Geislingen durch die WMF und den in den 1850er Jahren angelegten Albaufstieg der Eisenbahn. Noch heute ist die Fahrt über die *Geislinger Steige* spannend!

Waldstetten

Bürgermeisteramt, Hauptstraße 1, 73550 Waldstetten. ☎ 07171/4030, Fax 44418. www.waldstetten.de.

info@waldstetten.de. **Bahn/Bus:** Mehrmals täglich Bus aus Schwäbisch Gmünd. **Auto:** Von der B29 Stuttgart – Aalen in Schwäbisch Gmünd oder von der B10 Göppingen – Ulm in Donzdorf abbiegen. **Zeiten:** Mo – Fr 9 – 12 Uhr, Mo und Do 14 – 16.30, Mi 14 – 18 Uhr.

▶ Umgeben vom Schwäbischen Wald, den Dreikaiserbergen und der Schwäbischen Alb, bietet Waldstetten zu jeder Jahreszeit Erholungsmöglichkeiten.

Niederstotzingen

Tourist-Information, Im Städtle 26, 89168 Niederstotzingen. ✆ 07325/1020, Fax 10236. www.niederstotzingen.de. info@niederstotzingen.de. **Bahn/Bus:** Stündlich RE auf der Strecke Ulm – Crailsheim. **Auto:** A8 Stuttgart – München, Ausfahrt 67 Günzburg auf B16 nach Günzburg, kurz hinter Donaubrücke links ab, oder A7 Würzburg – Ulm, Ausfahrt 118 Niederstotzingen. **Zeiten:** Mo – Mi 8 – 12 und 14 – 16 Uhr, Do 15 – 19, Fr 8 – 13 Uhr.

▶ Die Stadt liegt am Übergang von der Schwäbischen Alb zur Donauniederung. In der Umgebung finden sich Zeugnisse aus der Urzeit sowie von den Kelten, Alemannen und Römern. So haben Forscher in den nahe gelegenen *Vogelherdhöhlen* 35.000 Jahre alte Elfenbeinschnitzereien gefunden. Viele Kinder freuen sich jedes Jahr auf das Ritterturnier im *Gut Stetten.*

Heidenheim an der Brenz

Tourist-Information, Elmar-Doch-Haus, Hauptstraße 34, 89522 Heidenheim an der Brenz. ✆ 07321/327-4910, Fax 327-4911. www.heidenheim.de. tourist-information@heidenheim.de. **Bahn/Bus:** Stündlich RE auf der Strecke Aalen – Ulm. **Auto:** A7 Würzburg – Ulm, Ausfahrt 116 Heidenheim. **Zeiten:** Mo – Fr 9 – 17 Uhr, Sa 9 – 13 Uhr.

▶ Die landschaftliche Umgebung der Stadt ist geprägt von artenreichem Trockenrasen und ausgedehnten Mischwäldern. Die waldreiche Kommune liegt auf uraltem Siedlungsboden. Der Freizeitpark

Kinderstadtführungen sind bei der Tourist-Information ganzjährig buchbar, 1 Std 35 €, max. 25 Pers, 1,5 Std 50 €. Ihr könnt euch von der Knöpfleswäscherin oder einem Edelmann auf eine Reise durch die Vergangenheit Heidenheims entführen lassen.

und das *Schloss Hellenstein* sind ein beliebtes, stadtnahes Ausflugsziel. Bei Regenwetter bietet sich ein Besuch im Hallenfreizeitbad *Aquarena* an.

Giengen an der Brenz

© HöhlenErlebnis-Welt

i-Punkt, Marktstraße 9, 89537 Giengen an der Brenz. ☎ 07322/952-2920, Fax 952-1111. www.giengen.de. tourist-info@giengen.de. **Bahn/Bus:** Stündlich RE auf der Strecke Aalen – Ulm. **Auto:** A7 Würzburg – Ulm, Ausfahrt 117 Giengen. **Zeiten:** Mo, Di, Mi 9 – 13, 14 – 16 Uhr, Do 9 – 16, Fr 9 – 13 Uhr. Sa (April – Sep) 10 – 13 Uhr, Infofoyer täglich 8 – 20 Uhr geöffnet.

▶ Giengen liegt eingebettet in das weite Tal der Brenz. Es ist umgeben von den sanften Höhenzügen der Ostalb. Im Stadtbezirk Hürben liegt eine der längsten *Schauhöhlen* Süddeutschlands, die Charlottenhöhle mit der angeschlossenen HöhlenErlebnis-Welt. In der Innenstadt könnt ihr die zwei ungleichen Türme der Stadtkirche bestaunen. Für Kinder ist in Giengen *Das Steiffmuseum* besonders interessant.

Effektvoll ausgeleuchtet: Stalagmit in Giengens Tropfsteinhöhle

Herbrechtingen

Verwaltung, Lange Straße 58, 89542 Herbrechtingen. ☎ 07324/955-0, Fax 955-140. www.herbrechtingen.de. info@herbrechtingen.de. **Bahn/Bus:** Stündlich RE auf der Strecke Ulm – Aalen. **Auto:** A7 Würzburg – Ulm, Ausfahrt 117 Giengen/Herbrechtingen. **Zeiten:** Mo – Fr 8 – 12 Uhr, Mi 14 – 18 Uhr.

▶ Die Geschichte von Herbrechtingen am Rande der Heidenheimer Alb ist eng mit dem *Kloster Herbrechtingen* verbunden, dem einstigen geistigen und kulturellen Mittelpunkt des Brenztals. Landschaftlicher Höhepunkt ist das Naturschutzgebiet *Eselsburger Tal* mit seinen steinernen Jungfrauen.

Steinheim am Albuch

Verkehrsamt, Hauptstraße 24, 89555 Steinheim am Albuch. ☎ 07329/960-60, Fax 960-670. www.steinheim-am-albuch.de. info@steinheim-am-albuch.de.

Bahn/Bus: Von Heidenheim Bhf Bus 30 bis Haltestelle Brünnele. **Auto:** B19 Aalen – Heidenheim in Königsbronn ab. **Zeiten:** Mo, Di und Do 8 – 12 Uhr, Fr 8 – 13, Di 14 – 16, Mi 14 – 18 Uhr.

▶ Heideflächen prägen das Landschaftsbild auf dem Albuch. Unmittelbar nördlich des Stubentals öffnet sich das fast kreisrunde, durch Meteoriteneinschlag entstandene *Steinheimer Becken.* Es liegt circa 150 m tiefer als die Albhochfläche. All diese Gegebenheiten werden im *Meteorkrater-Museum* erläutert und sind außerdem auf dem geologischen Wanderweg im Steinheimer Becken zu erkunden. Sehenswert ist auch das nahe gelegene *Wental* mit seinen bizarren Dolomitfelsen.

Böhmenkirch

Bürgermeisteramt, Hauptstraße 100, 89558 Böhmenkirch. ✆ 07332/96000, Fax 960040. www.boehmenkirch.de. gemeinde@boehmenkirch.de. **Auto:** An der B466 zwischen Donzdorf und Heidenheim. **Zeiten:** Mo – Fr 8 – 12 Uhr, Mi 14 – 16.30, Do 16 – 18 Uhr.

▶ Die Albgemeinde liegt am westlichen Rand des Albuchs. Im Roggental nahe Böhmenkirch befindet sich ein großes Naturschutzgebiet. Ausgedehnte Buchen- und Nadelwälder bestimmen das Landschaftsbild. Geradezu ein Markenzeichen sind die vielen uralten Linden, die häufig an Weggabelungen und markanten Punkten stehen.

Alb-Donau-Kreis

Heroldstatt

Bürgermeisteramt, Am Berg 1, 72535 Heroldstatt. ✆ 07389/9090-0, Fax 9090-90. www.heroldstatt.de. info@heroldstatt.de. **Bahn/Bus:** Münsingen Bhf Bus 335, von Laichingen Bus 365. **Auto:** A8 Stuttgart – Ulm, Ausfahrt 61 Merklingen, dann 10 km Landstraße über Laichingen oder B28 Tübingen – Ulm ab Feldstet-

ten 5 km Landstraße. **Zeiten:** Mo – Fr 8 – 11.30 Uhr, Do 14 – 18.30 Uhr.

▶ Der kleine Ort liegt mitten auf der Schwäbischen Alb. Die flachen Hügel sind hier sanft gewellt, deshalb spricht man auch von der Kuppenalb. Südöstlich von Heroldstatt liegt die *Sontheimer Höhle,* die älteste Schauhöhle Deutschlands.

Amstetten

Bürgermeisteramt, Lonetalstraße 19, 73340 Amstetten. ✆ 07331/3006-0, Fax -99. www.amstetten.de. bma@amstetten.de. **Bahn/Bus:** Von Göppingen und Ulm mit der R1. **Auto:** An der B10 Göppingen – Ulm etwa auf halber Strecke. **Zeiten:** Mo – Fr 8.30 – 12 Uhr, Mo 14.30 – 18, Do 14 – 16 Uhr.

▶ Das Örtchen liegt am oberen Ende der *Geislinger Steige.* Es ist umgeben von Wäldern und Wacholderheiden. Am Bahnhof von Amstetten könnt ihr die Entwicklung von der Bimmelbahn zu einer wichtigen deutschen Hauptstrecke sehen. Angefangen von zwei Bummelzügen, die an bestimmten Tagen auf Nebenstrecken fahren, bis hin zum vorbeirasenden ICE ist hier alles vertreten.

Ulm

Tourist-Information, Münsterplatz 50, 89073 Ulm. ✆ 0731/161-2830, Fax -1641. www.tourismus.ulm.de. info@tourismus.ulm.de. **Bahn/Bus:** Stündlich ICE auf der Strecke Stuttgart – München sowie RE auf der Strecke Ulm – Friedrichshafen und Ulm – Aalen, über Adenauerbrücke von Ulm nach Neu-Ulm, links auf die Wiblinger Straße abbiegen. **Auto:** A8 Stuttgart – München oder A7 Würzburg – Kempten. **Rad:** Am Donau-Radweg Donaueschingen – Passau – Wien. **Zeiten:** April – Okt Mo – Sa 9 – 18 Uhr, So, Fei 11 – 15 Uhr, Nov – März Mo – Fr 9 – 18 Uhr, Sa 9 – 16 Uhr.

▶ Am südlichen Rand der Schwäbischen Alb, an der Donau, liegt die Universitätsstadt Ulm. Hier steht eine der größten gotischen Kirchen Deutschlands, das

In Ulm gibt es in den Pfingst- und Sommerferien **Erlebnisführungen für Kinder**. 90 Min lang folgt ihr dem Schnabelschuh oder reist ins Mittelalter. Für Kinder 6 – 12 Jahre 4 – 6,50 €.

Ulmer Münster mit dem höchsten Kirchturm der Welt. Sehenswert ist das mittelalterliche Fischerviertel an der Blau. Hier findet ihr viele Fachwerkhäuser, verwinkelte Plätze und enge Gassen. Ulm hat eine Reihe interessanter Museen, darunter das *Museum der Brotkultur* und die *Kunsthalle Weishaupt.* An der Donau kann man spazieren gehen, am Ufer sitzen oder mit dem *Ulmer Spatz* eine Schiffsrundfahrt machen.

© dzt

Zeigt Flagge: Ulmer Rathaus mit dem Münster dahinter

Blaustein

Gemeindeverwaltung, Rathaus, Marktplatz 2, 89134 Blaustein. ✆ 07304/802-0, Fax -111. www.blaustein.de. gemeinde@blaustein.de. **Bahn/Bus:** Stündlich RB auf der Strecke Ulm – Memmingen. **Auto:** An der B28 Ulm – Blaubeuren etwa auf halber Strecke. **Zeiten:** Mo, Mi, Fr 8 – 12.30 Uhr, Mi 14 – 16, Fr 8 – 18 Uhr.

▶ Zwischen Donau-, Blau- und Lautertal einerseits und der Albhochfläche andererseits liegt Blaustein umgeben von großen Wäldern und Wacholderheiden. Als Wanderer findet ihr in geschütztem Lebensraum Tiere und Pflanzen, die sonst selten zu sehen sind.

Blaubeuren

Tourismuszentrale, Aachgasse 7, 89143 Blaubeuren. ✆ 07344/921025, 910100 (Buchungen), Fax 952434. www.blaubeuren.de. tourismuszentrale-blaubeuren@arcor.de. **Bahn/Bus:** Stündlich RE auf der Strecke Ulm – Freiburg. **Auto:** A8 Stuttgart – München über Ausfahrt Ulm oder Merklingen. Blaubeuren liegt an der B28 Reutlingen – Ulm und an der B492 von Ehingen. **Zeiten:** April – Okt Fr 14 – 17, Sa, So und Fei 10 – 12 und 14 – 17 Uhr, Nov – März So 11 – 15 Uhr.

▶ Der Ort liegt im Tal der Urdonau am Fuße der Schwäbischen Alb, umgeben von bizarren, teilweise hohen Felsen. Der *Blautopf* ist natürlich die Hauptsehenswürdigkeit. Ein Besuch im *Urgeschichtlichen Museum* lohnt sich immer, und sehr spannend sind auch die Höhlen um Blaubeuren.

SERVICE ZU DEN ORTEN

Laichingen

Tourist-Information, Bahnhofstraße 26, 89150 Laichingen. ✆ 07333/85-0, Fax 85-25. www.laichingen.de. info@laichingen.de. **Bahn/Bus:** Von Blaubeuren an der RB-Strecke Ulm – Ehingen Bus 365. **Auto:** A8 Stuttgart – Ulm, ab Ausfahrt 61 Merklingen 7 km Landstraße oder B27 Bad Urach – Blaubeuren. **Zeiten:** Mo, Di 8 – 12, 14 – 16, Mi, Fr 8 – 12, Do 8 – 12, 14 – 18 Uhr.

▶ In der Umgebung Laichingens fand man Siedlungsspuren von Römern und Alemannen. Später war Laichingen eine Leinenweberstadt. In der *Laichinger Tiefenhöhle,* der tiefsten Schauhöhle Deutschlands, könnt ihr auf Erkundung gehen.

Berghülen

Bürgermeisteramt, Hauptstraße 2, 89180 Berghülen. ✆ 07344/9686-0, Fax -16. www.berghuelen.de. info@berghuelen.de. **Bahn/Bus:** ↗ Ulm ZOB Bus 30 Richtung Bad Urach Gymnasium, oder Blaubeuren Bus 366 Richtung Gerhausen Realschule. **Auto:** A8 Stuttgart – Ulm, ab Ausfahrt 61 Merklingen 7 km auf der Landstraße über Machtolsheim. **Zeiten:** Mo – Do 8 – 12 Uhr, Mo, Di 13.30 – 17, Do 13.30 – 18 Uhr, Fr 8 – 13 Uhr.

▶ Berghülen liegt auf der mittleren Schwäbischen Alb. Die evangelische Kirche *St. Christoph und Margarethe* im Ortsteil *Treffensbuch* wurde 1142 erbaut und ist somit eine der ältesten Kirchen Württembergs. In ihrem Turm hängt eine Glocke von 1785.

Merklingen

Rathaus, Hauptstr. 31, 89188 Merklingen. ✆ 07337/9620-0, Fax -90. www.merklingen.de. info@merklingen.de. **Bahn/Bus:** Von Laichingen Bus 360. **Auto:** A8 Stuttgart – Ulm, Ausfahrt 61 Merklingen. **Zeiten:** Mo – Fr 8 – 12, Mo – Mi 14 – 16, Do 14 – 18.30 Uhr.

▶ In Merklingen fällt einem sofort die Kirche zu den *Heiligen Drei Königen* auf, denn die schöne Dorfkirche hat mit 61 m einen der höchsten Kirchtürme der Schwäbischen Alb.

Ehingen (Donau)

Stadtverwaltung, Marktplatz 1, 89584 Ehingen (Donau). ✆ 07391/503-216, Fax -4216. www.ehingen.de. info@ehingen.de. **Bahn/Bus:** Stündlich RE auf der Strecke Ulm – Friedrichshafen. **Auto:** An der B311 Ulm – Biberach etwa auf halber Strecke. **Rad:** Direkt am Donau-Radweg Donaueschingen – Passau – Wien. **Zeiten:** Mo – Fr 8 – 12 Uhr, Di 14 – 16 Uhr, Do 14 – 18 Uhr.

▶ Ein Anziehungspunkt in der Donaustadt am Fuße der Schwäbischen Alb für Kinder ist der Marktbrunnen mit vielen lustigen Figuren. Das Wasser, das der kleine Froschkönig verspritzt, könnt ihr sogar trinken. Schön ist es auch in der Grünanlage beim *Groggensee,* der in der Nähe des Bahnhofs liegt. Im Winter bietet die Natureisbahn in der Innenstadt viel Spaß beim Schlittschuhlaufen.

 Welcher Stuhl hat keine Beine?

Der Fahrstuhl.

Schelklingen

Rathaus, Marktstraße 15, 89601 Schelklingen. ✆ 07394/248-0, Fax -50. www.schelklingen.de. info@schelklingen.de. **Bahn/Bus:** Stündlich RB und RE auf der Strecke Ulm – Sigmaringen, Busverbindung mit Ehingen, Münsingen und Laichingen. **Auto:** An der B492 Ehingen – Ulm. **Zeiten:** Mo – Fr 8 – 12 Uhr, Di 13.30 – 16, Do 14 – 18 Uhr.

▶ Der Ort liegt am Rande der Schwäbischen Alb im Tal der Urdonau. Er hat eine historische Altstadt. In der näheren Umgebung von Schelklingen liegen Urhöhlen, eine davon ist der *Hohle Fels.*

Oberdischingen

Bürgermeisteramt, Schlossplatz 9, 89610 Oberdischingen. ✆ 07305/93113-0, Fax -22. www.oberdischingen.de. info@oberdischingen.de. **Bahn/Bus:** Von Erbach Bus 21 Richtung Ehingen. **Auto:** Oberdischingen liegt direkt an der B311 Ulm – Ehingen. **Zeiten:** Mo – Fr 8 – 12 Uhr, Di 13.30 – 17 und Do 13.30 – 18 Uhr.

▶ Im historischen Ortskern befindet sich die unter Denkmalschutz stehende Herrengasse mit Häusern

SERVICE ZU DEN ORTEN

im französischen Mansardenstil, die klassizistische Kuppelkirche, das so genannte Schwäbische Pantheon (Tempel und Begräbnisstätte) und andere herrschaftliche Gebäude aus dem 18. und 19. Jahrhundert.

Bad Urach

Tourist-Information, Kurverwaltung, Bei den Thermen 4, 72574 Bad Urach. ℂ 07125/94320, Fax 943222. www.badurach.de. info@badurach.de. **Bahn/Bus:** Stündlich RE ab Stuttgart nach Metzingen. Aus Richtung Ulm stündlich RE nach Plochingen, dort umsteigen nach Metzingen. Von Tübingen stündlich mit RE nach Metzingen. Von Metzingen mit RB nach Bad Urach. **Auto:** A8 Stuttgart – Ulm, ab Ausfahrt Wendlingen 25 km auf der B313 nach Metzingen und 12 km Landstraße nach Bad Urach. Oder B28 aus Richtung Blaubeuren oder B465 aus Richtung Ehingen/Münsingen. **Zeiten:** Mo – Fr 9 – 12 und 14 – 17, Sa 9 – 12 Uhr.

▶ Der Luftkurort Bad Urach liegt im Ermstal am Rande der mittleren Alb. In der historischen Altstadt findet ihr prachtvolle Fachwerkhäuser aus dem 15. und 16. Jahrhundert, einen spätmittelalterlichen Marktplatz sowie das Residenzschloss. In Wittlingen gibt es eine alemannische Siedlung inmitten einer Vulkansenke. Der Stadtteil *Sirchingen,* ein Albdorf, liegt auf der europäischen **Wasserscheide.** Reizvolle Aussichtspunkte gewähren Blick über das Land. Wunderschön ist es an den *Uracher Wasserfällen.*

*Wenn es regnet, fließt das Regenwasser vom Berg herunter über Bäche und Flüsse ins Meer. Eine **Wasserscheide** könnt ihr euch wie ein Hausdach vorstellen: Je nachdem, auf welche Seite des Daches ein Regentropfen fällt, fließt er in eine andere Richtung. Bei der europäischen Wasserscheide fließt das Wasser von der südlichen Bergseite über die Donau in das Schwarze Meer und von der nördlichen Bergseite über den Rhein in die Nordsee.*

Teck & Neuffen

Westerheim

Tourist Info, Kirchenplatz 16, 72589 Westerheim. ℂ 07333/9666-0, Fax 9666-20. www.westerheim.de. info@westerheim.de. **Bahn/Bus:** Mehrmals täglich Busverbindung von Ulm. **Auto:** A8 Stuttgart – Ulm, ab Ausfahrt 61 Merklingen 10 km Landstraße über Lai-

chingen. **Zeiten:** Mo – Fr 8 – 12 Uhr, Mi 14 – 17, Do 17 – 19 Uhr.

▶ Der schmucke Luftkurort liegt mitten auf der Schwäbischen Alb. Ganz in der Nähe gibt es eine wunderschöne Tropfsteinhöhle, die *Schertelshöhle.* Eine andere tolle Attraktion ist die Sommerbobbahn mit Streichelzoo, Ponyreiten und Karussells.

Neuffen

Tourist-Information, Hauptstraße 19, 72639 Neuffen. ✆ 07025/106-0, Fax -293. www.neuffen.de. stadt@ neuffen.de. **Bahn/Bus:** Stündlich RE Stuttgart – Nürtingen, von dort mit der Württembergischen Eisenbahngesellschaft nach Neuffen. **Auto:** A8 Stuttgart – Ulm, ab Ausfahrt 55 Wendlingen 5 km auf der B313 nach Nürtingen, von dort 7 km auf der Landstraße über Frickenhausen. **Zeiten:** Mo – Fr 8 – 12 Uhr, Do 16.30 – 18.30 Uhr.

▶ Am schönsten erreicht ihr die Kleinstadt mit dem historischen *Sofazügle,* das im Sommer unter Volldampf von Nürtingen nach Neuffen keucht. Direkt vom Bahnhof geht es dann zu Fuß durch die Altstadt hinauf zur *Burgruine Hohenneuffen,* der mächtigsten mittelalterlichen Burganlage der Region.

Beuren

Gemeindeverwaltung, Linsenhofer Straße 2, 72660 Beuren. ✆ 07025/91030-0, Fax -10. www.beuren.de. beuren@beuren.de. **Bahn/Bus:** Stündlich Bahnverbindung Stuttgart – Nürtingen und von da weiter mit der Württembergischen Eisenbahngesellschaft nach Neuffen oder Bus von Nürtingen nach Beuren. **Auto:** A8 Stuttgart – Ulm, Ausfahrt 57 Kirchheim (Teck)/Ost über die B465 Richtung Dettingen/Teck bis Owen. Von dort über die L1210. **Zeiten:** Mo, Mi, Do 9 – 12, Di 15.30 – 18.30, Fr 9 – 12.30 Uhr.

▶ Gleich zwei heiße Quellen liefern Wasser für das große *Thermalbad.* Von Beuren aus könnt ihr eine schöne Wanderung auf den *Hohenneuffen* starten.

Hunger & Durst

Gasthof Rössle, Donnstetter Straße 10, 72589 Westerheim. ✆ 07333/6794. www.roessle-westerheim.de. Mo, Mi – Sa 10 – 14 und 17.30 – 24 Uhr. So durchgehend geöffnet. Di Ruhetag. Schwäbische Gerichte, Wild und typisches Vesper aus der Region. Bei schönem Wetter Biergarten.

SERVICE ZU DEN ORTEN

Kirchheim unter Teck

Kirchheim-Info, Max-Eyth-Straße 15, 73230 Kirchheim unter Teck. ✆ 07021/3027, Fax 480538. www.kirchheim-teck.de. tourist@kirchheim-teck.de. **Bahn/Bus:** Stündlich RE auf der Strecke Stuttgart – Tübingen bzw. Aulendorf bis Wendlingen und weiter mit RB. **Auto:** A8 Stuttgart – Ulm, Ausfahrt 56 oder 57 Kirchheim (Teck) Ost bzw. West. **Zeiten:** Mo – Fr 9.30 – 12 und 15 – 17.30 Uhr, Sa 10 – 12 Uhr.

Die Tourist-Information bietet eine einstündige Führung durch die historische Innenstadt für 40 € pro Gruppe. ✆ 07021/3027, www.kirchheim-teck.de.

▶ Die Gemeinde im Vorland der Mittleren Schwäbischen Alb hat in der Innenstadt mehrere historische Marktplätze und viele Fachwerkbauten wie das stattliche Rathaus mit einer Mondphasenuhr. Dieses Gebäude ist eines der schönsten der Gegend. Besonders interessant sind Kornhaus, Schloss und Reste der Stadtmauer mit ihren starken Bastionen.

Lenningen

Bürgermeisteramt, Marktplatz 1, 73252 Lenningen. ✆ 07026/609-0, Fax 609-44. www.lenningen.de. gemeinde@lenningen.de. **Bahn/Bus:** Stündlich RE von Stuttgart oder Tübingen bis Wendlingen, dort mit der RB bis Kirchheim oder Unterlenningen, dann Bus 156 bis Oberlenningen, Linie 177 bis Schopfloch oder 179 von Unter- oder Oberlenningen nach Hochwang. **Auto:** A8 Stuttgart – Ulm, Ausfahrt Kirchheim Ost, 12 km auf der B465 bis Lenningen. **Zeiten:** Mo – Fr 8 – 12 Uhr und Mo 15 – 18 Uhr.

▶ In Lenningen findet ihr ein *Museum für Papier- und Buchkunst.* Es ist in einem verwinkelten Fachwerkhaus untergebracht, dem »Schlössle«. Ganz in der Nähe von Lenningen gibt es zudem das Naturschutzzentrum *Schopflocher Alb* sowie die *Gutenberghöhle.*

Gruibingen

Bürgermeisteramt, Hauptstraße 18, 73344 Gruibingen. ✆ 07335/9600-0, Fax -20. www.gruibingen.de. info@gruibingen.de. **Bahn/Bus:** Von Göppingen ZOB Bus 20. **Auto:** Von der A8 Stuttgart – Ulm über die Ausfahrt

59 Mühlhausen. **Zeiten:** Mo – Fr 7.30 – 12 Uhr, Mo 14 – 18 Uhr.

▶ Der kleine Ort im Oberen Filstal eignet sich als Startpunkt für Wanderungen, z.B. zum Gruibinger Wiesle, das rau und schroff auf dem *Bossler* liegt. Ihr könnt auch einen Abstecher in die wunderschöne Wallfahrtskirche Ave Maria bei *Deggingen* machen.

Wiesensteig

Stadtverwaltung, Hauptstraße 25, 73349 Wiesensteig. ✆ 07335/9620-0, Fax -24. www.wiesensteig.de. info@wiesensteig.de. **Bahn/Bus:** Stündlich RE Stuttgart – Ulm, ab Geislingen Bus 56. **Auto:** A8 Stuttgart – Ulm, Ausfahrt 59 Mühlhausen. **Rad:** Geislingen – Wiesensteig. **Zeiten:** Mo – Fr 9 – 12 Uhr, Mo 15 – 18 Uhr.

▶ Höhepunkte sind das Residenzschloss, die Stiftskirche St. Cyriakus mit Hochaltar, die vielen Fachwerkhäuser im mittelalterlichen Stadtkern und der Brunnen mit dem Elefanten obendrauf am Marktplatz. Man kann aber auch den *Malakoff-Turm* erklimmen und bei einer Wanderung zur *Burgruine Reußenstein* die umliegende Alblandschaft genießen.

Mittlere Alb

Münsingen

Touristik Information, Hauptstraße 13, 72525 Münsingen. ✆ 07381/182-145, Fax -143. www.muensingen.de. touristinfo@muensingen.de. **Bahn/Bus:** So und Fei Schienenbus Ulm – Kleinengstingen, Bus 7645 von Bad Urach, Mai – Okt Bus 7644 oder 7606 ab Reutlingen Busbhf. **Auto:** B465 Metzingen – Ehingen. **Zeiten:** Mo – Fr 9 – 12 und 14 – 17 Uhr.

▶ Münsingen liegt auf der Hochfläche der mittleren Schwäbischen Alb nahe der europäischen Wasserscheide zwischen Donau und Rhein. Südöstlich der Stadt beginnt das *Naturreservat Beutenlay* mit vielen Weidekuppen und seltenen Pflanzen. An manchen Ta-

Hunger & Durst

Gasthof Deutsches Haus, Kaltenwanghof 1/1, 73344 Gruibingen. ✆ 07023/740098. www.lg-deutsches-haus.de. Mo – Sa ab 10.30, So ab 9 Uhr. Selbst gebackene Kuchen, Brot und Hausmacher Wurst von guter Qualität. Für Kinder gibt's einen Spielplatz.

gen kann man bei guter Fernsicht von der Münsinger Alb bis zu den Alpen sehen.

Hohenstein

Gemeindeverwaltung, Im Dorf 14, 72531 Hohenstein. ✆ 07387/9870-21, Fax -29. www.gemeinde-hohenstein.de. rathaus@gemeinde-hohenstein.de. **Bahn/ Bus:** Von Großengstingen Bus 7607. **Auto:** Von der B313 Reutlingen – Zwiefalten auf halber Strecke bei Bernloch abbiegen und 3 km der Landstraße folgen. **Zeiten:** Mo, Di, Do, Fr 8 – 12, Do 16 – 19 Uhr.

▶ Hohenstein liegt auf der Hochfläche der mittleren Schwäbischen Alb, südwestlich des großen Lautertals. Die Gemeinde besteht aus fünf alten Bauerndörfern. In *Ödenwaldstetten,* einem davon, könnt ihr ein Bauernhausmuseum besuchen, in dem alle Geräte noch funktionieren. Hier findet ihr auch einen Bauerngarten mit seltenen Kultur- und Heilpflanzen.

Gomadingen

Tourist-Information, Marktplatz 2, 72532 Gomadingen. ✆ 07385/9696-33, Fax -22. www.gomadingen.de. info@gomadingen.de. **Bahn/Bus:** So und Fei Schienenbus Ulm – Kleinengstingen sowie Bus 7644 ab Reutlinger Busbahnhof. **Auto:** Von Reutlingen B312 nach Engstingen, dort circa 10 km auf der Landstraße Richtung Münsingen. **Zeiten:** Mo – Fr 8 – 12 Uhr, Mo – Mi 13.30 – 17, Do 13.30 – 18.30 Uhr.

▶ Der Luftkurort liegt im landschaftlich sehr reizvollen großen Lautertal auf der Hochfläche der Alb. Hier könnt ihr wandern und an schönen Grill- und Spielplätzen Pause machen. Wenn ihr Pferde mögt, solltet ihr unbedingt das *Gestüt Marbach* besuchen, wo edle Vollblutaraber und andere Zuchtpferde stehen.

Hayingen

Tourist-Information, Kirchstraße 15, 72534 Hayingen. ✆ 07386/9777-23, Fax -33. www.hayingen.de. info@hayingen.de. **Bahn/Bus:** Von Zwiefalten Bus 7645.

Auto: Von der B311 Ulm – Ehingen – Riedlingen in Obermarchtal rechts ab und 10 km Landstraße. **Zeiten:** Mo – Fr 9 – 12 Uhr, in der HS auch nachmittags.

▶ Der Luftkurort liegt auf der südlichen mittleren Alb. Von hier aus könnt ihr wunderbar zu Fahrradtouren und Wanderungen aufbrechen. Sie führen euch an Flüssen, Bächen, Seen, Burgen und Burgruinen vorbei. In der näheren Umgebung könnt ihr die unterschiedlichsten Höhlen erkunden, unter anderem die *Wimsener Höhle.* Außerdem ist Hayingen weithin bekannt für sein *Naturtheater.*

Dettingen an der Erms

Gemeindeverwaltung, Rathausplatz 1, 72581 Dettingen a.d.E. ✆ 07123/7207-0, Fax -111. www.dettingen-erms.de. info@dettingen-erms.de. **Bahn/Bus:** Stündlich RE ab Stuttgart nach Metzingen. Aus Richtung Ulm stündlich RE nach Plochingen, dort umsteigen nach Metzingen. Von Tübingen stündlich mit RE nach Metzingen. Von Metzingen mit RB nach Dettingen. **Auto:** A8 Stuttgart – Ulm, ab Ausfahrt 55 Wendlingen 25 km auf der B313 nach Metzingen. Von dort 3,5 km Landstraße nach Dettingen. **Zeiten:** Mo, Di, Mi, Fr 9 – 12 Uhr, Mi 16 – 19 Uhr.

▶ Die Marktgemeinde *Dettingen* liegt am Fuße der Uracher Alb, eingebettet ins Ermstal. In schöner landschaftlicher Umgebung kann man gemütlich Urlaub machen oder zu den verschiedensten sportlichen Aktivitäten starten.

Reutlingen

Tourist Information, Marktplatz 2, 72764 Reutlingen. ✆ 07121/93935300, Fax 93935355. www.tourismus-reutlingen.de. info@tourismus-reutlingen.de. **Bahn/Bus:** Stündlich RE Stuttgart – Reutlingen. Von Ulm stündlich RE nach Plochingen, dort umsteigen. **Auto:** Von Nordwesten A8 Stuttgart – Ulm bis Ausfahrt 52b Stuttgart-Degerloch, dann 25 km über B27 und B464 Richtung Süden. Aus Richtung Ulm A8 bis Ausfahrt 56

Kirchheim-West, dann 30 km auf der B297. **Zeiten:**
Mo – Fr 10 – 18 Uhr, April – Okt auch Sa 10 – 13 Uhr.
▶ Die Stadt liegt eingebettet zwischen dem Weißjura-
Zeugenberg *Achalm* und dem *Georgenberg* am Fuße
der Alb. Von den mittelalterlichen Befestigungsanlagen sind Tore wie das *Tübinger Tor* von 1220 im Zentrum erhalten. In der Fußgängerzone seht ihr Sehenswürdigkeiten wie die *Nikolaikirche,* mehrere
Brunnen und die gotische *Marienkirche.* Unweit des
Marktplatzes wurden im 18. Jahrhundert die *Stadt-
mauerhäuser* in den freien Raum vor der Stadtmauer
gebaut. Mehrere Museen informieren über die Geschichte der Stadt und ihre Umgebung. Für sportliche Betätigung gibt es eine Menge Möglichkeiten.

**Wohnmobilstell-
platz Pfullingen,**
Klosterstraße,
✆ 07121/7030.
www.pfullingen.de/wom
o. Direkt neben dem
Schönbergbad gibt es 8
kostenlose Stellplätze
mit Ver- und Entsor-
gungsstation für Frisch-
und Abwasser, Abfallbe-
hälter und Stroman-
schluss. Max. 4 Tage
bzw. 3 Übernachtungen.

Pfullingen

Stadtverwaltung, Marktplatz 5, 72793 Pfullingen.
✆ 07121/703-0, Fax 703-213. www.pfullingen.de. in-
fo@pfullingen.de. **Bahn/Bus:** ↗ Reutlingen, Bus 2.
Auto: Von Reutlingen wenige Min über B312. **Zeiten:**
Mo – Do 8 – 11.30, Do 14 – 18.30, Fr 8 – 12.30 Uhr.
▶ Pfullingen liegt am Talhang der Reutlinger Alb an
der Echaz. Die ersten Siedlungsspuren stammen aus
der Steinzeit vor 5000 Jahren. Danach haben Kelten,
Römer und Alemannen hier gelebt. Heute findet ihr
ein nettes Städtchen mit viel Innenstadt-Grün vor.
Pfullingen ist die erste *Naturwald-Deutschlands* ge-
wesen, und es kann gut sein, dass das Papier dieses
Buches aus seinen nachhaltig bewirtschafteten,
FSC-kontrollierten Waldbeständen stammt.

Eningen unter Achalm

Gemeindeverwaltung, Rathausplatz 1, 72800 Eningen
unter Achalm. ✆ 07121/892-0, Fax 892-111.
www.eningen.de. verwaltung@eningen.de. **Bahn/Bus:**
↗ Reutlingen Bus 1 nach Eningen. **Auto:** Am Ortsende
von Reutlingen in Richtung Pfullingen links halten, circa
2 km. **Zeiten:** Mo, Mi, Do 8 – 11.30 Uhr, Di 14 – 18, Fr
8 – 12.15 Uhr.

▶ Der Ort liegt eingebettet zwischen Achalm und dem Steilabfall der Reutlinger Alb. Reizvoll sind Wanderungen entlang dem *Albtrauf.* Es gibt hier schöne Aussichtspunkte mit weitem Blick über das Albvorland.

Lichtenstein

Gemeindeverwaltung, Rathausplatz 17, 72805 Lichtenstein. ✆ 07129/6960, Fax 6389. www.gemeinde-lichtenstein.de. info@gemeinde-lichtenstein.de. **Bahn/Bus:** Bus 7606 von Reutlingen oder Münsingen oder sonntags RB Alb – Bodensee von Münsingen bis Engstingen und 30 Min auf dem Wanderweg nach Lichtenstein. **Auto:** An der B312 von Reutlingen etwa 10 km, von Sigmaringen etwa 60 km. **Zeiten:** Mo, Di, Do 8 – 12 Uhr, Mi 14 – 18, Fr 8 – 12.30 Uhr.

▶ Lichtenstein hat den gleichen Namen wie das romantische *Schloss,* das sich hoch über dem Tal erhebt. Der eine Teil der Gemeinde liegt auf der Albhochfläche und der andere unten im sanft geschwungenen Echaztal. Direkt neben dem Schloss gibt eine geologische Pyramide Auskunft über die verschiedenen Gesteinsschichten der Alb. Jahrmillionen alte Versteinerungen der Gegend sind hier zu sehen.

Trochtelfingen

Tourist-Info, Rathausplatz 9, 72818 Trochtelfingen. ✆ 07124/480, 4820, 4821, Fax 4848. www.trochtelfingen.de. info@trochtelfingen.de. **Bahn/Bus:** Stündlich mit der Hohenzollernbahn von Sigmaringen nach Gammertingen, von dort Bus nach Trochtelfingen. **Auto:** An der B313 Reutlingen – Sigmaringen etwa auf halber Strecke. **Zeiten:** Mo – Fr 8 – 12 Uhr, Mo 14 – 18.30 und Mi 14 – 16 Uhr.

▶ Auf der Kuppenalb bei Trochtelfingen fanden die Archäologen 600.000 Jahre alte Menschenreste, die ältesten Funde Europas! Wenn ihr heute durch das Städtchen schlendert, seht ihr im Stadtkern Häuser in fränkischer Fachwerkbauweise aus dem 17. Jahrhundert. Im Stadtteil *Mägerkingen* liegt die Erho-

 **Landmarkt und Kräutergartenmarkt,** Im Grindel 1, 72818 Trochtelfingen. www.alb-gold.de. Mo – Fr 10 – 20, So, Fei 11 – 18 Uhr. Teigwaren, Eierliköre, Saucen.

Wundersames im Sonnen-
bühler Ostereiermuseum:
Spieluhr in einem Ei

Hunger & Durst

Gasthof zum Adler,
Trochtelfinger Str. 7,
72829 Engstingen.
✆ 07129/3392.
www.adler-engstin-
gen.de. Do 10 – 19, Sa
und So 9 – 20 Uhr.

lungsanlage Lauchertsee. Brauchtum wird im Ort
noch gepflegt, besonders zur Fastnachtszeit.

Sonnenbühl

Tourist-Info im Rathaus, Hauptstraße 2, 72820 Sonnenbühl-Undingen. ✆ 07128/925-18, Fax 925-50.
www.sonnenbuehl.de. info@sonnenbuehl.de. **Bahn/
Bus:** Ab Busbhf Reutlingen Bus 7635. **Auto:** Von Reutlingen B312 nach Süden über Pfullingen und Genkingen. **Zeiten:** Mo – Fr 9 – 12 Uhr.
▸ Der Ort liegt auf der Reutlinger Alb in ländlicher
Umgebung. In den nahe gelegenen *Sonnenbühler
Tropfsteinhöhlen* könnt ihr Abenteuer und Spaß erleben. Wenn euch das nicht reicht, gibt es noch die
Sommerbobbahn, auf der ihr ins Tal flitzen könnt.

Engstingen

Rathaus, Kirchstraße 6, 72829 Engstingen-Großeng-
stingen. ✆ 07129/939910, Fax 939999. www.engstin-
gen.de. info@engstingen.de. **Bahn/Bus:** Bus 7606
mehrmals täglich von Reutlingen und Gammertingen.
Auto: An der B312 Reutlingen – Zwiefalten etwa auf
halbem Weg. **Zeiten:** Mo – Fr 8 – 11.45 Uhr, Di 16 – 18
und Do 14 – 16 Uhr.
▸ Die Landgemeinde Engstingen liegt auf der so genannten Kuppenalb. Hier gibt es sanfte Höhen, Bu-
chenwälder und die typischen Wacholderheiden.
Ganz in der Nähe liegen spannende Ausflugsziele wie
Tropfsteinhöhlen oder das *Schloss Lichtenstein.* Und
ihr könnt hier prima wandern.

Zollern-Alb

Mössingen

Tourismus, Freiherr-vom-Stein-Straße 20, 72116 Mössingen. ✆ 07473/370-0, Fax -163. www.moessin-
gen.de. tourismus@moessingen.de. **Bahn/Bus:** Halbstündlich Verbindung auf der Bahnstrecke Tübingen –

Hechingen. **Auto:** Von der B27 auf halber Strecke zwischen Tübingen und Hechingen in Offerdingen abbiegen. **Zeiten:** Mo – Do 7.30 – 12 Uhr, Fr 7.30 – 12.30, Di 14 – 16, Mi, Do 14 – 18 Uhr.

▶ Die Stadt liegt am Fuße des Albtraufs im *Steinlachtal,* einem der ältesten alemannischen Siedlungsplätze. 1983 gab es am Albtrauf bei *Mössingen* den größten Erdrutsch seit mehr als hundert Jahren in Baden-Württemberg. Bei einer Führung könnt ihr das Gelände genau erkunden.

Balingen

Tourist-Information, Färberstraße 2, 72336 Balingen. ✆ 07433/170-119, Fax 170-222. www.balingen.de. touristinfo@balingen.de. **Bahn/Bus:** Stündlich mit der Hohenzollerischen Landesbahn auf der Strecke Tübingen – Albstadt. **Auto:** An der B27 Tübingen – Rottweil, von Tübingen 30 km, von Rottweil 23 km. **Zeiten:** Mo – Do 7.30 – 18 Uhr, Fr 7.30 – 13, Sa 9 – 13 Uhr.

▶ Balingen ist umgeben von den bis zu 1000 m hohen *Balinger Bergen.* Es liegt an der *Eyach,* im Vorland der Westalb. 1809 wütete hier ein Stadtbrand. Danach wurde die Stadt auf einem schachbrettartigen Grundriss wieder aufgebaut. Bei einem Stadtrundgang, könnt ihr das selbst feststellen. In Balingen könnt ihr neben dem Zollernschloss, und der Stadtkirche auch Klein Venedig besichtigen.

Hechingen

Bürger- und Tourismusbüro, Kirchplatz 12, 72379 Hechingen. ✆ 07471/940-211 bis 214, Fax 940-210. www.hechingen.de. tourist-info@hechingen.de. **Bahn/Bus:** Halbstündlich Bahnverbindung von Tübingen nach Hechingen. **Auto:** Auf der B27 circa 20 km von Tübingen nach Hechingen. **Zeiten:** Mo – Mi, Fr 8.30 – 15 Uhr, Do 8.30 – 12.30, 14 – 18 Uhr, Fr 8.30 – 12.30, Sa 9.30 – 11.30 Uhr.

▶ Die ehemalige Residenzstadt liegt am Rande der Schwäbischen Alb am Fuße der *Burg Hohenzollern.*

Klein-Vendig wird Balingen wegen seiner vielen kleinen Kanäle genannt – die sind aber natürlich nicht mit denen von Venedig zu vergleichen

SERVICE ZU DEN ORTEN

Sie wurde im 13. Jahrhundert auf einem Bergvorsprung oberhalb der Starzel gegründet. Zu entdecken gibt es – außer der Burg – die historische Altstadt Hechingens und eine römische Gutsanlage. Von hier aus könnt ihr ausgedehnte Wanderungen und Fahrradfahrten in die eigenwillige, karge und doch schöne Natur der Alb machen.

Burladingen

Bürgerbüro, Rathausplatz 6, 72393 Burladingen. ℆ 07475/892-170, Fax 892-175. www.burladingen.de. info@burladingen.de. **Bahn/Bus:** Stündlich mit der Hohenzollerischen Landesbahn auf der Strecke Hechingen – Burladingen. **Auto:** An der B32 Hechingen (B27) – Sigmaringen. **Zeiten:** Mo, Mi und Fr 8 – 12 Uhr, Di 8 – 16, Do 8 – 18 Uhr.

▶ Auf der Zollernalb, der so genannten »Sonnenalb«, liegt Burladingen. Vom 887 m hohen Kornbühl könnt ihr weit über die Kuppenalb blicken, an manchen Tagen sogar bis zu den Alpen. In der Kernstadt entspringt die Quelle des Flusses Fehla, der durch den Ort fließt. Zu ausgedehnten Wanderungen erwarten euch Hochflächen, tief eingeschnittene Täler, sanfte Hügel, schroffe Felsabhänge, Wacholderheiden, Ackerland, Streuobstwiesen und Orchideen, Enzian und Arnika. Ein Besuch im weit bekannten Theater *Lindenhof* lohnt sich auf jeden Fall.

Haigerloch

Amt für Kultur und Tourismus, Egidius Fechter, Oberstadtstraße 11, 72401 Haigerloch. ℆ 07474/697-26, 69727, Fax -626. www.haigerloch.de. fechter@haigerloch.de. **Bahn/Bus:** Halbstündlich Bahnverbindung von Tübingen nach Hechingen und von dort weiter mit dem Bus. **Auto:** A81 Stuttgart – Rottweil, Ausfahrt 31 Empfingen und 7 km über Landstraße. **Zeiten:** Mo – Fr 9 – 12 Uhr, Mo – Mi 14 – 17, Do 14 – 18.30 Uhr.

▶ Haigerloch ist ein Felsenstädchen. Es liegt im Eyachtal, an dessen Steilhängen im Mai oder Juni wilde Fliederbüsche blühen. Bei einem historischen Stadtrundgang könnt ihr sehr alte Bauwerke wie den Römerturm sehen oder das Renaissance-Schloss, das einmal eine mittelalterliche Burg war.

Albstadt

Tourist-Information, Marktstraße 35, 72458 Albstadt. ✆ 07431/160-1200, Fax 160-1227. www.albstadt.de. kulturamt@albstadt.de. **Bahn/Bus:** Stündlich mit der Hohenzollerischen Landesbahn Tübingen – Albstadt mit Halt in den Ortsteilen Laufen, Lautlingen und Ebingen. **Auto:** B27 Tübingen – Hechingen, weiter auf der B32 bis kurz vor Burladingen, dort rechts Landstraße nach Albstadt oder über die B463 von Balingen 15 km und von Sigmaringen 25 km. **Zeiten:** Mo – Sa 9.30 – 12.30 und Mo – Fr 14 – 17 Uhr, Do 15.30 – 18 Uhr.
▶ Vor ungefähr 30 Mio Jahren brach hier der *Zollerngraben* ein und es gibt noch immer Erdbeben. Trotzdem ist die Stadt ein bedeutender Standort der Textilindustrie. In der nahen Umgebung gibt es sehr interessante Wandermöglichkeiten.

Gammertingen

Stadt Gammertingen, Hohenzollerstraße 5, 72501 Gammertingen. ✆ 07574/406-100, Fax 406-199. www.gammertingen.de. info@gammertingen.de. **Bahn/Bus:** Stündlich mit der Hohenzollerischen Landesbahn auf der Strecke Tübingen – Sigmaringen mit Umsteigen in Hechingen. **Auto:** Auf der B313 von Reutlingen 35 km oder jeweils etwa 25 km von Hechingen oder Sigmaringen auf der B32. **Zeiten:** Mo – Do 8 – 18, Fr 8 – 12 Uhr.
▶ Das Städtchen liegt am südlichen Rand der Schwäbischen Alb im Lauchertal. Im Treppenhaus des Rathauses seht ihr das wunderschöne Gemälde »Helios auf dem Sonnenwagen« des Barockmalers Andreas Brugger. Die *Freizeitanlage* an einem renaturierten Altarm der *Lauchert* lädt zu Sinneserfahrungen auf dem Barfußpfad und im Duftgarten ein.

Wer kann einen sinnvollen, grammatisch richtigen Satz aus neun Wörtern bilden, in dem 6 x das Wort Fliegen vorkommt?

Wenn Fliegen hinter Fliegen fliegen, fliegen Fliegen Fliegen nach.

Donau & Heuberg

Schömberg

Touristikgemeinschaft Oberes Schlichemtal e.V.,
Schillerstraße 29, 72355 Schömberg. ℰ 07427/9498-
0, Fax -30. www.oberes-schlichemtal.de. sekretari-
at@gvv-os.de. **Bahn/Bus:** Mai – Okt So und Fei 1 x täg-
lich Radler-Shuttle-Zug der Hohenzoll. Landesbahn von
Tübingen sowie mehrmals am Tag von Balingen nach
Schömberg. Ansonsten Busse ab Bhf Rottweil. **Auto:**
An der B27 etwa 10 km von Rottweil und Balingen.
Zeiten: Mo – Do 8 – 12 und 14 – 17 Uhr, Fr 8 – 12 Uhr.
▸ Ganz im Westen der Schwäbischen Alb, im Oberen
Schlichemtal, liegt umgeben von zerklüfteter Fels-
landschaft das historische Städtchen Schömberg.
Die höchsten Albrandberge sind der Plettenberg
(1005 m), der Oberhohenberg (1010 m) und mit
1015 m der höchste, der Lemberg. Hier findet ihr die
schönsten Aussichtspunkte der Schwäbischen Alb.
Es gibt Wanderungen zu sagenumwobenen Plätzen.

Höhepunkt des Jahres in Schöm-berg ist die Schwäbisch-Alemannische Fasnet.

Meßstetten

Stadtverwaltung, Rathaus, Hauptstraße 9, 72469
Meßstetten. ℰ 07431/6349-0, Fax -994. www.mess-
stetten.de. stadt@messstetten.de. **Bahn/Bus:** Von Tübingen und Sigmaringen stündlich zum circa 2 km entfernten Bahnhof in Albstadt-Ebingen. **Auto:** Von der
B463 Balingen – Sigmaringen auf halber Strecke in Alb-
stadt abbiegen, etwa 4 km. **Zeiten:** Mo – Do 8 – 12, Fr
8 – 12.30, Mo, Di, Do auch 14 – 16, Mi 14 – 18 Uhr.
▸ Die Stadt liegt bis zu 989 m hoch auf dem Großen
Heuberg der Westalb und ist die höchst gelegene
Stadt Baden-Würtembergs. Hier wurden Gräber aus
dem 7. Jahrhundert gefunden. Das Klima ist rau, der
Wind kann ziemliche Kräfte entwickeln. Die Land-
schaft jedoch ist spannend und wunderschön, die
Natur ist noch intakt. Wenn ihr im *Naturpark Obere
Donau* unterwegs seid, könnt ihr das selbst erleben.
Ihr findet seltene Schmetterlinge, Orchideen und Sil-

Hunger & Durst

**Hotel-Restaurant
Schwane,** Lars Breiter,
Hauptstraße 11, 72469
Meßstetten. ℰ 07431/
9494-0. www.hotel-
schwane.de. So – Fr
11 – 14 und 18 – 22,
Sa ab 18 Uhr. Schwäbi-
sche Spezialitäten, Ter-
rasse.

berdisteln. Im Stausee bei *Oberdigisheim* kann man im Sommer baden.

Sigmaringen

Tourist Info, Schwabstraße 1, 72488 Sigmaringen. ✆ 07571/106-224, Fax -177. www.sigmaringen.de. tourismus@sigmaringen.de. **Bahn/Bus:** Bahn alle 2 Stunden Tübingen – Hechingen – Balingen – Sigmaringen. Stündlich RE Ulm – Ehingen – Riedlingen – Sigmaringen. **Auto:** B32 von Hechingen 50 km nach Sigmaringen oder B311 von Ulm über Ehingen 80 km. **Zeiten:** Mo – Fr 8.30 – 18 Uhr, Sa 8.30 – 12 Uhr.

▶ Sigmaringen liegt am Südrand der Schwäbischen Alb, am Ufer der Donau. Die 4 km flussabwärts liegende Ursiedlung *Sigmaringendorf* stammt aus der Zeit der Alemannen. Das imposante *Hohenzollernschloss Sigmaringen* ist das Wahrzeichen der Stadt, in deren Innenstadt ihr den Rathausplatz mit Marktbrunnen findet. Sigmaringen ist umgeben vom Naturpark Obere Donau. Eine Kanufahrt auf der Donau ist ein Erlebnis. Wandern in dieser wildromantischen Landschaft ist toll und auch Radwege gibt es genug.

Scheer an der Donau

Bürgermeisteramt, Hauptstraße 1, 72516 Scheer. ✆ 07572/7616-0, Fax -52. www.stadtscheer.de. Stadtscheer@scheer-online.de. **Bahn/Bus:** Stündlich Züge von Sigmaringen – Mengen. Der nächste Bhf ist 3 km entfernt in Sigmaringendorf. **Auto:** Von Sigmaringen 6 km auf der B32 in Richtung Mengen. **Zeiten:** Mo – Do 8.15 – 11.30 Uhr, Mi 13 – 18, Fr 8.15 – 13 Uhr.

▶ Die Stadt an der Donau liegt mitten im Naturpark *Obere Donau.* Für Wanderer und Radfahrer ist dies ein guter Ausgangspunkt für Ausflüge in die Umgebung. Die ehemalige Residenzstadt hat einen schönen, historischen Stadtkern. Der Dichter Eduard Mörike verfasste hier einige seiner Gedichte. Während der Schwäbisch-Alemannischen Fasnet ist Scheer traditionell eine Hochburg der Fasnetsnarren.

Im Informationsbüro erhaltet ihr den Ortsprospekt mit den wichtigen Sehenswürdigkeiten der Stadt. Beim *Stadtrundgang* seid ihr etwa zwei Stunden unterwegs. Stadtführungen für Gruppen sind das ganze Jahr über auf Voranmeldung möglich. Für Kinder und Jugendliche gibt es auf Anfrage in der Tourist Info speziell geführte Stadtrundgänge. ✆ 07571/106-224, www.sigmaringen.de.

Hunger & Durst

Hotel-Restaurant Donaublick, Bahnhofstraße 24, 72516 Scheer. ✆ 07572/763850. www.donaublick.de. Sa – Mi ab 14, Do 9 – 14 Uhr, Weinstube Di – Sa ab 18 Uhr. Direkt am Donau-Radwanderweg. Regionale Speisen aus frischen Produkten der Saison. Terrasse, Wintergarten mit offenem Kamin. Spielplatz für jedes Alter.

SERVICE ZU DEN ORTEN

Wehingen

Gemeindeverwaltung, Gosheimer Straße 14, 78564 Wehingen. ✆ 07426/9470-0, Fax -20. www.wehingen.de. info@wehingen.de. **Bahn/Bus:** Von Aldingen Bus 7443 Richtung Egesheim. **Auto:** Von Rottweil auf der B14 Richtung Tuttlingen nach 10 km in Aldingen links ab und 9 km Landstraße nach Wehingen. **Zeiten:** Mo – Fr 9 – 11.30, Mo 14 – 17, Do 14 – 18 Uhr.

▶ Die Gemeinde liegt auf dem Heuberg, inmitten der höchsten Erhebungen der Südwestalb. Man nennt sie auch die Region der zehn Tausender, obwohl nicht alle über 1000 m hoch sind. Das Wasser auf der Hochalb ist knapp, weil das Gestein löchrig wie ein Sieb ist. Deshalb wachsen auf den kargen Böden hier oben seltene und schützenswerte Pflanzen, ein tolles Wandergebiet. Wenn ihr aufmerksam seid, könnt ihr selbst solche Raritäten entdecken. Spezielle Käfer und Falter kann man aufspüren und vielleicht auch einmal einen Uhu oder einen Wanderfalken bei seinem Flug durch die Lüfte beobachten.

Beuron

Touristinformation, Rathaus, Kirchstraße 18, 88631 Beuron-Hausen im Tal. ✆ 07579/9210-0, Fax -25. www.beuron.de. info@beuron.de. **Bahn/Bus:** Stündlich RE Freiburg – Ulm. **Auto:** A81 Ausfahrt 36 Tuningen, B523 nach Tuttlingen, von dort 15 km Landstraße nach Beuron. **Rad:** Direkt am Donau-Radwanderweg Donaueschingen – Passau. **Zeiten:** Mo – Fr 8 – 12 Uhr.

▶ Die obere Donau fließt hier in ihrem Durchbruchstal durch die südliche Westalb. Links und rechts sind hohe Felsen. Sehenswert ist die romanisch-gotische Klosteranlage mit der stattlichen barocken Kloster- und Wallfahrtskirche. In der Gemeinde findet ihr das *Haus der Natur Obere Donau* mit wichtigen Informationen zur Region. Die Fahrrad-Freunde unter euch können sich auf den Donau-Radweg freuen, der hier vorbei führt. Er ist leicht zu fahren, und die Gegend ist schön.

FERIENADRESSEN

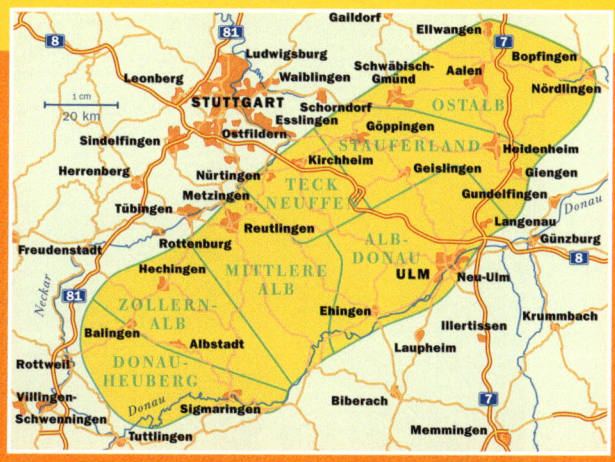

Aus der Vielzahl von Unterkünften, die sich für erlebnisreiche Wochenenden und Ferienaufenthalte eignen, haben wir eine Auswahl vorgenommen, bei der die Bedürfnisse von Kindern, Jugendlichen und Familien im Vordergrund stehen. Wir freuen uns über weitere, erprobte Tipps.

Zunächst wird in einer kurzen Beschreibung das für die jeweilige Unterkunftsart Charakteristische skizziert. Danach werden die Unterkünfte nach Art gegliedert und regional sortiert mit Preisen vorgestellt, von der Familienferienstätte über Urlaub auf dem Bauernhof bis zu Jugendherbergen, Jugendfreizeit- und Gästehäusern sowie Jugendzelt- und Campingplätzen.

Familienfreundliche Hotels und Pensionen

▶ Die aufgeführten Hotels liegen größtenteils in einer sehr ruhigen und idyllischen Umgebung – am Waldrand, in einem Flusstal oder sogar mitten im Wald. Eltern finden Erholung und Kinder jede Menge Platz zum Spielen, Toben und Plantschen. Rad- und Wanderwege beginnen oft direkt vor der Haustür, und auch im Haus finden Kinder genügend Beschäftigung. Durchschnittlich befinden sich die Hotels allerdings auf einem höheren Preisniveau als die Unterkunftsmöglichkeiten der anderen Rubriken.

Jugend- und Familiengästehaus, Andreas van der Sanden, Bleichgraben 3a, 86720 Nördlingen. ℡ 09081/2750575, Fax 2750575-108. www.jfgh.at/noerdlingen. noerdlingen@jfgh.at. **Bahn/Bus:** ↗ Nördlingen. **Preise:** Familienzimmer ab 24,60 €; Kinder 4 – 11 Jahre ab 12,90 €, 11 – 16 Jahre ab 19,90 €. ▶ Rollstuhlgerecht, 186 Betten, 2 EZ, 24 DZ und 29 Familienzimmer, Kinderspielzimmer, Fahrradverleih, Kleinkinderspielplatz.

Abkürzungen:
DZ Doppelzimmer
EZ Einzelzimmer
MZ Mehrbettzimmer
NK Nebenkosten
FeWo Ferienwohnung
FeHs Ferienhaus
HP Halbpension
VP Vollpension
SV Selbstversorgung
JH – Jugendherberge
Ü Übernachtung
F Übernachtung mit Frühstück

FERIENADRESSEN

Schiefes Hotel: In Ulm und um Ulm herum gibt es viele schöne Übernachtungsmöglichkeiten – auch gerade

Familienurlaub im Feriendorf

Feriendorf Gomadingen, Evangelische Familienerholung, Stuttgarter Weg 1, 72532 Gomadingen. ✆ 07385/96980, Fax 969818. www.feriendorf-gomadingen.de. info@ferien-dorf-gomadingen.de. ▶ Feriendorf mit 40 FeWo und FeHs, 30 DZ und 9 MZ. Spielplätze, Basket-, Volleyballfeld, Tischtennis, Hallenbad, Kegelbahn, VP, HP oder SV.

Feriendorf Lauterdörfle, Doris Ring, 72534 Hayingen. ✆ 07384/959656, Fax 959658. www.lauterdoerfle.de. info@lauterdoerfle.de. **Bahn/Bus:** ↗ Hayingen. **Preise:** komplett ab 342 € pro Woche. ▶ 105 komfortabel eingerichtete FeHs für 4 – 6 Pers mit offenem Kamin, autofreie Anlage, Freizeitangebot. Sauna, Fitnessraum, Minigolf, Tennisplatz, Abenteuerspielplatz, Kinderbetreuung, HP/VP möglich.

Feriendorf Sonnenmatte, Sonnenmatte 51, 72820 Sonnenbühl-Erpfingen. ✆ 07128/9299-0, Fax -20. www.die-sonnenmatte.de. info@die-sonnenmatte.de. **Auto:** ↗ Sonnenbühl. **Preise:** Übernachtung im Ferienhaus ab 48 €. ▶ 55 FeHs für bis zu 7 Personen, familienfreundlich ausgestattet, davon 5 rollstuhlgerecht, 10 Apartments, Billard, Dart, Kicker, Bibliothek, TV-Raum, Tischtennis, Gaststätte, Ferienprogramm, Spielplatz, Grillhütte.

Feriendorf Tieringen, 72469 Meßstetten-Tieringen. ✆ 07436/9291-0, Fax 9291-20. www.feriendorf-tieringen.de. feriendorf.tieringen@t-online.de. **Bahn/Bus:** Nächster Bhf im 9 km entfernten Balingen. **Auto:** B463 Balingen – Sigmaringen in Laufen nach Tieringen abbiegen, circa 6 km. **Rad:** Radweg Tieringen – Meßstetten. **Zeiten:** ganzjährig. **Preise:** Ü im 6- bis 8-Personenhaus 79 – 140 €, ab 4 Ü etwa 63 – 114 € inkl. Endreinigung, Hallenbadnutzung und Energiekosten, Bettwäsche 6 €/Person, ab 4 Ü frei, kann aber auch mitgebracht werden, Schlafsäcke sind nicht gestattet. **Infos:** Sonderangebote telefonisch erfragen. Richtlinien und Antragsformulare über das Feriendorf oder über die EAF – Landesarbeitskreis Württemberg, Gymnasiumstraße 36, 70174 Stuttgart, ✆ 0711/2068-238 oder -260, Fax 2068-345. ▶ 40 FeHs mit Wohnzimmer, 2 – 3 Kinderzimmern mit Etagenbetten, 1 DZ, Dusche, WC,

Autos sind auf den Parkplatz vor der Anlage verbannt. Hier könnt ihr also in guter Luft und ohne Verkehrslärm spielen.

In den Ferien gibt es für Kids ab 4 Kindertreffs. Kinder ab 12 kommen zum Jugendtreff. Sport machen, schwimmen, spielen, basteln und vieles mehr.

komplett eingerichteter Küche, Terrasse oder Balkon. Im Gemeinschaftshaus sind Hallenbad, Sauna und Gruppenräume. Voll-, Teil- und Selbstverpflegung möglich.

Ferienwohnungen und -häuser

▶ Ferienwohnungen (FeWo) oder Ferienhäuser (FeHs) sind in den Haupturlaubsregionen stark verbreitet. Sie sind in der Regel geräumig, besitzen neben Wohn- und Schlafräumen eine voll ausgestattete Küche, sodass sich die Gäste selbst verpflegen können. Bei den ausgewählten Ferienwohnungen und -häusern ist im Allgemeinen ein Hof, ein Garten oder eine Wiese und häufig auch ein Spielplatz dabei.

Ferienwohnungen, Erich und Maria Hieber, Rechbergstraße 30, 73116 Wäschenbeuren. ℰ 07172/4643, Fax 914895. www.ferienhof-hieber.de. Erich.Hieber@t-online.de. **Preise:** ab 38 € pro Tag. ▶ 2 FeWo für 2 – 5 Personen, TV, Balkon, Spiel- und Grillplatz, überdachter Freisitz, Tischfußball und Tischtennis.

Ferienwohnungen & Apartments, Familie Ohm, Gerbergasse 21, 89143 Blaubeuren. ℰ 07344/91010-0, Fax -22. www.ferienwohnungen-blaubeuren.de. info@ferienwohnungen-ohm.de. **Preise:** ab 45 € pro Tag, 270 – 450 € pro Woche. ▶ 8 FeWo und Apartments für 1 – 6 Personen in der historischen Altstadt. Rollstuhlgerecht, Fernseher, Spülmaschine, Mikrowellenherd, auf Wunsch Frühstück.

Försterhaus, Familie Mangold, Am Nohl 5, 89173 Lonsee. ℰ 07336/8413, Fax 921305. Handy 0171/ 6494012. wolfgang.mangold@gmx.de. **Preise:** 24 – 66 € pro Tag, 168 – 378 € pro Woche. ▶ 5 FeWo für 1 – 4 Personen, TV, Terrasse oder Balkon. Vermietung auch für eine Nacht möglich.

Haus Maria, Familie Willbold, Steinenberg 3, 89584 Ehingen (Donau)-Erbstetten. ℰ 07386/689, Fax 975225. www.landhaus-willbold.de. info@landhaus-willbold.de. **Preise:** 30 € für 2 Pers pro Tag, jede weitere Person 15 €; Kinder bis 3 Jahre frei. ▶ FeWo für 2 – 4 Personen in ruhiger Ortsrandlage mit Panoramablick, umgeben von Wald und

Familie Ohm vermietet auch in Ulm ein Apartment für 4 Personen.

FERIENADRESSEN

Wiesen, auf Wunsch Frühstück, gute Rad- und Wandermöglichkeiten ins nahe Große Lautertal. Hunde sind erlaubt.

Ferienwohnung, Siegfried Bachhofer, Im Wiesental 43, 89584 Ehingen-Mühlen. ℰ 07395/323, Fax 961116. bachhofersiegfried@gmx.de. **Preise:** Ü mit F 25 €, ab 5 Nächte 20 €. ▶ 3 DZ mit Dusche, WC, TV. Ruhig am Waldrand, Garten mit Terrasse, Kinderspielplatz, Waschmaschine. Tiere wie Hunde, Kaninchen, Kühe und Enten.

Haus am Felsenhau, Verwaltung, Franziska Dreher, Am Felsenhau 4, 72574 Bad Urach. ℰ 07125/70332, www.badurach.de. info@badurach.de. **Preise:** ab 248 € pro Woche. ▶ 3 FeWo in schöner Aussichtslage, 5 Gehminuten zum Thermalbad, 10 Gehminuten zum Kurzentrum.

Ferienwohnung, Adolf Gröber, Ringstraße 19, 72587 Römerstein-Donnstetten. ℰ 07382/627. **Bahn/Bus:** Abholung vom Bahnhof Bad Urach. **Preise:** komplett ab 245 € pro Woche, 36 € pro Nacht für 2 Pers, jede weitere 5 €. ▶ Sonnige FeWo für 5 Personen im EG am Ortsrand mit schöner Aussicht im Erholungs- und Wandergebiet.

Ferienhaus Heideruh, Gerhard und Lydia Keinath, Kirchäcker 3, 72525 Münsingen-Hundersingen. ℰ 07123/7357, 888181, Fax 87814. **Preise:** komplett ab 170 € pro Woche. ▶ 2 FeWo für 5 bzw. 7 Personen in ruhiger, ländlicher Lage im Großen Lautertal, Garten.

Ferienwohnung, Birgit Weißing-Bross, Hitzenstaudenring 12, 72534 Hayingen. ℰ 07386/1238, www.hayingen.de/hayingen/tourismus/ferienwohnungen. fam.bross@t-online.de. **Preise:** komplett 303 € pro Woche. ▶ Moderne Studio-FeWo für 2 – 5 Personen in ruhiger Lage mit großem Südbalkon, kinderfreundlich, Babyausstattung.

Ferienhof Brunner, Edeltraud Brunner, Gartenstraße 12, 72534 Hayingen-Münzdorf. ℰ 07386/506, Fax 975161. www.hof-brunner.de. **Preise:** komplett ab 196 € pro Woche. ▶ FeWo für 6 und ökologisch gebaute Radwanderhäusle für 4 Personen. Bauernfrühstück auf Wunsch. Nebenan Bauernhof mit selbst erzeugten Produkten, vielen Tieren, Traktorfahren. Direkt im Rad- und Wandergebiet.

Ferienwohnung, Sieglinde Mack, Erlenweg 15, 72813 St. Johann-Lonsingen. ℰ 07122/9598, www.fewomack.gmxhome.de. **Preise:** für 2 Pers ab 182 €, für 4 Pers für 224 € komplett pro Woche. ▶ Gemütliche FeWo für 2 – 4 Personen mit separatem Eingang in ruhiger Hanglage. Idealer Ausgangspunkt für Radtouren und Wanderungen.

Ferienwohnung, R. und G. Braun, Heckenbachstraße 16, 72336 Balingen-Dürrwangen. ✆ 07433/37580, Fax 930589. **Auto:** ↗ Balingen. **Preise:** FeWo 36 € für 2 Pers pro Übernachtung. ▶ 1 FeWo für 2 – 4 Pers. Kinderbett und -stuhl, Schaukel, separater Eingang. 1 Balkonstudiozimmer für 2 – 3 Pers. DZ mit Liege, Kochgelegenheit und Balkon sowie 1 Studiozimmer für 2 Pers. mit Kochgelegenheit.

Ferienwohnung, Familie Didra, Schalksburgstraße 27/1, 72336 Balingen-Dürrwangen. ✆ 07433/4739, hans.didra@t-online.de. **Auto:** ↗ Balingen. **Preise:** 35 € für 2 Pers pro Tag. ▶ FeWo für 1 – 3 Personen, separater Eingang, Gartenmöbel, ruhige Südhanglage.

Ferienwohnung, Familie Baumeister, Kapfstraße 11, 72336 Balingen-Frommern. ✆ 07433/4610. **Preise:** komplett ab 37 € pro Tag. ▶ FeWo in ruhiger Südhanglage für 3 – 4 Personen.

Ferienwohnung, Ingrid Müller, Auf Gehrn 6, 72336 Balingen-Ostdorf. ✆ 07433/20700, Fax 2600990. ingrid.mueller@spaceirc.de. **Preise:** kleine Wohnung ab 25 €, große Wohnung ab 35 € für 2 Pers. ▶ 1 Einliegerwohnung für 2 – 4 Personen, Kinderbett und Hochstuhl. 1 FeWo im Dachgeschoss für 1 – 2 Personen, großer Balkon.

Ferienwohnung, Erika Böing, Fürstenstraße 3, 72379 Hechingen. ✆ 07471/91273, Fax 91275. ▶ FeWo für 2 – 3 Pers, Küchenzeile, Zentrumslage.

Ferienwohnung, Marlene Hirlinger, Falltorstraße 9, 72393 Burladingen-Melchingen. ✆ 07126/9297-0, Fax 9297-23. www.gaestehaus-hirlinger.de. **Preise:** FeWo 2 – 4 Pers 65 – 90 €, Zimmer 25 – 40 € pro Person. ▶ Zimmer mit Dusche, WC und Telefon. 45 Betten in EZ, DZ und MBZ.

Ferienwohnung, Hubert Hirlinger, Josef-Deuber-Straße 15, 72393 Burladingen-Melchingen. ✆ 07126/1561, Fax 1571. www.gaestehaus-hirlinger.de. info@gaestehaus-hirlinger.de. **Infos:** Der Landgasthof ist Sa, So und Mo durch-

gehend geöffnet. ▶ FeWo für 4 – 6 Personen, Kinderspielplatz.

Ferienwohnung, Jörg Stümmel, Burladinger Straße 31, 72393 Burladingen-Stetten. ℂ 07126/1527, www.familie-stuemmel.de. fewo@familie-stuemmel.de. **Preise:** komplett ab 224 € pro Woche. ▶ 3 moderne und komfortable Nichtraucher-FeWo für 2 – 4 Personen, Frühstück auf Anfrage, familiäre Atmosphäre, Garten, Spielplatz.

Ferienwohnung, K.-H. Freitag, Rathausstraße 30, 72401 Haigerloch-Owingen. ℂ 07432/4826, Fax 941097. www.fewo-freitag.de. info@fewo-freitag.de. **Preise:** nach Vereinbarung. ▶ Nichtraucher-FeWo für 2 – 4 Personen. Ruhige, zentrale Lage, Einkaufsmöglichkeiten im Ort.

Ferienwohnung, R. Herter, Waldstraße 27, 72459 Albstadt-Laufen. ℂ 07435/1328, www.ferienhaus-herter.de. info@ferienhaus-herter.de. ▶ FeWo für 2 – 6 Pers, 1 Kinderbett, großer Garten, Grillplatz, Liegewiese, Waschmaschine gegen Gebühr.

Ferienwohnung, K.-H. Freitag, Am Markt 16, 72461 Albstadt-Tailfingen. ℂ 07432/4826, Fax 941097. www.fewo-freitag.de. info@fewo-freitag.de. **Preise:** nach Vereinbarung. ▶ Nichtraucher-FeWo für bis zu 4 Personen.

Ferienwohnung, Franz Netzer, Schweizer Straße 10, 72355 Schömberg. ℂ 07427/2891, Fax 3936. www.partyservice-netzer.de. info@f-netzer.de. **Preise:** komplett ab 30 € pro Tag. ▶ 3 FeWo für 2 – 5 Pers.

Ferienwohnung, Joachim Gottwald, Äußere Dorfstraße 11, 72358 Dormettingen. ℂ 07427/30-51, Fax 30-19. Handy 0160/97971121. www.gottwald-ferienwohnungen.de. info@Gottwald-Ferienwohnungen.de. **Preise:** Ü für 2 Pers je nach Größe der Wohnung 20 – 45,50 €; Kinder bis 10 Jahre sind frei. ▶ 3 FeWo für 1 – 4 Personen.

Ferienwohnung, Hubert und Hildegard Eppler, Silcherstraße 4, 72365 Ratshausen. ℂ 07427/3434, www.ferienwohnungen-eppler.de. ferienwohnungen-eppler@t-online.de. **Auto:** A81. **Preise:** ab 26 € für 2 Personen. ▶ 2 FeWo für 2 – 4 Pers.

Ferienwohnung, Heinz Rösch, Goethestraße 16, 72469 Meßstetten-Hossingen. ℂ 07436/8658, Fax 910291.

www.ferienwohnung-roesch.de.   info@ferienwohnung-ro-esch.de. **Preise: 1 – 2 Pers 34 €** pro Tag, jeder weitere Erw 9 €; Kinder unter 7 Jahre frei, Kinder 7 – 14 Jahre 6 € pro Tag; Bettwäsche, Handtücher, Endreinigung inklusive. ▶ FeWo für 2 – 4 Personen, separater Eingang, TV, Liege-stühle, Terrassenmöbel.

Ferien auf dem Bauernhof

▶ Auf einem richtigen Bauernhof mit Tieren und Äckern zu wohnen ist für viele Kinder ein spannen-des Erlebnis. Mit Tieren spielen, beim Füttern zu-schauen oder sogar ein wenig bei der Feldarbeit hel-fen, bringt zusätzlichen Spaß. Oft gehören zu den Ge-höften große Innenhöfe und Wiesen, wo Kinder viel Platz zum Spielen haben. Die Höfe bieten entweder Übernachtungen in Gästezimmern mit Frühstück oder Ferienwohnungen.

🍎 Zu manchen dieser Bauernhöfe gehört ein Gasthof, und fast alle verkaufen hofeige-ne Produkte wie Milch, Eier oder Marmelade.

Bauernhof, Familie Schlipf, Unterer Blankenhof 3, 73441 Bopfingen-Baldern. ✆ 07362/9228-33, Fax 9228-34. an-namirlschlipf@web.de. **Preise:** 2 Pers ab 32 € pro Tag; Kin-der bis 12 Jahre die Hälfte. ▶ 1 FeWo mit Schlafzimmer, Wohn-/Schlafzimmer, Küche und Bad. Kinderspielplatz, Grillplatz, Tiere, Obst und Gemüse aus eigenem Garten.

Familie Gross, Haag 5, 73453 Abtsgmünd. ✆ 07366/ 5739, Fax 5739. **Preise:** ab 50 € pro Nacht. ▶ 3 FeWo für 2 – 6 Personen, Grill und Kinderspielplatz, Produkte vom Hof, Streicheltiere.

Ferienwohnung, Familie Wagenblast, Hinterbüchelberg 7, 73453 Abtsgmünd. ✆ 07963/664, Fax 841510. www.hinterbuechelberg.de.   wagenblast@hinterbuechel-berg.de. ▶ 2 FeWo mit Balkon für 2 – 4 Pers ab 42 € pro Tag. Das eigene Pferd kann mitgebracht werden.

Demeter-Bauernhof und Ferienwohnungen FerienHOFer, Familie Hofer, Straßdorf 17, 73453 Abtsgmünd-Straßdorf. ✆ 07963/8419855, Fax 8419856. www.feri-enhofer.de. info@ferienhofer.de. **Rad:** am Kocher-Jagst-Radweg. **Preise:** ab 224 € pro Woche. ▶ Kindersicherer Bauernhof mit vielen Tieren und eigenem Hofladen. 5 FeWo

FERIENADRESSEN

Hofladen mit Demeter-Erzeugnissen.

In Bad Boll-Eckwälden kann man den Betrieb des homöopathischen Arzneimittelbetriebes WALA mit Heilmittelgarten besichtigen; ✆ 07164/ 9300.

Happy Birthday!
Kindergeburtstage und Erlebnisnachmittage in der Natur unter ✆ 07172/21204.

für 1 – 10 Personen, teilweise rollstuhlgerecht. Für Gruppen geeignet, da mit großem Aufenthaltsraum ausgestattet.

Ferienhof Schmid, Manfred Schmid, Hofweg 4, 73463 Westhausen. ✆ 07363/4986, Fax 7349. www.bioferienhof.de. info@bioferienhof.de. **Preise:** je nach Größe zwischen 31 und 55 €; Kinder unter 10 Jahre frei. ▶ 7 FeWo für 2 – 4 Pers, Kinderspielplatz, Hunde nicht erlaubt, große alte Bauernstube, Holzbackofen, viele Tiere auf dem Hof, Sauna, Whirlpool, Solarium, Kneippeinrichtungen.

Birkenhof, Dr. Inge Aichele, Gerhard-Heyde-Weg 10, 73087 Bad Boll. ✆ 07164/2409, Fax 12873. www.birkenhof-aichele.de. info@birkenhof-aichele.de. **Preise:** Für 1 Woche und 4 Personen ab 270 €; Kinder 20% Ermäßigung. ▶ 2 FeWo und 4 Apartments, Obstbau und Milchkühe.

Aussiedlerhof, Hans Schmid, Aussiedlerhof, 73104 Börtlingen. ✆ 07161/51793, 53038, Fax 53038. **Preise:** bis 4 Pers 56 €, jede weitere Peron 14 €. ▶ 1 FeWo für 2 – 8 Personen, Spielplatz und Liegewiese.

Bergfeldhof, Martin und Viola Mohring, Ödachweg 20, 73104 Börtlingen. ✆ 07161/51383, Fax 502931. viola.mohring@t-online.de. **Preise:** bis 4 Pers 44 €. ▶ 2 FeWo mit 2 – 5 Betten, TV, Spielplatz und Liegewiese.

Strudelhof, Gottlob und Anneliese Grözinger, 73113 Ottenbach. ✆ 07165/8275. **Preise:** auf Anfrage. ▶ 5 FeWo für 2 – 7 Personen, TV, Terrasse/Balkon, Haustiere erlaubt, Frühstück bzw. HP.

Bauernhof, Hugo und Marlene Straub, Beutenmühle 16, 73547 Lorch. ✆ 07172/8130, Fax 8130. ferienhofstraub@aol.com. **Preise:** FeWo ab 32 € für 2 Pers pro Tag. ▶ 2 Fewo für 2 – 5 Personen und 1 Doppelzimmer in ruhig gelegenem Einzelhof mit Ponys und Kleintieren, Reit- und Angelmöglichkeit, Liegewiese, Kinderspielplatz, Baum-, Grillhaus, Tischtennis, überdachter Swimmingpool, Gästeabholung.

Braunhof, Otto Kottmann, 73550 Waldstetten. ✆ 07171/43262, Fax 4959570. www.braunhof.de. anfrage@braunhof.de. **Preise:** ab 39 € je Tag. ▶ 1 FeWo für 2 – 6 Pers, Balkon, TV, Grillplatz, Spielplatz.

Reiterhöfe und Reiterferien

▶ Zu Ferien auf dem Reiterhof kommen Kinder primär zum Reiten, entweder, um es überhaupt erst zu erlernen, oder um ihr Hobby zu pflegen. Sie verbringen die Ferien ohne die Eltern und leben in der Regel in Vollpension. Die Anbieter brauchen dazu die Erlaubnis des Jugendamtes. Ohne diese muss zumindest eine verantwortliche erwachsene Person mitkommen. Das Ganze wird dann als Familienferien mit zumindest einer Reitstunde täglich organisiert.

Die Reitlehrer sollten pädagogisches Geschick und wirklich Zeit für die Kinder haben. Die Gruppen sollten klein, die Pferde frisch sein. Die Kinder sollten vormittags und nachmittags je eine Stunde theoretischen und praktischen Unterricht bekommen.

Zu den Reiterferien können Kinder ab 8 Jahre kommen. Viele Betriebe setzen als Obergrenze 13 – 14 Jahre, manche akzeptieren aber auch noch 16-Jährige. Die Reiterferien dauern zumeist 1 Woche, können aber auch länger sein.

Reitanlage Härtsfeldhof, Martha Bruckmeyer, Hohenberg 3, 73441 Bopfingen-Hohenberg. ✆ 07362/5773, Fax 5763. www.haertsfeldhof.de. info@haertsfeldhof.de. **Auto:** In Bopfingen Richtung Neresheim, nach circa 2 km im Weiler Hohenberg beim 2. Hof rechts. **Preise:** 1 Woche Reiterferien mit 6 Std ab 390 €, 1 Wochenende mit 2 Std und 1 Ü 75 €; Kinder 10 – 14 Jahre 1 Woche Reiterferien mit 10 Std ab 375 €, 1 Wochenende mit 2 Std und 1 Ü 60 €.

▶ 30 EZ, DZ und MZ sowie 5 FeWo für 3 – 7 Personen. Moderne Reitanlage mit 2 Reithallen, Boxen für Gastpferde, Außenplatz und 40 Pferden.

Reiterhof Eichert, Hornbergstraße 36, 73479 Ellwangen-Eigenzell. ✆ 07961/6226, Fax 560585. www.reiterhof-eichert.de. info@reiterhof-eichert.de. **Preise:** 1 Woche im DZ, VP und täglich 2 Reitstd 490 €. Die FeWo kostet 49 € pro Tag für 4 Pers, jede weitere Person zahlt 10 €; Reiterferien: Kinder 9 – 16 Jahre 1 Woche mit Ü im MZ, VP, Ferienprogramm und täglich 2 Stunden 385 €. Eine Reitstunde 15 €. ▶ FeWo mit DZ und MZ für 4 – 6 Personen. Der Fa-

Achtung! Die meisten Kurse sind reine Mädchenkurse, da unter Jungs nur geringes Interesse besteht.

@ Unter www.pferd-aktuell.de informiert die Deutsche Reiterliche Vereinigung e.V./FN über alles rund um Reitsportvereine.

milienbetrieb hat auch ein Reiterstübchen mit gutbürgerlicher Küche. Reitausbildung, Kutschfahrten, Ponyreiten, auch Nichtreiter sind willkommen.

Reiterhof und Reiterhotel Konle, Ulrich Konle, Hofackerstraße 20, 73479 Ellwangen-Röhlingen. ✆ 07965/90030, Fax 900331. www.reiterhof-konle.de. info@konle.com. **Preise:** Reiterferien ab 400 € pro Woche, Reit- und Wellnesswochenende 190 €, ÜF im DZ ab 70 €; Schnupperwochenende Kinder inkl. 2 Reitstunden 60 €. ▶ DZ, 3-Bettzimmer und Jugendferienlager. Reiterstube, Kaminzimmer und Wellnessbereich verwöhnen ganzjährig die Gäste. Lehrgänge, Reitabzeichen, Turnierkurse, Dressur und Springen.

Kinder und Jugendliche können Reitstunden nehmen, ihre Ferien hier verbringen oder auch mal nur einen Tag da sein. Und das kleine und große Hufeisen oder den Reiterpass kann man auch machen.

Ziegelhof, Familie Staud, 89134 Bermaringen. ✆ 07304/6259, Fax 430121. www.ziegelhof.de. reiten@ziegelhof.de. **Preise:** 1 Reitstunde 13 €, 10er-Karte 120 €; Kinder 6 – 18 Jahre 1 Reitstunde 11,50 €, 10er-Karte 105 €; Ü für Kinder ohne Eltern mit VP 33 € pro Tag ohne Reitstunden. ▶ Der Ziegelhof liegt am Rande der Schwäbischen Alb von kleineren Tälern und viel Wald umgeben. In den Ställen stehen Warmblutpferde und viele Ponys. Es gibt prima Möglichkeiten zu Ausritten. Zum Essen gibt's schwäbische Küche.

Für kleine und große Gruppen werden Kutsch- und Schlittenfahrten angeboten. 5 Personen je Kutsche, 4 Personen je Schlitten und Stunde etwa 75 €.

Reiterferien Lerchenhof, Ute und Heiner Eppinger, Lerchenhof 1, 72525 Münsingen. ✆ 07381/2710, Fax 1453. www.eppinger-lerchenhof.de. Heiner.Eppinger@t-online.de. **Auto:** An der L230 aus Richtung Gomadingen, kurz vor der Umgehungsstraße B465. **Zeiten:** Anreise Sa 13 – 14.45 Uhr, Abreise Fr 13 – 15 Uhr. Termine für Ferienkurse telefonisch erfragen. **Preise:**; Kinder 8 – 16 Jahre, VP (4 Mahlzeiten mit Getränken) pro Woche mit 11 Reitstunden 400 € – 480 € je nach Unterbringung. ▶ Reiterferien für Kinder und Jugendliche 8 – 16 Jahre, 6 MZ und 1 DZ. Etwa 70 Pferde: verschiedene Ponyrassen, Haflinger und Reitpferde.

Reiten wie im Wilden Westen

Reiterhof Willi Wolf, Willi Wolf, Steinhilber Straße 17, 72531 Hohenstein-Meidelstetten. ✆ 07387/579, Fax 984409. www.willi-wolf.de. info@willi-wolf.de. **Preise:** 45

min Reitstunde 15 €, Blockhaus 7 Tage mit Geländeritt 475 €, mit Reitstunden 295 €. Als Wochenendepaket 170 €; In den Schulferien Mo – Fr mit Übernachtung 310 €, 45 Min Reitstunde 10 €. ▶ Reiterferien, regulärer Unterricht und Wanderreiten. Blockhäuser im 7-Tage-Paket in verschiedenen Kombinationen mit täglicg 4 Std Ausritt oder Reitstunden. Das eigene Pferd kann mitgebracht werden.

Reiterhof, Ernst Eger, Paul-Jauch-Weg 11, 72800 Eningen u.A.. ✆ 07121/82422, Fax 82422. www.egerhof-reiterferien.de. **Auto:** Vom Zentrum Richtung Osten in die Grabenstraße, dort links in den Paul-Jauch-Weg. **Preise:**; Kinder 1 Woche VP 250 €, 11 Reitstunden à 45 Min, Betreuung und Versicherung, Kutschfahrt 1 Std 60 €, Ponyreiten 1 Std 9 €. ▶ Reiterferien für Mädchen 8 – 16 Jahre. Eine Reithalle ist vorhanden. Der Hof hat 29 Betten in 5 MZ mit VP. Hier gibt es Ponys, Pferde und viele andere Tiere wie Schweine, Hasen und Kühe.

Paulter-Reiterhof, Reitschule Baum, 72514 Inzigkofen. ✆ 07571/51401, Fax 51401. www.paulterhof.de. info@paulterhof.de. **Auto:** B313 Sigmaringen – Meßkirch, gut 1 km von der Abfahrt Laiz/Göggingen. **Preise:** 1 Reitstunde 14 €; Kinder 12 €; Ferien 6 Tage mit 6 Reitstunden 170 €. ▶ Reitunterricht für Anfänger und Fortgeschrittene, in der Reithalle oder auf den Außenplätzen. Wenn Wanderreiter auf ihrer Reise hier vorbei kommen, finden sie Unterkunft und Verpflegung für das Pferd und für sich. Besitzer eines eigenen Pferdes dürfen es während der Ferien mitbringen. Ihr könnt auch nur Reitstunden ohne Übernachtung nehmen.

Jugendherbergen

▶ Viele JH sind heutzutage modernisiert und zu Familienunterkünften umgebaut worden. Der patriarchlisch-autoritäre Geist aus früherer Zeit ist meist überwunden und Herbergsvater oder -mutter machen ihrer Bezeichnung alle Ehre. Fast alle JH bieten in Haus und Umgebung gute Möglichkeiten zu Sport und Spiel. Viele organisieren Ausflugsprogramme, man-

Ihr wolltet immer schon mal wissen, wie ein Cowboy die Rinder von der Weide treibt? Hier könnt ihr dabei sein!

In der Reitschule werden Voltigier-, Dressur- und Sprungunterricht angeboten, im Sommer auch Ausritte. Ihr könnt euch auch außerhalb des Unterrichts um die Pferde kümmern, sie füttern und striegeln.

Hunger & Durst
St. Georg Klause, Familie Baum, 72514 Inzigkofen. Terrasse, hier wird schwäbisch gekocht. Es gibt vor allem kleine Küche und Vesper.

@ Unter www.djh.de findet man das Deutsche Jugendherbergswerk.

In JH können in Deutschland mit Ausnahme von Bayern auch Senioren, also auch ältere Familienmitglieder (sogar Opa und Oma) übernachten.

Achtung! JH haben in aller Regel 24. – 26. Dez geschlossen.

© JH Hohenstaufen

che engagieren sich in Umweltschutz und Naturerkundung.

Um in JH übernachten zu können braucht man eine gültige Mitgliedskarte, die man vor Ort erwerben kann. Sie kostet für »Junioren« bis 26 Jahre 12,50 € im Jahr. Ab 27 Jahre gibt es die »27+«- oder Familienkarte für 21 €. Eine Familienkarte berechtigt Eltern, eigene und befreundete Kinder mitzubringen, diese brauchen keinen eigenen Ausweis. Wird die Mitgliedskarte zum 1. Okt eines Jahres beantragt, ist sie bis zum 31. Januar des übernächsten Jahres, also 16 Monate, gültig.

Familien mit mindestens einem minderjährigen Kind zahlen nur den Juniorpreis, Kinder bis 2 Jahre sind frei, bis 5 Jahre oft ermäßigt. Gruppen werden nach Geschlechtern getrennt untergebracht.

JH Aalen, Stadionweg 8, 73430 Aalen. ✆ 07361/49203, Fax 44682. www.jugendherberge-aalen.de. info@jugendherberge-aalen.de. **Preise:** Mit JH-Ausweis 22,10 € pro Nacht; Kinder und Jugendliche bis 26 Jahre 19,10 €; Familien mit mind. einem minderjährigen Kind zahlen den Juniorpreis. ▶ 124 Betten in 29 Schlafzimmern, Klavier, TV, Tischtennis, Feuerstelle, Spielplatz.

JH Hohenstaufen, Nicole und Michael Golik, Schottengasse 41, 73037 Göppingen-Hohenstaufen. ✆ 07165/438, Fax 1418. www.jugendherberge-hohenstaufen.de. info@jugendherberge-hohenstaufen.de. **Bahn/Bus:** Bus 13 stündlich vom Hbf Göppingen. **Auto:** Auf der Landstraße von Göppingen 8 km in nordöstlicher Richtung. **Preise:** ÜF 22,10 €; Kinder und Jugendliche bis 26 Jahre 19,10 €; Familien mit mindestens einem min. Kind zahlen den Juniorpreis. ▶ In ruhiger Waldrandlage 121 Betten in 20 Zimmern für 6 – 8 Personen.

JH Heidenheim, Liststraße 15, 89518 Heidenheim a.d.Br. ✆ 07321/42045, Fax 949045. www.jugendherberge-heidenheim.de. info@jugendherberge-heidenheim.de. **Bahn/Bus:** 20 Gehmin vom Hbf. **Zeiten:** ganzjährig. **Preise:** ÜF 23,60 €; Kinder und Jugendliche bis 26 Jahre 20,60 €; Familien mit mind. einem minderjährigem Kind zahlen den Juniorpreis. ▶ Unterhalb von Schloss Hellenstein in der Nähe eines Erholungsparks. 128 Betten, Frühstücksbuffet, Fernsehraum, Liegewiese, Terrasse.

JH Bad Urach, Arthur und Sabine Striebel, Burgstraße 45, 72574 Bad Urach. ✆ 07125/8025, Fax 40358. www.jugendherberge-bad-urach.de. info@jugendherberge-bad-urach.de. **Bahn/Bus:** ↗ Bad Urach. **Preise:** ÜF ab 27 Jahre 22,10 €; Kinder bis 26 Jahre ÜF 19,10 €; Familien mit Familienausweis mit mind. einem minderjährigen Kind zahlen den Juniorpreis. ▶ 18 Zimmer mit 123 Betten, Outdoor-Kletterwand am Haus.

JH Ulm, Grimmelfinger Weg 45, 89077 Ulm. ✆ 0731/384455, Fax 384511. www.jugendherberge-ulm.de. info@jugendherberge-ulm.de. **Bahn/Bus:** ↗ Ulm, Straßenbahnlinie 1 bis Ehinger Tor, dann Bus 4 bis Schulzentrum. **Auto:** ↗ Ulm. **Preise:** ÜF ab 27 Jahre ab 23,60 €; ÜF bis 26 Jahre ab 20,60 €; Familien mit Familienausweis und mind. einem minderjährigen Kind zahlen den Juniorpreis. ▶ 28 Zimmer mit 114 Betten, überwiegend 4-Bettzimmer, 2 Tagesräume, 1 Seminarraum und ein Kinderspielzimmer.

JH Blaubeuren, Ines und Ulf Wienand, Auf dem Rucken 69, 89143 Blaubeuren. ✆ 07344/6444, Fax 21416. www.jugendherberge-blaubeuren.de. info@jugendherberge-blaubeuren.de. **Bahn/Bus:** ↗ Blaubeuren. **Auto:** ↗ Blaubeuren. **Preise:** ÜF ab 27 Jahre 22,10 €; ÜF bis 26 Jahre 19,10 €; Familien mit Familienausweis mit mind. einem minderjährigen Kind zahlen den Juniorpreis. ▶ 29 Zimmer mit 110 Betten, überwiegend 4-Bettzimmer.

JH Erpfingen, Wolfgang Richter, Auf der Reute 1, 72820 Sonnenbühl-Erpfingen. ✆ 07128/1652, Fax 3370. www.jugendherberge-erpfingen.de. info@jugendherberge-erpfingen.de. **Preise:** ÜF 23,60 €; ÜF bis 26 Jahre 20,60 €; Fa-

milien mit mindestens einem min. Kind zahlen den Juniorpreis. ▶ 150 Betten in überwiegend 4- und 6-Bettzimmern,
Pauschalprogramme für Familien-, Kinder- und Reiterferi-
en, Tennisfreizeit, Skischule, Ski- und MTB-Verleih.

JH Balingen, Ilona und Harry Baader, Schlossstraße 5,
72336 Balingen. ✆ 07433/20805, Fax 5911. www.jugend-
herberge-balingen.de. info@jugendherberge-balingen.de.
Am südlichen Ende des Stadtzentrums, 15 Gehmin vom
Bhf. **Bahn/Bus:** ↗ Balingen. **Preise:** ÜF 22,10 €; Kinder
bis 5 Jahre frei, bis 26 Jahre 19,10 €; Familien mit 1 min.
Kind zahlen den Juniorpreis. ▶ 46 Übernachtungsplätze,
Tischtennisplatten drinnen und draußen, Frühstück, Disco.

JH Lochen, Auf der Lochen 1, 72336 Balingen-Lochen.
✆ 07433/37383, Fax 382296. www.jugendherberge-lo-
chen.de. info@jugendherberge-lochen.de. 10 km südlich
von Balingen unterhalb des Lochensteins. **Bahn/Bus:**
↗ Balingen Bus 17 Richtung Nusplingen, Haltestelle direkt
an der Jugendherberge. **Preise:** 1. Ü 22,10 €, 2.
Ü 18,90 €, jeweils inkl. Frühstück; Kinder und Jugendliche
bis 26 Jahre ÜF 19,10 €; Familien mit einem min. Kind
zahlen den Juniorpreis. ▶ 103 Betten, Kunstrasen mit Flut-
lichtanlage für Volleyball, Fußball, Basketball, Tischtennisplatten, Disco, Dart, Kletterhalle, HP und VP möglich, Holzbackofen, 2 Grillstellen.

JH Sigmaringen, Hohenzollernstraße 31, 72488 Sigmaringen. ✆ 07570/13277, Fax 61159. www.jugendherberge-
sigmaringen.de. info@jugendherberge-sigmaringen.de.
Bahn/Bus: ↗ Sigmaringen. **Auto:** ↗ Sigmaringen. **Preise:**
ÜF ab 27 Jahre ab 20,50 €; ÜF Kinder bis 3 Jahre frei, 3 –
6 Jahre 50 %, bis 26 Jahre ab 17,50 €; Familien mit Familienausweis und mind. einem minderjährigen Kind zahlen
den Juniorpreis. ▶ 33 Zimmer mit 127 Betten, überwiegend 4-Bettzimmer.

JH Wildenstein, Burg Wildenstein, 88637 Leibertingen.
✆ 07465/411, Fax 417. www.jugendherberge-burg-wilden-
stein.de. info@jugendherberge-burg-wildenstein.de. **Preise:** ÜF 22,10 €; Kinder, Jugendliche 6 – 26 Jahre 19,10 €;
Familien mit Familienausweis mit mindestens einem Kind
zahlen den Juniorpreis. ▶ 37 Zimmer mit 156 Betten.

Naturfreundehäuser und Wanderheime

▶ Naturfreundehäuser und Wanderheime sind oft sehr einfach ausgestattet. Übernachtet wird in Mehrbettzimmern oder auf Matratzenlagern. Meist gibt es Waschräume, komplett eingerichtete Selbstversorgerküchen und Aufenthaltsräume. Sie liegen sehr idyllisch, manchmal mitten im Wald. Einige können nicht angefahren werden, sondern müssen erwandert werden. Einige sind am Wochenende bewirtschaftet, dann gibt es einfache, deftige Speisen.

NFH Braunenberg, Braunenberg 4, 73433 Aalen-Wasseralfingen. ℰ 07361/71474, www.naturfreundehaus-braunenberg.de. info@naturfreundehaus-braunenberg.de. **Auto:** Von Aalen der Beschilderung Tiefer Stollen folgen; das NFH liegt direkt unterhalb des Fernsehturms. **Zeiten:** nur Sa ab 14 Uhr, So, Fei und Di ab 14 Uhr geöffnet, ein halbes Jahr vorher anmelden. **Preise:** für Nichtmitglieder ab 9,50 €; für Nichtmitglieder Kinder bis 14 ab 7,50 €, Jugendliche 14 – 18 ab 8,50 €. **Infos:** Anmeldung und Info bei Ute Bieg, ℰ 07361/971836, Fax 760991. ▶ 41 Betten in 13 Zimmern, 1 EZ, 3 DZ, Tischtennis, Spiel- und Grillplatz.

NFH Himmelreich, Auf dem Himmelreich 15, 73540 Heubach-Beuren. ℰ 07173/5911, www.naturfreundehaus-himmelreich.de. wolfganghoffmann@t-online.de. **Auto:** In ↗ Heubach auf der Hauptstraße Richtung Bartholomä, am Marktplatz rechts nach Beuren, dort parken und noch 2 km zu Fuß. **Zeiten:** Mi, 8 – 18, Sa 8 – 24, So und Fei 8 – 18, während der Sommerferien täglich. **Preise:** Ü 12 €, Frühstück 4,50 €; Kinder bis 16 Jahre 9 €. **Infos:** Anmeldung bei Herrn Hofmann, ℰ 07171/7145188, Fax 7145189. ▶ 35 Betten in 4- bis 8-Bettzimmern, Gartenwirtschaft, Kinderspielplatz, Bettwäsche im Übernachtungspreis enthalten.

Wanderheim Ostlandheim, Kreuzhaldenweg 28, 73035 Göppingen-Jebenhausen. ℰ 07161/42610, Fax 1418. ostlandheim@gmx.de. **Zeiten:** Im Dezember geschlossen. **Preise:** 15 € pro Nacht. **Infos:** Ansprechpartner Axel Feuer, ℰ 0179/7910401. ▶ 30 Betten.

Achtung! Unter www.naturfreundehaeuser.de findet ihr alle Naturfreundehäuser Deutschlands. Die Übernachtung im NFH muss in der Regel angemeldet werden!

FERIENADRESSEN

Am Südwesthang *der Schwäbischen Alb könnt ihr im Naturschutzgebiet Kleines Lautertal verschiedene Lebensräume wie Bergwald, Schluchtwald, Wacholderheiden und Wiesenauen kennen lernen. Hier wächst die selten gewordene Küchenschelle mit ihrer leuchtend lilafarbenen Blüte und an einem Bach könnt ihr – wenn ihr ganz leise seid und euch nicht bewegt – mit etwas Glück eine Wasseramsel sehen.*

Freizeitheim/Waldheim Stötten, Ev. Kirchenbezirkskasse Geislingen, Bahnhofstraße 75, 73312 Geislingen a.d.St. ✆ 07331/307097-21, Fax 307097-29. www.kirchenbezirk-geislingen.de, unter Einrichtungen und Werke. bezirkskasse@ev-kirche-geislingen.de. **Zeiten:** an Wochenenden, sonst auf Anfrage. **Preise:** Ü 13,50 €; Kinder Ü 12 €. ▶ Selbstversorgerhaus für Gruppen und Familien mit 11 Mehr-Bett-Zimmern, zum Teil mit Du/WC, Übernachtungsmöglichkeit für 44 Personen. Kinderspielplatz und Spielwiese vorhanden.

Geislinger Hütte, Thomas Bührle, Steigäckerstraße 17, 73312 Geislingen a.d.St.. ✆ 07334/305070, Fax 3050-71. **Zeiten:** an Wochenenden, sonst auf Anfrage. ▶ 32 Übernachtungsmöglichkeiten in 2 Schlafräumen.

NFH Hasenloch, 89537 Giengen a.d.Br.. ✆ 07322/7638, www.naturfreunde-giengen.de/NF-Haus/hasen.htm. g.ruoss@web.de. **Auto:** Von ↗ Giengen Richtung Heidenheim 1,5 km nach den letzten Häusern bei dem kleinen Holzschild Hasenloch links. **Zeiten:** Mi, Sa Nachmittag, So, Fei ganztags. **Preise:** 11 €; Kinder bis 15 Jahre 7 €, Jugendliche 8 €; Ermäßigung ab 3 Übernachtungen und für Mitglieder. **Infos:** Gruppenanmeldung unter 07322/5435. ▶ 16 Betten, SV-Küche, Aufenthaltsraum.

NFH Spatzennest, 89134 Blaustein-Weidach. ✆ 0731/44469, Fax 44469. www.naturfreunde-ulm.telebus.de. **Auto:** A8, Stuttgart – Ulm, Ausfahrt 62 Ulm/West, B25 bis Herrlingen, Abzweigung in Richtung Bermaringen/Weidach, 200 m vor Weidach links. **Zeiten:** Mitte Jan – Mitte Dez an So und Fei, in den Sommerferien täglich, Pfingsten bis Sommerferien auch Sa 14 – 18 Uhr. **Preise:** 11 €; Kinder unter 3 Jahre frei, bis 18 Jahre 6,50 €. ▶ Beim Spatzennest gibt es einen Kinderspielplatz mit Tischtennisplatte und eine Grillstelle. Übernachten könnt ihr im großen Schlafsaal, in einem 8- oder 6-Bettzimmer sowie in einem DZ.

NFH Römerstein, Böhringer Straße 4, 72587 Römerstein-Donnstetten. ✆ 0711/690870, 07382/856 (Naturfreundehaus), www.naturfreunde-stuttgart.de/roemerstein. waldemar-grytz@gmx.de. ▶ 2-, 3- und MZ, Etagenduschen,

Ferienheim für Familien, keine Bewirtschaftung, SV, Terrasse, Liegewiese.

NFH Bossler, Walter Pflüger, Dobelstraße 39, 73087 Bad Boll. ✆ 07164/148098, Fax 148099. www.naturfreunde-gp.de. **Bahn/Bus:** Vom Busbahnhof Göppingen mit Bus 31 oder 32 nach Gruibingen. Von dort ca. 3 km zu Fuß. Oder mit Bus 20 oder 33 nach Bad Boll/Eckwälden, dann 4 km bergauf. **Auto:** A8 Stuttgart – Ulm Ausfahrt 59 Mühlhausen, auf der L1213 Richtung Weilheim bis zum Wanderparkplatz vor der Abzw. nach Bad Boll. Von dort zu Fuß 2 km bergauf. **Zeiten:** Gaststube fast jeden Sa ab 15 – So 18 Uhr und täglich in den Sommerferien in Baden-Württemberg bewirtschaftet. **Infos:** Die Zugangswege von Boll/Eckwälden (1 1/2 Std) und Gruibingen (1 1/4 Std) sind mit einem N markiert. ▶ Das Bosslerhaus bietet 2 Zwei-, 2 Drei- und 3x Vierbettzimmer sowie 2 Lager mit insgesamt 32 Plätzen. Zum Haus gehören eine SV-Küche, zwei Grillstellen, ein Kinderspielplatz mit Sandkasten und Schaukel, ein Sportplatz und eine am Wochenende bewirtschaftete Gaststube. Die Umgebung bietet Möglichkeiten zum Klettersport, Wandern und zum Ski fahren.

Wanderheim Sternberg, Ute Leuze, Sonnenhalde 36, 72532 Gomadingen. ✆ 07385/1790, 1723 Wanderheim, Fax 965178. www.schwaebischer-albverein.de unter Wanderheime. wh.sternberg@t-online.de. **Bahn/Bus:** Bus Reutlingen – Münsingen bis Offenhausen, ab da 1 km zu Fuß. **Auto:** Vom Parkplatz am Sportplatz südöstlich von Gomadingen 20 Gehminuten. **Zeiten:** Ganzjährig Sa, So, Fei, Weihnachten bis Neujahr geschlossen. **Preise:** 16 €; Kinder und Jugendliche bis 21 Jahre 15 €. **Infos:** Mitglieder des Schwäbischen-Alb-Vereins bezahlen weniger. Preise inkl. Bettwäsche und F, keine SV. ▶ 36 Schlafplätze in 3 5-Bettzimmern, je ein 6-, 7- und 8-Bettzimmer.

Wanderheim Eninger Weide, Hans-Schenk-Haus, Gudrun Gekeler, Im Winkel, 72800 Eningen u.A. ✆ 07121/87372, www.sav-eningen.de unter Wanderheim Eninger Weide. eninger-weide@gmx.de. **Bahn/Bus:** Vom Bhf Metzingen an beiden Speicherbecken vorbei 6 km. Vom Bhf Reutlingen-Sondelfingen an der Achalm vorbei über Gutenberg und

Wanderkarte 1:50.000 Göppingen – Geislingen des Landesvermessungsamtes Baden-Württemberg.

Der Sternberg ist die höchste Erhebung der Mittleren Alb. Sein Kern wird von einem erkalteten Vulkanschlot gebildet. Auf seiner Kuppe wurde 1980 in 844 m Höhe das Wanderheim gebaut. Ein wenig weiter steht ein Aussichtsturm.

Das Wanderheim liegt 750 m hoch nahe am Albtrauf. In der Nähe findet ihr ein Wildgehege, einen großen Spielplatz mit Grillstellen und den Aussichtsturm Hohe Warte. Er ist am Sonntag geöffnet, sonst müsst ihr den Schlüssel im Landesgestütshof St. Johann holen und bei der Gelegenheit könnt ihr gleich den Fohlenhof dort besichtigen.

Tieringen schmiegt sich umgeben von bewaldeten Bergen in eine 800 m hohe Mulde des Großen Heubergs auf der Europäischen Wasserscheide Rhein/ Donau. Am Ortsrand hinter der Schlichemhalle liegt am Ursprung der Schlichem das 1983 erbaute SV-Wanderheim »Haus Kohlraisle«. Von hier aus könnt ihr zu Ein- oder Mehrtageswanderungen in einem der schönsten Gebiete der Südwestalb starten.

Hännersteigle 7 km. Vom Hbf Reutlingen über Achalm, Eningen und Schluchtweg 10 km. **Rad:** Von Eningen in nordöstlicher Richtung der Beschilderung St. Johann/Hohe Warte folgen, nach 6 km beim Parkplatz links zum Wildgehege. **Zeiten:** Ganzjährig, Bewirtung für Tagesgäste nur Do – So, für Übernachtungsgäste immer geöffnet – auch mit Bewirtung. **Preise:** ab 16,50 € pro Nacht; Kinder unter 4 Jahre frei, Kinder und Jugendliche 5 – 21 Jahre ab 14 €. ▶ 1 DZ, 1 4-Bettzimmer, 3 Gruppenräume mit 7, 11 und 14 Betten in einem modernen, großzügigen Haus. Bettwäsche 3-teilig mitbringen oder ausleihen. Es wird einfaches Essen gekocht.

NFH Rohrauer Hütte, 72813 St. Johann-Bleichstetten. ✆ 07125/7129, 07122/9763 (Naturfreundehaus), Fax 408671. **Zeiten:** Sa, So, Fei; für Gruppen Mo – So. ▶ 30 Betten in mehreren Schlafräumen, SV-Küche, Sa, So und Fei bewirtschaftet.

ALB-Traum Herberge, A. Engel und E. Lorch, Eberhard-Finckh-Straße 20, 72829 Engstingen-Haid. ✆ 07129/ 932510, Fax 932512. www.alb-traum.de. info@alb-traum.de. **Preise:** ab 20 € pro Nacht; Kinderermäßigung möglich. ▶ 11 EZ, DZ und MZ, TV, Raucher- und Esszimmer, Leseecke, Wasch- und Trockenraum, Wintergarten, Spielplatz, Grillstelle, Boule-Bahn. Duschen und WCs auf der Etage, große SV-Küche, auf Wunsch Frühstück. Hunde erlaubt.

NFH, Richard-Joner-Heim, Waldheim 2, 72458 Albstadt-Ebingen. ✆ 07431/2739, 51582. **Preise:** Ü ab 15 €. ▶ 54 Übernachtungsplätze, Sa, So und Fei Bewirtung.

Wanderheim, »Haus Kohlraisle«, Hinter Burg 22/1, 72469 Meßstetten-Tieringen. ✆ 07436/1272, Fax 1272. www.kohlraisle.de. info@kohlraisle.de. **Auto:** Am Ortsrand, gut ausgeschildert, genügend Parkplätze vorhanden. **Zeiten:** ganzjährig nur nach Voranmeldung. **Preise:** 10 € pro Nacht, Strom und Telefon 0,25 € pro kWh bzw. Einheit; Kinder bis 12 Jahre 8 €; Gruppenpauschale 150 € pro Nacht bis 15 Pers. ▶ 43 Betten in 2 DZ, 2 mal 4 und 3 mal 7 Betten, 2 Waschräume mit Dusche und 3 WC. Gut eingerichtete SV-Küche. Getränke können bei der Voranmel-

dung für die Übernachtung mit bestellt werden. Der gemütliche Aufenthaltsraum kann in zwei Räume getrennt
werden und wird mit Kachelofen beheizt. Direkt neben dem
Haus steht ein Brunnen und eine Grillfeuerstelle. Ihr habt
einen Kinderspielplatz und einen Bolzplatz zur Verfügung.

Franz-Keller-Haus, Max Lautner, Auf dem Kalten Feld,
73525 Schwäbisch Gmünd. ✆ 07171/82013,
www.schwaebischer-albverein.de. **Bahn/Bus:** Vom Bhf
Schwäbisch Gmünd mit Bus 2 Richtung Weißenstein zum
Hornberg. **Auto:** Auf der Landstraße 7 km über Waldstetten
zum Fluggelände am Hornberg, dort parken und etwa 15
Min zu Fuß gehen. **Zeiten:** ganzjährig, Sa, So, Fei einfache
Bewirtung, an Weihnachten geschlossen. **Preise:** 6,50 €;
Kinder 6 – 21 Jahre 5,50 €. ▶ 25 Betten in 4- bis 12-Bett-
zimmern.

Jugend- und Gruppenunterkünfte

▶ Die hier genannten Gruppenunterkünfte liegen
preislich auf einem höherem Niveau als die Naturfreundehäuser und Wanderheime. Sie sind aber
auch komfortabler ausgestattet. Sie eignen sich vor
allem für Klassenfahrten. Einige bieten ein umfang-
reiches pädagogisches Programm und Umweltpro-
jekte an.

**Jugendbildungs- und Freizeitstätte, Schullandheim
Hüttlingen,** Marienburg, Fuggerstraße 12, 73460 Hüttlin-
gen-Niederalfingen. ✆ 07361/780950, Fax 77626.
www.marienburg-niederalfingen.de. info@marienburg-nie-
deralfingen.de. **Auto:** Von ↗ Hüttlingen Richtung Abtsgmünd. **Rad:** Kocher-Jagst-Radweg. **Preise:** ab 15 Jahre
34,50 € (Vollverpflegung); Kinder bis 3 Jahre frei, 4 – 10
Jährige 50% Ermäßigung im Zimmer der Eltern, Tagessatz
Jugendliche bis 14 Jahre 26,50 €. **Infos:** Die Marienburg
nimmt in der Regel Gruppen ab 20 Pers nach Voranmelung
auf, auf Anfrage auch Teilverpflegung möglich. ▶ 109 Betten in 19 Schlafzimmern, 7 EZ/DZ, TV, E-Piano, Tischtennis, Grill- und Lagerfeuerplatz, Wiese, Volley- und Basketball. Freizeitangebote für Kinder und Jugendliche für die

FERIENADRESSEN

Die *Marienburg* war einst Stammsitz der Ahelfinger. Heute ist sie eine Freizeitstätte in landschaftlich ruhiger und schöner Lage hoch über dem Kocher-Tal.

FÖJ und Zusammenarbeit mit epia, Erlebnispädagogik im Alltag.

Landessportschule des Württembergischen Landessportbundes e.V., Vogelsangstraße 21, 72461 Albstadt-Tailfingen. ✆ 07432/98210, Fax 982116. www.lssa.de. landessportschule@lssa.de. **Preise:** VP 40 €. ▶ 131 Übernachtungsplätze, Schwimmbad, Sauna, Kletteranlage, 3 Großsporthallen, Fach- und Sporträume, Gemeinschaftsverpflegung, behindertengerechte Zimmer.

Campingplätze

▶ Für Kinder hat es etwas Abenteuerliches und einen Hauch von Freiheit, in einem Zelt auf einer Wiese in der Nähe von Bach, Fluss oder Wald zu leben, den Regen auf das Zelt prasseln zu hören und dem Rauschen des Windes und Zwitschern der Vögel zu lauschen. Man braucht nur aufzuspringen und ist bereits mitten in der Wiese und auf frischem Gras. Die Übernachtungspreise variieren genauso wie die Ausstattung. Manche Plätze bieten außer sehr einfachen sanitären Anlagen gar nichts. Auf Komfortplätzen dagegen existieren nicht nur hervorragende sanitäre Einrichtungen, sondern sogar Schwimmbäder, Restaurants, Lebensmittelläden, Küchen, Aufenthalts-räume, Babywickelräume, Kinderspielplätze, Mini-golfplatz, oder Grill. Außerdem zahlen Camper mit Wohnwagen deutlich mehr als Radler mit Zelt.

Campingplatz am Hammerschmiedesee, Familie Hug, Hammerschmiede 2, 73453 Abtsgmünd-Pommertsweiler. ✆ 07963/369, 415 (Anmeldung am See im Sommer), Fax 840032. www.hug-hammerschmiede.de. hug.hammerschmiede@t-online.de. **Auto:** A7 Würzburg-Ulm bis Ausfahrt 114 Aalen-Westhausen, dann B29 Richtung Schwäbisch Hall. Ca. 2 km nach Abtsgmünd Richtung Adelmannsfelden abzweigen. Nach Pommertsweiler links, danach 2. links. **Zeiten:** Mai – Sep. **Preise:** 3,30 €, Zelt 2,30 €; Kinder 2 €; ab 7 Übernachtungen 5 %, ab 14 Übernachtungen 10 % Ermäßigung. ▶ 100 Stellplätze, aufgeteilt in einen

Jugendplatz mit Feuerstellen und einen Familienplatz direkt am See, ↗ Hammerschmiedesee.

Campingplatz Hirtenteich, Hasenweide 2, 73457 Essingen-Lauterburg. ✆ 07365/296, Fax 251. www.camping-platz-hirtenteich.de. CampHirtenteich@aol.com. **Auto:** A8 Würzburg – Ulm, ab Ausfahrt Aalen/Westhausen Umgehungsstraße Richtung Stuttgart, an der Abzweigung 7 km nach Essingen. **Zeiten:** ganzjährig geöffnet. **Preise:** 5,50 €; Kinder bis 14 Jahre 3 €. ▶ 240 Stellplätze, Aufenthaltsraum, beheizbares Freibad, Sauna, Kiosk und Ballspielplatz.

Azur-Campingpark, Rotenbacher Straße 45, 73479 Ellwangen. ✆ 07961/7921, Fax 562330. www.azur-camping.de/ostalb/ellwangen. ellwangen@azur-camping.de. **Zeiten:** April – Okt. **Preise:** 5,50 – 6,50 €, Stellplatz 6 – 7 €, Zelt 4,50 – 5,50 €; Kinder bis 12 Jahre 4 – 6 €. ▶ 90 Stellplätze, Sanitärgebäude mit Behinderten-WC, stadtnah an der Jagst, Angelkarten, Kegeln.

Campingplatz am Sonnenbach, Bernhard und Gerlinde Veile, Beersbach Nr. 15, 73479 Ellwangen-Pfahlheim. ✆ 07964/1232, Fax 300993. www.camping-sonnen-bach.de. g-b.veile@t-online.de. **Zeiten:** April – Nov. **Preise:** 3,50 €, Zelt 3 € pro Tag; Kinder 3 – 14 Jahre 2 €. ▶ 150 Stellplätze für Dauer- und Durchgangscamper, Kinderspielplatz, Badesee, Tischtennis, Grillplatz mit Hütte und separatem Jugendzeltplatz, Kiosk und Gaststätte.

Campingplatz Rehnenmühle, Martin Kochendörfer, Honiggasse 15, 73527 Tierhaupten. ✆ 07176/6350, Fax 450678. www.rehnenmuehle.de. info@rehnenmuehle.de. **Auto:** B298 Schwäbisch Gmünd – Gschwend, Abzweigung Durlangen, dort »Stausee Rehnenmühle« folgen. **Zeiten:** ganzjährig geöffnet. **Preise:** 3 € im Zelt; Kinder 4 – 14 Jahre 2,50 €. ▶ 150 Stellplätze, Gaststätte, Kiosk, Minigolf, Bademöglichkeiten im Stausee, Spielplatz, Grillplätze.

Campingplatz Schurrenhof, Peter Lipp, 73072 Donzdorf. ✆ 07165/8190, 928585, Fax 1625. Handy 0173/300-9990. www.schurrenhof.de. info@schurrenhof.de. **Auto:** Von Schwäbisch Gmünd südwärts über Straßdorf, in Rechberg zum Schurrenhof abzweigen, dann ausgeschildert.

Zeiten: ganzjährig geöffnet. **Preise:** 4 €; Kinder 2 – 9 Jahre 3 €, 10 – 16 Jahre 3,50 €. ▶ 70 Stellplätze. Islandpferde, Reiterhof, Kinderspielplatz, Minigolf, Kegelbahn, Tischtennis, Schwimmbad. Wohnwagen können gemietet werden. Reitschule mit Unterricht und Grillen möglich.

Campingplatz Götzenbachsee, Am Götzenbachsee 2, 73571 Göggingen. ℂ 07175/8541, Fax 6710. www.cc-welzheimerwald.de. ccwelzheimerwald@t-online.de. **Zeiten:** Während der Schulferien, an Wochenenden und nach Absprache, Büro während der Öffnungszeiten 11 – 12, 15 – 16 Uhr. **Preise:** 3,50 €, Stellplatz ab 3,50 €; Kinder 3 – 16 Jahre 2 €. **Infos:** Hunde frei. ▶ Schwimmen im See, Grillplatz und Schutzhütte. Wintercamping ist möglich.

Camping Heidehof, Heidehofstraße 50, 89150 Laichingen-Machtolsheim. ℂ 07333/6408, Fax 21463. www.camping-heidehof.de. info@heidehof.info. **Bahn/Bus:** ↗ Laichingen. **Zeiten:** Hauptsaison 8 – 22 Uhr, Nebensaison 8 – 17 Uhr. **Preise:** ab 16 Jahre 6 €, Zelt mit Auto 5 – 7 €, Blockhütte 30 € pro Nacht; Kinder 3 – 15 Jahre 3 €. ▶ Blockhütte mit 4 Betten, Restaurant, Supermarkt, Waschmaschinen und Trockner, beheiztes Schwimmbad mit Kinderbecken und Liegewiese, Sauna, Whirlpool und Grillplätze.

Campingplatz Pfählhof, Pfählhof 2, 72574 Bad Urach. ℂ 07125/8098, Fax 8091. www.pfaehlhof.de. camping@pfaehlhof.de. **Auto:** ↗ Bad Urach. **Zeiten:** Ganzjährig geöffnet. **Preise:** Vor-, Nachsaison: Stellplatz 5 €, Zelt 2,70 €, 4 €, Hauptsaison (Mai – Sep) Stellplatz 5,50 €, Zelt 2,70 €, 4,50 €, Blockhütte 4 Pers pro Tag 45 €; Kinder 3 – 16 Jahre NS 2,70 €, HS 2,90 €. ▶ Campingplatz mit Streichelzoo und Blockhütte, Reservierung erforderlich.

Alb-Camping Westerheim, Alb-Camping 1, 72589 Westerheim. ℂ 07333/6140, Fax 7797. www.alb-camping.de. info@alb-camping.de. **Bahn/Bus:** ↗ Westerheim. **Zeiten:** ganzjährig geöffnet. **Preise:** Nebensaison (16.9.- 30.4.) ab 16 Jahre 5,80 €, Hauptsaison (1.5. – 15.9.) 6,40 €; Kinder ab 4 Jahre Nebensaison 3,30 €, Hauptsaison 3,60 €. ▶ Der Platz verfügt über ein Schwimmbad mit 3 Becken, ein Hallenbad, einen Streichelzoo und das ↗ Restaurant Silberdistel.

Hunger & Durst

Restaurant Silberdistel, Carsten Frenzel, Alb-Camping 1, 72589 Westerheim. ℂ 07333/924535. www.alb-camping.de. Mo, Mi – Fr 17.30 – 22, Sa und So 11.30 – 22 Uhr. Schwäbische Gerichte und wechselnde Tageskarte.

Azur-Camping, Rosencamping, Hardtweg 80, 72820 Sonnenbühl-Erpfingen. ✆ 07128/466, Fax 30137. www.azur-camping.de. erpfingen@azur-camping.de. **Preise:** 7 €, Stellplatz 7,50 €; Kinder 2 – 12 Jahre 4 €. ▶ 460 Stellplätze, kinderfreundliche Familienanlage, moderne Sanitäranlagen (warmes Wasser gratis), Küche, Behindertenraum, Babyraum, Kinderduschen, Waschsalon, 2 Kinderspielplätze, Allzweck-Sportanlage, Pit-Pat-Anlage, Gartenschach, Boulebahn, Jugendraum, SB-Markt, Gastronomie, Freibad, Tiergehege, in den Sommerferien Animation.

Campingplatz am Stausee Schömberg, Heiner Burkhardt, Am Stausee 2, 72355 Schömberg. ✆ 07427/91111, Fax 91112. www.heinerscamp.de. info@heinerscamp.de. Am östlichen Stadtrand. **Zeiten:** ganzjährig. **Preise:** pro Nacht 5 €, WoMo 5 €, Wohnwagen oder Zelt 3,50 €, Auto 3,50 €, Strom pauschal 1,50 €, Frühstück 8 – 10 Uhr 6,50 €; Kinder bis 2 Jahre frei, 3 – 14 Jahre 2,60 €; Wochenend- und 5-Tage-Angebot telefonisch erfragen. ▶ Für Kinder gibt es gleich neben dem Campingplatz den Freizeitpark. Jugendliche sind bestens aufgehoben auf dem abseits liegenden Jugendzeltplatz und Eltern können zwischen viel dichtem Grün die Ruhe hier genießen, ein Platz zum Wohlfühlen.

Campingplatz Sigmaringen, Erlebnis-Camp, André Friemauth, Georg-Zimmerer-Straße 6, 72488 Sigmaringen. ✆ 07571/504-11, Fax 504-12. www.erlebnis-camp.de. info@erlebnis-camp.de. **Preise:** ab 15 Jahre 5 €, Zelt ab 2,50 €; Kinder 6 – 14 Jahre 3,50 €. ▶ Zum Campingplatz gehört auch ein Erlebnis-Camp mit Kanutouren, Hochseilgarten, Orientierungs-Wanderungen, Überlebenstraining, Felsklettern und Höhlentouren. Beim Platz gibt es das Restaurant Palmengarten und ein Minigolf-Platz.

Hunger & Durst

Heiners Lokäle, Beim Stausee 2, 72355 Schömberg. ✆ 07427/91110. Do Ruhetag. Im Biergarten und auf der Terrasse direkt am Stausee werden herzhafte Schwäbische Spezialitäten serviert. Mi ist Familientag mit erheblich günstigeren Preisen.

FERIENADRESSEN

KARTEN & REGISTER

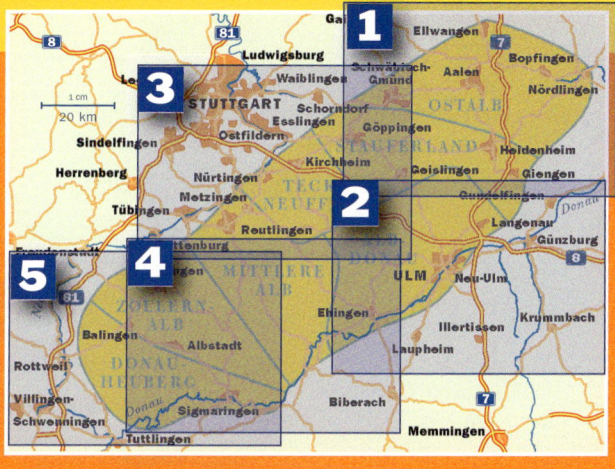

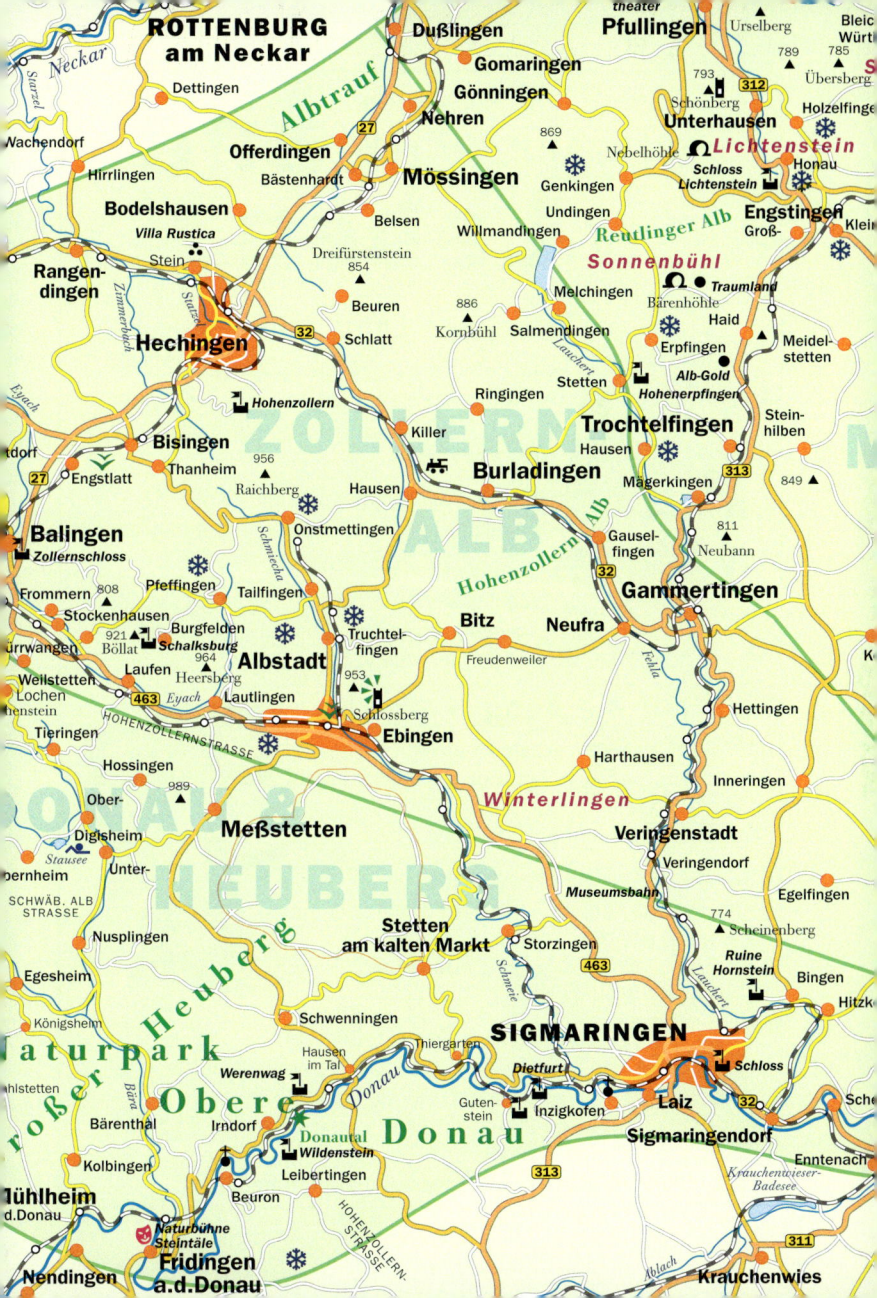

Deutsch**Land** er**Leben**

Raus aufs Land – EUR 9,90

Rund 2.500 Ferienhöfe aus Deutschland stellen Urlaubsquartiere vor. Eine Straßenkarte mit Orientierungsraster macht das Auffinden der Höfe kinderleicht.

NEU: Auf der Straßenkarte finden Sie alle Urlaubshöfe, die Bed & Breakfast anbieten.

Und: Wer seinen Urlaub abbricht, weil er mit dem Urlaubsquartier unzufrieden ist, erhält gegen Vorlage der „Geld-zurück-Garantie" den Kaufpreis des Buches vom Verlag erstattet.

Rauf auf die Berge – EUR 8,90

Über 1.000 Urlaubsquartiere in Bayern, Österreich, der Schweiz und Südtirol sowie erstmalig in Polen, Slowenien und Tschechien für den Berg- und Winterurlaub.

- übersichtlich geordnet nach Regionen
- Angebote in Wort und Bild mit Preisen und Freizeitangeboten
- Reisetipps für Wanderer und Skiurlauber
- Geld-zurück-Garantie

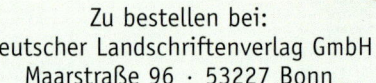

Zu bestellen bei:
Deutscher Landschriftenverlag GmbH
Maarstraße 96 · 53227 Bonn
Tel.: 02 28 · 9 63 02-0 · Fax: 02 28 · 9 63 02-33
E-Mail: info@bauernhofurlaub.com
Internet: www.bauernhofurlaub.com

Register

Orte, Sehenswürdigkeiten
Stichworte
Natur
Personen

REGISTER

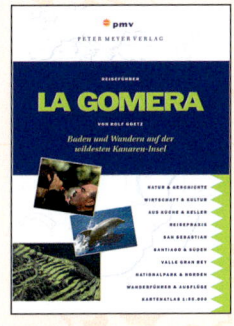

LA GOMERA

Baden und Wandern auf der wildesten Kanaren-Insel
von Rolf Goetz

Gomera – das Eiland für Aktive und Genießer jeden Alters. Die uralte Vulkanlandschaft ist ein Paradies für Wanderer. Detaillierte Infos zu Land und Leuten, reisepraktische Tipps und die schönsten Wanderrouten, Strände und Ausflüge, Essen und Trinken – stets topaktuell und mit hervorragenden Wanderkarten und Ortsplänen.

»Pflichtlektüre für Kanaren-Urlauber.« Reise & Preise

320 Seiten, ganz in Farbe, 14 Seiten Kartenatlas 1:50.000, **7. Auflage, ISBN 978-3-89859-142-3. 18,95 Euro**

Vom gleichen Autor, gleiche Ausstattung:
LA PALMA
8. Aufl., ISBN 978-3-89859-148-5. 19,95 Euro

RUND 50 WEITERE TOLLE REISE- UND FREIZEITFÜHRER
www.PeterMeyerVerlag.de

GHANA

Praktisches Reisehandbuch für die »Goldküste« Westafrikas
von Jojo Cobbinah

Der erste und einzige deutschsprachige Reiseführer zu Ghana! Mit Humor präsentiert der ghanaische Autor sein Heimatland: die gründliche Landeskunde und umfassenden praktischen Infos zu Reisevorbereitung, Anreise, Unterkunft, Essen & Trinken, Verkehrsmitteln und Aktivitäten hält er stets aktuell.

»Der mit Abstand beste Afrika-Reiseführer überhaupt.« Studie Deutsche UNESCO-Kommission

Paperback, 512 Seiten, 44 Stadtpläne, ganz in Farbe
10. Auflage, ISBN 978-3-89859-153-9. 29,95 Euro

GHANA-REISEKARTE
Die Reisekarte zum Buch, 1:750.000, einzeln ISBN 978-3-89859-150-8. 19,95 Euro. **Buch und Karte im Kombipack: ISBN 978-3-89859-154-6. 39,95 Euro.**

ITALIEN – AUTOFREIE URLAUBSORTE

Venedig, Cinque Terre, Capri und andere genussreiche Ferienziele
von Stefan & Sumeeta Hasenbichler, Gerald Majer, Claudia Willner

Italienurlaub ohne Abgasgestank und Motorenlärm? Was paradox erscheint, ist mit diesem bildreichen Reiseführer tatsächlich möglich: Die Autoren, bekehrte Verkehrsteilnehmer, haben sämtliche zu 100 % autofreien Urlaubsorte in Italien aufgespürt. Sehenswürdigkeiten, Wanderungen, Strände und praktische Angaben, natürlich auch zur autofreien Anfahrt, in bewährter pmv-Qualität.

»Dolce vita – ohne Autos. Dieses Buch passt in die Zeit. Weitgehend autofreie Orte in Italien stellt es vor und erklärt konsequent auch, wie man ohne Pkw hinkommt.« Der Tagesspiegel, Berlin

ISBN 978-3-89859-152-2. 256 Seiten, 18,95 Euro.

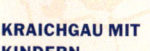

... und immer schön sauber bleiben!

Unsere frechen Viecher Karlinchen, Sam, Mockes und Herr Mau kennt ihr schon. Wir ihr sind sie immer voller Tatendrang. Damit bei ihrem Freizeitvergnügen die Natur nicht auf der Strecke bleibt, sind alle Vorschläge in diesem Buch sorgfältig ausgesucht. Auch das Buch wurde möglichst umweltschonend hergestellt. Natürlich auf ökologisch korrektem FSC-Papier, das einen schonenden Umgang mit unserem Wald garantiert. Da jedoch bei der Produktion Energie verbraucht wird und das Entstehen von schädlichem CO_2 unvermeidlich ist, unterstützt der Peter Meyer Verlag bei jedem Buchdruck mit einer Spende sanfte Energieprojekte. Denn klimaneutrales Handeln gehört zu unserer Verantwortung – damit ihr und die frechen Viecher euren Tatendrang auch in Zukunft in sauberer Natur ausleben könnt.

FSC
Mix
Produktgruppe aus vorbildlich
bewirtschafteten Wäldern und
anderen kontrollierten Herkünften

Zert.-Nr. GFA – COC – 001493
www.fsc.org
© 1996 Forest Stewardship Council

klimaneutral
www.climatepartner.com

Mehr über das Umwelt-Engagement des Verlages unter www.PeterMeyerVerlag.de

☀ **pmv** PETER MEYER VERLAG